LA RÉVOLUTION FACEBOOK

www.editions-jclattes.fr

David Kirkpatrick

LA RÉVOLUTION FACEBOOK

Traduit de l'anglais par Bernard Sigaud

JC Lattès

Titre de l'édition originale
THE FACEBOOK EFFECT : THE INSIDE STORY OF THE COMPANY
THAT IS CONNECTING THE WORLD
publiée par Simon & Schuster, New York

Maquette de couverture : Atelier Didier Thimonier
Photo © Corbis

ISBN : 978-2-7096-3786-2

Première édition octobre 2011.

À Elena et Clara.

Sommaire

Prologue : L'effet Facebook 11

1. Les débuts 33
2. Palo Alto 63
3. Réseautage social et Internet 95
4. Automne 2004 121
5. Investisseurs 147
6. Esprit d'entreprise 175
7. Automne 2005 203
8. Le PDG 217
9. 2006 245
10. Vie privée et confidentialité 271
11. La plate-forme 293
12. Quinze milliards de dollars 319
13. Rentabilisation 349
14. Facebook et le monde 373
15. Changer nos institutions 391
16. L'évolution de Facebook 411
17. L'avenir 433

Post-scriptum 455
Remerciements 459
Note de l'auteur sur ses recherches 461
Notes 463
Suggestions de lecture 475

Prologue

L'effet Facebook

Oscar Morales en avait marre. C'était les vacances dans sa ville natale de Barranquilla, en Colombie, juste après le Nouvel An 2008. Trente-deux ans, doué pour l'informatique, cet aimable technicien du génie civil passait ses journées sur les plages idylliques des environs avec sa famille élargie. Mais malgré les vacances, il était d'humeur sombre, comme la plupart de ses compatriotes, les souffrances d'un petit garçon nommé Emmanuel occupaient ses pensées.

Emmanuel, quatre ans, était le fils de Clara Rojas, retenue en otage dans la jungle colombienne depuis six ans. Son fils était né pendant qu'elle était prisonnière des guérilleros des Forces armées révolutionnaires de Colombie, plus connues sous leur sigle espagnol, FARC. Les FARC détenaient un total de sept cents otages, dont la candidate à l'élection présidentielle Ingrid Betancourt, enlevée avec Clara Rojas pendant la campagne électorale de 2002.

La sympathie et la tristesse suscitées par le sort des otages des FARC étaient des réalités omniprésentes dans la Colombie d'alors, de même que la crainte de ce que cette armée révolutionnaire puissante et sanguinaire pourrait encore inventer pour déstabiliser le pays. Mais le cas du petit Emmanuel avait récemment acquis une notoriété démesurée dans la presse populaire. Hugo Chávez, président du Venezuela voisin, essayait depuis quelque temps de négocier avec les FARC la libération d'Ingrid Betancourt et d'autres prisonniers. Puis brusquement, fin décembre, les guérilleros annoncèrent qu'ils allaient bientôt remettre à Chávez Clara Rojas, son fils Emmanuel et un autre otage[1]. Dans un pays épuisé par une lutte de plusieurs décennies contre une guérilla féroce, c'était une bonne nouvelle comme il n'en arrivait pas souvent. « Les gens désiraient ardemment un cadeau du ciel, un miracle, se souvient Oscar Morales. Et Emmanuel était un symbole. Le pays tout entier réagissait à cette promesse : "Libérez Emmanuel, s'il vous plaît. Nous voudrions avoir ce cadeau de Noël de la part des FARC." »

Mais lorsque vint la nouvelle année, Emmanuel n'avait pas encore été libéré. C'est alors que, dans les tout premiers jours de janvier, le président colombien Álvaro Uribe annonça à la télévision une nouvelle fracassante : apparemment, Emmanuel n'était même plus détenu par les FARC ! Il s'avéra que le petit garçon était tombé malade quelque temps auparavant, que les FARC l'avaient séparé de sa mère, Clara, et s'étaient débarrassés de lui en le plaçant de force dans une famille de paysans. Il se trouvait maintenant, contre toute attente, aux mains du gouvernement.

Le pays était encore en vacances, avec du temps à revendre pour regarder les informations, qui ne parlaient que du pauvre Emmanuel, malade et abandonné. Sur la plage, dans la famille d'Oscar Morales, politiquement engagée, on discutait de la suite des événements. « Les gens étaient heureux parce que le gosse était en sécurité, mais nous, on était drôlement remontés contre ces fils de putes. Excusez mon langage, mais c'était comme si on avait été agressés par les FARC. Comment pouvaient-ils avoir le culot de négocier la vie d'un gosse qu'ils n'avaient même pas ? Pour les gens, c'était trop. Combien de temps encore les FARC allaient-ils nous mentir et nous mener en bateau ? »

Oscar Morales voulait désespérément faire quelque chose. Alors il se tourna vers Facebook. Le service n'avait pas encore été traduit en espagnol, mais Morales parlait anglais couramment, comme de nombreux Colombiens cultivés, et avait déjà créé un profil depuis plus d'un an ; il affichait ses informations personnelles en espagnol et communiquait avec d'anciens camarades de fac et de lycée. Se connecter à Facebook était déjà un rituel quotidien pour lui.

Il tapa les quatre lettres « FARC » dans la case Recherche de Facebook et appuya sur la touche Entrée. Pas de résultats. Pas de groupes. Pas d'activisme. Pas d'indignation. Des groupes consacrés à tout et n'importe quoi étaient légion sur Facebook. Mais quand il s'agissait des FARC, les Colombiens, cédant à l'intimidation, avaient pris l'habitude de se mettre en colère, mais sans protester. C'est tout le pays qui était pris en otage, et cela durait depuis des décennies.

Oscar Morales passa une journée à se demander s'il voulait vraiment se manifester publiquement sur Facebook. Il décida de se jeter à l'eau et, le 4 du mois, il créa un groupe contre les FARC. « C'était comme une thérapie. Il fallait que j'exprime ma colère. » Il rédigea une brève description de l'objectif tout simple du groupe : résister aux FARC. « Accro à l'informatique » de son propre aveu et maîtrisant bien les outils graphiques, Morales conçut un logo sous la forme d'une version verticale du drapeau colombien. En surimpression et en majuscules, il y afficha de haut en bas quatre simples exigences, chacune composée dans une police légèrement plus grande que la précédente : PLUS JAMAIS D'OTAGES, PLUS JAMAIS DE MENSONGES, PLUS JAMAIS D'ASSASSINATS, PLUS JAMAIS DE FARC. « J'essayais de hurler comme si j'étais dans une foule. L'heure était venue de combattre les FARC. Ce qui venait de se produire était intolérable. »

Mais comment allait-il appeler son groupe ? Sur Facebook, il est d'usage de donner aux groupes des noms comme « Je parie que je peux trouver un million de personnes qui détestent George Bush ». Mais Oscar Morales n'aimait pas ce style de titre. Il ne s'agissait pas d'un concours. C'était sérieux. N'empêche que l'idée du million lui plaisait. Une célèbre chanson sud-américaine s'appelle « Un Millón de Amigos ». Un million de personnes contre les FARC ? Le mot « voix » semblait plus littéraire. Un million de voix contre les FARC : *Un Millón de Voces Contra Las FARC.* Et voilà.

Le 4 janvier, juste après minuit, Morales créa le groupe. Il le rendit public afin que n'importe quel membre de Facebook puisse y adhérer. Son réseau personnel comptait environ une centaine d'amis, et il les invita tous. Il était fatigué. À 3 heures du matin, il se coucha.

Le lendemain matin à 9 heures, il regarda le statut de son groupe. Quinze cents personnes s'étaient déjà inscrites ! « Waouh ! » hurla Morales, enchanté. C'était encore mieux que ce qu'il escomptait ! Ce jour-là à la plage, il parla du groupe aux membres de sa famille élargie et leur demanda d'inviter leurs propres amis Facebook à s'inscrire. La plupart étaient aussi d'avides utilisateurs de Facebook et détestaient les FARC. Lorsque Morales rentra chez lui en fin d'après-midi, son groupe comptait 4 000 membres.

« Alors je me suis dit : "OK, fini la plage, fini les sorties." » Il était prêt à passer aux choses sérieuses. « Et j'ai pensé : "Oh, mon Dieu ! C'est ce que je veux ! Une communauté engagée autour de ce message." »

La page d'accueil d'un groupe Facebook comporte un « mur », une zone où les membres peuvent afficher leurs pensées et opinions, et également des forums de discussion qui permettent des conversations structurées et prolongées entre membres. Morales se lia bientôt avec plusieurs personnes qui affichaient avec une vigueur particulière. Ils échangèrent des adresses de messagerie instantanée, des adresses Skype et des numéros de téléphone portable afin de pouvoir continuer leurs conversations hors ligne.

Tandis qu'un nombre croissant de Colombiens rejoignaient le groupe, des membres commencèrent à parler non seulement de leur haine des FARC, mais aussi de ce qu'ils pourraient faire de concret. Le 6 janvier, deux jours seulement après la création du groupe, un consensus émergeait sur la page d'accueil : l'existence du groupe devrait être rendue publique à l'extérieur de Facebook. Lorsque le chiffre de 8 000 membres fut atteint, des gens ne cessaient d'afficher « Il faut FAIRE quelque chose » sur le panneau de discussion.

Le 6 janvier, en fin d'après-midi, les nouveaux amis Facebook d'Oscar Morales, et notamment deux avec qui il communiquait par téléphone, le convainquirent de proposer une manifestation. Lorsqu'il le fit, l'idée fut acclamée sur le Mur et le panneau de discussion. À la fin de la journée, le groupe, qui opérait encore à partir de la chambre du haut chez Morales, avait décidé d'organiser un défilé national contre les FARC. Ce serait le 4 février, un mois après la formation du groupe. Morales, qui avait l'habitude d'être laissé en dehors du coup puisqu'il habitait une ville de province, insista pour que le défilé ait lieu non seulement à Bogotá, la capitale, mais aussi dans de nombreuses autres localités dans tout le pays, y compris évidemment sa ville natale de Barranquilla.

Il créa donc un événement appelé la Marche nationale contre les FARC. Lui-même et ses coorganisateurs, dont plusieurs étaient déjà aussi fanatiques du projet que lui, reçurent immédiatement des appuis venant d'horizons inattendus. Des membres de Miami, Buenos Aires, Madrid, Los Angeles, de Paris et d'ailleurs soutinrent qu'il fallait que ce soit une manifestation mondiale. Morales ne s'était même pas rendu compte que des gens habitant ailleurs qu'en Colombie avaient rejoint le groupe. Ces émigrés colombiens étaient entre autres sur Facebook pour rester en contact avec la situation du pays. Ils voulaient s'impliquer eux aussi dans ce mouvement, qui devint donc une marche mondiale.

Ce qui suivit fut l'un des exemples les plus extraordinaires d'activisme numérique que le monde ait jamais connus. Le 4 février, environ 10 millions de personnes défilèrent contre les FARC dans des centaines de localités colombiennes, d'après les estimations de la presse. Jusqu'à 2 millions de plus défilèrent dans des grandes villes d'un bout à l'autre du monde. Le mouvement qui avait débuté par un message sobre affiché à minuit sur Facebook depuis la chambre d'un jeune homme frustré avait abouti à l'une des plus importantes manifestations qui aient jamais eu lieu où que ce soit dans le monde.

La nouveauté même de Facebook contribua à attirer l'attention des Colombiens sur le projet de Morales. Même si plusieurs centaines de milliers de Colombiens utilisaient déjà Facebook, le réseau social n'était pas apparu sur l'écran radar du citoyen moyen. Aussi, lorsque la presse commença à couvrir les projets de la future manifestation, les reportages furent fortement axés sur l'impact stupéfiant de cette bizarre importation américaine et sur les « mômes Facebook », comme on les appelait dans de nombreux articles, à la radio et à la télévision. Bien qu'Oscar Morales et ses coorganisateurs soient pour la plupart de jeunes trentenaires, le pays était aussi captivé par la possibilité que des gens plus jeunes résistent à l'intimidation des FARC.

Une fois que le président Álvaro Uribe et l'establishment politique colombien eurent vu émerger ce soulèvement Facebook, ils firent tout ce qui était en leur pouvoir pour assurer son succès. Au bout d'une semaine ou deux, le commandant local de l'armée mit à la disposition de Morales trois gardes du corps et une voiture, qu'il utilisa jusqu'au 4 février. Dans tout le pays, maires et conseils municipaux collaborèrent étroitement avec les organisateurs bénévoles pour accorder des autorisations de manifester.

Mais ce qui reste remarquable, c'est le nombre de Colombiens inscrits sur Facebook qui rejoignirent le groupe sous leur vrai nom. Le jour de la manifestation, ils étaient déjà 350 000. Malgré des décennies de guerre et d'intimidation, Facebook donna à la jeunesse colombienne un moyen électronique de s'affirmer en nombre pour déclarer son écœurement.

Même après que les informations concernant le défilé furent devenues une sorte de tam-tam quotidien dans la presse et que le site Internet se fut transformé en un outil de promotion vital, Facebook demeura au centre des opérations. « Facebook était notre quartier général, dit Morales. C'était le journal. C'était le poste de commandement. C'était le laboratoire – tout, quoi. Facebook était tout ça, de bout en bout, jusqu'au dernier jour. »

Morales lui-même s'était porté volontaire pour coordonner la manifestation locale à Barranquilla. Il s'attendait à ce qu'environ 50 000 personnes se déplacent. Il en vint en fait 300 000, soit près de 15 pour cent de la population de la ville. Le cortège s'étirait sur plus de dix blocs d'immeubles. À midi pile, Morales lut une déclaration sur laquelle les membres du groupe s'étaient mis d'accord. Elle fut diffusée par la télévision dans toute l'Amérique latine. Des manifestants se rassemblèrent même dans des lieux aussi éloignés que Dubaï, Sydney ou Tokyo. Au JT de la chaîne locale, une femme fut interrogée dans la cohue du défilé de Bogotá. Le journaliste lui demanda si elle avait été personnellement victime des FARC. « Oui, répondit-elle, parce que je suis colombienne[2]. »

Morales et les membres de son groupe Facebook avaient exploité des frustrations profondément enracinées dans la psyché collective nationale.

La pression exercée par le président Uribe a certes joué un rôle important dans l'affaiblissement des FARC, mais les manifestations semblent leur avoir elles aussi porté un coup. Le samedi précédant l'événement, dans un geste « humanitaire » révélant en fait qu'ils étaient extrêmement conscients de l'imminence de la manifestation, les guérilleros annoncèrent qu'ils allaient libérer trois otages, tous d'anciens députés colombiens. Ingrid Betancourt et quatorze autres otages furent libérés par une opération de commando exécutée par l'armée colombienne en juillet 2008. Dans des interviews, elle se rappela avoir écouté la radio dans la jungle, entourée de ses ravisseurs. Elle avoua qu'elle avait été profondément émue d'entendre les manifestants scander à l'unisson : « Plus jamais les FARC ! Liberté ! Liberté ! » Excédés, les guérilleros avaient alors éteint la radio.

Oscar Morales me raconte cela dans un café de Manhattan fin 2008. Sa voix s'étrangle. Il a maintenant les larmes aux yeux. Son groupe et la manifestation subséquente ont fait de lui une célébrité nationale et internationale. Mais les convictions et les préoccupations qui ont nourri sa création de Un Millón de Voces Contra Las FARC demeurent vivaces. Il consacre aujourd'hui le plus clair de son existence à la croisade anti-FARC.

Bien que Facebook n'ait pas été conçu comme un outil politique, ses créateurs observèrent assez tôt qu'il détenait un potentiel particulier. Les premières semaines après sa création à l'université Harvard en 2004, des étudiants commencèrent à diffuser leurs opinions politiques en remplaçant la photo de leur profil par un encadré de texte comprenant une déclaration politique. « À l'époque, les gens s'en servaient pour protester contre tout ce qui leur semblait important, dit Dustin Moskowitz, l'un des cofondateurs de Facebook. Même s'ils étaient simplement contrariés par un petit problème à la fac. » D'emblée, les utilisateurs avaient compris intuitivement que si ce service était prévu comme un moyen leur permettant de refléter en ligne leur véritable identité, alors leurs opinions et leurs passions quant aux problèmes du jour formaient un élément de cette identité.

« L'épisode de la Colombie, dit Mark Zuckerberg, fondateur de Facebook, est un des tout premiers indicateurs d'un changement dans la gouvernance – [et de la manière] dont peuvent se former de puissantes organisations politiques. Ces choses peuvent vraiment affecter les libertés individuelles et la liberté en général, ce qui relève plus ou moins du gouvernement. [...] Dans quinze ans, peut-être qu'il y aura presque tous les jours des trucs comme ce qui s'est passé en Colombie. »

À présent, trois ans après l'époustouflante réussite d'Oscar Morales, on peut trouver de l'activisme et de la contestation alimentés par Facebook dans tous les pays et toutes les communautés où ce service s'est imposé – et c'est pratiquement partout dans les pays développés. Facebook, comme Twitter, a joué un rôle célèbre dans la révolte contre le résultat des élections de 2009 en Iran.

Ainsi que le fit remarquer le spécialiste des affaires étrangères du *New York Times* Tom Friedman, « pour la première fois, les modérés, coincés depuis toujours entre des régimes autoritaires détenteurs de tous les pouvoirs de l'État et les islamistes détenteurs de tous les pouvoirs des mosquées, disposaient d'un espace bien à eux où se rencontrer et exercer un pouvoir : le réseau ». C'est sur Facebook que Mir Hossein Moussavi, candidat malheureux à l'élection présidentielle iranienne, dit à ses partisans quand ils devraient descendre dans la rue. Et lorsqu'une jeune femme fut tragiquement tuée pendant l'une de ces manifestations, c'est sur Facebook qu'émergea la vidéo de ce meurtre, séquence qui ferait le tour du monde comme symbole de la répression gouvernementale en Iran. Embarrassées, les autorités iraniennes essayèrent plusieurs fois de bloquer l'accès à Facebook. Mais le service est utilisé si largement dans ce pays qu'il était malaisé d'y arriver.

Comment la contestation anti-FARC en Colombie pouvait-elle passer si vite de A à Z – d'un homme seul dans sa chambre à des millions de gens dans la rue ? Pourquoi Facebook devrait-il se révéler être un outil d'une efficacité exceptionnelle pour les organisateurs de mouvements politiques ? Comment les décisions prises par son fondateur Mark Zuckerberg à des moments cruciaux dans l'histoire de l'entreprise ont-elles augmenté son impact ? Et comment ses qualités inédites contribuent-elles à expliquer la rapidité avec laquelle Facebook est devenu une habitude dans la vie de plus de 600 millions de gens d'un bout à l'autre du monde ? Bon nombre de réponses résident dans un ensemble de phénomènes que j'appelle l'effet Facebook.

En tant que forme nouvelle de communication, Facebook conduit à des effets interpersonnels et sociaux fondamentalement nouveaux. L'effet Facebook se produit lorsque le service met les gens en contact les uns avec les autres, souvent de manière inattendue, à propos d'expériences, d'intérêts, de causes ou de problèmes communs. Ce qui peut arriver à petite ou à grande échelle – depuis un groupe de deux ou trois amis ou une famille, jusqu'à des millions de personnes, comme en Colombie. Le logiciel Facebook donne à l'information des propriétés virales. Sur Facebook, les idéaux ont la capacité de se propager à grande vitesse et de rendre un grand nombre de gens conscients de quelque chose presque simultanément, en communiquant d'une personne à une autre, et ainsi de suite, avec une facilité inouïe – comme un virus, ou un mème. Vous pouvez envoyer des messages à d'autres personnes même si vous n'essayez pas explicitement de le faire. C'est ainsi que Un Millón de Voces Contra Las FARC a proliféré à une cadence vertigineuse dès le soir de sa création.

Quiconque y adhérait faisait en tout et pour tout une déclaration personnelle : « Oui, je suis contre les FARC. » Un nouveau membre ne disait pas obligatoirement : « Envoyez cette information à mes amis », il ne faisait que rejoindre le groupe. Mais chaque fois qu'une personne adhérait, Facebook prenait cette information et l'envoyait sur le Fil d'actualité de chacun des amis Facebook de cette personne. Ensuite, quand ces gens-là rejoignaient à leur tour le groupe, Facebook signalait la nouvelle sur les Fils d'actualité de leurs amis à eux. Un thème comme la campagne anti-FARC d'Oscar Morales, qui exploite un besoin ou un désir latents, peut se répandre à la vitesse de l'éclair et produire des groupes gigantesques du jour au lendemain.

La diffusion à grande échelle d'informations était jadis l'apanage des médias électroniques – la radio et la télévision. Mais l'effet Facebook (dans des cas comme la Colombie ou l'Iran) signifie que ce sont des individus ordinaires qui ont l'initiative de la diffusion. On n'est pas obligé d'avoir des connaissances spéciales ni d'avoir des aptitudes particulières. Twitter, un autre service qui met – avec une gamme plus limitée de fonctions – une puissante diffusion sur Internet à la portée de n'importe quel individu, a lui aussi un impact politique significatif.

Tout cela peut représenter une force constructive ou destructrice. D'un bout à l'autre du monde, Facebook donne aux individus plus de pouvoir vis-à-vis des institutions sociales, ce qui peut très bien déboucher sur des changements destructeurs. Dans certaines sociétés, cela peut déstabiliser des institutions dont beaucoup d'entre nous préférerions qu'elles restent intactes. Mais cela contient aussi la promesse – ainsi qu'on commence à le voir en Égypte, en Indonésie et ailleurs – de défis lancés à des institutions et pratiques répressives existant depuis longtemps dans certains États. Facebook permet aux gens de s'organiser plus facilement.

Il n'y a évidemment pas de raison que la composante auto-organisatrice de l'effet Facebook ne puisse s'appliquer qu'à des rassemblements sérieux. En mai 2008, un groupe Facebook organisa une bataille géante au pistolet à eau dans le centre-ville de Leeds, en Angleterre[3]. Et en septembre 2008 plus d'un millier de personnes passèrent une bonne vingtaine de minutes à se battre à coups de polochon à Grand Rapids, dans le Michigan. Ils avaient entendu parler de la bataille de polochons sur Facebook[4]. Les batailles de polochons publiques devinrent une sorte de mode d'un bout à l'autre du monde : des jeunes gens dynamisés par Facebook découvraient un nouveau moyen de se défouler.

L'effet Facebook peut être un outil tout aussi puissant pour les spécialistes du marketing, à condition qu'ils sachent comment l'utiliser, sujet que nous explorerons plus en profondeur ultérieurement. De même, l'effet Facebook a potentiellement de profondes implications dans le domaine des médias. Sur Facebook, tout le monde peut être rédacteur en chef, créateur de contenu, producteur et distributeur. Toutes les casquettes classiques des médias traditionnels peuvent être portées par tout le monde. L'effet Facebook peut créer une soudaine convergence d'intérêts pour un thème d'actualité, une chanson, ou une vidéo YouTube. Récemment, j'étais en train de travailler sur ce livre et je n'avais pas prêté attention aux informations. Il se trouva que le Fil d'actualité d'un de mes amis affichait « Dow Jones en hausse de 3,5 pour cent ». Par le passé, j'aurais reçu cette information via Yahoo News, ou par la radio ou la télévision.

Le marché des jeux en ligne, qui tient actuellement une grande place dans le développement de Facebook, n'est pas en reste sur ce plan. Les meilleurs jeux profitent de l'effet Facebook, tant et si bien que certains attirent jusqu'à 50 millions de participants par semaine. La Play-Station Sony, la Xbox Microsoft et la Nintendo Wii régnaient sur les plates-formes de la génération précédente. Mais à présent toutes les consoles de jeux vidéo commencent à intégrer aussi la connectivité Facebook.

Alors que Facebook ne cesse de progresser et va atteindre le milliard de membres, il faut se demander s'il n'y a peut-être pas une macro-version de l'effet Facebook. Pourrait-il devenir un facteur contribuant à unifier un monde rempli de conflits politiques et religieux, et ce au milieu d'une débâcle environnementale et économique ? Un système de communications qui inclut des gens de tous les pays, de toutes les races, de toutes les religions ne pourrait pas être une mauvaise chose, non ? Personne ne croit avec plus de ferveur au potentiel de Facebook pour unifier le monde que Peter Thiel. Thiel est un virtuose de l'investissement à contre-courant qui a gagné des milliards avec son fonds spéculatif en pariant correctement sur l'évolution des cours du pétrole, des monnaies et des obligations. C'est aussi un créateur d'entreprises, le cofondateur et ex-PDG du service de paiement en ligne PayPal (qu'il a vendu à eBay). Premier professionnel à investir dans Facebook, à la fin de l'été 2004, il siège depuis lors au conseil d'administration.

« Le thème le plus important en matière d'investissements pour la première moitié du XXIe siècle sera de savoir comment se passe la mondialisation, m'a confié Peter. Si la mondialisation ne se produit pas, alors le monde n'a pas d'avenir. Si elle ne se produit pas, on va avoir une escalade de conflits et de guerres et, vu l'état actuel de la technologie, on va faire sauter la planète. Il n'y a pas moyen d'investir dans un monde où la mondialisation est en échec. » Venant d'un des grands investisseurs à l'échelle internationale, c'est là une pensée revigorante. « Il faut se demander alors quels sont les meilleurs investissements orientés vers une mondialisation positive. Facebook en est peut-être l'expression la plus pure que je puisse imaginer. »

Je n'étais que marginalement conscient de l'existence de Facebook jusqu'au jour où un responsable des relations publiques m'appela à la fin de l'été 2006 pour me demander si je voulais rencontrer Mark Zuckerberg. Je savais que ce serait intéressant, alors j'acceptai. Journaliste basé à New York, principal chroniqueur technologique à *Fortune*, je rencontrais systématiquement les dirigeants de toutes sortes d'entreprises du secteur technologique. Mais lorsque ce jeune homme – il avait alors tout juste vingt-deux ans – me rejoignit dans l'extravagant restaurant italien Il Gattopardo au centre de Manhattan, j'eus d'abord du mal à croire qu'il était PDG d'une entreprise high-tech en plein essor. Il portait un jean et un T-shirt où était dessiné un petit oiseau sur un arbre. Il semblait si incroyablement jeune ! Puis il ouvrit la bouche. « Nous sommes un service public, dit-il d'un ton sérieux avec des mots sérieux. Nous essayons d'augmenter l'efficacité avec laquelle les gens peuvent comprendre leur monde. Nous n'essayons pas de maximiser le temps passé sur notre site. Nous essayons d'aider les gens à avoir une bonne expérience et à tirer le maximum de profit de ce temps. » Il n'avait aucune envie de plaisanter. Il se concentrait sur un seul objectif : forcer mon attention sur sa société et sa vision. Et il y réussit.

Plus je l'écoutais, plus il me faisait penser à un de ces PDG et industriels couronnés par le succès – mais bien plus âgés – à qui je parlais dans le cadre de mon travail. Je lui dis négligemment qu'il me semblait être un chef d'entreprise-né. Dans mon esprit, c'était un compliment exceptionnel, un éloge que je ne donnais pas à la légère. Mais il le prit comme une insulte. Son visage se tordit dans une grimace de dégoût. « Je n'ai jamais voulu diriger une entreprise, dit-il quelques minutes plus tard. Pour moi, une entreprise est un bon moyen de réaliser des trucs. » Ensuite, pendant le reste de l'entretien, il continua de dire le genre de choses que seuls des leaders du monde des affaires visionnaires et concentrés sur leurs objectifs sont capables de dire. À partir de ce moment, j'eus la certitude que le poids de Facebook ne cesserait de croître. Après notre rencontre, je rédigeai un article intitulé « Pourquoi Facebook est important ». L'année suivante, ma couverture de Facebook dans les colonnes de *Fortune* s'approfondit lorsque Mark Zuckerberg m'invita dans son entreprise pour écrire, en exclusivité, un article sur sa transformation innovante en une plate-forme pour des applications logicielles créées par des entités externes. Cette annonce commença à changer la manière dont le monde percevait Facebook. Fin 2007, j'étais déjà disposé à croire que Facebook deviendrait l'une des toutes premières sociétés mondiales. Si c'était le cas, ne devrait-on pas écrire un livre là-dessus ?

Facebook, qui est à présent une entreprise employant 2 000 personnes basée à Palo Alto, en Californie, engrange des revenus qui ont dépassé le milliard de dollars en 2010. Mark Zuckerberg, qui a maintenant vingt-six ans, en demeure le PDG. Grâce à sa détermination, son habileté stratégique et une bonne dose de chance, il conserve le contrôle financier absolu de la société. Sinon, Facebook serait aujourd'hui presque certainement une filiale de quelque méga-groupe de médias ou d'un opérateur Internet. Des acheteurs ont à plusieurs reprises offert des sommes faramineuses – des milliards de dollars – s'il voulait bien accepter de le vendre. Mais Mark Zuckerberg s'intéresse plus à « réaliser des trucs » et à convaincre de plus en plus de gens d'utiliser son service que de s'enrichir avec. En maintenant l'indépendance de la société, il l'a durablement marquée de sa personnalité, de ses propres idéaux et valeurs.

Depuis ses débuts dans une chambre de résidence universitaire, Facebook a toujours eu un look simple, propre et dépouillé. Mark Zuckerberg s'intéresse depuis longtemps à une conception élégante de l'interface. Sur son propre profil Facebook, il énumère ses intérêts : « L'esprit d'ouverture, casser des choses, les révolutions, le flux de l'information, le minimalisme, faire des choses, éliminer tout désir pour ce qui n'a réellement pas d'importance. » Malgré l'intérêt de son fondateur pour le minimalisme, il y a dans Facebook une grande propension à la démesure. Facebook est de l'information à 100 pour cent et en continu. Chaque mois, environ 30 milliards de contenus y sont affichés par des membres, y compris des liens Internet, des reportages, des photos, etc. C'est de loin le plus vaste site de partage de photos de l'Internet, par exemple, avec environ 3 milliards de photos ajoutées chaque mois. Sans parler des innombrables annonces futiles, déclarations importantes, provocations politiques, vœux d'anniversaire, tentatives de flirt, invitations, insultes, blagues, plaisanteries de mauvais goût, pensées profondes, et, bien sûr, des *pokes*, ces discrets coups de coude ou tapes sur l'épaule virtuels. Il y a encore des tas de choses sur Facebook qui n'ont probablement aucune importance.

Si populaire soit-il, Facebook n'a jamais été prévu pour se substituer à la communication face à face. Bien que beaucoup de gens ne s'en servent pas ainsi, il a toujours été explicitement conçu et élaboré par Mark Zuckerberg et ses collègues comme un outil pour optimiser vos relations avec les gens en chair et en os que vous connaissez – vos amis, connaissances, camarades de classe ou collègues du monde réel. Ainsi que l'explique en détail le présent ouvrage, c'est une différence essentielle entre Facebook et d'autres services similaires – et qui a présenté à Facebook un ensemble de défis particuliers à chaque tournant de son évolution.

L'effet Facebook se fait le plus souvent sentir dans le domaine du quotidien, au niveau intime à l'intérieur d'un groupe restreint. Il peut rendre la communication plus efficace, cultiver la familiarité et améliorer la qualité de l'intimité. Par exemple, plusieurs de vos amis apprennent à partir de ma mise à jour de votre statut que vous vous trouverez plus tard dans la galerie marchande. Ce n'est pas vous qui leur communiquez cette information. C'est le logiciel Facebook. Ils disent qu'ils vous rejoindront là-bas, et ils sont au rendez-vous.

Lorsque Facebook est utilisé comme il a été conçu à l'origine – pour construire de meilleures fonctions de partage entre personnes qui se connaissent déjà dans le monde réel –, il peut avoir une forte puissance émotionnelle. C'est une nouvelle sorte d'outil de communication fondé sur des relations réelles entre individus, et qui permet des types d'interaction fondamentalement nouveaux. Cela peut conduire au plaisir ou à la douleur, mais cela affecte indéniablement le contenu de la vie des utilisateurs de Facebook. « Facebook est la première plate-forme pour les gens », dit Esther Dyson, célèbre experte en technologie, auteure et investisseuse.

Plusieurs autres facteurs différencient Facebook de tous les services Internet qui l'ont précédé. D'abord, il est fondé, à la fois en principe et en pratique, sur l'identité réelle. Sur Facebook, il est aussi important d'être à visage découvert aujourd'hui qu'à l'époque où le service a été lancé à Harvard en février 2004. L'anonymat, le jeu de rôle, les pseudonymes et les sobriquets font depuis toujours partie des habitudes du Web (les « identifiants » AOL ou Compuserve, ça vous dit quelque chose ?). Mais ils sont de peu d'utilité ici. Si vous vous inventez un personnage ou si vous enjolivez par trop la manière dont vous vous présentez, vous ne tirerez guère de profit de Facebook. À moins que vous n'interagissiez sous votre propre nom, vos amis soit ne vous reconnaîtront pas, soit ne vous accepteront pas comme ami. Une méthode cruciale permettant à d'autres membres de Facebook de savoir si vous êtes bien qui vous prétendez être consiste à examiner votre liste d'amis. Ce sont en fait ces amis qui valident votre identité. Pour déclencher ce processus circulaire de validation, vous êtes obligé d'opérer sous votre propre nom.

Étroitement liée à cet engagement de sincérité, une infrastructure veille à protéger la vie privée de l'utilisateur et à lui assurer le contrôle de ses données. Cela ne fonctionne pas toujours, mais Mark Zuckerberg et d'autres responsables de la société disent qu'ils prennent la chose très au sérieux. « Le fait d'avoir l'infrastructure des amis Facebook sur une base identitaire est en dernière analyse la clé de la sécurité, dit Chris Kelly, qui fut longtemps responsable de la confidentialité sur Facebook et a récemment pris un congé pour se présenter à l'élection du Procureur général de l'État de Californie. Sur Internet, la confiance est inséparable d'une identité fixe et connue. » Si vous avez des doutes sur l'identité de la personne avec qui vous communiquez en ligne, votre vie privée est menacée. Mais si vous savez qui vous entoure, vous pouvez déterminer de votre propre chef à qui vous voudriez – ou ne voudriez pas – rendre visibles vos informations.

Le respect de la vie privée, problème que nous examinerons plus en détail dans un chapitre ultérieur, n'a cessé de préoccuper les utilisateurs de Facebook depuis le début du service. Ils ont souvent eu l'impression que leur vie privée n'était pas suffisamment protégée, et se sont périodiquement révoltés pour le dire. Facebook s'est en général bien sorti de ces controverses. Mais le problème est ardu – et c'est une préoccupation centrale non seulement chez les utilisateurs de Facebook, mais aussi, comme nous le verrons, pour Mark Zuckerberg lui-même. Il sait que le succès à long terme de Facebook sera probablement défini par le degré de protection de leur vie privée qu'il pourra offrir à ses utilisateurs. Le site a récemment entrepris de simplifier et d'améliorer les dispositifs de contrôle qui déterminent qui voit quoi sur votre page.

Les changements sociaux induits par l'effet Facebook ne seront pas tous positifs. Que signifie le fait de vivre de plus en plus notre vie en public ? Sommes-nous en train de nous transformer en une nation – et un monde – d'exhibitionnistes ? Beaucoup de gens voient en Facebook une célébration des mille petits riens de notre vie.

Ces gens-là voient en lui une plate-forme pour leur narcissisme plutôt qu'un outil de communication. D'autres se demandent comment il pourrait affecter la capacité d'un individu à grandir et à évoluer si ses actions voire ses pensées sont constamment scrutées par ses amis. Cela pourrait-il conduire à un plus grand conformisme ? Les jeunes qui passent leurs journées sur Facebook sont-ils en train de perdre leur capacité à reconnaître et à apprécier le changement et l'enthousiasme dans le monde réel ? Comptons-nous trop fortement sur nos amis pour nous informer ? Se pourrait-il que Facebook se contente de contribuer à la surcharge d'informations ? Pourrions-nous par là devenir sous-informés ?

Être « ami » sur Facebook, cela veut dire quoi exactement ? L'utilisateur Facebook moyen a environ 130 amis[5]. Peut-on vraiment avoir 500 amis, comme beaucoup d'utilisateurs ? (J'en ai 1 028, mais, bon, j'ai écrit un livre sur l'entreprise Facebook.) Et 5 000 amis, le maximum fixé par Facebook ? Pour certains, Facebook risque de générer une fausse impression de camaraderie et, à la longue, d'accroître un sentiment de solitude. Jusqu'ici, il existe peu de données montrant l'étendue éventuelle de ce problème, bien qu'avec notre usage constant des médias électroniques dans les années à venir il puisse certainement demeurer un sujet d'inquiétude assez répandu.

Un soir, j'étais attablé avec Mark Zuckerberg dans un modeste bistrot français à deux ou trois kilomètres du siège de Facebook, juste avant l'heure de fermeture. Il me dit qu'il n'avait encore jamais mangé de steak-frites, aussi le pressai-je d'en commander un. Tandis que les autres tables se vidaient, nous attaquâmes le café et le personnel commença à passer la serpillière. Zuckerberg portait, comme toujours, un T-shirt, mais puisqu'il faisait un peu frais, il avait par-dessus un autre de ses vêtements habituels, une laine polaire à capuche. Je lui demandai ce qu'il croyait faire en créant Thefacebook (le nom initial de la société) et comment sa conception du site avait évolué depuis les tout débuts. Sa réponse ne parlait que de transparence. Comme par hasard, Zuckerberg lui-même est d'une franchise presque obsessionnelle.

« Je veux dire, imaginez-vous... vous êtes en fac. Vous passez tout votre temps à étudier des théories, pas vrai ? Et vous pensez à des trucs d'une manière abstraite. [C'est] très idéaliste. [Le climat est] très libéral dans cette université. Alors un tas de ces valeurs sont là autour de vous, [et vous vous dites :] le monde devrait être gouverné par les gens. J'ai vraiment été façonné par pas mal de ces idées. Et il y beaucoup de ça dans ce que Facebook essaie d'atteindre.

« Dustin [Moskovitz], Chris [Hughes] [ses colocataires à Harvard] et moi, on tuait le temps en parlant avec d'autres gens avec qui je suivais des cours d'informatique. Et on spéculait sur l'idée que l'augmentation de la transparence dans le monde, que tous ces accès supplémentaires à l'information et ces nouvelles possibilités de partage [permis par l'Internet] allaient inévitablement changer des choses à l'échelle mondiale. Mais on ne savait absolument pas qu'on allait jouer un rôle là-dedans. [...] On n'était qu'un groupe de petits étudiants. » Il décrit ensuite ce qui se passa une fois que Thefacebook fut lancé : « Petit à petit... c'était "Oh, d'autres facs veulent être dans le coup" ; et puis "Ça intéresse encore d'autres types de gens"... Et ça a continué de se propager de plus en plus loin, et on s'est dit : "Waouh, super !"

« Et puis un jour, on est plus ou moins tombés sur l'idée qu'on pourrait jouer le rôle de leaders en mettant ce truc en œuvre et en lançant le mouvement. [...] Et ce qui semblait évident à mon groupe d'amis qui n'étaient que des intellectuels de salon en train de discuter le coup à la fac – comment la transparence venant des gens allait transformer la manière dont fonctionne le monde et la manière dont les institutions sont gouvernées – c'est plus ou moins "Hé, peut-être qu'en réalité il n'y a personne qui bosse sur un projet pareil, et peut-être que ce serait à nous autres, un groupe de gens qui ont grandi en pensant comme ça et avec ce genre de valeurs, de le faire avancer. Peut-être qu'on ne devrait pas abandonner." » Et il éclate de rire.

Mark Zuckerberg n'a jamais été du genre à obéir aux représentants de l'autorité. Facebook a débuté comme sa révolte personnelle contre la mauvaise volonté de Harvard qui tardait à mettre en chantier un trombinoscope en ligne. Mais ce qu'il a construit rend l'autorité aux individus. Le service tout entier tourne autour du profil et des activités des individus. Facebook les investit d'un pouvoir aux dépens des institutions. En le construisant, Zuckerberg a conféré un petit fragment de son propre pouvoir à chacun des utilisateurs du service.

Facebook est en train d'unifier le monde. Passant par-dessus les frontières, il est devenu une expérience culturelle commune pour les gens – et surtout les jeunes – du monde entier. Malgré ses humbles débuts, ce projet conçu par un étudiant de dix-neuf ans est devenu un moteur technologique avec une influence sans précédent dans tous les domaines de la vie moderne, qu'elle soit publique ou privée. L'éventail de ses utilisateurs ignore les divisions entre classes sociales, générations, nations, et langues. Il se peut en fait que Facebook soit l'entreprise à la croissance la plus rapide de l'Histoire, toutes catégories confondues. Facebook est même plus important dans des pays comme le Chili et la Norvège qu'il ne l'est aux États-Unis. Il change la manière dont les gens communiquent et interagissent, la manière dont les spécialistes du marketing vendent des produits, la manière dont les gouvernements s'adressent aux citoyens, et même la manière dont fonctionnent les entreprises. Il est en train de changer le caractère de l'activisme politique et, dans certains pays, il commence à affecter le processus démocratique lui-même. Ce n'est plus un joujou pour étudiants.

Si vous utilisez Internet, il y a de plus en plus de chances que vous utilisiez Facebook. C'est, après Google, le deuxième site le plus visité, avec plus de 600 millions d'utilisateurs actifs (en novembre 2010). Plus de 30 pour cent des 2 milliards de gens sur Internet dans le monde entier utilisent maintenant Facebook sur une base régulière. Le site a ajouté les lycéens à la rentrée 2005 et s'est ouvert à tous en automne 2006. Actuellement, les utilisateurs du monde entier passent environ 23 milliards de minutes par jour sur Facebook (beaucoup d'utilisateurs y passent plusieurs heures par jour)[6]. Et même en dépit de toute cette croissance, le nombre d'utilisateurs progresse à une vitesse époustouflante – d'environ 5 pour cent... par mois ! À supposer que les taux de croissance de Facebook et d'Internet demeurent tous les deux stables, fin 2013, toutes les personnes en ligne dans le monde sans exception seraient sur Facebook.

Bien sûr, cela n'arrivera jamais. Mais Facebook fonctionne déjà en 75 langues, et environ 75 pour cent de ses utilisateurs actifs résident à l'extérieur des États-Unis. Environ 143 millions d'Américains sont actifs sur Facebook, soit 46,8 pour cent de la population, d'après le *Facebook Global Monitor* publié par InsideFacebook.com[7]. Impressionnant, non ? Or la proportion monte à 50,5 pour cent au Canada. Le plus grand nombre d'utilisateurs de Facebook se rencontre aux États-Unis, mais les dix pays suivants composent un pot-pourri cosmopolite. Par ordre décroissant, ce sont l'Indonésie, le Royaume-Uni, la Turquie, la France, les Philippines, l'Italie, le Canada, le Mexique, l'Inde et l'Allemagne. Les dix pays dans lesquels il a progressé le plus vite dans l'année finissant en novembre 2010 étaient, d'après le *Facebook Global Monitor*, la Roumanie, la Corée du Sud, la Hongrie, la Thaïlande, l'Ukraine, la République dominicaine, la Lettonie, l'Irak, le Brésil et l'Équateur.

Contrairement à presque tous les autres sites Internet ou entreprises du secteur technologique, Facebook est profondément centré sur ses utilisateurs. C'est une plate-forme permettant aux gens de mieux tirer parti de leur existence. C'est une nouvelle forme de communication, tout comme le furent la messagerie instantanée, le courrier électronique, le téléphone et le télégraphe. Aux temps héroïques du World Wide Web, on disait parfois que tout le monde finirait par avoir sa propre page perso. C'est en train de se produire, mais dans le cadre d'un réseau social. Facebook connecte lesdites pages d'une manière qui nous permet de faire des choses entièrement nouvelles. Mais cette échelle, ce taux de croissance et cette pénétration sociale soulèvent des problèmes complexes au niveau du social, de la politique, de la réglementation et de la gestion. Comment Facebook va-t-il affecter les interactions de ses utilisateurs dans le monde réel ? Comment des gouvernements répressifs vont-ils réagir devant cette nouvelle forme de pouvoir citoyen ? Un service d'une telle ampleur devrait-il être réglementé ? Quelle attitude avoir à l'endroit d'une forme de communication entièrement nouvelle utilisée par des millions de gens et intégralement contrôlée par une seule société ? Risquons-nous notre liberté en confiant tant d'informations sur notre identité à une entité commerciale unique ? Les tensions générées par ces interrogations se renforceront si Facebook ne cesse d'étendre son influence sur une portion de plus en plus grande de la planète.

Le présent ouvrage se propose d'explorer ces questions. Mais on ne peut comprendre comment Facebook est devenu une entreprise aussi stupéfiante ni la direction qu'il pourrait prendre sans avoir saisi comment il a débuté dans une chambrée de résidence universitaire à Cambridge, Massachusetts, création d'un gamin de dix-neuf ans, remuant et irrévérencieux.

1. Les débuts

> *« Nous avons ouvert Thefacebook à la consommation populaire à l'université Harvard. »*

Harvard, septembre 2003. Le *sophomore* – deuxième année de licence – Mark Zuckerberg arriva dans sa chambre de la résidence universitaire Kirkland House. Il traînait derrière lui un tableau blanc de deux mètres quarante de long, le nec plus ultra des outils de remue-méninges pour les *geeks*, ces fondus de l'informatique. Il était volumineux et difficile à manier, comme certaines des idées que Mark allait ébaucher dessus. Dans l'appartement pour quatre étudiants, il n'y avait qu'un seul mur assez long pour le contenir – celui du couloir desservant les chambres doubles. Zuckerberg, dont la matière principale était l'informatique, se mit à griffonner.

La paroi devint un enchevêtrement de formules et de symboles, une efflorescence de lignes multicolores qui partaient dans tous les sens. Zuckerberg restait en contemplation devant, feutre en main, s'aplatissant contre le mur si quelqu'un voulait passer. Parfois, il se reculait dans l'embrasure d'une porte de chambre pour mieux voir. « Il adorait vraiment ce tableau blanc, se rappelle Dustin

Moskovitz, l'un des trois colocataires de Mark. Il voulait toujours exprimer graphiquement ses idées, même quand cela ne les rendait pas obligatoirement plus claires. » Nombre de ses idées visaient de nouveaux services pour l'Internet. Il passait des heures à écrire du code logiciel, même s'il avait beaucoup de travaux à rendre dans les matières autres que l'informatique. Le sommeil était une priorité secondaire. Quand il n'était pas devant le tableau, il était penché sur son ordinateur à sa table de travail dans le séjour de l'appartement – la pièce commune – hypnotisé par l'écran. À côté, une accumulation désordonnée de bouteilles et d'emballages de sandwiches roulés en boule qu'il n'avait pas pris la peine de jeter. D'emblée, dès cette première semaine, Zuckerberg avait bricolé un logiciel Internet qu'il appela Course Match – « cours à la carte ». C'était un projet assez innocent qu'il avait conçu pour le plaisir. Le principe était d'aider les étudiants à choisir leurs cours par rapport aux autres personnes qui les suivaient. Vous pouviez cliquer sur un cours pour voir qui y était inscrit, ou cliquer sur le nom de quelqu'un pour voir les cours qu'il ou elle suivait. Si une fille mignonne était assise à côté de vous en topologie, vous pouviez cliquer sur le cours de géométrie différentielle du semestre suivant pour voir si elle était inscrite là aussi, ou alors, vous pouviez carrément cliquer sur son nom pour voir, en dessous, la liste des cours où elle était inscrite. Comme le dirait plus tard Zuckerberg, avec un peu de fierté quant à ses propres dons de prescience, « on pouvait se connecter avec des gens via des trucs [communs] ». Des centaines d'étudiants se mirent immédiatement à utiliser Course Match. Les étudiants de Harvard soucieux de leur prestige avaient des opinions très variables sur un cours selon les gens qui les fréquentaient. Et Zuckerberg avait créé un programme répondant à leurs besoins.

Mark Zuckerberg était un frêle jeune homme, pas très grand, intensément introverti, aux cheveux bruns bouclés ; avec son visage plein de taches de rousseur, on lui aurait facilement donné quinze ans alors qu'il en avait dix-neuf. Son uniforme : un jean ample, des tongs – même en hiver – et un T-shirt arborant habituellement un dessin ou une inscription intellos. À l'époque, il avait un faible pour l'image d'un petit singe avec la légende « Code Monkey ». Il pouvait rester taciturne en présence d'inconnus, mais c'était trompeur. Quand il lui arrivait de parler, il était pince-sans-rire. Il avait tendance à ne rien dire avant que les autres aient complètement fini de s'exprimer. Il regardait les gens fixement. Il vous dévisageait pendant que vous parliez et gardait un silence absolu. Si vous appuyiez sur le bon bouton, il déchargeait brusquement ses propres idées et les mots sortaient en rafales de sa bouche. Mais si vous parliez trop longtemps ou si vous disiez quelque platitude, il commençait à vous percer à jour. Quand vous aviez terminé, il marmonnait tranquillement « Ouais », puis changeait de sujet ou détournait les yeux. Zuckerberg est un penseur très circonspect, rationnel jusqu'à l'extrême. Son écriture est bien ordonnée, méticuleuse, les lettres sont minuscules ; il s'en sert parfois pour remplir des carnets d'interminables délibérations.

Les filles étaient attirées par son sourire malicieux. Il avait presque toujours une petite amie. Elles aimaient son assurance, son humour et son irrévérence. Normalement, il affichait sur son visage une expression satisfaite qui semblait dire : « Je sais ce que je fais. » Zuck, comme on l'appelait, donnait l'impression que tout irait bien pour lui, quoi qu'il fasse. Jusqu'ici, c'était certainement le cas.

Dans son dossier de candidature pour Harvard, deux ans plus tôt, il avait eu du mal à faire entrer tous les prix et mentions qu'on lui avait décernés au lycée en mathématiques, astronomie, physique et langues classiques. Le dossier mentionnait aussi qu'il était le capitaine et meilleur joueur de l'équipe d'escrime, et qu'il lisait et écrivait le français, l'hébreu, le latin et le grec ancien (il avait un accent affreux, aussi préférait-il les langues anciennes qu'il n'était pas obligé de parler – du moins c'était ce qu'il disait aux gens avec son humour pince-sans-rire habituel). Le prestige de Harvard n'était pour lui ni intimidant, ni inconnu. Il avait fréquenté la Phillips Exeter Academy, internat privé élitiste dont les lauréats étaient censés viser les universités prestigieuses de l'Ivy League. Il s'y était inscrit pour rigoler. Il crevait d'ennui après deux ans passés dans un lycée public de Dobbs Ferry, au nord de New York.

Zuckerberg est le deuxième d'une fratrie de quatre enfants et le seul garçon. Son père est dentiste et sa mère psychiatre. La maison familiale, bien qu'elle soit la plus vaste du quartier, est sans prétention. Le cabinet dentaire en sous-sol est dominé par un aquarium géant. Surnommé « Dr Z. l'Indolore » par ses patients, Zuckerberg père, un tantinet cabotin, annonce « Poltrons Bienvenus » sur son site Internet ; la caricature d'un individu méfiant affligé d'un mal de dents orne la pancarte en façade devant le cabinet. Les sœurs de Mark sont surdouées, comme lui. (Sa sœur aînée Randi est à présent cadre supérieur dans le service marketing Facebook.) Depuis son enfance, Mark Zuckerberg avait le virus de la technique : le thème de sa bar-mitsva était *La Guerre des Étoiles*[1].

L'appartement était l'un des plus petits de Kirkland House. Chacune des deux chambres était meublée de lits superposés et d'un petit bureau. Zuckerberg partageait la sienne avec Chris Hughes, beau gosse aux cheveux filasse, ouvertement homo, étudiant en littérature et en histoire, qui s'intéressait à la gestion publique. Ils avaient démonté les lits superposés – c'était plus juste, estimaient-ils, si personne n'était obligé de dormir en haut. Sauf qu'à présent les deux lits occupaient presque toute la place et qu'on pouvait à peine circuler. De toute façon, le bureau, encombré de piles de bric-à-brac, ne servait plus à rien. Dans l'autre chambre, il y avait Moskovitz, étudiant en économie bosseur aux cheveux en paille de fer, intellectuel de première bourre lui aussi, et Billy Olson, comédien amateur un tantinet facétieux.

Chaque garçon avait son bureau dans la pièce commune. Quelque part au milieu, il y avait aussi deux fauteuils. C'était le bordel, comme dans tout le reste de l'appart. Zuckerberg avait l'habitude d'accumuler des détritus sur son bureau et sur les tables autour de lui. Il finissait une canette de bière ou de Red Bull, la posait quelque part, et elle y restait des semaines durant. De temps à autre, la copine de Moskovitz piquait une crise et jetait quelques détritus à la poubelle. Un jour, quand la mère de Zuckerberg vint le voir, elle jeta un coup d'œil circulaire sur la pièce, manifestement gênée, et s'excusa auprès de Moskovitz pour le manque d'ordre de son fils. « Quand il était petit, il avait une nurse », expliqua-t-elle.

Cette tanière exiguë au troisième étage imposa aux quatre garçons une intimité plus grande que celle qu'ils auraient pu partager dans un espace moins restreint. Zuckerberg était par nature brusque, et même parfois d'une sincérité brutale – trait qu'il tient peut-être de sa mère. Bien qu'il soit taciturne, il était aussi le leader, tout simplement parce que c'était très souvent lui qui faisait démarrer les choses. La franchise devint la norme dans l'appartement. Ici, il n'y avait pas beaucoup de secrets. Si nos quatre étudiants s'entendaient parfaitement, c'était, entre autres, parce qu'ils se connaissaient bien. Au lieu de se taper mutuellement sur les nerfs, ils s'impliquèrent dans les projets les uns des autres.

Internet était un thème de tous les instants. Moskovitz, qui n'avait guère de connaissances en informatique, mais avait un penchant naturel pour cette discipline, dialoguait en permanence avec Zuckerberg sur ce qui était valable ou non en ligne, sur ce qui ferait ou non un bon site Internet, et sur ce qui pourrait ou ne pourrait pas se produire à mesure qu'Internet continuerait sa pénétration dans tous les domaines de la vie moderne. Au début du semestre, Hughes ne s'intéressait pas du tout à l'informatique. Mais vers le milieu de l'année, lui aussi était déjà fasciné par les discussions constantes sur la programmation et Internet, et il commença à proposer ses propres idées, tout comme le camarade de chambre de Moskovitz, Olson. Chaque fois que Zuckerberg trouvait un nouveau projet de programmation, les trois autres avaient des opinions à revendre sur la manière dont il devrait le mener. La pièce commune de la suite H33 de Kirkland House vit la convergence de l'excellence Ivy League et de la bidouille informatique d'élite. Ce qui se passa là-bas se révèle exceptionnel, mais à l'époque cela n'avait apparemment rien d'extraordinaire. Zuckerberg n'était pas – et de loin – le seul à bricoler ses projets depuis sa chambre d'étudiant. À Harvard, ce n'était pas exceptionnel. Dans chaque résidence habitaient les enfants doués et privilégiés des puissants. On suppose à Harvard que ces petits jeunes finiront par gouverner le monde. Zuckerberg, Moskovitz et Hughes étaient juste trois intellos qui adoraient échanger des idées. Ils ne songeaient pas vraiment à dominer le monde. Mais il émergerait de leur chambre d'étudiant anarchique et branchée une idée qui avait le pouvoir de le changer.

Enhardi par le succès inattendu de Course Match, Zuckerberg décida d'essayer quelques autres idées. Son projet suivant, en octobre, s'appelait Facemash – « Têtes à Claques ». Il donna à la communauté universitaire de Harvard le premier aperçu de son côté rebelle et irrévérencieux. L'objectif : trouver qui était la personne la plus sexy du campus. En recourant au type de code informatique utilisé ailleurs pour classer les joueurs d'échecs (et qui aurait peut-être pu servir pour les escrimeurs), Zuckerberg invitait les internautes à comparer deux visages différents de personnes du même sexe et à voter pour dire quel était le plus sexy. À mesure que le score montait, la photo était comparée à celle d'étudiant(e)s de plus en plus sexy.

Un journal de bord qu'il tenait à l'époque et que pour une raison inconnue il afficha avec le logiciel suggère que Zuckerberg s'était lancé sur ce coup tordu après une déception amoureuse : « X. est une salope. J'ai besoin de trouver un truc à faire pour m'arrêter de penser à elle », écrivait-il. Il ajoutait : « Je suis un peu alcoolisé, je vais pas mentir. » Peut-être est-ce le ressentiment qui lui suggéra l'idée, plus ou moins caressée dans ce journal, de comparer les étudiant(e)s à des animaux de ferme. Au lieu de quoi, toujours d'après le journal, Billy Olson imagina de comparer les gens à d'autres gens et de n'introduire un animal de ferme que de temps en temps. Lorsque le programme fut lancé, les animaux avaient déjà complètement disparu. « Ça mérite bien une autre Beck's », écrivit Zuckerberg en continuant sa chronique Facemash. Le projet fut intégralement achevé à 4 heures du matin, après huit heures de travail continu, précisait le journal. Les photos alimentant le site Internet Facemash provenaient des *facebooks* – trombinoscopes – ces albums de photos compilés par chacune des résidences du campus où habitent les *undergraduates* – étudiants de licence. Il s'agissait des photos prises le jour où les étudiants se présentaient à la session d'orientation – le genre d'instantanés maladroits et de poses gauches que pratiquement tout le monde préférerait oublier. L'astucieux Zuckerberg trouva moyen d'obtenir des versions numériques de ces photos pour neuf des douze résidences de Harvard. Le *Harvard Crimson* – le journal du campus – parla plus tard d'un acte de « guérilla informatique[2] ». Dans la plupart des cas, Zuckerberg réussit à pirater les données via Internet. À Lowell House, un ami lui donna l'usage temporaire de son code d'accès. (Cet ami devait le regretter plus tard.) Dans une autre résidence, il entra clandestinement, brancha un câble Ethernet sur une prise murale et téléchargea noms et photos à partir du réseau informatique de la résidence.

Zuckerberg ne s'attarda guère à méditer sur l'aspect légèrement illégal de ce qu'il faisait. Il pouvait être particulièrement obstiné et il aimait faire bouger les choses. Il n'avait demandé la permission à personne avant de procéder. Non qu'il se propose d'enfreindre les règles : il ne leur prête guère attention, c'est tout.

Il lança le programme Facemash sur son ordinateur portable connecté à Internet le dimanche 2 novembre dans l'après-midi. On pouvait lire sur la page d'accueil : « Avons-nous été admis [à Harvard] sur la base de notre apparence physique ? Non. Allons-nous être jugés sur ce critère ? Oui. » Zuckerberg envoya le lien par e-mail à quelques amis ; il affirma plus tard avoir seulement voulu qu'ils testent le site et lui fassent des suggestions.

Mais une fois que les gens eurent commencé à utiliser le site, ils ne purent apparemment plus s'arrêter. Les « testeurs » alertèrent leurs propres amis et Facemash devint un succès underground du jour au lendemain.

Le *Harvard Crimson* évoqua avec une certaine éloquence l'attrait du logiciel, alors même que son éditorial tançait Zuckerberg pour avoir « exploité les pires côtés des étudiants de Harvard[3] » : « Une quatrième année qui louche bizarrement et cette allumeuse de votre section des Manuscrits médiévaux – clic ! Votre camarade de promo et le môme qui vous dévorait toujours des yeux à Annenberg House – clic ! Les deux copines de vos deux meilleurs amis – un instant… clic, clic, clic !… Nous autres étudiants de Harvard pourrions cultiver notre tendance à juger ceux et celles qui nous entourent sur la base de critères superficiels sans jamais avoir à affronter en personne l'objet du jugement[4]. » Ben oui, c'était le pied.

Un colocataire homo d'un appartement proche de celui de Zuckerberg fut transporté de joie lorsque, dès la première heure, il avait été élu l'étudiant le plus séduisant du campus. Il avait bien sûr alerté tous ses amis à lui, qui avaient alors commencé à utiliser le site. Lorsque Zuckerberg regagna sa chambre en rentrant d'une réunion à 22 heures, son portable était tellement engorgé par les utilisateurs de Facemash qu'il était en train de se bloquer. Mais ses voisins n'étaient pas les seuls à prêter soudain attention à Facemash. Des accusations de sexisme et de racisme ne tardèrent pas à circuler, lancées par les membres de deux groupes féministes, Fuerza Latina et l'Association des étudiantes noires de Harvard. Le service des Ressources informatiques entra rapidement dans la danse et coupa l'accès Internet de Zuckerberg. À ce moment-là, vers 22 h 30 environ, le site avait reçu la visite de 450 étudiants qui avaient voté sur 22 000 couples de photos[5].

Zuckerberg fut ultérieurement convoqué par la commission disciplinaire du Conseil de l'université, avec l'étudiant qui lui avait donné le mot de passe pour Lowell House, son colocataire Billy Olson (qui, ainsi qu'en témoignait le journal de bord, avait apporté des idées), et Joe Green, un *junior* – troisième année – qui logeait dans l'appartement voisin juste après la porte coupe-feu, et qui l'avait aidé lui aussi. Zuckerberg fut accusé d'infractions multiples au règlement de l'université relativement à la manière dont le site traitait les questions de sécurité, de propriété intellectuelle et de respect de la vie privée[6]. La commission disciplinaire lui avait infligé une mise à l'épreuve et exigé qu'il voie un conseiller, mais avait décidé de ne pas punir les autres. Si Zuckerberg n'avait pas supprimé les photos d'animaux, il est probable qu'il ne s'en serait pas tiré à si bon compte. Il s'excusa auprès des groupes féministes, affirmant qu'il avait essentiellement conçu ce site comme une pure expérience informatique et n'avait absolument pas prévu une diffusion aussi rapide.

Le père de Joe Green, un professeur d'université, rendait visite à son fils la nuit où Zuckerberg arrosait sa condamnation plutôt symbolique pour l'affaire Facemash. Notre deuxième année était allé en ville acheter une bouteille de Dom Pérignon, qu'il partageait joyeusement et bruyamment avec ses voisins de Kirkland. « Mon père, dit Green, essayait de faire comprendre à Mark que ce n'était pas une mince affaire et qu'il avait frôlé une exclusion provisoire. Mais Mark ne voulait rien entendre. Mon père en a conclu que je ne devrais jamais plus participer à un projet de Zuckerberg. » Ce qui, plus tard, devrait s'avérer une interdiction extrêmement onéreuse.

Mais pour tous les autres, le sens de cet épisode était clair : Zuckerberg avait le don de concocter des logiciels que les gens ne pouvaient s'empêcher d'utiliser. Ce qui n'étonna guère ses colocataires. Ils savaient qu'il avait même été en contact avec Microsoft et d'autres sociétés pour vendre un programme appelé Synapse écrit avec un copain comme travail de fin d'année à Exeter. Ce logiciel repérait le genre de musique qu'on aimait télécharger afin de pouvoir suggérer d'autres titres. Ses colocataires appelaient ce programme « Le Cerveau » et furent particulièrement enthousiastes en apprenant que Zuckerberg pourrait peut-être en tirer un million de dollars. Si cela se concrétisait, le suppliaient-ils, est-ce qu'il pourrait acheter un téléviseur à écran plat superlarge pour la pièce commune ?

Zuckerberg continuait de produire de petits programmes Internet, comme celui qu'il créa en vitesse pour l'aider à bûcher son option « L'art romain à l'époque d'Auguste ». C'est à peine s'il avait assisté aux cours pendant tout le premier semestre. Alors que l'examen final approchait, il construisit de bric et de broc un portfolio d'images tirées du cours. Il envoya des e-mails aux autres inscrits à l'option pour les inviter à se connecter, utiliser son logiciel pédagogique et ajouter leurs commentaires en regard de chaque image. Ses camarades suivirent ses instructions. Quand ils eurent tous utilisé le site, il passa une soirée à examiner ce qu'ils avaient écrit. Il réussit son examen. Il écrivit aussi un programme appelé « Six Degrees of Harry Lewis » en hommage à son professeur d'informatique favori. Il se servit d'articles du *Harvard Crimson* pour essayer d'identifier les relations entre les gens, puis créa un réseau fantaisiste de connexions à Harry Lewis fondé sur ces liaisons. On pouvait taper le nom de n'importe quel étudiant de Harvard et le logiciel indiquait son degré de proximité vis-à vis du professeur Lewis.

Il travailla aussi sur les projets d'autres personnes. Après l'épisode Facemash, il se rabibocha avec l'Association des étudiantes noires de Harvard en les aidant à monter leur propre site Internet. Et il travailla un temps avec trois *seniors* – étudiants de quatrième année – qui projetaient de monter un site de rencontres et de contacts sociaux appelé Harvard Connection. Ils envisageaient un service qui, entre autres fonctions prévues, vous informerait des diverses soirées et vous permettrait d'aller en boîte avec des réductions. Mais ce n'étaient pas des programmeurs. Ces trois étudiants, les athlétiques jumeaux homozygotes Cameron et Tyler Winklevoss – 1,96 m sous la toise, champions universitaires d'aviron – et leur ami Divya Narendra, s'adressèrent à Zuckerberg en novembre après avoir appris l'existence de Facemash dans le *Harvard Crimson*. Ils lui proposèrent de le rémunérer pour la programmation de leur site.

« Mettre en chantier ces petits projets, c'était un violon d'Ingres, rien de plus, affirme maintenant Zuckerberg. Des projets comme ça, j'en ai eu douze cette année-là. Bien sûr, je ne m'engageais vraiment à fond dans aucun d'entre eux. » Il essayait « de voir comment les gens étaient connectés via des références mutuelles ».

L'intérêt que Zuckerberg affichait pour la construction de sites Internet à composantes sociales s'était révélé l'été précédent. Il habitait alors dans une résidence de la Harvard Business School avec deux amis d'Exeter. L'un était Adam D'Angelo, avec qui il avait développé Synapse, le logiciel de suggestion musicale. D'Angelo étudiait à présent l'informatique à Caltech, l'Institut californien de technologie. Un autre ami intime et étudiant en informatique de Harvard, Kang-Xing Jin, habitait là aussi. Tous les trois avaient des jobs lucratifs de programmeurs qu'ils trouvaient peu exigeants, et Zuckerberg avait rompu avec sa petite amie. Il leur restait pas mal de temps pour des séances de tchatche entre hommes, généralement centrées sur le prochain type de logiciel qui devrait apparaître sur Internet.

D'Angelo, lui, avait lancé un projet provocant l'année précédente à partir de sa chambre d'étudiant à Caltech. Baptisé Buddy Zoo – « le zoo des copains » –, il invitait les internautes à télécharger leurs listes de copains AIM (la messagerie instantanée d'AOL) sur un serveur et à les comparer aux listes appartenant à des gens qui avaient ausssi chargé les leurs. Vous pouviez voir qui avait quels amis en commun, ce qui mettait en évidence votre réseau de connexions sociales. À l'époque, AIM était *de facto* l'outil de communication des jeunes Américains (et de nombreux adultes). Des centaines de milliers d'utilisateurs d'AIM essayèrent Buddy Zoo, qui jouit alors d'une éphémère célébrité en ligne. D'Angelo ne fit aucun effort en vue de le commercialiser et finit par le laisser mourir.

Mais l'expérience Buddy Zoo avait indiqué une direction prometteuse.

Pendant les vacances d'hiver, Zuckerberg se plongea dans la rédaction du code d'un nouveau projet – un de plus. Il était particulièrement impatient de le terminer. Ses amis, perplexes, ne prêtèrent guère plus d'attention à ce nouveau projet qu'ils n'en avaient prêté à tous les autres lancés cette année-là.

Le 11 janvier, Zuckerberg se connecta à Internet et vira 35 dollars sur le compte de Register.com afin d'enregistrer l'adresse Web « Thefacebook.com » pour un an. Ce site empruntait des idées à Course Match et à Facemash, mais aussi à un site appelé Friendster, auquel Zuckerberg était abonné. Friendster était un réseau social, un service invitant les internautes à créer leur « profil », qui incluait leurs centres d'intérêt, leurs goûts musicaux et d'autres informations personnelles. Les utilisateurs de pareils services associaient leur propre profil à ceux de leurs amis et identifiaient ainsi leur « réseau social » personnel.

À l'instar de la plupart des réseaux sociaux jusqu'à cette époque, Friendster était essentiellement conçu pour vous aider à contacter les gens avec qui vous aimeriez sortir. L'idée était que vous pourriez trouver l'amour en examinant de près les amis de vos amis. Friendster avait fait un malheur à Harvard l'année précédente, mais était tombé en disgrâce après que son succès quasi instantané d'un bout à l'autre des États-Unis avait suscité des millions d'utilisateurs. Les contraintes techniques ainsi créées l'avaient rendu lent et difficile d'accès. Un autre réseau social, plus tapageur, appelé MySpace, avait été lancé en août de l'année précédente à Los Angeles. Il était en expansion rapide et avait déjà un bon million de membres, bien qu'il n'ait guère fait impression à Harvard.

L'université Harvard prétendait depuis de nombreux mois qu'elle allait récupérer tous les trombinoscopes compilés par chaque résidence – ceux que Zuckerberg avait piratés pour Facemash – et les rassembler sur Internet sous une forme standard permettant des recherches. Examiner ces photos était une activité récréative communément répandue. Un trombinoscope imprimé couvrant toute l'université, le *Freshman Register* – répertoire des première année –, était publié chaque année, mais ne mentionnait que les étudiants nouvellement inscrits. Ses exemplaires étaient copieusement annotés – les garçons, par exemple, entouraient les photos des plus jolies filles.

À présent que les étudiants avaient vu ce qui était possible avec Friendster, ils voulaient un trombinoscope en ligne. Il était manifeste que la création d'annuaires en ligne n'était pas si difficile que ça. Si un entrepreneur Internet de San Francisco pouvait le faire, pourquoi l'administration de Harvard ne pourrait-elle pas y arriver elle aussi ? Cette tendance était étonnamment répandue. Dans de nombreuses universités, cette année-là, les étudiants incitaient l'administration à mettre en ligne les annuaires avec photos. De nombreux articles du *Harvard Crimson* contenaient des allusions au besoin de créer un trombi en ligne. La rédaction estimait que si un étudiant pouvait construire Facemash, il n'y avait pas de raison qu'un programmeur ne puisse pas construire un trombinoscope. Dans un éditorial du 11 décembre intitulé « Mettez nos sourires en ligne : un trombinoscope électronique pour toute la fac devrait être à la fois pratique et distrayant pour tous », les journalistes donnaient presque la recette pour en construire un[7]. L'article soulignait particulièrement la nécessité pour les étudiants de contrôler leurs informations personnelles dans pareil système. En automne, Zuckerberg suivit un cours de maths sur la théorie des graphes. Lors du dîner de fin de semestre rassemblant les étudiants de cette option, tout le monde finit par parler du besoin d'un « trombinoscope universel ». Alors Zuckerberg rentra chez lui et en construisit un.

« Il y avait décidément un petit côté "J'emmerde Harvard" là-dedans, déclare un camarade de fac et ami de Zuckerberg. [Les administrateurs] disaient toujours qu'ils allaient faire un trombinoscope centralisé, mais ils se posaient des tas de questions sur le problème de la propriété des informations. Ils pensaient qu'il y avait des aspects juridiques contraignants. Mark a carrément suggéré qu'on pourrait amener les gens à télécharger leurs informations eux-mêmes. »

En fait, Zuckerberg dirait plus tard que ce furent les éditoriaux du *Harvard Crimson* sur Facemash qui lui donnèrent l'idée initiale sur la manière de construire Thefacebook. « Zuckerberg aurait pu s'épargner beaucoup d'ennuis, écrivait le *Crimson,* si seulement Facemash s'était limité aux étudiants qui auraient volontairement téléchargé leur photo[8]. »

Cette simple intuition, combinée au désir de Zuckerberg de créer un annuaire fiable fondé sur des informations réelles relatives aux étudiants, devint le concept essentiel de Thefacebook. « Notre projet, dit Zuckerberg, a commencé comme un moyen d'aider les gens à partager plus de choses à Harvard, de façon à ce que les gens puissent avoir une vision plus complète de ce qui se passe à la fac. Je voulais que ça me donne accès à des informations sur tout le monde, et que n'importe qui puisse partager tout ce qu'il voulait. »

Son nouveau service destiné aux étudiants de Harvard n'était pas un site de rencontres comme Friendster. C'était un outil de communication tout ce qu'il y a de plus élémentaire, visant à résoudre un problème simple : comment rester en contact avec vos camarades de fac et être au courant de leurs activités. Certains des amis de Zuckerberg émirent plus tard l'hypothèse que son projet était aussi conçu pour l'aider à affronter sa propre personnalité introvertie. Si vous êtes un *geek* qui éprouve quelques difficultés dans ses rapports avec autrui, pourquoi ne pas créer un site Internet qui les facilite ?

Thefacebook tirait aussi son inspiration d'une autre source importante – les « messages d'absence » affichés par les utilisateurs d'AIM quand ils n'étaient pas devant leur ordinateur. Ces expressions lapidaires et savoureuses leur servaient souvent à faire étalage de leur créativité. Bien qu'il n'y ait de la place que pour quelques mots, les utilisateurs y intégraient des opinions politiques et une certaine dose d'humour en plus des renseignements pratiques sur les coordonnées du titulaire du compte. Les messages d'absence AIM étaient tellement importants pour Zuckerberg qu'un de ses premiers projets de logiciels était un outil qui l'avertissait lorsque les messages de ses amis étaient modifiés. Thefacebook allait être une robuste combinaison des messages d'absence AIM et de cet outil d'alerte – un espace où vous pourriez héberger plus d'informations sur vous-même afin que vos amis puissent vous suivre à la trace. (Les mises à jour du statut Facebook actuel remontent en droite ligne à ces messages d'absence AIM.)

Course Match comme Facemash avaient fonctionné sur le portable de Zuckerberg avec la connexion Internet dont il disposait dans sa chambre d'étudiant, mais le succès de Course Match avait sévèrement éprouvé son disque dur. Zuckerberg avait alors perdu pas mal de données. Et une partie de ses ennuis avec le Conseil de l'université à propos de Facemash venait du fait qu'il s'était servi du réseau de Harvard pour l'héberger. Cette fois-ci, il adopta une démarche plus sérieuse. Il chercha sur le Net et trouva une société d'hébergement en ligne appelée Manage.com. Il lui communiqua le numéro de sa carte de crédit et commença à lui verser quatre-vingt-cinq dollars par mois pour louer de l'espace sur un serveur. C'est là que résideraient le logiciel et les données de Thefacebook. Ce site serait Thefacebook.com et ne ferait donc pas partie du réseau www.harvard.edu. Zuckerberg n'en était pas sûr, mais quelque chose lui disait que ce projet finirait par dépasser le cadre d'un simple amusement.

Autre indice prouvant que Zuckerberg pensait qu'il pourrait se produire quelque chose d'inhabituel : il conclut avec un étudiant de troisième année doué pour les affaires, Eduardo Saverin, un marché selon les termes duquel il lui céderait un tiers de Thefacebook, en échange de quoi Saverin investirait une modeste quote-part et l'aiderait pour la partie commerciale. Zuckerberg avait rencontré Saverin à Alpha Epsilon Pi, une corpo sélective d'étudiants juifs à laquelle ils s'étaient récemment affiliés tous les deux. Saverin était censé étudier comment Thefacebook, s'il décollait, pouvait rapporter de l'argent. Rejeton bien élevé et apprécié d'un riche magnat des affaires brésilien, Saverin était l'un des responsables de l'Investment Club du campus et un admirable joueur d'échecs qui passait pour un génie mathématique aux yeux de ses amis. Les deux étudiants s'entendirent pour investir chacun 1 000 dollars. (Joe Green raconta que Zuckerberg lui avait proposé à lui aussi d'être son associé, mais lorsque le professeur Green en entendit parler, il « piqua une grosse colère », alors Joe se désista. Plus tard, il prit l'habitude de parler de son « erreur à deux milliards de dollars » pour évoquer cet épisode, et toujours avec un rire peiné.)

Le vendredi 4 février 2004, dans l'après-midi, Zuckerberg cliqua sur un lien dans son compte Manage.com, et Thefacebook démarra. Sur l'écran d'accueil, on pouvait lire : « Thefacebook est un annuaire en ligne qui connecte les gens via des réseaux sociaux dans les universités. Nous avons ouvert Thefacebook pour la consommation populaire à l'université Harvard. Vous pouvez utiliser Thefacebook pour : Rechercher des gens dans votre université ; Trouver qui suit les mêmes cours que vous ; Rechercher les amis de vos amis ; Découvrir une visualisation de votre réseau social. » Zuckerberg se désigna comme utilisateur numéro 4 (les comptes 1, 2 et 3 étaient réservés aux tests). L'utilisateur numéro 5 était son camarade de chambre Hughes, le numéro 6 était Moskovitz et le numéro 7 Saverin. Un ami et camarade de lycée de Zuckerberg, Andrew McCollum, conçut un logo utilisant une image d'Al Pacino trouvée sur Internet qu'il couvrit d'un brouillard de uns et de zéros – éléments de base des médias numériques.

Le logiciel se répandit rapidement dès le tout début. Les premiers utilisateurs – les voisins de Zuckerberg à Kirkland House – envoyèrent des e-mails à d'autres étudiants pour leur demander d'adhérer et de devenir leurs amis. Ce qui suscita de nouveaux e-mails envoyés par lesdits étudiants qui invitèrent leurs propres amis à adhérer. Quelqu'un suggéra d'envoyer un e-mail à tous les gens figurant sur la liste de diffusion de Kirkland House – environ trois cents personnes. Plusieurs douzaines s'inscrivirent presque immédiatement.

Ainsi s'amorça une explosion virale. Le dimanche – quatre jours après le lancement – plus de 650 étudiants s'étaient déjà inscrits[9]. Trois cents de plus s'inscrivirent le lundi. Thefacebook devint presque instantanément un des principaux sujets de conversation dans les réfectoires de Harvard et entre les cours. Les gens ne pouvaient plus s'arrêter de l'utiliser.

Pour s'inscrire, il fallait créer un profil avec une seule photo de vous et quelques informations personnelles. Vous pouviez indiquer votre situation amoureuse en cliquant sur une case du menu déroulant : célibataire, en couple, relation complexe. Vous pouviez inclure votre numéro de téléphone, votre pseudo AIM et votre adresse e-mail ; indiquer les cours que vous suiviez (fonction reprise de Course Match) ; vos livres, films et types de musique favoris ; les clubs dont vous étiez membre ; votre opinion politique : très libéral/ libéral/ modéré/ conservateur/ très conservateur/ apathique ; et une citation favorite. Thefacebook n'avait pas de contenu propre. C'était un simple logiciel – une plate-forme pour du contenu créé par ses utilisateurs.

Des contrôles préservant la vie privée faisaient partie du concept originel. Et il y avait de grosses restrictions : vous ne pouviez pas vous inscrire à moins d'avoir une adresse e-mail en « harvard.edu », et vous étiez tenu d'utiliser votre vrai nom. Ce qui donnait à Thefacebook un caractère élitiste, mais assurait aussi que les utilisateurs étaient bien qui ils prétendaient être. Zuckerberg déclara plus tard au *Harvard Crimson* qu'il « espérait que les options de confidentialité contribueraient à restaurer sa réputation après le tollé soulevé chez les étudiants par facemash.com[10] ». Valider ainsi l'identité des internautes rendait Thefacebook fondamentalement différent de presque tout ce qui était sorti auparavant sur Internet, y compris Friendster et MySpace. Sur Thefacebook, vous pouviez paramétrer vos options de confidentialité pour déterminer exactement qui pouvait voir vos informations. Vous pouviez les restreindre aux étudiants de l'année, aux étudiants de votre cours ou uniquement à ceux de votre résidence.

Une fois que vous aviez établi votre profil, l'interaction commençait. Elle était plutôt limitée. Après avoir invité d'autres à être votre ami, vous pouviez voir un graphique de votre réseau social, qui montrait tous les gens avec qui vous étiez connecté. Vous pouviez aussi envoyer un *poke* – sorte de petit coup de coude virtuel – à l'adresse d'autres utilisateurs en cliquant simplement sur un lien dans leur page. À ce moment-là, un signal apparaissait sur leur page d'accueil. Et ça rimait à quoi ? Voici la réponse insouciante que Zuckerberg afficha sur le site : « Nous avons pensé que ce serait marrant d'ajouter une fonction n'ayant pas de but spécifique. [...] Alors bricolez avec, parce que vous n'aurez pas d'explications de notre part. »

Depuis le début, une part importante de l'activité sur Thefacebook était impulsée par les hormones de jeunes adultes. Le site vous demandait si vous étiez « intéressé(e) par » les hommes ou les femmes. En plus de vous donner le choix d'indiquer si vous étiez dans une relation amoureuse, on vous demandait de remplir une section intitulée : « Je cherche. » L'option « Au hasard » était souvent choisie. Quand on envoyait un *poke* à quelqu'un, la chose était signalée sur son profil, c'est tout. Cette personne pouvait vous renvoyez le *poke*. Pour quelques individus au moins, cette interaction avait une connotation distinctement sexuelle. Mais bon, on était à la fac, après tout.

En revanche, beaucoup de gens trouvèrent des emplois pratiques et respectables à Thefacebook : créer des groupes d'étude pour les cours, organiser des réunions pour des clubs, afficher des annonces de fêtes et autres soirées. Thefacebook était un instrument d'expression personnelle et, même à ce stade primordial de son développement, les gens commençaient à reconnaître que de multiples facettes de leur personnalité pouvaient être projetées sur son écran.

Une autre fonction tombait à pic pour de nombreux étudiants. Vous pouviez cliquer sur le nom d'un cours et savoir qui y était inscrit, tout comme sur Course Match. Lors du lancement de Thefacebook, les étudiants étaient en train de choisir leurs cours du semestre suivant. C'était ce qu'on appelle « la semaine des emplettes » à Harvard, quand les cours ont repris, mais que les étudiants peuvent en choisir d'autres ou les quitter à volonté. Pour tout étudiant ou étudiante de Harvard qui choisissait ses options en partie sur la base des autres inscrits, cette fonction de Thefacebook trouva immédiatement son utilité. Ce qui explique la diffusion rapide de Thefacebook à ses débuts et pourquoi Zuckerberg l'avait lancé précisément cette semaine-là.

Le panneau blanc dans le couloir de l'appartement H33 à Kirkland House prenait maintenant un aspect différent, moins abstrait. Zuckerberg se mit à le remplir de tableaux et de graphiques indiquant la progression de Thefacebook – le nombre de nouveaux inscrits par jour et les fonctions qu'ils utilisaient – et aussi l'utilisateur qui avait actuellement le plus d'amis.

Le lundi 9 février, le *Harvard Crimson* interviewa Zuckerberg, tâche à laquelle son équipe commençait à s'habituer. « L'essence du site, déclara-t-il au journal, est que l'expérience de tout utilisateur s'améliore s'il peut convaincre ses amis de s'y inscrire[11]. » Encore échaudé par la réprimande que Facemash lui avait attirée, il souligna pour le *Crimson* qu'il « veillait... à s'assurer que les gens ne téléchargent pas du contenu sous copyright ». Le *Crimson* le sonda un peu sur ses motivations : « Zuckerberg [...] a dit qu'il n'a pas créé ce site Web avec l'intention de faire du bénéfice. [...] "Je ne vais pas vendre l'adresse e-mail de qui que ce soit, dit-il. À un moment, j'ai pensé à faire ce site Web de façon à ce qu'on puisse y télécharger aussi son CV, et les sociétés pourraient, moyennant une redevance, rechercher des demandeurs d'emploi parmi les étudiants de Harvard. Mais je ne veux pas me lancer là-dedans. Ça rendrait tout plus sérieux et moins ludique." »

Rendre Thefacebook ludique était plus important que d'en faire un commerce. Les échos de cette déclaration se répercuteraient tout au long de la brève histoire de Facebook.

Thefacebook avait peut-être été conçu pour remplacer les trombinoscopes des résidences de Harvard, mais il y avait d'emblée une différence manifeste. Tandis que les portraits tirés par des photographes universitaires la semaine de la rentrée étaient souvent peu flatteurs, les poses gauches, l'éclairage bancal, ceux téléchargés par les intéressés eux-mêmes avaient tendance à les présenter sous leur meilleur jour. C'étaient les jeunes superstars de demain telles qu'elles se voyaient elles-mêmes. Dans le deuxième article écrit sur Thefacebook, le 17 février, une chroniqueuse perspicace du *Harvard Crimson* identifia plusieurs caractéristiques qui, ultérieurement, formeraient le noyau central de l'attrait de Facebook lui-même. L'étudiante de troisième année Amelia Lester (qui, cinq ans plus tard, serait nommée directrice de rédaction du *New Yorker*), écrivait : « Tandis que Thefacebook.com ne se propose pas explicitement de réunir les gens dans des relations amoureuses, une multitude d'autres instincts fondamentaux sont manifestement à l'œuvre ici : un certain besoin d'appartenance, un rien de vanité et pas mal de voyeurisme[12]. »

Et l'esprit de compétition fut immédiatement mis en évidence. Dès le jour du lancement, certains utilisateurs virent en Thefacebook un moyen d'accumuler un maximum d'amis plutôt qu'un moyen de communiquer en ligne et de recueillir des informations utiles. De nombreux utilisateurs de Facebook pensent encore ainsi.

À la fin de la première semaine, environ la moitié des étudiants de licence de Harvard s'étaient déjà inscrits, et fin février, c'était près des trois quarts. Mais les étudiants n'étaient pas les seuls à montrer leur visage en ligne.

L'unique contrainte pour l'inscription était de posséder une adresse e-mail de Harvard, si bien que Facebook était à la disposition non seulement des étudiants – de licence et des cycles suivants – mais aussi du corps enseignant et des anciens de Harvard. Certains étudiants râlaient, disant que les profs devraient être exclus. En fait, seuls une poignée d'enseignants s'étaient inscrits jusque-là, contre un millier d'anciens étudiants, en majorité sortis récemment de Harvard. Au bout de trois semaines, Thefacebook comptait plus de 6 000 utilisateurs.

En l'espace de quelques jours, Zuckerberg se rendit compte qu'il allait avoir besoin d'aide pour faire fonctionner le site et assurer la maintenance. Il se tourna donc vers les candidats tout désignés : ses colocataires. Une semaine environ après le lancement de Thefacebook, Zuckerberg fit signer un contrat de travail à Dustin Moskovitz. Un an plus tard, dans une conversation, il relata ainsi l'embauche de Moskovitz : « Un de mes colocs disait : "Hé, moi je vais t'aider !" J'ai dit : "Mec, tu ne sais pas programmer !" Alors il est rentré chez lui le week-end, il s'est acheté le bouquin *PERL pour les nuls*, et il m'a dit : "Maintenant, je suis prêt." J'ai dit : "Mec, le site n'est pas écrit en PERL." » Toujours est-il que Zuckerberg rééquilibra les participations dans Thefacebook afin d'allouer 5 pour cent à l'impatient Moskovitz. Il réduisit légèrement sa propre participation, la ramenant à 65 pour cent et celle de Saverin à 30 pour cent. La tâche principale de Moskovitz était de pousser l'expansion vers d'autres campus.

Déjà depuis la deuxième semaine, des étudiants d'autres universités que Harvard bombardaient Zuckerberg d'e-mails pour lui demander quand ils pourraient participer eux aussi. Dès le début, Zuckerberg avait envisagé de sortir du cadre de Harvard. C'était même implicite sur la page d'accueil : « [...] un annuaire en ligne qui connecte les gens via des réseaux sociaux dans les universités. » Et non « à Harvard ».

Et son ambition ne s'arrêtait pas là. Moskovitz rapporta que lorsqu'il fut engagé pour ajouter de nouveaux établissements au réseau, « dans cette même conversation, c'était un peu... "Ouais, et ensuite on ira au-delà" ».

Moskovitz entreprit d'apprendre son job sur le tas, imitant le code de Zuckerberg chaque fois qu'il le pouvait. Il n'était pas toujours rapide, mais il se révéla immédiatement par son aptitude stupéfiante à travailler dur. « Parfois, Mark s'impatientait un peu, rapporte un ami. Mais Dustin piétinait, s'accrochait et continuait de bosser. » À Kirkland House, certains se mirent à surnommer « le bœuf » ce deuxième année venu de Floride.

Zuckerberg dit maintenant que le rôle de Moskovitz pendant cette période avait été « vital » pour le succès de Thefacebook. Pour ajouter un établissement, Moskovitz devait trouver comment l'adresse des e-mails était libellée pour les étudiants, les enseignants et les anciens afin qu'il puisse établir la procédure d'inscription. Il se procurait ensuite un tableau des cours et une liste des résidences universitaires. Il lui fallait aussi installer un lien vers le journal de la fac en question, car Thefacebook avait alors une fonction, abandonnée ultérieurement, qui liait votre profil à tout article du journal du campus où vous étiez mentionné. Tous les travaux préparatoires et le codage prenaient environ une demi-journée pour ajouter un établissement, ce qui n'empêcha pas Zuckerberg et Moskovitz de progresser rapidement d'une université à l'autre alors même qu'ils étaient encore étudiants à plein temps. Ils ouvrirent Thefacebook à Columbia le 25 février, à Stanford le lendemain et à Yale le 29. Columbia démarra lentement, mais c'est à Stanford que l'attrait grand public de Thefacebook fut démontré pour la première fois. Au bout d'une semaine seulement, le *Standford Daily* écrivait que « Thefacebook.com fait fureur sur le campus ». Le journal indiquait que 2 981 étudiants de Standford s'étaient déjà inscrits.

Zuckerberg détestait donner des interviews et parler en public, mais il accorda pas mal de son temps au *Stanford Daily*. « Je sais bien que ça fait ringard, mais j'aimerais beaucoup améliorer la vie des gens, surtout socialement », confia-t-il au journal. Et comme le site ne lui coûtait que quatre-vingt-cinq dollars par mois, il ne ressentait aucun besoin impérieux de le rentabiliser : « À l'avenir, il se peut qu'on vende de la pub pour rembourser nos frais, mais puisque la fourniture du service est si bon marché, il se peut qu'on choisisse de ne pas le faire pendant un certain temps encore. »

Il n'envisageait pas de donner à l'avenir beaucoup d'interviews comme celle-ci. Les journaux de toutes les nouvelles universités voulaient apparemment le rencontrer, et le trio projetait d'ajouter encore une multitude d'établissements. Aussi, peu après, Zuckerberg recruta-t-il un autre candidat prometteur, son propre camarade de chambre, Chris Hughes. Hughes devint le porte-parole officiel de Thefacebook. Le quatuor fondateur de l'entreprise était au complet. Thefacebook avait 10 000 utilisateurs actifs. Il était opérationnel depuis un mois.

Tandis que Thefacebook progressait à Harvard, Zuckerberg continuait de désavouer toute motivation commerciale sérieuse. Mais une fois qu'il eut commencé d'étendre le réseau à d'autres universités, il se mit à manifester un instinct stratégique digne d'un PDG, avec une volonté de fer pour affronter la concurrence. Il précise maintenant que s'il avait décidé d'élargir Thefacebook en commençant par Columbia, Stanford et Yale, c'est que ces trois universités possédaient déjà leur réseau social maison. C'était une sorte de test de marketing : mettre son produit en concurrence avec ce qu'il y avait de mieux en face. « Si Thefacebook prenait encore dans ces universités et délogeait les autres [réseaux], explique-t-il, alors j'allais savoir s'il marcherait vraiment bien dans toutes les autres. »

À Stanford, Thefacebook décolla comme une fusée. Un réseau social spécifique à l'université, Club Nexus, s'était déjà pratiquement éteint comme un pétard mouillé. Lorsque les étudiants découvrirent Thefacebook, beaucoup eurent l'impression que c'était exactement ce qu'ils attendaient. « C'était pas le genre de truc qu'on est obligé de se faire expliquer », dit un diplômé de la promotion 2005.

À Columbia, en revanche, un étudiant nommé Adam Goldberg avait lancé un site commercial appelé CUCommunity un mois avant que Zuckerberg crée Thefacebook. Lorsque Thefacebook arriva à Columbia quatre semaines plus tard, 1 900 des 6 700 étudiants de licence de Columbia étaient actifs sur CUCommunity. Plusieurs mois s'écouleraient avant que Thefacebook le dépasse. CUCommunity commença aussi à s'élargir à d'autres universités. À Yale, le Conseil étudiant avait lancé le 12 février un site Web de rencontres couplé à un trombinoscope en ligne, appelé YaleStation. Bien qu'offrant moins de fonctions que Thefacebook, il était en train de grimper à des hauteurs stratosphériques : à la fin du mois, près des deux tiers des étudiants de licence s'y étaient inscrits.

Mais Zuckerberg était convaincu que son service tiendrait la distance. Il décida donc de l'étendre plus avant dans la prestigieuse Ivy League. Le dimanche 7 mars, il le lança à la fois à Dartmouth College et à Cornell. À Dartmouth, un ami de Zuckerberg qu'il avait connu à Exeter présidait la Commission des services aux étudiants dépendant de l'Assemblée des étudiants. À l'instar des organisations étudiantes de Harvard, de l'université de Pennsylvanie, de Yale et d'autres facs, celle de Dartmouth faisait campagne depuis un certain temps pour la mise en ligne du trombinoscope. L'ami en question accepta d'organiser la promotion de Thefacebook en se servant du système e-mail de l'organisation pour contacter tous les étudiants. Le message fut envoyé à 22 heures. Le lendemain soir, 1 700 des 4 000 étudiants de licence de Dartmouth utilisaient Thefacebook.

Zuckerberg était tellement enthousiasmé par cette rapidité qu'il accepta une fois de plus de parler au journal de l'université, le *Dartmouth* : « Ça me décoiffe de voir que les gens ont utilisé le site pour de vrai. Tout ce qui compte pour moi, c'est que les gens s'expriment, et puissent se servir du site comme ça les arrange, pour moi c'est cool. » Zuckerberg avait également trouvé de l'aide à Stanford, où un ami d'enfance du temps de Dobbs Ferry lui fournit un mot de passe pour entrer dans le réseau de Stanford ainsi qu'une liste des adresses e-mail des étudiants et une autre des résidences. Or, très vite, le problème fut de décourager l'intérêt pour le site au lieu de le stimuler. Des e-mails commençaient d'affluer de tous les coins des États-Unis, qui pressaient Zuckerberg d'implanter Thefacebook dans d'autres universités. En l'espace de quelques semaines, nos quatre larrons de Harvard – encore soumis au poids intégral de leurs études – avaient lancé leur service au MIT, à l'université de Pennsylvanie, à Princeton, à Brown et à l'université de Boston. À la mi-mars, le nombre total d'utilisateurs atteignait les 20 000. C'est alors qu'un autre camarade de lycée de Zuckerberg entra en scène. Cette fois, c'était Adam D'Angelo, l'autre génie de la programmation d'Exeter, colocataire de Zuckerberg pendant l'été et co-auteur du programme de recommandations musicales Synapse. Depuis sa chambre d'étudiant à Caltech, D'Angelo aida Moskovitz à effectuer la programmation nécessaire pour ajouter encore de nouveaux établissements. Si les universités de l'Ivy League et autres campus similaires avaient démarré en premier, c'était principalement parce que c'était là que se trouvait le réseau d'amis des utilisateurs de Harvard dans le monde réel – en général des copains de lycée. Thefacebook avait une tendance élitiste.

Jusque-là, il était conçu de manière à ce qu'au sein de chaque université les utilisateurs puissent voir les profils les uns des autres. On pouvait délibérément resserrer les paramètres de confidentialité, mais la plupart des étudiants s'en abstenaient. N'importe quel utilisateur de Harvard, par exemple, pouvait voir les profils de la plupart des étudiants de Harvard. C'était le réglage par défaut. En revanche, les étudiants de Harvard ne pouvaient pas voir les profils des étudiants de Stanford. Or pour que Thefacebook puisse continuer à progresser, il allait avoir besoin de liaisons interuniversitaires, et de plus en plus de voix s'élevaient pour se plaindre que ce n'était pas possible. Zuckerberg et Moskovitz décidèrent donc que pareilles liaisons pourraient être créées par accord mutuel des deux parties – procédure à l'origine de la manière dont les connexions Facebook sont établies jusqu'à ce jour. Je ne deviendrai ton « ami » que si tu acceptes d'être le mien.

Les frais de fonctionnement augmentaient, et Zuckerberg laissa entendre au *Harvard Crimson*, qui s'était mis à l'idolâtrer, que « ça serait bien à l'avenir si on pouvait avoir un peu de pub ». Fin mars, avec un nombre d'utilisateurs actifs dépassant les 30 000, Thefacebook payait 450 dollars par mois pour la location de cinq serveurs chez Manage.com. Zuckerberg et Saverin s'entendirent pour investir 10 000 dollars de plus dans la société[13]. Entre-temps, Saverin s'était mis à vendre un peu de publicité et avait décroché quelques modestes contrats avec des sociétés qui proposaient des prestations de déménagement ou vendaient des T-shirts et autres produits aux étudiants. Ces pubs commencèrent à apparaître en avril.

Il était de plus en plus difficile de ne serait-ce que faire fonctionner Thefacebook sans anicroche. Il pouvait y avoir des milliers d'internautes en ligne en même temps, ce qui tirait sur les serveurs. Zuckerberg et Moskovitz essayèrent de retarder l'admission de nouveaux établissements tant qu'ils n'auraient pas résolu les problèmes affectant les utilisateurs actuels. « Notre expansion vers d'autres universités était toujours bridée par la capacité des serveurs, se rappelle Moskovitz. On n'arrivait carrément plus à agrandir l'architecture assez rapidement. » Par bonheur, ils réussirent à faire patienter les autres campus jusqu'à ce qu'ils aient résolu ces problèmes. Les deux programmeurs modifiaient en permanence l'architecture opérationnelle du site et mettaient tout en œuvre pour le rendre plus efficace. Moskovitz essayait au maximum de piquer du métier à Zuckerberg, plus expérimenté, et à D'Angelo, basé à Caltech, à 4 000 kilomètres de Harvard.

Aujourd'hui, Zuckerberg se rappelle le dévouement de Moskovitz en ces temps héroïques avec un mélange d'émerveillement et de gratitude : « Dustin prenait la concurrence sacrément au sérieux. C'était comme ça : "J'entends dire par le téléphone arabe que les mecs de X veulent monter un service concurrent à l'université Z." Et lui : "Vraiment ? Jamais de la vie !" L'exposé qu'il était censé rédiger, il le mettait carrément à la poubelle pour lancer le site à la fac en question. C'était un bourreau de travail accouplé à un ordinateur. Au début, je voyais ça comme un simple projet. Je ne m'étais pas trop investi dedans parce que, pour moi, ce n'était pas évident que ça allait devenir un méga-business. Je me disais : “Ouais, c'est vachement bien ficelé. C'est pas la pierre philosophale, mais c'est cool. Et puis j'ai toutes ces matières à bûcher.” Mais Dustin est arrivé et avec lui, ça a vraiment pris de l'ampleur. »

Ils utilisaient des logiciels gratuits à code source libre tels que la base de données MySQL et les outils Apache pour serveurs Web, ce qui mettait toute l'entreprise financièrement à leur portée. Ces logiciels étaient certes gratuits, mais leur manipulation était complexe. Zuckerberg avait plus d'expérience en programmation que Moskovitz, seulement il n'avait encore jamais travaillé avec ces types de programmes. Il apprenait au jour le jour, alors même qu'il était inscrit à quatre cours, dont un cours d'informatique particulièrement exigeant. Mais Thefacebook avait tellement de succès qu'à la fin du semestre les étudiants s'inscrivaient presque en masse chaque fois qu'ils ajoutaient un nouveau campus au réseau.

Zuckerberg brûlait du désir d'essayer des choses nouvelles, mais sa capacité à créer un site Web en expansion rapide à ses moments perdus dépendait en grande partie des milieux où il évoluait. « Quand on veut en arriver là, avoir du génie et de l'ambition ne suffit pas, explique Moskovitz. Il est vraiment important d'avoir de la chance. Mais Mark avait de tout ça à revendre, et surtout de la chance. Il s'est carrément trouvé dans la bonne position pas mal de fois, et il savait extrêmement bien choisir le moment idéal. Et quand il a trouvé une bonne idée, il l'a suivie jusqu'au bout, alors que tout autre que lui aurait estimé qu'il fallait d'abord terminer ses études. »

Le succès final de Facebook doit beaucoup au fait qu'il est né en milieu universitaire. C'est là que les réseaux sociaux sont les plus denses et c'est en général là que les gens se fréquentent plus vigoureusement qu'à toute autre période de leur vie. Moskovitz a d'ailleurs étudié la question pendant ce semestre d'été décisif. Il rédigea un exposé pour un cours de statistiques en utilisant des données tirées de Thefacebook.

Son essai démontrait que, selon sa propre terminologie, « tout étudiant individuel est à deux degrés de proximité de n'importe quel autre sur un campus donné ». En moyenne, les étudiants ne sont séparés les uns des autres que par une seule relation intermédiaire. « C'est pour cela que Thefacebook a si bien progressé à la fac », explique Moskovitz. Il décrocha une mention très bien à l'examen de statistiques, ce qui n'était pas si mal que ça quand on songe qu'il avait passé le plus clair de son temps ce semestre-là à travailler sur le site. « Et j'ai eu un tas de bons points supplémentaires pour le corpus de données », raconte Moskovitz en savourant ce souvenir.

Harvard offrait à Zuckerberg des ressources uniques pour développer son entreprise. « À Harvard, dit Moskovitz, les gens lançaient des sites Web assez souvent. Il y a même eu un fonds spéculatif impressionnant. Et c'étaient des étudiants de licence. Alors quand on annonçait : "Il se trouve que mon coloc aime bien monter ces gros sites Web commerciaux", ça n'avait rien de délirant. » Plusieurs autres, comme l'équipe Winklevoss/ Narendra, travaillaient même sur des réseaux sociaux. Et le talent des colocataires de Zuckerberg était déjà extraordinaire. Il n'y a pas beaucoup de campus où il pourrait trouver quelqu'un d'aussi compétent que Moskovitz dans la chambre d'à côté. Ils ne se connaissaient pas avant d'emménager à Kirkland, mais Zuckerberg trouva en son colocataire non seulement un programmeur âpre au travail, mais un intellectuel et un leader qui allait œuvrer des années durant comme directeur technologique de Facebook. De même, Chris Hughes, avec qui Zuckerberg partageait sa chambre, était si distingué et savait si bien s'exprimer qu'il fut le porte-parole de Facebook. Plus tard, Hughes jouerait un rôle important dans la campagne présidentielle de Barack Obama en 2008. Ensuite, il y a évidemment le cachet particulier d'une entreprise qui débuta sous les lambris les plus sélects du monde universitaire. L'estampille Harvard confère un imprimatur doté d'un impact unique dans quelque domaine que ce soit. Un produit associé à Harvard est moins suspect. Rejoindre un réseau social qui a débuté à Harvard pourrait sembler parfaitement naturel à quiconque a une haute opinion de soi-même. C'était une dynamique importante au début.

Et le fait que les étudiants de Harvard ont une conscience exacerbée de leur prestige social n'y était pas étranger non plus. Le réseau servait à valider l'ampleur de vos ambitions sociales tout en mesurant votre succès. Sam Lessin, ami et camarade de fac de Zuckerberg qui fut l'un des premiers utilisateurs, déclare : « Il y a à Harvard une incroyable compétition sociale latente, et je pense qu'elle a vraiment aidé Facebook à ses débuts. » Si les gens devaient entretenir leur profil et leurs réseaux sociaux en ligne, alors le genre d'élitistes-nés qui fréquentent Harvard n'avaient pas de scrupules à essayer d'élaborer les meilleurs profils et d'édifier les plus grands réseaux. Dans ce célèbre article écrit lorsque Thefacebook n'avait que deux semaines d'existence, Amelia Lester l'avait bien compris[14] : « Il n'est guère étonnant que les étudiants de Harvard en particulier trouvent terriblement alléchante la possibilité de se construire une personnalité en ligne. La plupart d'entre nous passons nos années de lycée à étoffer des CV tellement plombés qu'ils pourraient tenir le ring dans un match de sumo, expérience qui a culminé dans notre dossier de candidature pour l'université. [...] L'essentiel [sur Thefacebook] est de se mettre en scène [...] et de faire savoir au monde pourquoi nous sommes des individus importants. Bref, c'est ce à quoi les étudiants de Harvard excellent. »

Mais d'aucuns avancent un historique plus sombre de la genèse de Thefacebook à Harvard. À les entendre, Zuckerberg est un voleur, et Thefacebook était l'idée d'autres étudiants de Harvard. L'accusation la plus sérieuse est celle portée par Cameron Winklevoss, Tyler Winklevoss et Divya Narendra. Ces trois étudiants disent que Zuckerberg a volé de nombreuses idées à leur projet de réseau Harvard Connection après qu'ils l'eurent engagé pour en assurer la programmation. Au bout d'un mois ou deux de travail, Zuckerberg conclut que leur projet n'avait aucune chance de réussir. Peu après, il commença à travailler sur Thefacebook. Ce différend deviendrait un problème onéreux pour l'entreprise naissante de Zuckerberg.

Vers la mi-avril 2004, plus de deux mois après le lancement du site, son directeur commercial, Eduardo Saverin, devenu directeur financier de la société, effectua les démarches nécessaires pour faire enregistrer Thefacebook en tant qu'entreprise commerciale. Il créa une SARL en Floride, où il avait été lycéen. Les associés désignés étaient Zuckerberg, Moskovitz et Saverin. Bien que les bénéfices engrangés par Thefacebook soient inexistants les premières semaines, Zuckerberg avait déjà commencé vers la mi-février à répondre à des appels d'investisseurs possibles. Ils avaient entendu parler de la croissance exponentielle de ce nouveau site Web et voulaient une part du gâteau. À la fin du semestre, son camarade de fac Sam Lessin, dont le père était un célèbre investisseur, emmena Zuckerberg à New York faire le tour des spécialistes du capital-risque et des gros bonnets de la finance et de l'industrie des médias.

Lors d'une de ces rencontres, en juin, un financier offrit à Zuckerberg 10 millions de dollars pour sa société. Mark venait d'avoir vingt ans. Thefacebook avait quatre mois. Il ne songea sérieusement pas une seule seconde à accepter.

2. Palo Alto

« Fondateur, Maître et Commandant, Ennemi de l'État. »

Tandis que le semestre du printemps 2004 se terminait à Harvard, Thefacebook prit un coup d'accélérateur. Fin mai, le site opérait dans soixante-quatre établissements et comptait presque 100 000 utilisateurs.

En juin 2004, son directeur financier Eduardo Saverin ouvrit un compte en banque et y déposa plus de 10 000 dollars de son propre argent comme fonds de roulement ; il commença également à y déposer les recettes de la publicité.

Environ un mois plus tôt, Saverin avait pris contact avec une société appelée Y2M. Y2M vendait de la pub pour le compte des sites Web des journaux étudiants et Saverin les invita donc à venir discuter de la possibilité de vendre de la publicité pour Thefacebook. Cette rencontre fut retardée deux fois parce que Mark et Eduardo avaient des examens à passer ou une dissertation à remettre. Quand la représentante d'Y2M, Tricia Black, se retrouva finalement avec eux autour d'une table, Zuckerberg produisit un carnet avec une sortie papier des données de trafic de Thefacebook. Tricia Black n'en revenait pas. « Il doit y avoir une erreur dans votre méthode de suivi, dit-elle. Je ne vois pas comment vous pourriez avoir un tel trafic. » Zuckerberg suggéra que les gens d'Y2M utilisent leur propre logiciel de surveillance pour observer le site pendant quelques jours, histoire de se faire une idée du trafic par eux-mêmes.

Les chiffres stupéfiants n'étaient pas le fruit d'une erreur. Tricia Black et ses collègues étaient aux anges. Y2M commença presque immédiatement à placer des pubs pour ses clients en prélevant une commission d'environ 30 pour cent. L'un des premiers annonceurs était MasterCard, qui cherchait à placer des cartes de crédit spécialement conçues pour les étudiants. Mais, comme Y2M elle-même et la plupart de ses autres clients, les responsables de MasterCard doutaient que Thefacebook puisse vraiment produire des résultats. Au lieu de simplement payer la mise en ligne des publicités, comme ils le faisaient pour cette campagne sur d'autres sites étudiants, les gens de MasterCard n'acceptèrent de payer que si un étudiant remplissait une demande de carte. À ce stade, Thefacebook était actif dans une douzaine d'universités. MasterCard démarra sa campagne un jeudi à 17 heures. En un seul jour, il reçut deux fois plus de demandes qu'il n'en attendait pour toute la campagne, étalée sur deux mois. Thefacebook plaçait les annonces exactement sous les yeux des clients ciblés : des étudiants aisés inscrits en licence dans les universités les plus cotées. MasterCard continua sa campagne.

Les responsables d'Y2M se mirent à voir en Thefacebook un acteur susceptible de redistribuer les cartes, et en été ils voulaient déjà être dans le coup eux aussi. Tricia Black et un autre cadre d'Y2M rencontrèrent Zuckerberg et lui demandèrent si Y2M pouvait investir dans l'affaire. Le jeune PDG dit qu'il y réfléchirait, mais qu'ils seraient obligés d'estimer la valeur de Thefacebook à 25 millions de dollars au bas mot. Y2M décida d'attendre.

Dans des situations comme celle-ci, Zuckerberg a tendance à être impassible. Souvent, il parle peu, malgré des éloges extravagants ou des entreprises de séduction. Il ne fut pas impressionné par les avances d'Y2M. Même à cette époque, il avait déjà sa vision personnelle du potentiel de Thefacebook, et ça n'avait pas grand-chose à voir avec le fric. Tricia Black se rappelle l'avoir entendu dire : « Nous allons changer le monde. Je crois que nous pouvons faire du monde un lieu plus ouvert. » Des paroles qu'il prononcerait à de nombreuses reprises dans les années à venir.

Maximiser les recettes en vendant de la pub comptait moins pour Zuckerberg que satisfaire les utilisateurs. Il voulait bien autoriser la publicité, à ses propres conditions. Les annonceurs ne pouvaient disposer que d'une gamme restreinte de bandeaux normalisés. Ceux qui exigeaient du sur-mesure étaient éconduits. Zuckerberg refusa des annonces émanant de sociétés dont il estimait qu'elles ne correspondaient pas à l'esprit étudiant enjoué de Thefacebook, notamment Mercer Management Consultants et Goldman Sachs. Un temps, il ajouta de petites légendes au-dessus des pubs, qui disaient : « Ceux-ci, on ne les aime pas non plus, mais avec eux on paie nos factures. » Comme le dit Joshua Iverson, un commercial qui travaillait pour Tricia Black à Y2M : « Mark n'a jamais voulu les pubs. L'homme d'affaires, c'était Eduardo. » Bien sûr, il n'était pas inhabituel que des penseurs du Web contemporain se désintéressent de la publicité. Des sites comme la Craigslist (petites annonces gratuites) et l'encyclopédie en ligne Wikipédia allaient rapidement se classer parmi les plus importants d'Internet en adoptant une démarche ouvertement non lucrative.

Y2M essaya de convaincre Zuckerberg d'étendre Thefacebook à des campus plus importants en termes d'effectifs, comme l'université d'Arizona. Mais il était déterminé à le maintenir dans l'Ivy League, ou du moins à se limiter à des établissements que ses utilisateurs lui demandaient d'ajouter : les universités où leurs copains étaient étudiants. Ce qui conserva au réseau une envergure modeste et un caractère sélectif pendant les premiers mois. Les annonceurs eux-mêmes ne pouvaient pas se connecter à Thefacebook.com, puisque Zuckerberg tenait à ce que l'accès soit strictement réservé aux étudiants, aux enseignants et aux anciens des universités où il fonctionnait. Les annonceurs ne pouvaient même pas vérifier le placement de leurs annonces – c'était du jamais vu. Or malgré ces obstacles, Tricia Black était de plus en plus certaine que Thefacebook tiendrait ses promesses. Quand Y2M eut échoué dans sa tentative de prendre des parts dans Thefacebook, elle proposa à Saverin de l'engager comme collaboratrice à plein temps.

Entre-temps, Zuckerberg répartissait ses risques. Pour lui, le succès de Thefacebook n'allait pas de soi. En fait, bien qu'il nourrisse de grands espoirs, il doutait encore que le site puisse avoir un impact considérable. Pour lui, c'était encore un simple projet, même s'il devenait intéressant. Aussi, entrepreneur dans l'âme, se lança-t-il dans un nouveau projet – un de plus. Alors qu'il passait sur Thefacebook le plus clair de son temps non consacré aux études, lui-même et Andrew McCollum, un autre deuxième année et programmeur de talent, commencèrent à travailler sur un nouveau logiciel qu'ils baptisèrent Wirehog – le « glouton télématique ». Plus ou moins inspiré par le site de partage de musique en ligne Napster, qui eut son heure de gloire, Wirehog devait être un service de partage de contenu pair-à-pair. Il permettrait aux utilisateurs d'échanger non seulement de la musique, mais aussi des vidéos et des fichiers texte ou n'importe quel type d'informations numériques – et uniquement avec leurs amis. Il se connecterait directement sur Thefacebook et transformerait vos amis sur le site en sources de contenu.

En épluchant les petites annonces de la Craigslist, Zuckerberg trouva une maison à un étage de style ranch à Palo Alto, en Californie, qu'il sous-loua pour l'été. Il avait décrété qu'il avait besoin d'aller en Californie, et ce, pour plusieurs raisons. McCollum, avec qui il travaillait sur WireHog, faisait un stage d'été rémunéré non loin de là, chez Electronic Arts, géant de l'industrie des jeux vidéo qui avait créé les Sims, les jeux Madden NFL et bien d'autres succès. Son copain d'Exeter, Adam D'Angelo, était disposé à venir de Caltech si on avait besoin de lui. Mais, avant tout, parce que c'était la terre promise de la technologie. « Palo Alto était comme qui dirait ce lieu mythique d'où étaient venus tous les petits génies de la technologie, confia Zuckerberg à un reporter quelques mois plus tard. Alors je me suis dit que je voulais voir ça de près. »

Zuckerberg persuada Dustin Moskovitz de partir avec lui en Californie. Moskovitz s'était déjà trouvé un job d'été au laboratoire d'informatique de Harvard en assistance utilisateurs. Or Moskovitz était devenu indispensable. Avec son obstination au travail et sa maîtrise croissante du codage, il gérait plus ou moins le fonctionnement quotidien de Thefacebook. Zuckerberg promit de lui payer plus que ce qu'il gagnerait avec son job au labo d'informatique et le persuada que le déplacement serait bénéfique pour Thefacebook.

Chris Hughes, porte-parole de Thefacebook et camarade de chambre de Zuckerberg, avait déjà payé son stage culturel d'été en France et ne viendrait à Palo Alto qu'ensuite. Ses parents, qui appartenaient à la petite bourgeoisie de Caroline du Nord, n'avaient pas beaucoup d'argent et il était par nature encore moins porté sur le risque que Moskovitz, dont la famille, en Floride, était assez aisée. Plus matérialiste, le Brésilien Eduardo Saverin avait des raisons personnelles de ne pas partir avec les autres sur la route de Palo Alto, qui ne l'attirait pas du tout. Il s'installa à New York pour l'été, avec l'intention de rechercher de nouveaux contrats publicitaires et de travailler dans une banque d'investissement où son père avait des contacts.

Sean Parker était stressé un max. Il faisait chaud cet après-midi à Palo Alto, et il avait horreur de faire du travail physique. Mais son bail avait expiré et il était à court de liquide. Il était donc là en juin 2004 sur le trottoir devant chez les parents de sa copine, en train de décharger des cartons de sa voiture. C'était, avouons-le, un véhicule d'une certaine classe – une BMW Série 5 qu'il avait achetée quand il roulait sur l'or. Parker lui-même avait de la classe. Ses cheveux blonds bouclés étaient élégamment longs. Le torse mince de ce jeune homme de vingt-quatre ans était gainé d'un T-shirt branché et pas donné du tout, qui ce jour-là commençait à sentir la transpiration.

Lorsqu'il remarqua un groupe de jeunes qui se dirigeaient vers lui, il se raidit. Ses cartons contenaient du matériel informatique coûteux. Il n'aimait pas le look de ces mômes – ils portaient tous des sweat-shirts à la capuche relevée malgré la chaleur. Il leur trouva un air menaçant ; c'était peut-être un groupe de voyous. Mais voilà que le plus petit d'entre eux l'abordait carrément.

« Parker ! s'écria-t-il avec enthousiasme. Sean, c'est Mark, Mark Zuckerberg. » Soudain, tout lui revint en un éclair. C'était le type qu'il avait rencontré dans un dîner à New York deux mois plus tôt. Il avait dit qu'il viendrait passer l'été en Californie.

Zuckerberg présenta les quatre autres – quatre étudiants de Harvard, pas des voyous : Dustin Moskovitz, cofondateur de Thefacebook à la tignasse bouclée, Andrew McCollum, l'associé de Zuckerberg pour Wirehog, et deux stagiaires maigrichons, deux *freshmen* – étudiants de première année – de Harvard que Thefacebook avait engagés pour l'été, Erik Schultink et Stephen Dawson-Haggerty. Les cinq garçons rentraient à pied de la supérette, une trotte d'un bon kilomètre et demi, parce qu'ils n'avaient pas de voiture. Ils logeaient dans une maison à un bloc de là. Zuckerberg invita Parker à venir les voir. Quelques heures plus tard, le jeune créateur d'entreprises se rendit à pied au 819 La Jennifer Way, quartier général de Thefacebook.

Sean Parker était sur le point de devenir un protagoniste majeur – quoique contesté – de l'histoire de Facebook. Il avait pas mal d'expérience Internet pour quelqu'un de son âge. En 1999, il s'était branché en ligne sur un type du nom de Shawn Fanning, le créateur de Napster, et l'avait ensuite rejoint à San Francisco pour l'aider à lancer le service qui avait mis l'industrie musicale sens dessus dessous. Parker quitta Napster au bout d'un an seulement et devint le cofondateur de sa propre société Internet, Plaxo. L'entreprise mobilisa rapidement des millions de dollars et commença à accumuler des centaines de milliers d'utilisateurs, mais Parker eut à nouveau des ennuis avec ses bailleurs de fonds. Les investisseurs en capital-risque n'aimaient pas sa manière décontractée d'aborder calendriers et échéances, son non-conformisme, le sentiment d'insécurité qu'il générait, ni son complexe de supériorité, bien qu'ils reconnaissent qu'il était diaboliquement intelligent. Les financiers n'appréciaient pas non plus son style de vie rock'n'roll. Il était capable de travailler des semaines d'affilée pour mener jusqu'à son terme un objectif de la société, dormant même dans son bureau – et ensuite on ne le voyait plus pendant des jours. Ils finirent par le mettre à la porte. Ils étaient allés jusqu'à engager un détective privé pour les renseigner sur les écarts de conduite dont on l'accusait[1].

Parker faisait partie du nombre croissant de cadres de Silicon Valley convaincus que les réseaux sociaux allaient finir par rapporter gros. En automne 2003, les investisseurs en capital-risque de Silicon Valley avaient engagé un total de 36 millions de dollars dans quatre start-ups de réseautage social en vue : Friendster, LinkedIn, Spoke et Tribe. Fin mars, peu après que Thefacebook se fut emparé du campus de Stanford en quelques jours seulement, Parker envoya à tout hasard un e-mail à Zuckerberg. Il y insistait sur ses références Napster et proposait de présenter Zuckerberg à des investisseurs bien informés de San Francisco qui comprenaient le réseautage social. Il mentionnait qu'il connaissait les PDG de LinkedIn et de Tribe, lesquels avaient acheté en commun un brevet essentiel qui pourrait se révéler important dans le réseautage social. Parker suggérait qu'une réunion avec eux pourrait contribuer à assurer que ledit brevet ne soit pas utilisé contre Thefacebook. Saverin lui répondit par e-mail et ils organisèrent un dîner à New York.

Début avril, Parker se rendit en avion à New York pour ce dîner. Il rejoignit Zuckerberg, Priscilla Chan, la copine de celui-ci, Saverin et sa copine dans un nouveau restaurant chinois branché de Tribeca, le 66.

Zuckerberg était tout émoustillé de rencontrer un des fondateurs de Napster, qu'il tenait pour un des événements les plus importants qui se soient jamais produits sur Internet. Et Parker ne tarda pas à être impressionné par Zuckerberg. Dans ce restaurant au design sobre signé Richard Meier, ils s'engagèrent presque immédiatement dans un tête-à-tête intense, laissant pratiquement Saverin et les deux jeunes filles hors du coup. Zuckerberg ébaucha sa vision de ce que Thefacebook pourrait devenir. C'était une vision encore plus vaste que ce à quoi Parker s'attendait. « Pour lui, ce n'était pas "On se fait du fric et on se barre", dit Parker. Ça ne ressemblait pas à un plan pour s'enrichir en vitesse. C'était plutôt "Construisons quelque chose qui a une valeur culturelle durable et essayons de nous emparer du monde." Mais il ne savait pas ce que cela signifiait. C'était un étudiant. S'emparer du monde, ça voulait dire s'emparer de l'université. » Parker se rappelle avoir trouvé Zuckerberg incroyablement ambitieux. « Il avait des tendances impérialistes. » Parker avait mis son compte à découvert pour payer ce dîner, mais il avait l'impression que ça en valait la peine[2].

Lorsqu'il tomba sur Parker deux mois plus tard sur le trottoir de Palo Alto, Zuckerberg eut un souvenir fort et positif de cette rencontre à New York. Parker était au nombre des gens qui semblaient vraiment comprendre ce que faisait Thefacebook.

Pendant le dîner à Palo Alto, Zuckerberg fut témoin du dénouement de la bataille entre Parker et ses anciens commanditaires chez Plaxo, qui durait depuis des mois. Les six jeunes gens entrèrent dans un restaurant du quartier, où Zuckerberg mit Parker au courant de l'évolution de Thefacebook et le présenta plus en détail à ses potes de Harvard. Tandis qu'ils étaient attablés, Parker reçut un coup de téléphone urgent de la part de son avocat. C'était une mauvaise nouvelle. Le conseil d'administration de Plaxo avait décidé de ne pas autoriser l'investissement d'environ une moitié des actions que Parker détenait encore. En clair, il était mis à la porte de sa propre société en perdant toute chance de gagner beaucoup d'argent si elle entrait en Bourse ou était vendue ultérieurement. Parker était furieux. Il était en train de se faire baiser. Les petits gars de Thefacebook écoutèrent, intimidés et consternés. Ce fut le thème de la soirée. Zuckerberg n'avait guère d'expérience avec les investisseurs, bien qu'ils aient essayé régulièrement de le contacter depuis mars dans l'espoir de s'octroyer un morceau de Thefacebook. L'histoire de Parker avait de quoi vous refroidir. « Les capital-risqueurs, ça vous fout la trouille », avait alors pensé Zuckerberg. Ce fut un moment pédagogique et vital pour l'avenir de Facebook. Par compassion, et aussi parce qu'il pensait pouvoir apprendre beaucoup de Parker, Zuckerberg l'invita à emménager dans la maison avec lui et ses amis. En septembre, Zuckerberg l'avait déjà désigné président de la société.

Parker est un entrepreneur d'un genre unique, même pour Silicon Valley. Programmeur et intellectuel précoce, il est le fils d'un éminent océanographe au service du gouvernement américain. Affligé d'une santé fragile pendant une bonne partie de son enfance en Virginie, il consacra le plus clair de son temps à lire et à apprendre la programmation informatique. En 1995, à quinze ans, il faisait un stage rémunéré chez Freeloader, l'une des premières start-up Internet de Washington. Quelques années plus tard, en 1999, à peine sorti du lycée, il aidait Shawn Fanning à démarrer Napster. En marge de la légalité, ce site de partage pair-à-pair de fichiers musicaux avait déjà attiré 26 millions d'utilisateurs à son apogée, début 2001. Ç'avait été aussi le premier service grand public qui fasse la démonstration d'un type d'Internet fondamentalement nouveau – un service où les utilisateurs se connectaient directement entre eux sans qu'il y ait une grosse société comme eBay, Yahoo ou Microsoft en intermédiaire. Mais Napster subit presque dès le début l'assaut tous azimuts des grandes maisons de disques. Parker, lui, perdit son poste chez Napster à la faveur d'un remaniement du personnel, alors qu'il n'avait que dix-neuf ans. Il attira de gros ennuis à la société en suggérant ouvertement dans des e-mails – produits lors d'un procès intenté par les maisons de disques – que ce que faisaient les utilisateurs de Napster était peut-être illégal. Peu après, il fonda avec deux amis Plaxo, qui aidait les utilisateurs à compiler des annuaires d'adresses e-mail et d'informations de contact.

Bien qu'il n'ait pas fait d'études et malgré son peu de respect pour les normes du milieu des affaires, Parker est un businessman intellectuel. On pourrait même le qualifier de businessman artiste, s'il était possible de juxtaposer ces deux termes. Sur son profil Facebook, il se définit lui-même comme un « métis tortueux : un esthète rationnel ». Il combine une compréhension subtile de l'histoire du monde des affaires et de l'économie avec l'impatience, le caractère impulsif et la vision d'un monde meilleur typiques de l'artiste. En revanche, il a une très mauvaise vue, à tel point que s'il oublie ses lentilles de contact ou ses lunettes à verres épais il peut avoir besoin d'aide pour se déplacer. Il émane de lui une impression de légèreté, comme s'il allait s'envoler, tel Peter Pan, peut-être entouré d'une ou plusieurs de ses – toujours superbes – petites amies (précisons qu'il s'est récemment engagé dans une relation stable).

Lecteur vorace, profondément passionné par la politique, Parker l'autodidacte est capable de parsemer une analyse des tendances actuelles de références aux « intentions des formulateurs » – les hommes qui rédigèrent la Constitution américaine, pour votre gouverne. Son profil Facebook affiche des citations de T. S. Eliot, Bertrand Russell et Albert Camus. Il aime parler de sujets comme « les effets d'externalité en économie ». Et si ce thème suscite chez vous le moindre intérêt, il vous exposera impatiemment sa théorie de l'histoire des médias depuis Gutenberg. La plupart du temps, il aime parler – rapidement, intensément – et il aime parler idées. Il a apporté à Thefacebook à la fois une compréhension experte des réalités du monde des affaires et un penchant pour la discussion philosophique qui a obligé Zuckerberg à affiner sa propre vision. Avec Parker, ce n'était pas trop différent de la tchatche entre potes dans une chambrée d'étudiants à Harvard, sauf que la conversation était maintenant axée sur les moyens d'assurer le succès de Thefacebook.

Les jeunes gens trouvèrent rapidement leur rythme – se lever tard, entrer dans la salle à manger et se mettre au travail. Sur la grande table s'entassaient ordinateurs, câbles de connexion, modems, appareils photo, plus les détritus qui remplissaient les interstices en compagnie des indispensables bouteilles, canettes, boîtes et gobelets qu'on avait oublié de jeter. Zuckerberg se levait plus tard que les autres ; il se mettait rarement au travail avant l'après-midi, et bossait d'ordinaire jusqu'au milieu de la nuit. Sa tenue type dans ce bureau improvisé consistait en un bas de pyjama et un T-shirt. Lorsqu'ils étaient assis devant leurs portables autour de la table au 819 La Jennifer Way, il régnait un calme surnaturel. Car lorsqu'ils communiquaient entre eux, ils le faisaient via la messagerie instantanée, alors même qu'ils étaient assis côte à côte. Ce qui permettait aux autres de maintenir leur concentration. Des *geeks* comme Zuckerberg et Moskovitz aiment se plonger dans une quasi-transe lorsqu'ils sont en train d'écrire du code, et tandis qu'ils toléraient un fond sonore musical ou la télévision allumée, ils ne pouvaient supporter les interruptions. Avec Moskovitz et Parker, Zuckerberg avait maintenant mis en place, consciemment ou non, l'équipe idéale pour encadrer ses propres talents. Moskovitz est le genre de collaborateur indispensable à toute start-up – diligent, réaliste, polyvalent et pragmatique. Il assuma la responsabilité du bon fonctionnement de Thefacebook et de l'établissement de bases de données pour les nouvelles universités (tandis que les stagiaires se chargeaient du gros des tâches fastidieuses). S'il le fallait, il travaillait toute la nuit pour empêcher les défaillances du système.

Parker, lui, était un créateur de sociétés expérimenté, qui connaissait bien les us et coutumes de ce bas monde.

Sa spécialité était le réseautage dans le monde réel. Il connaissait des tas de gens dans Silicon Valley et savait comment se faire écouter d'eux. Il avait de la classe : il dépensait son argent (quand il en avait) en bons repas, séances chez le coiffeur et vêtements chics. Parfois il annulait des réunions sans prévenir après être sorti complètement rétamé d'une soirée la nuit précédente, mais c'était un porte-parole éloquent qui savait mettre Thefacebook en valeur, ce qui était exactement ce dont le site avait besoin. À l'époque, dans Silicon Valley, les gens qui en avaient entendu parler considéraient encore Thefacebook comme une amusette pour étudiants boutonneux sexuellement frustrés. La vision grand écran de Parker contribua à donner une certaine gravité au projet.

Avec ces deux-là sous la main, Zuckerberg pouvait faire ce qu'il sait faire le mieux : réfléchir à ce que Thefacebook devrait être et à la manière dont le site devrait évoluer. Ou alors, selon son humeur, consacrer son énergie à quelque chose dont il voulait se servir lui-même – Wirehog. Ironiquement, Zuckerberg n'était pas un gros utilisateur de Thefacebook. Les autres fondateurs et les premiers collaborateurs non plus. Cet été, les stagiaires, travaillant avec Moskovitz, commencèrent à rassembler des données sur la manière dont les gens utilisaient réellement le site. Ils découvrirent que certains internautes regardaient des centaines et même des milliers de profils par jour. C'étaient précisément les usagers pour qui ils étaient en train d'affiner l'architecture du site.

Quand il ne travaillait pas sur Wirehog, Zuckerberg écrivait le code pour une fonction de Thefacebook qu'il pensait très cool – un moyen d'obtenir des informations à partir du serveur en utilisant des SMS sur un téléphone portable. Bien longtemps avant qu'il y ait une application Facebook pour l'iPhone ou le BlackBerry, c'était l'interface mobile de Thefacebook. Vous pouviez envoyer des messages avec le nom d'une personne à m@Thefacebook.com et y inclure des codes spéciaux pour avoir les numéros de téléphone de vos amis ou d'autres informations renvoyées sur votre portable. Mais c'était trop complexe pour l'utilisateur lambda. Vous étiez obligé d'avoir sur vous une sorte d'anti-sèche pliée en quatre pour vous rappeler comment vous en servir. C'était peut-être cool, mais ça ne fit pas long feu.

Sean Parker emménagea dans une chambre meublée d'un simple matelas posé à même le plancher. Zuckerberg dira plus tard qu'à part sa voiture, le seul objet impressionnant que Parker apporta avec lui était une paire de « tennis ridiculement belles ». D'après Parker, voici comment Zuckerberg lui demanda d'assumer le rôle de président. « Tu peux nous aider à monter la société ? Actuellement, on est coincés. » Or une partie du marché relevait de l'échange de bons procédés : Parker avait le droit de loger dans la villa, et Zuckerberg et ses amis avaient le droit de partager la BMW de Parker.

Au moins un donneur de conseils exhorta Zuckerberg à ne pas engager Parker, affirmant que ses écarts de conduite et son style de vie dissipé pourraient porter atteinte à l'image de la société. « Il a un problème avec les femmes et le rock'n'roll », dit à Zuckerberg son confident plus expérimenté. Mais Zuckerberg ne se laissa pas impressionner. Il dit qu'il avait entendu parler de ces histoires, mais que l'expérience et l'intelligence de Parker pesaient dans la balance plus que les risques encourus. Après tout, Parker avait aidé Napster à démarrer. En outre, il avait investi un peu d'argent dans Friendster et était l'ami de son fondateur. Il parlait déjà de Thefacebook comme « l'occasion de faire Friendster correctement ».

Le trafic de Thefacebook avait baissé à présent que les étudiants avaient pour la plupart quitté les campus. Mais Zuckerberg et Moskovitz étoffaient le site en prévision de l'automne, où ils s'attendaient à une sérieuse reprise de la croissance. Certains visiteurs prenaient leur assurance pour l'arrogance entretenue par l'élitisme bourgeois de Harvard. « Déjà, à l'époque, ils parlaient comme s'ils savaient que ça allait marcher à fond pour eux, comme s'ils avaient les meilleures cartes qui soient et qu'ils allaient dominer tout le monde », rapporte un de ces visiteurs, légèrement intimidé. Il ajoute : « Ils parlaient tout le temps de domination. » Ils disaient que Thefacebook allait dominer ses rivaux. En fait, c'était plutôt de l'esbroufe, avec un soupçon d'insouciance juvénile.

Le travail redoublait d'intensité en fin d'après-midi et en début de soirée. « Ils étaient tous en train de bosser et quelqu'un disait : “Les mecs, j'ai faim. Je voudrais bien faire-un-tour-dehors”, raconte un autre témoin. Alors Mark tapait sur la table et disait carrément : “Non ! On est en *lockdown* ! Personne ne quitte la table avant qu'on ait terminé ce truc !” » Comme « dominer », *lockdown* – verrouillage système – devint un élément du jargon et du folklore Facebook qui perdura des années.

Malgré son visage poupin et sa timidité habituelle, Zuckerberg était fermement et indiscutablement le boss. Toutes les pages du site comportaient en bas et en petits caractères la signature « Une Production Mark Zuckerberg ». Dans le générique de la page d'accueil (« À propos de ce site »), il était présenté comme « Fondateur, maître et commandant, ennemi de l'État ». Moskovitz, en revanche, avait droit à la description quelque peu ignominieuse de « Programmeur devenu hélas indispensable, tueur à gages ». Le domaine de Saverin était apparemment « Le business, les questions d'entreprise, les affaires brésiliennes ».

Zuckerberg commençait, par à-coups, à manifester des qualités de chef naturel. « Le dirigeant d'une société, dit Sean Parker, a besoin d'avoir dans la tête un algorithme de décision : si ceci se produit, nous allons par ici, mais si les choses tournent autrement, nous allons par là. Mark fait ça instinctivement. » Il aimait autant s'amuser que ses collègues – en fait, il était un peu le bouffon de l'équipe – mais il était également déterminé à tenir la barre du navire. Il ne lui déplaisait pas du tout d'en être le capitaine.

En fait, il n'était pas inhabituel qu'il joue les capitaines de bateau pirate. Quand il commençait à réfléchir dur à quelque chose ou débattait d'une idée ou d'une autre avec un de ses collaborateurs, Zuckerberg se mettait souvent à sauter sur place et à tourner en rond dans la pièce, les mains derrière le dos. Au nombre des rares objets personnels qu'il avait apportés avec lui se trouvait son attirail d'escrimeur. Il le laissait traîner en tas dans un coin, à portée de la main, et souvent il empoignait son fleuret et commençait à faire des moulinets avec. « OK, il faut qu'on parle de ça », disait-il, une main derrière le dos, poussant une pointe avec son fleuret, au grand énervement de Moskovitz. « Je suis le genre de personne que ça finit parfois par mettre à bout, se souvient Moskovitz. La pièce n'était pas grande du tout. Et je suis comme une mère de famille prudente – "Tu vas casser quelque chose !" Mais quand il était en forme, ça pouvait durer deux heures. » Plus tard, Moskovitz et les autres interdirent l'escrime à la villa.

Derrière la maison, il y avait une belle piscine, et la cour triangulaire était presque entièrement dallée. Une nuit, Zuckerberg et Parker passèrent quelques heures dehors à discuter debout autour de la piscine. Zuckerberg avait son fleuret et l'agitait dangereusement près du visage de Parker. Celui-ci trouvait très mauvais pour la concentration d'avoir la pointe d'une arme blanche brandie à quelques centimètres de son visage toutes les deux ou trois secondes. « Tu crois que ce truc va vraiment durer ? » demanda Zuckerberg entre deux bottes. « Absolument, répondit Parker en tressaillant. À moins qu'on se fasse doubler par la concurrence, qu'on se plante dans l'exécution ou qu'on laisse nos serveurs claquer comme Friendster, il n'y a pas de raison que ça ne puisse pas durer. »

« En réalité, Mark considérait très rationnellement la faible probabilité d'édifier un vaste empire, se rappelle Parker. Il avait des doutes. Est-ce que c'était un simple engouement passager ? Est-ce que c'était viable ? Il aimait l'idée à la base de Thefacebook, et il était disposé à la suivre avec obstination et ténacité jusqu'au bout. Mais, à l'instar des meilleurs bâtisseurs d'empires, il était à la fois très déterminé et très sceptique. Comme dit Andy Grove [ex-PDG d'Intel], "seuls les paranoïaques survivent". »

Adam D'Angelo, basé à Caltech, était de loin le programmeur le plus doué et le plus accompli de la bande, mais il travaillait sur ses propres projets. En outre, il n'était pas spécialiste des langages Web relativement simples utilisés par Thefacebook – PHP, JavaScript et HTML – et ils ne le passionnaient pas vraiment non plus. D'Angelo souffrait d'une forme aiguë de syndrome du canal carpien : ses mains et ses bras lui faisaient mal quand il tapait au clavier. Il essayait donc de trouver lui-même une solution de rechange, à savoir inventer un moyen de bouger les mains dans le vide qu'une caméra vidéo puisse reconnaître, afin de manipuler du texte sur un écran. C'était un défi technologique considérable, trop considérable, peut-être ; au cours de l'été, D'Angelo s'en désintéressa progressivement pour aider McCollum et Zuckerberg à monter Wirehog.

Tandis que nos jeunes ingénieurs s'affairaient à étoffer le site et à affiner ses fonctions, Parker se mit à réfléchir à ce que cela impliquerait de transformer pour de bon Thefacebook en une société. Il engagea le juriste qui l'avait aidé à fonder Plaxo. Il commença à chercher quelqu'un pour gérer les « opérations », tâche – essentielle dans les entreprises Internet – qui consiste à s'assurer que le centre de données et les serveurs fonctionnent correctement. Jusque-là, toute cette charge de travail avait été sous-traitée à des sociétés tierces, mais Thefacebook devenait trop volumineux pour cela. Parker découvrit que ses jeunes collègues ne connaissaient même pas les bases de la gestion de réseau, par exemple, ce qu'était un routeur. Il trouva un ingénieur, Taner Halicioglu, qui avait acquis de l'expérience chez eBay. Il travaillait à partir de chez lui à San Jose.

Parker devint le porte-parole de Thefacebook, surtout auprès des investisseurs. Il n'était pas inhabituel de voir des voitures de luxe garées dehors dans l'impasse, sous les grands arbres dont les branches pendantes ombrageaient le devant de la villa. Cela signifiait qu'un riche personnage était à l'intérieur. Des gens de la société de capital-risque Benchmark voulaient savoir s'il y avait l'espoir d'une émission d'actions. La réponse était non, pas pour l'instant. Or Thefacebook allait avoir besoin de fonds supplémentaires dans un avenir proche, alors Parker fit en sorte que ce genre de personnages n'hésitent plus à téléphoner ou à se déplacer. Deux cadres de chez Google vinrent aux renseignements pour voir s'il serait possible de travailler avec Thefacebook ou même de l'acheter. Même à ce stade, Google était très conscient qu'il se passait quelque chose digne d'intérêt à Palo Alto. Mais Zuckerberg et Parker se méfiaient, car le risque de tomber sous la coupe du géant Internet de Silicon Valley était très réel. S'ils voulaient mener leur affaire comme ils l'entendaient, il fallait qu'ils conservent leur indépendance. De toute façon, ce qu'ils essayaient de développer était très différent de ce que faisait Google. Leur site concernait des gens ; Google s'occupait de données.

Parker et Zuckerberg étaient en désaccord sur un seul point, Wirehog, dont le développement continuait. Pour le nouveau président, Wirehog était une énorme perturbation par rapport au vrai travail – assurer la croissance de Thefacebook. Et ses antécédents chez Napster le dissuadaient de s'engager dans un nouveau conflit avec les maisons de disques et l'industrie des médias. Parker jugeait vraisemblable que ces sociétés accuseraient Wirehog – et Thefacebook avec lui – d'aider leurs utilisateurs à voler du contenu, tout comme l'avait fait l'industrie musicale avec Napster. Avec McCollum, l'ingénieur responsable de Wirehog, Parker et Zuckerberg prirent l'avion pour Los Angeles, où ils rencontrèrent Edgar Bronfman Jr, PDG du groupe Warner Music, et Tom Whalley, qui dirigeait le label de disques Warner Bros. Parker avait connu Whalley à l'époque où il était chez Napster. Comme on pouvait s'y attendre, ils se montrèrent totalement opposés à Wirehog. Bien que Parker redoute qu'un procès perdu par Wirehog ne fasse également tomber Thefacebook, il ne réussit pas à convaincre Zuckerberg, qui persévéra.

« La vraie grandeur d'un chef d'entreprise, surtout dans une start-up, dit Parker, c'est de savoir quand dire non – évoquer une vision très clairement, susciter l'enthousiasme général autour d'elle, mais savoir où fixer une limite, surtout avec des produits. On ne peut pas tout faire. Et c'est une leçon que Mark n'avait pas encore apprise. Et qu'il a apprise maintenant. »

Bien sûr, le travail n'était pas la seule priorité, loin de là. Quel groupe de jeunes de vingt ans disposant brusquement d'une maison ne voudrait pas faire la fête ? Ces types étaient peut-être accros à l'informatique, mais ils aimaient s'amuser. L'université Stanford était à moins de deux kilomètres. Le cursus étant organisé en trimestres, il y avait encore des étudiants l'été. Tirant parti d'une fonction de Thefacebook qui permettait à des pubs de cibler un seul campus à la fois, les occupants de la villa annonçaient leurs fêtes directement sur le site – « Thefacebook organise une soirée ! » – et ensuite se retrouvaient souvent assiégés par les étudiants de Stanford comme par les jeunes de la ville. Moskovitz se mit à sortir avec une fille tout juste bachelière du lycée de Palo Alto.

L'ambiance de ces soirées devait évidemment beaucoup à la bière et à l'alcool. C'est là que Parker se révélait particulièrement utile. Il était le seul du groupe à avoir plus de vingt et un ans, si bien que les autres comptaient sur lui pour acheter les boissons alcoolisées. On fumait aussi pas mal de joints, malgré la désapprobation de Zuckerberg, qui s'abstenait. « Mark est pratiquement la personne la plus anti-drogue que j'aie jamais rencontrée », rapporte un ami.

Traîner autour de la piscine constituait une des activités principales. Quelqu'un cassait un verre ? Un coup de balai, et les morceaux se retrouvaient tout simplement dans l'eau. McCollum tendit un câble entre la cheminée qui dominait la villa et un point légèrement plus bas sur un poteau téléphonique derrière la piscine. Avec une poulie, il en fit une tyrolienne, si bien qu'on pouvait descendre accroché au câble et, suspendu au-dessus du bassin, s'y laisser choir avec force éclaboussures.

Un des jeux favoris dans ces soirées était le Beirut ou bière-pong, conçu pour des équipes d'au moins deux buveurs et consistant à lancer une balle de ping-pong sur des gobelets de bière disposés en triangle à l'autre bout d'une table. Si votre balle tombe dans un des gobelets de vos adversaires, ils doivent en boire le contenu. Une fois que tous les gobelets de l'équipe perdante ont été éliminés, ses membres boivent la bière restant dans les gobelets de l'équipe victorieuse. Les perdants prennent une méchante cuite.

Le bière-pong avait tellement de succès chez Thefacebook (et à Harvard) que, six mois plus tard, Zuckerberg et ses amis lancèrent un tournoi universitaire national de bière-pong. Le site projetait d'organiser des demi-finales opposant les équipes d'un même campus, ensuite l'équipe victorieuse de chaque campus serait invitée à New York pour la finale avec un prix de 10 000 dollars à la clé (le *Stanford Daily* demanda à Zuckerberg pourquoi Thefacebook hébergerait un événement pour lequel il lui faudrait débourser 10 000 dollars, et il répondit : « Parce que c'est cool »). Des milliers d'étudiants versèrent 10 dollars chacun pour s'inscrire, mais Thefacebook annula la compétition quatre jours seulement après son lancement, suite à un déluge de protestations émanant de diverses universités.

Une ambiance de campus régnait dans la villa. On faisait souvent griller hamburgers ou steaks sur un barbecue au bord de la piscine, et on mangeait – bruyamment – sur une table dressée en plein air. Si les conversations se prolongeaient tard dans la nuit, les voisins se plaignaient. Si quelqu'un ramenait une fille dans sa piaule, son camarade de chambre était obligé de dormir sur le canapé ou de traîner son matelas dans une autre pièce. Certains visiteurs – des deux sexes – s'incrustaient des jours durant et restaient là à ne rien faire.

Par exemple, Aaron Sittig, un ami de Parker. Il avait auparavant contribué à créer une version de Napster pour

Macintosh, appelée Macster, que Napster acheta. À ce moment-là, il travaillait sur un réseau social naissant à dominante musicale appelé Imeem, basé quelques blocs plus loin à Palo Alto. Malgré son look de surfeur blond, Sittig est un individu tranquille et effacé qui, en plus d'être programmeur, est un superbe graphiste et typographe. Mais à l'époque il était épuisé et à court d'inspiration. Parker l'avait fait venir parce qu'il croyait qu'il pourrait améliorer Thefacebook, notamment pour la conception graphique.

Or Sittig ne prenait guère d'initiative. « Je n'arrêtais pas d'expliquer à Mark qu'Aaron était brillant, dit Parker. Mais Aaron se contentait de rester assis sur le canapé et de bricoler des polices de caractères toute la journée sur son ordinateur. Mark disait tout le temps : "C'est qui, ce mec ? Il est nul. Il ne fait rien." Mark trouvait que c'était mauvais pour l'ambiance de travail de tolérer ce type qui ne faisait apparemment rien. » (L'année suivante, après s'être réinscrit à Berkeley pour un trimestre comme étudiant en philosophie, Sittig vint effectivement travailler chez Thefacebook. Il deviendrait l'un des plus proches confidents de Zuckerberg.)

Souvent, le codage, les démonstrations d'escrime et les réunions bruyantes se prolongeaient tard dans la nuit, parfois ponctués de pauses pour boire, regarder des films et s'adonner à des jeux vidéo. La Xbox fut sévèrement éprouvée – le jeu Halo était particulièrement apprécié. Tom Cruise devint on ne sait trop pourquoi l'obsession du groupe, et il s'ensuivit un interminable marathon des films de Tom Cruise. Ils empruntèrent en DVD l'intégrale de sa filmographie. Pourquoi Tom Cruise ? Sittig, qui posait son ordinateur portable juste assez longtemps pour regarder les vidéos avec tout le monde, l'explique ainsi : « Tom Cruise nous amusait parce que ce n'est pas un personnage très cool. Ce n'est pas un mec cool. » C'était du kitsch pur.

Très vite, ils donnèrent aux serveurs sur lesquels fonctionnait Thefacebook des noms de personnages tirés des films de Tom Cruise : « Ce script tourne sur quoi ? » « Il tourne sur Maverick. » « Alors, essaie de le faire tourner sur Iceman, parce que j'ai besoin de Maverick pour tester cette fonction. » (Maverick et Iceman étaient des protagonistes du film de 1986 *Top Gun*.) Le film de Ben Stiller *Zoolander* était une autre marotte de l'équipe, qui s'en gavait jusqu'à l'excès. Il passait en boucle pendant que les programmeurs travaillaient. Nos *geeks* trouvaient drôle d'échanger des citations des répliques du film. Ils avaient peut-être mis au point un service Internet révolutionnaire, mais ils avaient encore une mentalité de petits étudiants.

Avec un total de sept personnes logeant dans la villa, la BMW de Parker ne suffisait plus pour les déplacements. Zuckerberg et ses amis achetèrent donc une voiture. Ils avaient l'intention de retourner à Harvard en automne et comptaient donc la revendre trois mois plus tard. Ils investirent quelques centaines de dollars dans un véhicule dont la valeur marchande ne pourrait sans doute pas descendre plus bas – une Ford Explorer d'une douzaine d'années, à boîte manuelle, vert forêt. Elle était tellement vieille que vous pouviez tourner la clé de contact pour éteindre le moteur, et ensuite retirer la clé. Pour remettre le contact, pas besoin de clé. Il suffisait d'empoigner l'antivol et de le tourner. C'était un moyen de transport bien adapté à une bande de jeunes impatients qui de toute façon ne trouveraient pas la clé de contact la moitié du temps.

Or, malgré l'ambiance chahuteuse, il était de plus en plus manifeste que Thefacebook devenait une affaire sérieuse. Zuckerberg comprit qu'il lui fallait délibérément prendre de nouvelles mesures pour continuer de le faire évoluer à la fois sur le plan technologique et sur le plan commercial. Cet été-là, le taux de progression commençait à être un peu inquiétant. Alors qu'ils n'avaient pas ajouté de nouveaux établissements avant le milieu de l'été, le nombre de membres ne cessait de grimper régulièrement dans les trente-quatre campus où Thefacebook fonctionnait déjà. Et tout le monde supposait que la rentrée universitaire allait augmenter massivement la demande. Cette croissance signifiait qu'ils avaient besoin de logiciels plus fiables et d'une puissance de traitement supérieure. Le logiciel et les données de Thefacebook tournaient sur des serveurs installés chez un hébergeur de Santa Clara, à quinze kilomètres au sud. Il fallait s'y rendre fréquemment pour déballer, installer et câbler sans cesse de nouveaux serveurs – activité pour laquelle nos programmeurs sollicitaient souvent l'aide d'amis.

Ils supposèrent alors que Thefacebook allait continuer de progresser. Chaque fois que la base de données était actualisée ou que la batterie de serveurs était reconfigurée, Zuckerberg essayait de procéder de façon à pouvoir accueillir dix fois plus d'utilisateurs que Thefacebook n'en avait alors. Cet optimisme implicite se révéla d'une incroyable justesse. Si Zuckerberg n'avait pas été aussi sûr de lui dès l'été 2004, son entreprise aurait très probablement subi des interruptions d'activité embarrassantes, voire catastrophiques. Mais le spectre de Friendster, qui n'avait pas réussi à gérer sa propre croissance, était puissamment présent. Pour Zuckerberg, il n'était pas question que Thefacebook subisse le même sort.

Ce PDG de vingt ans finit par être obsédé par le degré de perfection technique de son site. Il savait que, pour un service de communications comme celui-ci, la performance primait sur tout le reste. Si les pages s'ouvraient de plus en plus lentement, ce pouvait être le baiser de la mort pour Thefacebook – le début du « syndrome Friendster ». Il y avait déjà eu quelques interruptions et ralentissements inquiétants. Moskovitz et lui introduisirent dans le logiciel un chronomètre qui montrait discrètement sur chaque page le temps exact que les serveurs avaient pris pour l'afficher. Zuckerberg se disputait avec les autres s'ils proposaient une fonctionnalité qui risquait de réduire cette vitesse. Chaque milliseconde comptait.

D'après un article publié à ce moment-là, Zuckerberg aurait déclaré : « J'ai besoin de serveurs tout autant que de nourriture. Je pourrais sans doute me passer de manger pendant quelque temps, mais si nous n'avons pas assez de serveurs, alors le site est foutu. »

Or un facteur supplémentaire contribua à épargner à Thefacebook des incidents de fonctionnement catastrophiques à ses débuts, alors même que le zèle et le nombre des utilisateurs ne cessaient de déconcerter ses fondateurs. Zuckerberg et Moskovitz réussirent à brider délibérément la croissance de Thefacebook. Ils y parvinrent en décidant quand accepter de nouveaux établissements. La croissance avait un rythme bien défini : ils lançaient le site sur un nouveau campus, voyaient le nombre d'utilisateurs augmenter régulièrement, puis atteindre un plateau. Chaque fois qu'ils ajoutaient une université, le trafic montait en flèche. Alors si les systèmes peinaient, ou si la capacité maximale était atteinte et qu'ils n'avaient pas encore les moyens de s'offrir des serveurs supplémentaires, ils attendaient carrément avant de lancer le site dans un nouvel établissement. C'était un atout rare dans une start-up Internet sous-financée. Il permettait à Thefacebook de progresser méthodiquement. « Nous nous sommes retenus d'aller décrocher un gros investissement et ensuite de monter en puissance, dit Zuckerberg. Nous avons plus ou moins intentionnellement ralenti le site au début. Nous l'avons littéralement étendu fac par fac. »

Un autre facteur clé dans le succès initial de Thefacebook fut le recours à des logiciels à code source libre. Depuis le début, sa base de données était le logiciel libre MySQL. Il était gratuit, tout comme PHP, le language de programmation pour le développement de sites Web qui déterminait la manière dont fonctionnaient les pages de Thefacebook. En fait, une entreprise Internet individualisée comme celle-ci, dépourvue de vrais commanditaires, n'aurait pas pu voir le jour quelques années plus tôt. Ce n'est qu'en 2004 que les logiciels à code source libre pour sites Internet avaient atteint un niveau de robustesse et de maturité satisfaisantes. Sans eux, Zuckerberg n'aurait jamais eu les moyens de créer un site Web complet depuis sa chambre d'étudiant avec pour seuls frais la location du serveur sur lequel il tournait. Même avec 100 000 utilisateurs, les dépenses réelles de la société étaient occasionnées par les seuls serveurs et salaires.

Néanmoins, assurer le fonctionnement du site et acheter du matériel neuf pour accompagner la croissance de Thefacebook commençaient à coûter cher pour de bon. Zuckerberg déboursa presque 20 000 dollars les deux premières semaines à Palo Alto, principalement pour ajouter des serveurs chez l'hébergeur. Et de nouvelles dépenses allaient manifestement être nécessaires.

L'argent provenait du compte que Saverin avait ouvert en Floride. Outre l'argent que Zuckerberg et lui-même y avaient déposé, ce compte s'était enrichi de recettes publicitaires considérables. Mais avec la fin des cours, les ventes de pubs avaient pratiquement cessé pour l'été.

Parker et le nouvel avocat essayaient de régulariser le statut juridique de la société. La SARL que Saverin avait montée n'était pas une structure suffisante. Il manquait les documents qui régissent et définissent son mode de fonctionnement. Il n'y avait pas de contrats, pas d'employés officiellement nommés, pas de liste du personnel. Des investissements externes seraient bientôt indispensables, mais pour en bénéficier Thefacebook devrait être transformé en une vraie société.

Or Saverin commença à rendre ce processus très difficile. À la mi-juillet, Parker commençait déjà à suggérer à des investisseurs de placer de l'argent dans Thefacebook.

Mais lorsque Saverin eut vent de ces discussions, il écrivit une lettre à Zuckerberg pour lui dire que l'accord originel entre les associés stipulait qu'il aurait « le contrôle de la partie commerciale », et qu'il voulait un contrat lui garantissant ce contrôle. « C'était tellement puéril, dit Parker. En gros, il ne comprenait pas l'importance de la conception du produit et de la technologie dans cette affaire. Son idée était que seule comptait la partie commerciale, et que pour toutes ces histoires de conception de produit, de conception d'interface utilisateur, d'ingénierie et de code de programmation, il n'y avait qu'à engager un groupe de techniciens, les mettre dans la salle des machines et leur laisser faire le travail, pas vrai ? » Le produit tel qu'il est développé, programmé et conçu est au centre d'une entreprise Internet, *a fortiori* débutante. La moindre erreur stratégique dans la mise au point et la manipulation de ces concepts pourrait signifier la fin des recettes publicitaires.

Que Saverin comprenne ou non le mécanisme fondamental du lancement d'une entreprise Internet, il avait de bonnes raisons de se sentir contrarié par ceux de Palo Alto. Il avait investi son propre argent (ou celui de sa famille) et c'était lui qui travaillait avec Y2M et s'occupait des appels pour décrocher les contrats de pub. En attendant, il trouvait que son associé était indifférent – c'est le moins qu'on puisse dire – sur la question des recettes. Quand un annonceur demandait un traitement de faveur, Saverin présentait la chose à Zuckerberg et Moskovitz. Il se heurtait fréquemment à un mur. Quelle chance avait son investissement de lui rapporter un tant soit peu si on ne pouvait pas développer Thefacebook comme une entreprise commerciale normale ? Zuckerberg semblait se satisfaire d'avoir assez d'argent pour payer les factures et assurer le fonctionnement du site.

Saverin n'avait pas la tâche facile chez Thefacebook. Les annonceurs exigent qu'on leur réponde. Ils veulent que les gens qui reçoivent leur argent soient disponibles s'ils ont un problème ou des questions à poser – et d'ordinaire immédiatement. Aussi était-il plus difficile à Saverin qu'à Zuckerberg et Moskovitz d'être maître de son emploi du temps. Son job, contrairement au leur, exigeait l'interaction avec les clients. Il n'était pas facile de le faire tout en poursuivant ses études à Harvard.

Mais Saverin avait une chose en commun avec Zuckerberg – une certaine ambivalence quant au développement de Thefacebook. Il ne dissimulait pas le fait que Thefacebook n'était qu'une de ses activités commerciales parmi d'autres. Il projetait de s'inscrire à la Harvard Business School après avoir terminé son cycle d'études. Il était donc important pour lui d'avoir de bonnes notes, en dépit de ce que l'entreprise pouvait exiger de lui.

Tout cela conduisit plus tard à un procès. Dans le dépôt de leur plainte, Zuckerberg et Cie décrivent ainsi la position de Saverin : « Tant qu'il n'aurait pas l'autorisation écrite de faire ce qu'il voulait de l'entreprise, il mettrait en échec les efforts des autres actionnaires et la progression de l'entreprise elle-même. Saverin déclara aussi que, puisqu'il détenait 30 pour cent de l'entreprise, il empêcherait l'entreprise d'obtenir tout financement jusqu'à ce que le problème soit résolu. »

Leur désaccord s'amplifiant, Zuckerberg et Saverin échangeaient d'interminables appels téléphoniques, qui aboutissaient rarement à une résolution précise. Pour le groupe de Palo Alto, si Saverin insistait tant, c'était principalement à l'instigation de son père, le self-made man brésilien âpre au travail et multimillionnaire. « Son père lui conseillait de ne pas lâcher le morceau, affirme Parker, mais il n'est pas le genre de personne à qui on conseillerait de se montrer inflexible. » Parker relate que lorsqu'on le pressait de prendre une décision sur une chose ou une autre, Saverin disait souvent soit « Il faut que j'en parle à mon père », soit « Je ne peux pas vous donner une réponse maintenant ».

Malgré son inflexibilité, tout le monde aimait encore Eduardo. Il était charmeur, sympathique et intelligent. Mais comme apparemment il ne s'engageait pas envers la société autant que les autres, ses efforts pour détenir plus d'autorité étaient absurdes. C'était comme s'il exigeait d'être le PDG de Thefacebook sans même y travailler à plein temps. Ses copains avaient peu d'expérience, mais ils travaillaient dur, souvent jusqu'au milieu de la nuit tous les soirs. Saverin semblait se prélasser à New York. Il n'était pas dans le coup, pensaient les autres.

En tout cas, ses talents d'homme d'affaires n'impressionnaient pas ses collègues. Saverin décrochait beaucoup de contrats auprès de réseaux gérant des bannières publicitaires ; ils achetaient de l'espace en gros, mais payaient très peu et avec des mois de retard. Même Tricia Black, qui a une meilleure opinion de Saverin que les cofondateurs, reconnaît qu'« il y a eu des situations qui n'ont débouché sur rien ou alors sur des problèmes avec les annonceurs ».

Quand Saverin avait une idée pour Thefacebook, elle n'était pas toujours bien accueillie par ses collègues. Par exemple, il pensait qu'il serait astucieux de modifier le processus de demande d'un nouvel ami afin qu'il exige un clic de souris supplémentaire. Pour Zuckerberg, fanatiquement dévoué à la facilité d'emploi de son service, c'était sacrilège. Mais Saverin estimait que c'était justifié dans la mesure où on pouvait ainsi montrer une pub de plus à l'utilisateur. Il ne pouvait pas y avoir plus mauvaise justification, trancha Zuckerberg. Saverin défendit vigoureusement devant Zuckerberg et Moskovitz l'idée de placer une bannière publicitaire géante en tête de page. « Nous avons carrément pensé que c'était la pire chose qu'on puisse faire, raconte Moskovitz. Nous pensions que nous aurions à long terme plus de recettes si nous ne compromettions pas le caractère du site. »

Pendant ce temps, Parker et le juriste se préparaient à créer une structure entièrement nouvelle. Ils rédigeaient des documents pour constituer Thefacebook en société commerciale au Delaware (la plupart des sociétés américaines – y compris la quasi-totalité des start-up de Silicon Valley – se constituent dans cet État car la législation du Delaware favorise les affaires). Parker, qui gérait la restructuration, s'inquiétait particulièrement du fait que la propriété intellectuelle définissant ce qu'était Thefacebook – la plus précieuse possession de la société, en fait – n'appartenait pas à la société. En montant la SARL, Saverin n'avait pas suffisamment défini ce qu'elle contrôlait (en tant que créateur, Zuckerberg possédait personnellement les droits relatifs à la majeure partie du logiciel et de la conception du site, le reste appartenant à Moskovitz). Juridiquement parlant, c'était à peine si on pouvait parler de société à ce stade-là. Saverin contrôlait le compte bancaire, mais les serveurs où le site résidait en réalité, ainsi que la propriété intellectuelle, étaient contrôlés par Zuckerberg, Moskovitz et Parker. La SARL en Floride était plus ou moins une enveloppe vide, et ce qu'elle possédait n'était pas clairement défini. Zuckerberg et Moskovitz transférèrent leur portion de la SARL, plus la propriété intellectuelle vitale, sur la nouvelle société au Delaware.

Zuckerberg refuse encore de parler de ce conflit, mais d'après le dépôt de sa plainte, il informa Saverin que, vu qu'il avait refusé de rejoindre le reste de l'équipe en Californie et n'avait pas fait le travail qu'il s'était engagé à faire, il ne serait subséquemment plus employé par la société. Tandis que ses intérêts de propriété subsisteraient, ils étaient inévitablement sujets à dilution (ils représenteraient une fraction de plus en plus faible de la société) à mesure que de nouveaux employés seraient engagés et recevraient des options sur titres, et que des investisseurs achèteraient des portions de Thefacebook. Zuckerberg et Moskovitz, en revanche, auraient le droit de recevoir des rémunérations d'actions fondées sur leur contribution ininterrompue.

Les nouveaux statuts stipulaient que Zuckerberg, avec une participation de 51 pour cent, était seul directeur de la société. Saverin obtenait 34,4 pour cent. Zuckerberg porta la part de Moskovitz à 6,81 pour cent en reconnaissance de ses contributions croissantes. Il alloua aussi 6,47 pour cent à son nouveau confident Sean Parker. Mais apparemment, on ne pouvait compter à ce stade sur la loyauté de personne, alors les parts de Parker et de Moskovitz devraient doubler s'il restaient jusqu'à l'année suivante, ce qui diluerait la part de Saverin de manière significative. Interrogé par le *Harvard Crimson* quelques mois plus tard, Zuckerberg expliqua pourquoi il avait augmenté la part de Moskovitz : « Tout le monde me disait : “Tu déconnes, ou quoi ?” Et je répondais : “Qu'est-ce que vous voulez dire ? C'est exactement ce qu'il faut faire. Il travaille véritablement beaucoup.” » Le cabinet juridique eut droit au 1,29 pour cent restant.

Saverin prétendit plus tard qu'il ne savait pas que la société était en passe d'être constituée sous une autre forme et qu'il n'était pas au courant de plusieurs autres aspects de ce projet. Mais quelque chose qu'il avait appris à ce stade avait dû décupler sa colère, parce que c'est à ce moment-là qu'il « tenta de prendre l'entreprise en otage » selon les termes du dépôt ultérieur de plainte de Thefacebook. Il bloqua le compte bancaire de Floride, empêchant ainsi la société de payer ses dettes. Il affirma qu'il ne verserait pas d'argent tant que ses exigences ne seraient pas satisfaites. « On avait l'impression de négocier avec des terroristes », rapporte un témoin qui était dans la villa de Palo Alto. Et c'était précisément le moment de procéder à l'achat massif de nouveaux serveurs. Saverin avait préparé un accord sur la gestion du site décrivant les rôles respectifs que lui et ses collègues joueraient dans la société, mais il ne voulait pas le laisser voir à Zuckerberg à moins que celui-ci ne lui promette de le signer sans le montrer ni à son avocat ni à personne d'autre. Zuckerberg réagit en créant lui-même un document décrivant les responsabilités qu'il estimait appropriées pour tous les deux, mais Saverin ne voulut rien entendre.

Tandis que les négociations se poursuivaient, Zuckerberg dut mettre la main à la poche pour payer les charges au 819 La Jennifer Way, et, plus important encore, pour continuer d'acheter des serveurs. Zuckerberg détenait plusieurs dizaines de milliers de dollars qu'il avait économisés de ses jobs d'été ou de ses rétributions en tant que programmeur ou webmestre. Son père dentiste et sa mère psychologue lui donnèrent aussi des milliers de dollars. Cet argent, selon les minutes d'un autre procès, avait été prévu pour ses frais de scolarité à Harvard. Zuckerberg et sa famille dépensèrent finalement 85 000 dollars cet été-là. Rien que pour vingt-cinq nouveaux serveurs, il dépensa 28 000 dollars.

Chris Hughes rentra de France et arriva à Palo Alto seulement à la fin de l'été. Ce qui ne l'empêcha pas de jouer un rôle essentiel dans le brain-trust de Zuckerberg. Les *geeks* de Palo Alto manquaient de confiance en leur propre jugement quant à la manière dont les gens réagiraient au produit. Hughes, étudiant en sciences humaines, pressentait mieux qu'eux la manière dont les utilisateurs réagiraient aux nouvelles fonctionnalités. Juste après son retour, Hughes fut inondé de demandes de gens qui voulaient voir telle ou telle fonction ou maquette de page. Il parla beaucoup de confidentialité et de simplicité. Même quand Hughes fut revenu à Harvard pour entamer sa troisième année, le maître et commandant Zuckerberg brandit souvent l'avis de Hughes lorsqu'il discutait d'un point précis avec ses collègues. Hughes resta le porte-parole grand public de Thefacebook, répondant depuis sa chambre de Harvard à un nombre croissant de demandes d'interviews émanant pour la plupart de journaux étudiants de tous les coins des États-Unis.

À la fin de l'été, Thefacebook avait plus de 200 000 utilisateurs. Zuckerberg et Moskovitz projetaient de lancer le site dans soixante-dix campus de plus en septembre[3]. Parker avançait dans ses discussions avec des investisseurs. Les petits gars de Palo Alto espéraient qu'ils leur donneraient l'argent qui leur manquait sans trop poser de conditions. Les négociations avec Saverin se poursuivaient.

Zuckerberg et Moskovitz mirent environ cinq minutes à décider de ne pas retourner à Harvard. Ils avaient d'abord cru qu'ils pourraient continuer à gérer Thefacebook à partir de leurs chambres d'étudiants, mais tout indiquait que l'année universitaire allait faire exploser l'évolution du service. Ils ne voulaient pas rater leur coup. Parker lui aussi les dissuada vigoureusement de rentrer à Harvard. D'Angelo et les stagiaires revinrent à la fac. Saverin aussi. Thefacebook était à présent constitué de Zuckerberg, Moskovitz, Parker et Halicioglu. McCollum restait pour travailler sur Wirehog.

Le 11 septembre, les propriétaires de la villa passèrent contrôler l'état des lieux. Ce qu'ils découvrirent ne leur plut pas du tout. Dans un procès ultérieur, un mémorandum subséquemment rédigé par les propriétaires fut annexé au compte rendu d'audience. « La villa semble être dans un désordre absolu, et très sale, y lisait-on. Des meubles retrouvés dans le garage. [...] Difficile de dire ce qui manque et/ou ce qui est cassé. [...] Les cendres du barbecue ont été jetées, certaines sur la terrasse et d'autres dans un pot de fleurs dans la cour. Partout des débris de verre dans la cour, et aussi sur la terrasse. [...] Une corbeille indienne ancienne [...] avait été sortie dans la cour et abandonnée sur le barbecue intégré. Elle était endommagée et brûlée... » Ils se plaignirent aussi de dégâts occasionnés à la cheminée par la tyrolienne, du coût des réparations du filtre de la piscine endommagé par les morceaux de verre, d'une porte de buanderie cassée, etc. La zizanie étudiante avait fait rage au siège de la société Thefacecebook.

Début septembre, alors même qu'il se débattait toujours au téléphone avec Saverin, Zuckerberg reçut une assignation l'informant que Tyler Winklewoss, Cameron Winklewoss et Divya Narendra lui intentaient un procès au tribunal fédéral. Ils affirmaient que Zuckerberg leur avait volé l'idée de Thefacebook.

3. Réseautage social et Internet

> *« Tous les capitalistes qui traînent dans les parages veulent avoir une part du gâteau. »*

Les concepts du réseautage social ne sont pas neufs, et de nombreuses composantes du Facebook primitif avaient été introduites à l'origine par d'autres pionniers. On a accusé plusieurs fois Zuckerberg d'avoir volé des idées pour créer Facebook. Mais son réseau est en fait l'héritier d'idées qui évoluent depuis quarante ans.

Une entité ressemblant à Facebook fut envisagée par les ingénieurs qui posèrent les bases de l'Internet. Dans un essai rédigé en 1968 par J.C.R. Licklider et Robert W. Taylor et intitulé *L'Ordinateur comme dispositif de communication*, les auteurs se demandaient : « À quoi ressembleront les communautés interactives en ligne ? Dans la plupart des domaines, elles consisteront en membres géographiquement séparés, tantôt rassemblés en petits groupes, tantôt travaillant individuellement. Ce seront des communautés unies non par une proximité physique, mais par des intérêts communs[1]. » L'article progressait timidement vers le concept de réseautage social : « Vous n'enverrez pas une lettre ou un télégramme ; vous vous identifierez simplement aux personnes dont les fichiers devraient être associés aux vôtres. » En tant que cheville ouvrière de l'Agence pour les projets de recherche avancée (ARPA pour *Advanced Research Project Agency*) dépendant du ministère de la Défense, Taylor aida à concevoir et à financer ce qui devint l'ARPAnet, lequel à son tour conduisit à Internet.

Une bonne décennie plus tard, quelques pionniers commençaient à séjourner dans pareilles communautés en ligne. Le premier service Internet qui attira un nombre substantiel d'utilisateurs non techniques – bien avant l'invention du World Wide Web – fut Usenet. Lancé en 1979, il permettait aux internautes d'afficher des messages dans des forums dévolus à des sujets spécifiques. Il fonctionne toujours. En 1985, à San Francisco, Stewart Brand, Larry Brilliant et deux autres associés lancèrent un service télématique appelé The Whole Earth 'Lectronic Link – « le lien électronique pour la Terre entière » – Well en abrégé. En 1987, Howard Rheingold, gros utilisateur du Well, publia un essai dans lequel il inventa le terme de communauté virtuelle pour décrire cette nouvelle expérience : « Une communauté virtuelle est un groupe de personnes qui échangent des mots et des idées par l'intermédiaire de services et de réseaux télématiques[2]. »

De plus en plus de gens se familiarisèrent avec la télématique, initialement par des commentaires dans les forums de discussion et les « salons » de conversation ou de téléconvivialité en ligne et en direct. Les Postes et Télécommunications françaises furent les premières à mettre ces concepts à la portée du grand public lorsqu'elles lancèrent un service télématique national appelé Minitel en 1982. Puis Quantum Computer Services démarra en 1983, pour devenir America Online en 1985. En 1988, IBM et Sears créèrent un ambitieux service commercial en ligne appelé Prodigy. Assez vite, toutefois, AOL finit par dominer le marché aux États-Unis. Habituellement, les internautes connectés à ces services inventaient ou se voyaient imposer un identifiant quasi anonyme, qu'ils utilisaient pour interagir avec les autres.

J'étais Davidk4068 sur AOL. Au début des années 1990, le commun des mortels se mirent à utiliser le courrier électronique, avec en général, là aussi, des adresses qui ne correspondaient pas à leur état civil. Bien qu'ils tiennent à jour des Carnets d'adresses à l'intérieur de ces services, les membres n'identifiaient pas autrement leurs amis de la vie réelle ni n'établissaient des procédures de communication régulière avec eux. Au cours de cette décennie, des services de messagerie instantanée prirent le même chemin – les internautes se choisissaient des pseudonymes au lieu d'utiliser leurs noms.

Au tout début du World Wide Web, l'idée d'une communauté en ligne progressa un peu plus. Avec l'émergence de services comme TheGlobe.com, Geocities et Tripod, les internautes avaient les moyens de créer une page d'accueil personnelle qui pouvait, dans certains cas, vous rediriger via un lien sur des pages perso créées par d'autres membres. Le premier site Web de Mark Zuckerberg fut celui qu'il créa sur Geocities alors qu'il était encore au collège. Lancé en 1994, le site de rencontres payant très apprécié Match.com accumulait les informations personnelles, mais dans un but très spécifique. Classmates.com débuta en 1995 comme un moyen d'aider les gens, identifiés par leur vrai nom, à retrouver d'anciens camarades de classe ou de fac et à communiquer avec eux.

L'ère du réseautage social moderne commença finalement début 1997, quand une start-up basée à New York et appelée sixdegrees.com inaugura un service novateur fondé sur l'identité réelle des usagers. Deux sociologues de l'Internet, danah boyd et Nicole Ellison, ont défini dans un article de 2007 les caractéristiques essentielles d'un authentique réseau social : un service dont les usagers peuvent « construire un profil public ou semi-public », « définir une liste d'autres usagers avec lesquels ils partagent une connexion » et « visualiser et parcourir leur liste de contacts et celles réalisées par d'autres à l'intérieur du système[3] ». Vous établissez donc votre position dans un réseau complexe de relations, et votre profil vous positionne dans le contexte de ces relations, d'ordinaire pour découvrir des centres d'intérêt ou des points de contact normalement cachés. Il faut ajouter un autre élément pour expliquer les tendances qui ont conduit à Facebook – un profil en ligne fondé sur l'identité réelle de l'utilisateur.

Le service sixdegrees fut la première entreprise Internet qui tenta d'identifier et de cartographier un ensemble de relations réelles entre des personnes réelles utilisant leur vrai nom, et pour l'époque, c'était visionnaire. Le nom sixdegrees rappelle l'idée hypothétique que tout un chacun sur Terre peut être connecté via une chaîne étendue de relations qui commence avec vos amis proches, continue avec le « degré » suivant – les amis de vos amis, et ainsi de suite, jusqu'à un sixième degré.

Andrew Weinreich, juriste de profession et fondateur de sixdegrees, était lui-même un réseauteur invétéré. Le World Wide Web commençait tout juste à avoir prise sur les non-spécialistes. Lors du lancement de sixdegrees à New York début 1997, Weinreich invita plusieurs centaines de personnes rassemblées dans le Puck Building à le rejoindre immédiatement devant l'un des vingt ordinateurs installés dans la salle. « Votre fichier Rolodex n'a plus sa place à côté de votre ordinateur, proclama-t-il. Nous allons donner à votre Rolodex une position centrale. Si tout un chacun télécharge son Rolodex, vous devriez pouvoir traverser le monde ! »

Normalement, les nouveaux membres rejoignaient sixdegrees après avoir reçu une invitation de la part d'un membre. Cette méthode de recrutement allait être imitée par de nombreux réseaux ultérieurs. Elle nous paraît maintenant évidente, mais à l'époque elle était révolutionnaire. Le service vous permettait de créer un profil personnel donnant des informations sur vous-même et vos centres d'intérêt, et ce, sous votre vrai nom. Il vous aidait ensuite à établir une connexion télématique avec vos amis. Vous pouviez feuilleter les profils et demander à des amis de vous présenter aux personnes intéressantes que vous aviez trouvées. Il y avait deux fonctions principales sur sixdegrees à l'époque de son lancement. La première était « connecte-moi ». Si vous entriez le nom de quelqu'un, cette fonction allait créer une carte de vos relations avec cette personne par l'intermédiaire des divers membres du service. L'autre était « réseaute-moi », qui vous permettait de préciser certaines caractéristiques désirables, afin que le service puisse identifier des membres qui correspondaient à ces qualités. Un médecin de Scarsdale qui aime les échecs, peut-être ?

Mais, comme Weinreich le reconnaît amèrement : « Nous étions en avance. Or tout est dans le choix du bon moment. » Le développement et le fonctionnement du service furent extrêmement onéreux. Le site engagea quatre-vingt-dix employés, acheta une foule de coûteux serveurs et de licences – non moins coûteuses – d'exploitation de logiciels de bases de données possédés par Oracle, et versa aux développeurs Internet Sapient et Scient des millions de dollars pour mettre au point diverses fonctionnalités. Et à quoi avait-on droit avec toutes ces dépenses ? À un service que la plupart des gens utilisaient à une vitesse douloureusement lente via un modem branché sur leur ligne téléphonique. Et il y avait d'autres graves restrictions. Les profils affichaient certes votre nom, votre CV, vos films favoris, etc., mais il leur manquait des photographies. Après tout, à l'époque, qui possédait un appareil photo numérique ? Cette absence de photos était un problème si criant qu'en 1999 Weinreich envisagea sérieusement de demander aux membres d'envoyer des photos sur papier d'eux-mêmes afin que des stagiaires puissent les numériser et les télécharger.

Les membres comme les non-membres ne savaient pas vraiment si sixdegrees avait été conçu pour être un site de rencontres, un site de réseautage professionnel, ou les deux. Néanmoins, en 1999, sixdegrees comptait déjà 3,5 millions d'utilisateurs inscrits, et une société plus importante l'acheta pour 125 millions de dollars[4]. Mais il ne généra jamais beaucoup de recettes, et après l'éclatement de la bulle Internet, fin 2000, son nouveau propriétaire mit un terme aux activités de cette entreprise déficitaire. Estimant que c'était là le début et non la fin du réseautage social, le juriste Weinreich et ses associés eurent la prévoyance de déposer un brevet à très large champ d'action couvrant les innovations de sixdegrees, brevet qui entrerait plus tard dans l'histoire de Facebook. Weinreich parlait des réseaux analogues au sien comme du « système d'exploitation du futur ».

Bien que sixdegrees ait brisé la glace, il s'écoula des années avant que d'autres se risquent dans les mêmes eaux et édifient ce qu'on peut considérer comme de véritables réseaux sociaux. En 1999, deux réseaux à vocation ethnique, BlackPlanet et Asian Avenue furent lancés avec des fonctions de réseautage social limitées. Un réseau social suédois pour adolescents appelé LunarStorm fut lancé le 1er janvier 2000. Cyworld, un service immensément populaire en Corée du Sud, ajouta des fonctions de réseautage social en 2001.

Il fallut attendre 2001 et 2002 pour que le virus du réseautage social atteigne Silicon Valley et San Francisco. Là-bas, la plupart des entrepreneurs et des investisseurs en capital-risque étaient encore en état de choc après la dégringolade des valorisations et des revenus des entreprises Internet qui commença début 2000. Des entreprises disparurent, l'avenir était sombre, surtout pour les entreprises Internet commerciales. En 2001 et 2002, les entreprises nouvellement créées ne recevaient pratiquement plus d'argent de la part des investisseurs. Mais quelques esprits courageux reconnurent que sixdegrees avait peut-être démarré trop tôt, tout simplement.

Plaxo, l'entreprise Internet que Sean Parker avait fondée avec des amis en 2001, n'était pas un réseau social, mais il y avait beaucoup de points communs. Plaxo était un service de gestion de contacts. Une fois que les nouveaux membres avaient téléchargé les coordonnées de leurs contacts, Plaxo demandait sans relâche à ces gens d'actualiser leurs informations, sans jamais oublier de les inciter à devenir membres à leur tour. Cette insistance était odieuse, mais elle produisait assez souvent des résultats. Parker était très proche des idées d'Andrew Weinreich chez sixdegrees : mettez votre Rolodex au centre et nous nous chargeons de la gestion des fiches. Parker aimait le concept Plaxo parce qu'il était viral – un utilisateur pouvait conduire à toute une chaîne d'utilisateurs. Plaxo annonçait aussi un aspect crucial de Facebook car il détenait des informations d'identification uniques sur les individus fondées sur leurs contacts personnels.

Fin 2001, Adrian Scott, créateur d'entreprise et pionnier Internet de Silicon Valley lança un réseau social appelé Ryze. Scott tenait à éliminer toute incertitude sur la mission de Ryze. Ce n'était pas un site de rencontres. Il était fait pour les professionnels des affaires. Son nom, graphie insolite de *rise*, était conçu pour suggérer l'« ascension » dont il ferait bénéficier ses membres en améliorant la qualité de leur réseau personnel de relations d'affaires. Les profils des membres, axés sur les réussites dans le cadre professionnel, s'interconnectaient avec ceux des collaborateurs et des relations d'affaires. Ryze projetait de gagner de l'argent en faisant payer aux employeurs – entre autres – le droit de consulter ses bases de données pour rechercher de futurs collaborateurs ou employés, des consultants, etc. Bien qu'il n'ait jamais vraiment pris, sauf chez les branchés de la technologie san-franciscains, Ryze inspira nombre de projets ultérieurs et leur prépara le terrain.

À San Francisco, Jonathan Abrams, programmeur, membre de Ryze et fêtard incorrigible, vit là une occasion de se concentrer sur l'aspect extraprofessionnel de la vie des gens. Il construisit un réseau social grand public très convivial qu'il appela Friendster – la machine à se faire des amis. Bien qu'il ne soit pas précisément un site de rencontres, il proposait de nombreux outils pour aider ses abonnés à trouver des gens avec qui sortir. Adams escomptait pouvoir prendre des clients à Match.com, l'idée étant que vous rencontreriez des gens plus intéressants si vous arriviez à connaître les amis de vos amis. Les membres étaient censés utiliser leur vrai nom, et avec Friendster vous disposiez d'un nouvel outil pour retrouver les gens – celui-là même qui avait tant fait défaut à

Weinreich pour sixdegrees. Leur photo était affichée en regard de leur nom sur leur profil. C'était la percée. Vous pouviez lancer une recherche pour voir, parmi les gens qui habitaient près de chez vous, lesquels étaient déjà les amis d'un de vos amis. S'ils vous plaisaient sur la photo, vous pouviez tenter le contact.

Lorsque Friendster fut lancé en février 2003, ce fut un succès immédiat. En quelques mois, il avait plusieurs millions d'utilisateurs. Pour adhérer, il fallait être invité par l'un des membres, qui étaient très sollicités. Très vite, on parla de Friendster comme du « prochain Google ». Il aurait même repoussé une offre de rachat de 30 millions de dollars de la part de Google lui-même. À Boston, Mark Zuckerberg en prit bonne note et s'inscrivit, comme d'autres étudiants de Harvard, dont les jumeaux Winklevoss.

Apparemment, Friendster triomphait. Abrams fit la couverture de plusieurs magazines. Mais dès le milieu de l'année le site fut pris dans une spirale funeste. De nouveaux utilisateurs adhéraient par millions et les serveurs de Friendster ralentissaient. Il ne pouvait plus gérer son succès. Les pages mettait vingt secondes à s'afficher. Le site commença aussi à avoir des problèmes de relations publiques : il livra un combat très médiatisé contre les *fakesters,* ces imposteurs qui créaient délibérément des profils Friendster sous des faux noms et des identités fantaisistes, dont celles d'animaux et de personnages de BD. Abrams tenait beaucoup à ce que les gens utilisent leur vrai nom sur Friendster, et il expulsa une multitude de *fakesters.* En partie dans le but de relever ses coûteux défis techniques, la société bénéficia en automne 2003 d'une grosse injection d'argent – 13 millions de dollars avancés par deux éminents fonds de capital-risque, Benchmark Capital et Kleiner Perkins Caufield & Byers.

Lors d'une visite rendue récemment dans son bureau de San Francisco au fondateur de Friendster, qui gére maintenant une affaire d'invitations en ligne appelée Socializr, je trouve un Jonathan Abrams contrit, la barbe en désordre, mais toujours impatient de faire la fête. Son premier geste quand j'entre est de m'offrir une tequila. Il interrompt l'interview plusieurs fois pour réitérer son offre malgré mes refus répétés. « Le site n'a pas très bien marché pendant deux ans, c'est un fait », concède-t-il, passant enfin aux choses sérieuses. Il explique alors comment une série d'erreurs de jugement techniques a longtemps empêché Friendster de résoudre ses problèmes de performance, et même bien après qu'il eut été relevé de ses fonctions de PDG par les investisseurs en mars 2004.

Abrams est l'un des grands innovateurs du réseautage social, mais il avoue de bonne grâce avoir profité des idées d'autrui : « Les concepts n'étaient pas nouveaux. Ce qui était nouveau, c'était les vibrations, le design, les fonctions. » Il reste que, comme le formule Sean Parker, « c'est Jonathan qui a percé le code. Il a défini la structure de base de ce que nous appelons aujourd'hui un réseau social ».

Dans le sillage de Friendster, une foule de sites de réseautage social fleurirent à San Francisco et tentèrent de reproduire son attrait. Chacun aborda d'une manière légèrement différente l'idée de connecter les gens. Il y avait Tickle – « chatouille » – un site qui, en observant l'attrait grand public de Friendster, modifia son propre service, fondé jusque-là sur les résultats de questionnaires et de jeux-tests auto-administrés. Deux des autres nouveaux sites de socialisation – LinkedIn et Tribe.net – furent fondés par des amis d'Abrams.

Reid Hoffman avait joué les bonnes fées lors du tout premier financement de Friendster, investissant 20 000 dollars sur les 100 000 réunis par Abrams. Hoffman est un personnage clé de l'histoire du réseautage social. Il est l'un des cadres les plus avisés de Silicon Valley et véhicule dans sa généreuse carrure une substantielle crédibilité auprès des professionnels du métier. Dès août 1997, il avait lancé un site de rencontres appelé SocialNet, qui essayait d'apparier les utilisateurs en tirant parti des informations qu'ils affichaient sur leur profil. D'aucuns disent que SocialNet a été le tout premier réseau social, quoique Hoffman s'abstienne de le revendiquer. En tout cas, il ne marcha pas tellement bien sur le plan commercial (bien que les investisseurs soient rentrés dans leur argent quand ils le revendirent). Mais en mai 2003, trois mois après le lancement de Friendster, Hoffman fonda LinkedIn, réseau social professionnel. Hoffman pensait que le réseautage social allait vraisemblablement se diviser en deux catégories – relations personnelles et relations professionnelles – et il n'y avait donc pas de conflit avec le soutien qu'il apportait à Friendster. LinkedIn, qui prospère jusqu'à ce jour, a beaucoup de points communs avec Ryze. Votre profil est essentiellement votre CV. Les utilisateurs cherchent des emplois et demandent aux autres des recommandations ou des conseils de nature professionnelle. Mais conformément à cette attitude de sérieux, LinkedIn commença sans photos (Hoffman ajouta ultérieurement cette possibilité).

Si Reid Hoffman évoque Oliver Hardy, Mark Pincus est plutôt du genre Stan Laurel. Maigre, de taille moyenne et hyperactif, Pincus était un autre investisseur de Friendster et un ami de Hoffman. En mai 2003, au moment même où Hofman lançait LinkedIn, Pincus dévoila Tribe.net, réseau social dont les membres pouvaient créer une « tribu » autour d'un centre d'intérêt spécifique. Tribe.net était à l'origine prévu pour aider ses membres à partager des listes de petites annonces du type Craigslist afin de pouvoir acheter des choses à des gens qu'ils connaissaient. Toutefois, son identité se concentra rapidement sur son aspect tribal, et ses tribus virtuelles les plus soudées n'étaient pas formées par les M. et Mme Toulemonde envisagés par Pincus. Il y avait entre autres des participants au festival annuel du Burning Man au Nevada aussi bien que des adeptes de pratiques sexuelles dites alternatives, plus intéressés par la seule connexion que par la vocation de vide-grenier du site.

Sean Parker s'acoquina avec cette mafia san-franciscaine du réseautage social. À l'époque, il partageait une maison avec des étudiants de Stanford à Palo Alto, où Friendster commençait déjà son ascension, et plusieurs d'entre eux étaient déjà membres de son propre réseau social. Adrian

Scott, créateur de Ryze, avait été l'un des premiers à investir dans Napster. Mark Pincus, créateur de Tribe, avait fondé Freeloader, la start-up basée à Arlington, en Virginie, où Parker accomplit un stage rémunéré en 1994, à l'âge de quinze ans. Bientôt, Parker se mit à les fréquenter, eux et leur ami Jonathan Abrams de Friendster.

Le courant passa immédiatement entre Parker et Abrams. Et plus il fréquentait Abrams, plus Parker était fasciné par le site qu'il avait créé. Il commença à passer beaucoup de temps dans les bureaux de Friendster. Il aida Abrams à trouver des investisseurs supplémentaires et acquit lui-même un petit paquet d'actions Friendster. Ce fut juste à ce moment-là que ce service commença à plier et à craquer sous la charge de sa popularité toute neuve. « J'étais là en spectateur et je les ai vus perdre la guerre, dit maintenant Parker. C'était toujours : "Encore un mois, encore un mois. On y arrivera." » (Friendster fut ultérieurement ressuscité, mais trop tard pour le marché américain. Il prospéra brièvement aux Philippines, en Indonésie et en Malaisie, bien que Facebook l'ait maintenant pratiquement battu à plate couture.)

En été 2003, juste au moment où Tribe.net et LinkedIn commençaient à progresser, un développement inattendu inquiéta Pincus et Hoffman. Ils apprirent que le brevet détenu par le défunt sixdegrees était mis aux enchères par ses nouveaux propriétaires. Formulé en des termes très généraux, ce brevet ratisse large. Il décrit un réseau social qui gère une base de données, permet à un membre de créer un compte, puis l'encourage à inviter par e-mail d'autres personnes à se connecter à son réseau. Si la personne en question accepte l'invitation et confirme son « amitié », le service crée une connexion de communication en duplex. Ces processus sont au cœur de la plupart des réseaux sociaux.

Les avocats des deux entrepreneurs les informèrent qu'entre de mauvaises mains ce brevet pourrait servir à étouffer leurs deux sociétés et plus ou moins toute firme de réseautage social. Hoffman et Pincus décidèrent donc de le racheter. Ils savaient aussi que Friendster recevait des millions de dollars d'investissements en capital-risque et craignirent qu'avec plus de ressources Friendster ne tente de s'implanter dans leurs secteurs de l'industrie Internet. Posséder le brevet était une forme de défense. Or les conseils d'administration des deux sociétés refusaient d'autoriser l'achat du brevet. Hoffman et Pincus décidèrent donc de l'acheter sur leurs fonds personnels.

Mais ils n'étaient pas les seuls à avoir reconnu le potentiel du brevet. Yahoo commençait à se rendre compte qu'il avait peut-être raté le coche du réseautage. Il participa aux enchères et fut d'ailleurs le plus offrant. Mais Hoffman et Pincus, tout feu tout flamme, étaient disposés à payer plus vite et l'emportèrent avec une enchère de 700 000 dollars.

Ils disent à présent qu'ils voulaient seulement empêcher le brevet de tomber aux mains de géants comme Yahoo ou Friendster. « Nous avions peur que quelqu'un ne rachète le brevet et ensuite traîne en justice tous les pionniers du réseautage social, dit maintenant Hoffman. Nous l'avons acheté dans un geste de défense, afin d'assurer que personne n'étouffe une industrie naissante. »

Or au moment même où ces entrepreneurs créaient une nouvelle industrie à San Francisco, un concurrent improbable émergea de nulle part, six cents kilomètres plus au sud, à Los Angeles. MySpace débuta comme l'un des nombreux clones de Friendster – son cofondateur Tom Anderson était un ardent utilisateur de Friendster. C'est entre autres parce qu'il était frustré de voir Friendster caler et s'écraser au sol qu'Anderson eut l'idée de lancer MySpace. Mais d'après l'ouvrage de Julia Angwin *Ils ont volé MySpace : l'histoire définitive de MySpace*, Anderson songea aussi à attirer délibérément les imposteurs, les fameux *fakesters*, « afin de créer un site où les usagers pourraient créer toute identité qui leur plairait[5] ». Anderson et l'autre cofondateur Chris DeWolfe n'imposèrent guère de restrictions à la manière dont on pouvait utiliser MySpace.

Ils étaient l'un et l'autre employés par un conglomérat Internet lourd et désorganisé appelé eUniverse, qui installait secrètement des logiciels espions sur les ordinateurs personnels des utilisateurs et vendait des marchandises chères avec des méthodes publicitaires douteuses. Ils appliquèrent alors leurs valeurs libertines à la création du nouveau service. La démarche d'Anderson et DeWolfe était d'un réalisme purement utilitaire. Si quelque chose s'était révélé populaire sur le Web, les deux compères, branchés sur l'aspect commercial, voulaient l'avoir sur MySpace. Lorsque leur service démarra le 15 août 2003, six mois seulement après Friendster et trois mois après Tribe.net, il comportait des jeux, un horoscope, la fonction blog et une page de profil à la Friendster pour les membres.

Alors qu'Abrams, créateur de Friendster, était une sorte de maniaque du contrôle qui mena longtemps une bataille perdue pour protéger sa vision personnelle d'un service fondé sur l'identité réelle, MySpace avait une démarche généralement tolérante dans presque tous les domaines. Ses usagers en étaient ravis. Pour commencer, le site était moins exigeant sur la qualité des futurs membres que d'autres réseaux sociaux. On n'avait pas besoin d'avoir été invité par un membre existant. On pouvait utiliser soit son vrai nom, soit un pseudonyme. Et l'une des fonctionnalités les plus appréciées n'avait même pas été prévue à l'origine. Une erreur de programmation initiale permettait aux membres de télécharger sur leur profil un langage – appelé HTML – permettant de formater les pages Web. Ils ne tardèrent pas à s'en servir pour embellir et personnaliser leurs profils. Toujours prêts à s'adapter, les fondateurs de MySpace prirent note de l'enthousiasme des utilisateurs pour cette liberté et transformèrent cette erreur en atout.

C'est la maquette personnalisée des pages Web qui donna à MySpace son look Times Square caractéristique tout en graphismes étincelant et images grivoises. Cette apparence n'était peut-être pas voulue au départ, mais elle allait dans le sens de la philosophie MySpace : si vous pouviez vous faire passer pour n'importe qui, vous étiez également libre de faire ressembler votre profil à tout et n'importe quoi. Et vous ne connaissiez pas toujours l'identité réelle d'un membre de MySpace. Ce qui vous empêchait de limiter vos connexions à des amis authentiques. Les gens commencèrent bon gré mal gré à ajouter des amis – le plus d'amis possible. Ce qui devint une compétition : combien d'amis pouviez-vous avoir ? Quant au comportement des usagers en ligne, il y avait certes beaucoup de conversations conventionnelles, mais aussi un penchant sexuel explicite. Sur Friendster, l'aspect extérieur d'un profil était fixé pour des raisons de cohérence, et Abrams tenait à ce qu'on utilise son identité réelle pour se connecter à d'autres personnes réelles. Ces subtilités furent ignorées sur MySpace par Anderson et DeWolfe.

Comme l'explique soigneusement Julia Angwin dans *Ils ont volé MySpace*, ses rusés fondateurs avaient très bien choisi leur moment. Le monde était prêt pour un réseau social de masse. Le service sixdegrees était apparu trop tôt – il lui avait manqué l'environnement Internet ad hoc pour s'épanouir. Mais ce paysage avait finalement émergé. En 2003, note Julia Angwin, le pourcentage des Américains possédant l'accès Internet en haut débit passa de 15 à 25 pour cent[6]. Non seulement le haut débit signifiait un défilement plus rapide des pages Web, mais il facilitait aussi le téléchargement des photos. Les appareils photo numériques étaient désormais répandus et d'un prix abordable. Facteur crucial, un éventail plus large d'usagers accédaient à l'Internet haut débit. Pour la première fois, de nombreuses familles – dont celles comprenant des adolescents – avaient le haut débit. Si Friendster ne s'était pas effondré sous le poids du succès, il aurait pu attirer cette clientèle. MySpace occupa sans problème le vide ainsi créé.

MySpace se répandit au début dans la communauté relativement branchée des amis d'Anderson et de DeWolfe à Los Angeles. Les fondateurs firent la pub du site à la fois aux groupes qui passaient dans les boîtes et à leur public.

Il devint peu après un outil de promotion essentiel pour les groupes de L.A. Très vite, partout aux États-Unis, des musiciens entreprenants commencèrent à adopter MySpace. Avec les groupes arriva leur public – les adolescents.

MySpace était un site branché super pour la musique et les groupes, mais qui dérapait aussi vers une tonalité sexuelle. Des soirées MySpace organisées dans les boîtes d'un bout à l'autre du pays devinrent un autre outil promotionnel du site. Le message implicite : MySpace était une sorte de night-club Internet où les comportements extravagants étaient bienvenus. Une abonnée Friendster déçue qui se faisait appeler Tila Tequila adhéra à MySpace en emmenant ses fans avec elle. C'était une plantureuse Vietnamienne, mannequin en mal d'attention. Son profil était plein de photos d'elle en tenue légère.

Bien que le site soit censé être interdit aux moins de seize ans, des tas de préadolescents créaient des profils en trichant sur leur âge. Il n'était pas inhabituel de voir des fillettes de treize ans encore au collège afficher des photos d'elles en soutien-gorge. Dans tous les États-Unis, des associations de parents d'élèves des lycées et collèges tinrent des réunions alarmistes sur les dangers du réseautage social.

Lorsque Thefacebook démarra en février 2004, le tapageur MySpace avait déjà plus d'un million de membres et devenait rapidement le réseau social dominant du pays. Thefacebook offrait à ses utilisateurs des fonctions limitées, une page de profil austère en noir et blanc et ne concernait que les étudiants d'universités prestigieuses. Le contraste n'aurait pas pu être plus grand.

Le premier réseau social visant explicitement les étudiants avait démarré à l'université Stanford en novembre 2001. Ce fut probablement aussi le premier réseau social jamais lancé aux États-Unis. Ce service peu connu, appelé Club Nexus, fut conçu par un doctorant en informatique turc, Orkut Buyukkokten, pour permettre aux étudiants de Stanford d'enrichir leur vie sociale. Un étudiant de licence en sciences politiques, Tyler Ziemann, gérait la partie non technique de ce projet.

Club Nexus était révolutionnaire et offrait beaucoup – et probablement trop – de fonctionnalités. Il permettait à ses membres de créer un profil en utilisant leur vrai nom, et ensuite de dresser la liste de leurs meilleurs amis étudiants, appelés « copains » dans l'argot de Club Nexus. Les copains qui n'étaient pas déjà membres recevaient un e-mail les invitant à adhérer au service. Seuls les étudiants possédant une adresse e-mail attribuée par Stanford pouvaient adhérer, et cette authentification par courrier électronique assurait que chaque usager était bien qui il prétendait être. Vous pouviez converser en ligne, inviter des amis à des événements, afficher des petites annonces y compris des annonces de contacts, écrire des articles comparables à des blogs, et utiliser une fonction de recherche sophistiquée pour trouver des gens avec des intérêts similaires. Les étudiants s'en servaient pour trouver des partenaires pour étudier ou s'entraîner à la course à pied – ou simplement pour draguer. Buyukkokten lui-même affirma un jour avec une certaine fierté que ce qui distinguait Club Nexus de tous les autres réseaux était « qu'on peut créer des soirées vraiment énormes[7] ».

Au bout de six semaines, Club Nexus avait 1 500 membres à Stanford, campus dont l'effectif total était d'environ 15 000 étudiants. Mais quand il eut atteint les 2 500 membres, l'usage plafonna. Le site était nettement trop compliqué. Buyukkokten était un programmeur de talent qui l'avait chargé de toutes les fonctions intéressantes qu'il pouvait imaginer. Or cela le rendait difficile à utiliser et morcelait les activités sur de nombreuses fonctions. Vous n'aviez pas l'impression que le site était très fréquenté.

Une fois que Buyukkokten et Zieman eurent terminé leurs études en 2002, ils voulurent commercialiser leur entreprise. Reconnaissant que le site ne marchait pas trop bien avec les étudiants, ils prirent ce que d'aucuns pourraient qualifier de décision imprudente, vu les réussites ultérieures de Facebook – ils se concentrèrent alors sur les anciens étudiants. Ils créèrent une société appelée Affinity Engines qui commença à mettre sur le marché à l'intention des groupes d'anciens étudiants une version aménagée de Club Nexus appelée InCircle. Leur premier client fut l'Association des anciens de Standford. En 2005, leur clientèle comprenait des réseaux d'anciens étudiants de trente-cinq campus, dont des géants comme l'université du Michigan. Mais peu après le lancement d'Affinity Engines, Orkut Buyukkokten quitta la société pour allez chez Google. Environ un an après, ce programmeur entreprenant prit contact avec Marissa Mayer, chef de produit suprême de cette société, et lui dit qu'il avait élaboré le prototype d'un nouveau réseau social au cours du week-end. Marissa Mayer et les responsables de chez Google, dont la politique est d'encourager l'esprit d'entreprise chez les employés, accueillirent favorablement ce projet. Google songeait à l'appeler « Éden » ou « Paradis ». Et puis un jour Adam Smith, un chef de produit qui travaillait avec Buyukkokten, dit à Marissa Mayer que l'ingénieur possédait le nom de domaine Orkut.com. Estimant que Buyukkokten incarnait l'esprit de son réseau, ils décidèrent de l'appeler comme lui.

Orkut, réseau social bien conçu et ouvert à tous, démarra en janvier 2004, deux semaines seulement avant Thefacebook.com. Au début, il s'épanouit aux États-Unis, où il tenait la dragée haute à un MySpace en plein essor. Mais, bizarrement, fin 2004, il avait déjà été adopté en masse au Brésil. Une campagne populaire visant à dépasser le nombre des usagers d'Orkut aux États-Unis enflamma l'imagination des jeunes Brésiliens, qui relevèrent victorieusement le défi. Le service acquit ensuite une tonalité nettement brésilienne et lusophone, et les Américains commencèrent à décrocher. Aujourd'hui, Orkut, toujours détenu par Google, demeure l'un des réseaux sociaux les plus vastes et les plus sophistiqués du monde, et pourtant plus de la moitié de ses membres sont brésiliens, et 20 pour cent vivent en Inde. Le transfert en 2008 du siège d'Orkut au Brésil peut s'interpréter comme une réduction des attentes de Google quant à ce service.

Club Nexus fut le premier réseau social visant spécifiquement les étudiants, mais dès l'année universitaire 2003-2004, des sites similaires apparaissaient dans un certain nombre d'établissements. Le Daily Jolt, une sorte de communauté de discussion, existait depuis 1999 sous la forme d'un service télématique inter-campus et fonctionnait dans douze établissements. Collegester.com – « communauté virtuelle de services gratuits, utiles et agréables "pour les étudiants et par les étudiants" » – avait été lancé en août 2003 par deux anciens du campus Irvine de l'université de Californie. Un service de rencontres en ligne appelé WestMatch prospérait à Wesleyan University. Ses dynamiques fondateurs en avaient lancé une autre version à Williams College et étendaient le service à Bowdoin College, Colby College et Oberlin College. À Yale, le Conseil universitaire étudiant lança son site de rencontres YaleStation le 12 février – une semaine seulement après le démarrage de Thefacebook. À la fin du mois, les deux tiers environ des étudiants de licence s'y étaient inscrits. Et puis il y avait CUCommunity, qui avait décollé à Columbia en janvier. Les sites de Yale comme celui de Columbia attiraient beaucoup de membres avant l'arrivée de Thefacebook.

Fin 2003, il semble que les universités de l'Ivy League aient collectivement décidé que les trombinoscopes des étudiants seraient affichés en ligne. Les organisations étudiantes de Cornell, Dartmouth College, Princeton, de l'université de Pennsylvanie, de Yale et de Harvard, entre autres, reprochaient toutes aux administrations de leurs établissements respectifs de ne pas proposer leurs trombinoscopes sous forme numérique. L'idée était dans l'air. L'impression que le moment opportun était arrivé contribua à persuader Zuckerberg de créer Thefacebook et explique le nom du service. Partout les étudiants avaient été influencés par l'ascension rapide et la prépondérance de Friendster, et beaucoup furent consternés de le voir s'effondrer. En automne, MySpace faisait déjà des vagues à Los Angeles.

Aaron Greenspan, étudiant de quatrième année à Harvard, y lança en septembre 2003 un service appelé houseSYSTEM. Il permettait aux étudiants en résidence universitaire à Harvard d'acheter et de vendre des livres et de faire des comptes rendus de cours, entre autres fonctions. Il les invitait également à télécharger leur photo sur un « Trombinoscope Universel ». houseSYSTEM, contesté sur la manière dont il traitait les mots de passe des étudiants, ne fut jamais très utilisé, même si près de 2 000 étudiants s'inscrivirent pour l'essayer.

Divya Narendra affirme avoir trouvé seul l'idée d'un réseau social spécifique pour Harvard en décembre 2002. Il s'associa plus tard avec les frères Winklevoss pour monter Harvard Connection, d'après certains des volumineux documents juridiques produits lors du procès qu'ils intentèrent à Zuckerberg et Facebook. Les impressionnants vrais jumeaux Cameron et Tyler Winklewoss – surnommés « les *Winklevii* » par certains collègues latinistes de Harvard –, s'entraînèrent à l'aviron pendant des années et allèrent jusqu'en finale du deux sans barreur hommes des jeux Olympiques de Pékin en 2008. Ils avaient auparavant décroché la médaille d'or aux jeux Panaméricains de Rio de Janeiro[8]. Ces deux athlètes blonds, caricatures du Blanc anglo-saxon protestant, ne pouvaient être plus différents des Juifs maigrichons, intellos et accros au clavier qui fondèrent Thefacebook.

Narendra et les Winklevoss travaillèrent par à-coups sur l'idée qui deviendrait Harvard Connection l'année suivante. Puisque aucun des trois n'était programmeur, ils engagèrent des collaborateurs. Deux étudiants en informatique successifs essayèrent de mettre Harvard Connection sur les rails, mais échouèrent, d'après ses fondateurs.

Ils apprirent l'existence de Facemash en lisant l'article que le *Harvard Crimson* avait consacré à cet épisode. Ils prirent contact avec Zuckerberg et organisèrent une rencontre. Zuckerberg accepta de les aider – il dit maintenant que ce n'était pour lui qu'un de ses nombreux « projets » de logiciels de réseautage social.

Zuckerberg écrivit par intermittence du code pour Harvard Connection. Il semble qu'au bout de trois semaines il s'en soit désintéressé, bien qu'apparemment il n'en ait pas informé clairement les Winklevoss et Narendra. Ils commencèrent à se plaindre qu'il prenait trop de temps. À un moment, Zuckerberg s'excusa pour son retard, expliquant qu'il avait oublié d'emporter le chargeur de son ordinateur pendant les vacances de Thanksgiving. Les trois fondateurs de Harvard Connection finirent par accuser Zuckerberg devant un tribunal fédéral du vol de leur propriété intellectuelle. Le procès se termina au milieu de l'année 2008 avec interdiction aux parties de révéler les détails du règlement à l'amiable. Mais certains documents relatifs au procès tombèrent dans le domaine public, dont des e-mails échangés entre les plaignants et Zuckerberg. Cette correspondance donne une image de ce qu'aurait pu être Harvard Connection. Dans un de ces messages, Cameron Winklevoss proposait un texte à insérer dans une page Web : « Harvard Connection a dressé une liste des soirées dans les night-clubs et les bars les plus courus de la région de Boston. Nous avons négocié avec les organisateurs des accords pour faire bénéficier tous nos membres régulièrement inscrits de tarifs d'entrée préférentiels pour ces soirées spéciales. » Les sorties en boîte à prix réduit semblent avoir été un objectif prioritaire.

Le 6 décembre 2003, Cameron Winklevoss envoya un autre e-mail à Zuckerberg : « J'ai trouvé une idée, j'appelle ça "le degré d'inceste". [...] À la base, ça mesure le rapprochement entre tes centres d'intérêt et ceux de la personne dont tu regardes la fiche. [...] Ça serait marrant d'évaluer le degré de proximité et de voir à quel point il serait "incestueux" de demander un rendez-vous à la personne en question. » Il suggérait également que le site fournisse des recommandations sur la personne avec qui sortir et que, peut-être, Harvard Connection devrait tromper les utilisateurs en laissant entendre que ces appariements étaient déterminés par un algorithme du logiciel : « Peut-être qu'on pourrait y incorporer un élément aléatoire (évidemment, les gens qui regardent le site ne devraient pas s'en douter – pour autant qu'ils le sachent, c'est une recommandation minutieusement calculée). » Winklevoss estimait qu'il créait, comme il le formulait ici, un « site de rencontres ».

Ces e-mails semblent montrer que Zuckerberg commença à éviter les trois fondateurs de Harvard Connection. Le 8 janvier 2004, il écrivait à Cameron : « Je suis encore un peu sceptique quant à notre capacité à avoir assez de fonctionnalités sur le site pour vraiment attirer l'attention et acquérir la masse critique nécessaire pour faire tourner un site comme celui-ci. » Or fin novembre 2003 il avait écrit : « Une fois que j'aurai les éléments graphiques, on pourra lancer ce truc. [...] On dirait que tout marche. » Les fondateurs de Harvard Connection exigèrent à maintes reprises de le rencontrer. Lorsqu'ils se réunirent tous les quatre le 14 janvier, Zuckerberg déclara qu'il n'avait plus le temps de travailler sur le projet (en 2010, le site Web Business Insider publia des SMS qui auraient été envoyés par Zuckerberg à cette époque. S'ils sont authentiques – et il n'a pas nié les avoir écrits – ils le montrent en train de jubiler à la pensée d'avoir délibérément retardé Harvard Connection jusqu'à ce que Thefacebook démarre).

Zuckerberg fut aussi en rapport – dans un registre plus modeste – avec Aaron Greenspan, créateur de houseSYSTEM. Ils dînèrent ensemble début janvier au réfectoire de Kirkland House. Lors de cette rencontre, Zuckerberg invita Greenspan à s'associer avec lui pour créer son nouveau projet, qu'il ne décrivit pas en détail. Mais son interlocuteur plus chevronné souleva des objections. Dans une autobiographie auto-éditée et auto-justificatrice de 333 pages, il écrit : « L'idée me déplaisait de travailler pour quelqu'un qui venait de recevoir un blâme pour avoir massivement ignoré le droit à la vie privée [avec Facemash]. » Greenspan, qui avait fait deux ans d'études de plus que Zuckerberg, gérait sa propre entreprise de logiciels depuis l'âge de quinze ans et avait manifestement un complexe de supériorité envers cet étudiant de deuxième année.

Toutefois, au cours de la même rencontre, il invita Zuckerberg à incorporer son projet – quel qu'il soit – à houseSYSTEM. Mais Zuckerberg refusa, arguant que houseSYSTEM était « trop utile ». Greenspan dit avoir été troublé par ce jugement. « Il fait carrément trop de trucs, continua Zuckerberg. Son utilité est presque écrasante. » Aujourd'hui, Zuckerberg ne s'exprime guère sur houseSYSTEM, sauf pour dire que « l'important, ce n'est pas d'ajouter des fonctions, mais d'en supprimer ». houseSYSTEM finit par disparaître. Sam Lessin, camarade de classe de Zuckerberg et entrepreneur Internet lui-même, s'en souvient comme « d'un système démesurément étendu qui pouvait faire toutes sortes de choses ». En revanche, dit-il, Thefacebook était minimaliste jusqu'à l'obsession, ou presque. « La seule chose qu'on pouvait faire immédiatement, c'était d'inviter des amis supplémentaires. C'est cette pureté qui l'animait. »

Thefacebook démarra le 4 février. Six jours plus tard, Cameron Winklevoss envoya à Zuckerberg une lettre pour dire qu'il s'était frauduleusement approprié le travail des fondateurs de Harvard Connection et leur devait des dommages et intérêts. La lettre exigeait de Zuckerberg qu'il cesse de travailler sur Thefacebook. Cameron Winklevoss et ses associés se plaignirent auprès de la commission disciplinaire du Conseil de l'université – l'instance même qui avait réprimandé Zuckerberg pour Facemash. Un vice-doyen de Harvard intervint et demanda à Zuckerberg sa version des événements.

Dans une longue lettre qu'il écrivit au vice-doyen le 17 février, Zuckerberg déclarait que, dès son premier contact avec le projet, il avait été « quelque peu déçu par la qualité du travail que les programmeurs antérieurs avaient accompli sur le site ». Il trouvait le résultat « brouillon et surchargé ». Il réfutait les idées du trio Winklevoss-Narendra. « Les plus ineptes de mes copains de fac savaient mieux que ces types ce qui attirerait les gens vers un site Web. » Il se plaignait de leur gestion du calendrier des opérations. « J'étais contrarié de voir qu'ils n'arrivaient pas à tenir leurs promesses au niveau de la pub, du matériel indispensable au fonctionnement du site ou même de la conception graphique (la dernière fois que j'ai regardé, leur page d'accueil se servait toujours d'une image prise directement dans une pub Gucci.) » Zuckerberg se disait « un peu choqué par le fait qu'ils [le] menacent après tout le travail [qu'il a] effectué gratuitement pour eux. [...] [Il] essaie de considérer comme un sujet d'irritation mineur le fait qu'à chaque fois qu'[il réussit] un projet tous les capitalistes qui traînent dans les parages veulent une part du gâteau ». Il terminait sa lettre sur ce qu'il appelait des « menaces ridicules » en disant : « Si je n'ai pas passé en revue les différences entre mon site et le leur, c'est parce qu'ils sont totalement différents. » Le vice-doyen décida de ne pas intervenir dans ce conflit.

Les deux services étaient-ils substantiellement différents ? Comme l'indiquent les e-mails de Cameron Winklevoss, Harvard Connection était essentiellement conçu comme un guide des soirées et un site de rencontres. L'objectif était de « négocier des accords avec les organisateurs » en prélevant un pourcentage au passage. Thefacebook était un site non commercial. Son but était de remplacer les trombinoscopes papier. Il était axé sur les informations personnelles des individus. Tout le contenu de Thefacebook était généré par ses utilisateurs, alors que Harvard Connection allait, entre autres, avoir des contenus du style « liste et classement des boîtes de nuit ».

Harvard Connection, rebaptisé ConnectU – prononcé « connect you », avec U pour « université » – démarra finalement à la fin du printemps 2004. À l'automne, les fondateurs de ConnectU, assistés par des avocats qui travaillaient habituellement pour le richissime père des jumeaux Winklevoss, assignèrent Zuckerberg devant le tribunal fédéral de Boston. L'action judiciaire affirmait que Zuckerberg avait volé des idées comme « créer le premier réseau social spécifiquement conçu pour le créneau étudiant », « servir d'annuaire des usagers, de leurs centres d'intérêt et de leurs qualifications, de forum pour l'expression d'opinions et d'idées, et de réseau sécurisé de connexions », exiger des membres de s'inscrire avec une adresse e-mail en « edu. », lancer le site à Harvard et l'étendre ensuite à d'autres établissements, en projetant finalement d'inclure « tout établissement d'enseignement supérieur accrédité au plan national et international ».

Il se peut qu'en travaillant pour Harvard Connection Zuckerberg ait pris conscience avec une certaine gêne du fait qu'il était déjà en train de travailler sur son propre réseau social. Il aurait certainement dû avertir plus tôt Narendra et les frères Winklevoss de ce qui les attendait – par simple politesse. Il devint très peu coopératif. Les SMS publiés par le *Business Insider* semblent prouver qu'il les avait induits en erreur. Or bien avant de rencontrer les Winklevoss et Divya Narendra, il spéculait déjà sur le type de logiciel de réseau social utilisable sur Internet. C'est d'ailleurs pour cela que le projet Harvard Connection l'intéressait. L'action en justice engagée par le trio lui attribue un comportement qui dépasse considérablement la simple impolitesse : « Violation de la propriété intellectuelle, rupture de contrat réel ou implicite, détournement de secrets industriels, non-respect des obligations fiduciaires, enrichissement injuste, pratiques commerciales malhonnêtes, obstruction volontaire en matière d'avantages commerciaux potentiels, non-respect de l'obligation de bonne foi et de pratiques équitables, escroquerie, abus de confiance[9]. » Les plaignants demandaient la saisie intégrale du site Thefacebook à leur profit et des dommages et intérêts correspondant à sa valeur. Un peu beaucoup pour un projet censé représenter dix heures de travail et pour lequel Zuckerberg n'avait jamais eu de contrat écrit et n'avait jamais été rémunéré.

Il avait probablement affiné ses propres idées en travaillant sur Harvard Connection, mais *a priori* il n'y a pas d'éléments communs aux deux sites qui n'aient pas déjà été utilisés par d'autres services dans le passé. À l'époque, tous les projets de réseautage social dans le monde étaient influencés par Friendster. Il s'avéra certes vital pour Thefacebook d'exiger des adresses e-mail en « .edu » pour l'inscription, mais d'autres sites universitaires avaient déjà commencé à adopter une démarche similaire. Club Nexus s'était limité aux adresses e-mail de Stanford dès l'automne 2001.

En septembre 2004, lorsqu'ils intentèrent un procès à Thefacebook, les gens de ConnectU revendiquaient quinze mille utilisateurs répartis sur deux cents établissements[10]. Thefacebook lui fit vigoureusement concurrence. ConnectU déboucha toutefois sur une grande victoire de ses fondateurs : un règlement financier du litige en 2008. Ce qui permit aux créateurs de ConnectU de repartir avec une somme considérable – on parle de 20 millions de dollars en liquide et d'un portefeuille d'actions Facebook valant au bas mot 10 millions de dollars[11]. Déjà moribond, le site ConnectU ferma définitivement.

Aaron Greenspan accusa lui aussi Zuckerberg d'avoir volé ses idées. Dans son autobiographie, *Authoritas : les aveux d'un étudiant de Harvard et la fondation de l'ère Facebook*, il écrit qu'il a « inventé Thefacebook quand il étudiait à Harvard[12] ». En avril 2008, il présenta à l'Office américain des brevets et marques de commerce (USPTO) une pétition pour faire annuler la marque « Facebook ». Il soutenait qu'il s'agissait d'un terme générique et ajoutait qu'il l'avait utilisé plusieurs mois avant Zuckerberg dans le cadre de houseSYSTEM. Greenspan fut son propre avocat. L'instance d'évaluation des marques de commerce (TTAB) décida que ses allégations étaient suffisamment plausibles pour que l'action suive son cours. Quelques mois plus tard, Facebook conclut un accord avec Greenspan pour une somme non révélée.

Greenspan n'accuse pas le seul Zuckerberg. Il écrit dans son livre que les frères Winklevoss et Divya Narendra lui volèrent eux aussi des idées, et que leur site Harvard Connection était lui aussi une imitation de houseSYSTEM.

Le réseautage social s'étend maintenant sur toute la planète. Facebook est le plus grand de ces réseaux. Rares sont les lycéens ou les étudiants qui n'utilisent pas quotidiennement Facebook ou MySpace. Ces systèmes se sont tellement imposés dans la communication que de nombreuses personnes de tous âges ne se servent presque plus du courrier électronique. De sixdegrees à Facebook en passant par Friendster, le réseautage social est devenu un élément familier et incontournable de l'Internet.

4. Automne 2004

« Regardez le monde autour de vous. La plus petite poussée – appliquée à l'endroit ad hoc – peut le faire basculer. »

Le semestre d'automne 2004 s'annonçait et Thefacebook était au bord d'une crise sérieuse. Le nombre de membres avait presque doublé pendant l'été, passant d'environ 100 000 à 200 000. C'était à la fois rassurant et inquiétant. « Nous avons carrément eu de la chance que ça n'ait pas complètement démoli l'architecture, dit Dustin Moskovitz, qui passa plus de temps que n'importe qui à empêcher cela d'arriver. Nos serveurs opéraient déjà à la limite et nous savions qu'une charge complète en automne serait le double de celle-ci. Le service est devenu vraiment instable. » Mais la crise n'était pas seulement technologique. Entre les membres de la petite équipe, la tension montait sur la question de savoir si Thefacebook lui-même devrait être leur seule priorité. Zuckerberg s'intéressait de plus en plus à Wirehog, son projet parallèle qui devait permettre aux utilisateurs de Facebook de partager en pair-à-pair des photos et d'autres médias.

Tout l'été, des étudiants et des organisations étudiantes d'universités aux quatre coins des États-Unis avaient demandé à Thefacebook par e-mail, SMS ou téléphone d'ajouter leur établissement à sa liste. Ils envoyaient parfois de vraies lettres, avec des bonbons et des fleurs, et se déplaçaient même à Palo Alto. Ils se seraient mis à genoux pour faire partie du réseau. Saverin bloquait toujours le compte en banque. Zuckerberg payait les factures de sa poche. Ses parents et lui-même avaient prêté à la société des dizaines de milliers de dollars[1]. Mais les petits gars de Thefacebook savaient que, s'ils n'avaient pas assez de serveurs le jour de la rentrée, le service risquait l'infarctus. « Nous redoutions vraiment un syndrome Friendster, se souvient Dustin Moskovitz. Nous avions l'impression que si Friendster n'était pas le réseau universitaire dominant, c'était uniquement parce qu'ils avaient des problèmes d'échelle. » (C'est-à-dire de croissance, en langage courant.)

Et un nouveau Friendster se déployait sous leurs yeux. Orkut, après avoir brièvement donné l'impression de vouloir concurrencer MySpace, était maintenant embourbé dans des problèmes de performance, en plus d'être envahi par les Brésiliens. Même un géant comme Google n'arrivait pas à imposer une croissance harmonieuse à un réseau social. Thefacebook était une start-up atypique, en termes financiers. À ce stade, elle n'avait pas encore exigé d'apports extérieurs. À présent – avec une croissance prévisible et l'augmentation des frais – une société nouvellement née à Silicon Valley s'adresserait normalement aux investisseurs en capital-risque pour bénéficier d'une injection de fonds massive, peut-être de l'ordre de plusieurs millions de dollars pour une entreprise de la taille de Thefacebook. Mais dans un tel scénario, les rapaces du capital-risque prélèvent leur livre de chair – un très gros morceau de la société, un quart, voire un tiers. Parker était passé par là chez Plaxo, où il avait perdu le bras de fer avec les financiers et avait été mis à la porte de sa propre société. Il avait réussi à communiquer à Zuckerberg son aversion pour les capital-risqueurs. Ils étaient tous les deux résolus à conserver le plein contrôle du destin de Thefacebook. Après tout, ils avaient seulement besoin de quelques centaines de milliers de dollars pour acheter de nouveaux serveurs.

Quelques jours après avoir rejoint Thefacebook, Sean Parker appela son ami Reid Hoffman, fondateur de LinkedIn et investisseur providentiel. Hoffman l'avait guidé jusqu'au dénouement douloureux de sa relation avec Plaxo et était devenu un ami intime. Parker lui aussi était pragmatique. Il savait qu'il était important de maintenir le célèbre brevet sixdegrees dans le camp de Thefacebook.

Hoffman fut presque immédiatement impressionné par Thefacebook, mais il ne voulut pas en être le principal investisseur, vu son implication dans LinkedIn. Au milieu de l'année 2004, beaucoup d'entrepreneurs Internet commençaient déjà à se demander si le réseautage social n'allait pas converger vers un grand réseau unique. Hoffman lui-même n'y croyait pas, mais il savait que d'aucuns évoqueraient un conflit d'intérêts s'il prenait la tête des investisseurs de Thefacebook. Il organisa donc une rencontre de Parker et Zuckerberg avec Peter Thiel, le morose génie financier aux cheveux noirs qui avait co-fondé et dirigé PayPal et était maintenant investisseur privé.

Hoffman est un membre éminent d'une subculture très sélective et très importante à Silicon Valley – les riches ex-employés de PayPal. Il est resté proche de nombreux anciens collègues de chez PayPal, dont Peter Thiel. PayPal créa le premier système réussi de paiement en ligne à grande échelle et se vendit à eBay pour 1,5 milliard de dollars en 2002, deux ans seulement après sa création par fusion de deux start-up. Même avant l'épisode PayPal, Thiel était un investisseur professionnel ; il investissait maintenant dans des start-up et mettait sur pied un fonds spéculatif. Il avait placé de l'argent dans Friendster comme dans LinkedIn.

Thiel se révéla être l'investisseur idéal pour Thefacebook. Il avait vu le monde avec le regard d'un entrepreneur couronné de succès chez PayPal. Fan de Sean

Parker, il avait fait sa connaissance chez Plaxo et via Friendster. C'était aussi un penseur à contre-courant. Le gros des investisseurs, se remémorant tout l'argent perdu suite à l'éclatement de la bulle Internet, étaient encore méfiants vis-à-vis des start-up. « Nous avons donc eu l'impression que c'était là qu'il fallait chercher l'ouverture, se rappelle Thiel. Et à l'intérieur de l'Internet commercial, le réseautage social était une sorte de tendance en voie d'apparition. Or, en 2004, les réseaux sociaux étaient perçus comme des entreprises très éphémères, et les gens pensaient que c'était comme investir dans une marque de jeans ou quelque chose du même type. On se demandait si ce n'était qu'une mode qui ne durerait que très peu de temps. »

Mais ce que Thiel entendit au sujet de Thefacebook lui donna confiance. Dans son bureau étaient réunis Sean Parker, Mark Zuckerberg et Steve Venuto, le nouveau juriste de la société, qui avait collaboré avec Parker sur Plaxo et avait commencé à travailler sur Thefacebook à la fin de l'été. Cette rencontre avait été organisée par Hoffman, qui avait délégué son protégé de chez LinkedIn, Matt Cohler, un énergique diplômé de Yale aux cheveux bruns. Parker, qui à vingt-quatre ans seulement était déjà un baratineur expérimenté, domina la conversation. Il expliqua que si Thefacebook était d'une envergure modeste, c'est parce qu'il exigeait une adresse e-mail en « .edu ». L'univers des membres potentiels était délibérément restreint. Seuls pouvaient adhérer les étudiants d'universités élitistes. Thiel fut surtout impressionné par ce qui se passait lorsque le site était lancé dans un nouvel établissement. Normalement, il était adopté en quelques jours par la plupart des étudiants, et plus de 80 pour cent des utilisateurs retournaient quotidiennement sur le site ! Personne n'avait jamais entendu parler d'une combinaison aussi extraordinaire de la croissance et de l'usage dans une start-up Internet. Zuckerberg arborait pour l'occasion ce qui était alors son uniforme : T-shirt, jean, tongs Adidas. Ce n'était certainement pas pour impressionner ses interlocuteurs. Thiel se souvient d'un Mark

Zuckerberg plutôt introverti. Il parlait peu, répondait occasionnellement à des questions, en posait peu lui-même. Oui, ils recevaient des demandes de la part de centaines d'établissements qui voulaient avoir Thefacebook sur leur campus. Il exprima certaines de ses idées sur l'évolution possible du produit. Il évoqua aussi brièvement ses espoirs concernant Wirehog. Il ne manifestait aucune tendance impulsive à la flatterie, ce qui, combiné à la sobriété de ses propos quant à la réussite de Thefacebook, le rendait encore plus impressionnant. Il n'avait pas besoin de porter une cravate pour vous convaincre qu'il était un entrepreneur digne d'être soutenu.

Mais Zuckerberg n'avait pas de complexes non plus à avouer ce qu'il ne savait pas. La conversation se porta rapidement sur le mécanisme d'un investissement, et Thiel se mit à balancer du jargon et des tas de termes techniques. Zuckerberg l'interrompait constamment : « Expliquez-moi ça. Qu'est-ce que ça signifie ? »

En l'espace de quelques jours, après une courte négociation avec Parker, Thiel accepta de procéder à ce qui restera peut-être dans l'histoire comme l'un des plus importants investissements de tous les temps. Il accepta de prêter à Thefacebook 500 000 dollars qui devraient ultérieurement se convertir en 10,2 pour cent du capital de la société. Ce qui conférerait à Thefacebook une valorisation de 4,9 millions de dollars. Thiel accepta de fournir l'argent sous forme de prêt car il y avait des obstacles juridiques à une prise de participation en bonne et due forme tant que les choses n'étaient pas réglées avec Saverin. Les conditions associées au prêt étaient que si Thefacebook atteignait 1,5 million d'utilisateurs avant le 31 décembre 2004 – moins de six mois plus tard – il serait converti en actions, et la société ne serait plus obligée de le rembourser. Zuckerberg et Parker étaient puissamment encouragés à maintenir la croissance du site.

Cette valorisation de 4,9 millions de dollars était inférieure à certaines qu'on avait déjà fait miroiter à Zuckerberg, mais il était content d'avoir trouvé un investisseur qui semblait vouloir donner à l'entrepreneur le bénéfice du doute. « Mais déconnez pas », dit Thiel, ce qui fut pratiquement le seul avis que Zuckerberg reçut de lui pendant les premières années de Thefacebook[2]. « Ça ne me gênait pas qu'ils poursuivent leur vision originelle, dit Thiel avec le recul. Et c'était une valorisation très raisonnable. J'ai pensé que ce serait un investissement de tout repos. » Bien qu'à la date limite du 31 décembre 2004 Thefacebook n'ait pas réussi à atteindre les 1,5 million d'utilisateurs, Thiel fit quand même transformer le prêt en participation peu de temps après. Il revendit presque la moitié de ses parts en 2009, mais aujourd'hui les actions qui lui restent valent – au minimum – neuf cents millions de dollars. Quand il prêta l'argent, Thiel entra également dans le conseil d'administration de la société.

Hoffman ajouta encore 40 000 dollars, son ami Mark Pincus fit de même, et deux autres amis de la société investirent de petites sommes, ce qui porta le financement total à environ 600 000 dollars. Matt Cohler, l'employé de LinkedIn délégué par Hoffman et qui assistait à la présentation du prêt, fut profondément impressionné. Il voulut prendre des parts dans Thefacebook, mais Zuckerberg et Parker estimèrent qu'ils avaient assez d'argent pour l'instant. Cohler trouverait plus tard le moyen d'acheter un certain nombre d'actions de la société.

Les première année de la classe d'âge qui entra à Harvard en automne 2004 furent à la fois flattés et choqués lorsque le président de l'université, Lawrence Summers, ancien secrétaire du Trésor des États-Unis, les accueillit en annonçant qu'il avait déjà fait la connaissance de beaucoup d'entre eux en consultant leurs profils sur Thefacebook. À Harvard, le service était déjà si bien implanté dans la culture des étudiants de licence que les nouveaux en entendaient parler et créaient des profils avant même d'arriver. Mais les informations affichées étaient conçues pour impressionner leurs camarades, pas pour être vues par le président de l'université. Certains étaient mal à l'aise à la pensée que les menus détails de leur vie privée soient désormais accessibles à des autorités universitaires comme Summers. Thefacebook obligeait déjà les gens à se demander quel degré d'autorévélation était approprié en ligne.

Thefacebook satisfaisait toutefois un besoin concret chez les étudiants de Harvard et d'autres universités. Les trombinoscopes papier distribués aux première année à chaque rentrée dans la plupart des établissements montraient normalement la photo de chaque étudiant avec son nom et celui de son lycée d'origine. Or malgré toutes leurs limitations, ils avaient fini par jouer un rôle démesuré dans la vie sociale en fac. Si vous rencontriez un type lors d'une soirée, le lendemain matin, vous sortiez le trombi pour montrer à vos copines de chambrée à quoi il ressemblait. Si vous étiez à présent en troisième année, votre photo avait plus de deux ans, mais c'était un moindre mal, vu que les gens ne disposaient pas d'autre chose. Dans certaines facs, on jouait avec le « Nanascope » quand on s'ennuyait les vendredis soir. On ouvrait une page au hasard et le gagnant était celui qui avait eu le moins de pages à tourner avant de trouver dix personnes avec qui il avait couché. Ou des trucs du même genre.

À Harvard, Dartmouth, Columbia, Stanford, Yale et d'autres universités, Thefacebook s'imposa rapidement comme un outil social essentiel – un progrès considérable par rapport à l'annuaire papier démodé. À présent, si une fille rencontrait un type dans une soirée de corpo, un ensemble complexe de rituels électroniques se mettait en branle. Ils prenaient encore plus de sens si vous vous étiez déjà *branchés* (si vous aviez couché ensemble). La première question cruciale était de savoir si le type allait immédiatement vous demander comme amie sur Thefacebook. S'il s'en abstenait, c'était mauvais signe. À l'époque, n'importe quel étudiant pouvait voir le profil de tous les autres étudiants de son université. Une autre activité indispensable était d'examiner attentivement les amis de votre nouvelle connaissance. Thefacebook vous indiquait quels amis vous aviez en commun. S'il y en avait beaucoup, c'était un signe prometteur.

Thefacebook avait une tonalité franchement sexuelle. On vous demandait de préciser votre situation amoureuse et d'indiquer si vous étiez intéressé(e) par les hommes ou les femmes. L'une des cases à remplir était étiquetée « Je cherche ». Réponses possibles : « Quelqu'un pour sortir », « Une relation », « Un(e) partenaire au hasard », ou même « Je prendrai ce que je trouverai ». Flirter sur Thefacebook devint une forme d'art, bien qu'une des fonctions – le *poke* – facilite grandement la tâche.

Le *poking* exerçait à l'époque une fascination particulière, même sur les étudiants raffinés (ou censés l'être) de Harvard. On n'avait pas la certitude qu'un *poke* sur Thefacebook soit vu comme du flirt – il pouvait, en théorie du moins, être compris comme un geste amical – si bien que même les timides trouvaient à l'occasion le courage de cliquer dessus. Le fait même que la signification d'un *poke* soit indéterminée à ce point était l'un de ses attraits. Cela pouvait signifier qu'une personne vous plaisait, que vous la trouviez séduisante, que vous appréciiez ses interventions en cours, que vous vouliez la distraire de son travail ou que vous vouliez simplement attirer son attention sur vous. La cible savait uniquement qu'elle avait reçu un *poke*, qu'elle pourrait interpréter à sa guise. La réaction appropriée ? Un *poke* en retour, comme le suggérait poliment le logiciel de Thefacebook.

L'ajout d'amis avait dès le début montré une tendance à la compétition, comme sur Friendster et MySpace. Si votre coloc avait 300 amis et vous seulement 100, vous vous mettiez en devoir de faire mieux. « La compétition a certainement accéléré la progression de Thefacebook à Dartmouth College », dit Susan Gordon, promo 2006. Elle suivait un programme d'études à Rome lorsque Thefacebook envahit Darthmouth presque du jour au lendemain en mars 2004. Elle commença immédiatement à recevoir des e-mails d'amis lui disant qu'elle devait s'inscrire, sinon elle serait larguée quand elle reviendrait à la fin du trimestre. « Nous avons tous trouvé ça très utile dès le début, dit-elle. Un Livre vert en ligne, le pied ! » (Le trombinoscope de Darthmouth avait une couverture verte.) Le fait que le site soit restreint aux universités de l'Ivy League dénotait en plus une rassurante sélectivité. Il avait démarré à Harvard. Il devait être OK.

Affiner les détails de son propre profil pour faire de soi un ami potentiel plus séduisant occupait un temps considérable chez beaucoup de ces membres de l'Ivy League nouvellement réseautés. Trouver la bonne photo. En changer régulièrement. Réfléchir soigneusement à la manière de décrire ses centres d'intérêt. Puisque tous les cours que l'on suivait étaient indiqués, certains étudiants se mirent à choisir leurs matières dans le but de projeter une certaine image d'eux-mêmes. Et beaucoup sélectionnèrent leurs cours en fonction de la personnalité des étudiants inscrits comme ils l'indiquaient sur leur profil Thefacebook. Une forme subtile de harcèlement devint presque une habitude : si une personne vous paraissait intéressante, vous faisiez le nécessaire pour la connaître. Plus vous aviez déjà d'amis en commun, plus ce processus devenait facile. Votre *facebook*, comme on appelait déjà les profils sur le réseau, s'imposa progressivement comme votre image publique. Il définissait votre identité.

Les étudiants passaient des heures et des heures à visiter les profils d'autres étudiants. Ils se limitèrent d'abord à leur fac d'origine, mais commencèrent bientôt à prospecter d'autres campus prestigieux sur tout le réseau Thefacebook. Nick Summers (Columbia promo 2005), qui était le numéro 796 sur Thefacebook, se souvient d'avoir pu parcourir de A à Z les profils de tous les usagers du service. Il n'y avait pas grand-chose à faire en ligne, à part gérer son profil, ajouter des amis, envoyer des *pokes* et regarder les profils des autres. Les étudiants passaient néanmoins des milliers d'heures à examiner ces fiches sous toutes les coutures. Vous pouviez demander à Thefacebook d'afficher au hasard les profils de dix étudiants de votre fac pour pouvoir les consulter, ou alors vous pouviez lancer une recherche fondée sur divers paramètres. L'indiscrétion et la lubricité latentes de toute une génération avaient été sollicitées.

En septembre, Thefacebook ajouta deux fonctions qui donnèrent aux étudiants encore plus de raisons de passer leur temps sur le site. La page du profil comprenait désormais un espace, appelé « le Mur », qui permettait à quiconque d'écrire ce qu'il ou elle voulait directement dans votre profil : un message pour vous ou un commentaire – l'équivalent d'un e-mail public. Quiconque regardait votre profil pouvait le voir. À présent il était possible non seulement de naviguer sur le site et de glaner des informations sur les gens, mais aussi de réagir à ce qu'on avait appris. Ou alors, vous pouviez tout simplement inviter quelqu'un à vous rejoindre à la cafétéria plus tard. Ou faire un commentaire charmeur. Un(e) autre ami(e) pouvait commenter ledit commentaire dans le message qu'il ou elle afficherait sur le Mur. Du jour au lendemain, chaque utilisateur de Thefacebook disposait de son propre panneau d'affichage public.

Pendant l'été, Zuckerberg, Moskovitz et Parker avaient trouvé un terme pour désigner la manière dont les étudiants semblaient utiliser le site. Ils appelaient ça « la transe ». Une fois qu'on avait commencé à passer Thefacebook au peigne fin, on avait du mal à s'arrêter. « C'était hypnotique, dit Parker. On cliquait sur un profil, on regardait les données, on cliquait sur un autre, et ainsi de suite. » Le Mur était conçu pour scotcher les utilisateurs au service en leur donnant encore plus de choses à voir. Et apparemment, ça marchait. Presque immédiatement, le Mur devint l'élément le plus populaire de Thefacebook.

L'autre nouveauté était la fonction Groupes. N'importe quel utilisateur pouvait maintenant créer un groupe sur Thefacebook et pour n'importe quelle raison. Chaque groupe avait sa propre page, très semblable à un profil, qui comprenait son panneau de commentaires spécifique à l'image du Mur. Instantanément, des groupes débiles surgirent à Harvard avec des noms comme « Vitamin Water me fait dégueuler », qui, pour une raison ou une autre, accumula rapidement un millier de membres. Emma MacKinnon (Harvard promo 2005) rédigeait son mémoire de maîtrise sur le philosophe Emmanuel Levinas et se rappelle avoir appartenu à un groupe sur Thefacebook appelé « Je déteste le type qui est le sujet de ma thèse ». Les membres en étaient des étudiantes qui écrivaient sur des hommes. « Il y avait toujours aussi un petit paragraphe intitulé “Pourquoi je l'adore en réalité” », précise-t-elle.

Beaucoup d'étudiants se mirent à délaisser leur Carnet d'adresses en ligne parce qu'ils pouvaient se servir de Thefacebook pour contacter n'importe qui rien qu'en tapant son nom au clavier. Plus besoin de mémoriser ou de sauvegarder quelque part l'adresse e-mail des gens. Et si on voulait joindre quelqu'un immédiatement, presque tous les usagers affichaient sur leur profil à la fois leur numéro de portable et leur adresse AIM de messagerie instantanée. Ce n'étaient plus les identités anonymes des forums de discussion AOL. Internet était entré dans une ère nouvelle. Il devenait individuel et personnalisé.

Le personnel à plein temps de Thefacebook en Californie s'était réduit à Zuckerberg, Moskovitz, Parker et au gestionnaire des opérations Halicioglu, resté à San Jose, à trente kilomètres au sud. Andrew McCollum habitait encore avec eux et se concentrait toujours sur Wirehog. L'argent de Peter Thiel leur permit d'acquérir de nouveaux serveurs et de mener une expansion fulgurante. La première semaine du semestre d'automne, ils ajoutèrent une quinzaine de campus. Thefacebook perdait rapidement sa tonalité élitiste. Dès le 10 septembre, la liste incluait des établissements comme l'université de l'Oklahoma et l'université technologique du Michigan.

Puisqu'ils avaient été obligés de déménager de la villa sous-louée pour l'été et subséquemment dévastée, ils trouvèrent une nouvelle maison à louer à Los Altos Hills, quelques kilomètres au sud. La cour donnait sur l'autouroute 280. Ce qui aidait à résoudre les problèmes avec les voisins – l'endroit était en permanence tellement bruyant que personne ne remarquait les fêtes et autres excès nocturnes. Mais la poussière laissée par les travaux qui subsistait dans la maison toute neuve la rendait presque inhabitable pour Sean Parker. Ses allergies se déchaînaient. Par bonheur, sa copine le laissa habiter chez elle.

Ils savaient gérer un site Web, mais pas une maison. Ils transformèrent le séjour en un bureau improvisé : tableaux blancs à la périphérie, tables dispersées chargées de portables, et partout des liasses de papiers. Un camarade de lycée de Zuckerberg lui rendit visite et découvrit que toutes les tables avaient été poussées sur un côté de la pièce. Ils avaient surchargé l'installation électrique et fait disjoncter une partie du système. Au lieu de chercher le tableau électrique, ils s'étaient simplement raccordés à des prises encore en service. Le visiteur trouva l'emplacement du disjoncteur et bascula un interrupteur, permettant aux *geeks* de se redéployer. Le reste de la maison était pratiquement vide, à l'exception de matelas posés çà et là et d'un tas de cartons jamais déballés.

L'hygiène était carrément négligée. Dans la cuisine, la vaisselle sale débordait de l'évier et personne ne vidait jamais la poubelle. Il y avait des fourmis partout. Zuckerberg continuait d'abandonner des canettes vides là où il les avait bues. Ainsi vivent les étudiants quand ils ont vingt ans.

Ils manquaient peut-être de maturité pour la tenue du ménage, mais ce n'était pas le cas pour la société Thefacebook. Avec sa nouvelle structure et l'augmentation rapide du nombre de ses membres, elle commençait à prendre de la bouteille. La demande était encore plus acharnée que ce à quoi ils s'attendaient. Rien qu'en septembre, avec environ 400 000 inscrits, ils avaient presque doublé le nombre d'utilisateurs. Ils passèrent la barre du demi-million le 21 octobre. Et la croissance s'accélérait. Pendant l'été, ils avaient trouvé comment automatiser la plus grande partie du processus d'addition d'un nouvel établissement, se dispensant ainsi de la corvée minutieuse consistant à apparier la liste des étudiants par résidence et le tableau des cours.

Or il était de plus en plus clair que même l'argent de Thiel n'allait pas suffire à couvrir toutes les dépenses d'infrastructure d'une entreprise en expansion rapide. Ajouter de nouveaux serveurs était une activité quasi quotidienne. Sean Parker, délégué par Zuckerberg pour se charger de toutes les affaires financières, prit contact avec une firme appelée Western Technology Investments, qu'il connaissait depuis l'épisode Plaxo. Plus connue sous son sigle WTI, cette société se spécialise dans le « prêt à risque ». Elle propose aux start-up des prêts à court terme – habituellement remboursables sous trois ans – à des taux d'intérêt allant de 10 à 13 pour cent. Maurice Werdegar, un associé de chez WTI, négocia avec Parker une ligne de crédit de 300 000 dollars remboursables sous trois ans et spécifiquement allouée pour couvrir les dépenses de Thefacebook relatives à l'acquisition de matériel informatique et autres actifs physiques, sur lesquels WTI jouirait d'un nantissement privilégié jusqu'à ce que le prêt soit remboursé. Le prêt fut conclu en décembre 2004 avec une ligne de crédit devant courir jusqu'en juillet 2005. Werdegar, qui était un grand admirateur de Parker et n'avait eu aucun problème dans ses rapports avec lui chez Plaxo, fut séduit par les perspectives d'expansion de Thefacebook. Il demanda si WTI pouvait en plus investir 25 000 dollars avec la même valorisation de la société que celle obtenue par Peter Thiel.

Werdegar, qui à l'époque n'était qu'un associé chez WTI, organisa une réunion en octobre 2004 où lui-même et les deux fondateurs de WTI rencontrèrent Parker et une comptable d'origine irlandaise, Mairtini Ni Dhomhnaill, sous contrat temporaire avec Thefacebook. Avant cette réunion, les associés de Werdegar lui dirent que, même s'ils étaient heureux de traiter à nouveau avec Sean Parker, cette société ne semblait pas mériter une prise de participation en plus d'un prêt.

Ils changèrent vite d'avis. « Après avoir écouté Sean pendant une heure et demie, se rappelle Werdegar, nous sommes tous sortis et – je m'en souviendrai toute ma vie – ils ont demandé : “Combien pouvons-nous avoir en actions de la société ?” » Parker rodait son baratin, et les résultats ne cessaient de s'améliorer.

La toute dernière structure de gouvernance de la société, après l'investissement de Thiel, comportait des dispositions insolites. Le conseil d'administration comprenait quatre sièges : le premier était détenu par l'investisseur Peter Thiel, le deuxième par Sean Parker et le troisième par Zuckerberg. Zuckerberg avait le droit d'attribuer le quatrième siège – vacant pour l'instant – à qui il voulait. L'idée était d'avoir un avantage numérique sur les personnalités extérieures et d'interdire à tout futur investisseur de s'emparer de la société. Puisque Thiel lui-même avait débuté comme entrepreneur et estimait qu'il fallait laisser les fondateurs contrôler leurs créations, cela ne le gênait pas.

C'était pour Parker une manière essentielle d'imprimer sa marque sur la société. Il avait été mis à la porte deux fois – de chez Napster et de chez Plaxo. Il ne voulait pas que ça lui arrive chez Thefacebook, et il ne voulait pas non plus que Zuckerberg puisse se faire mettre à la porte de sa propre société. « J'ai dit à Mark, rappelle Parker, que j'allais essayer d'être pour lui ce que personne n'avait été pour moi – quelqu'un qui veille sur ses arrières et le place dans une position dominante afin qu'il ait l'occasion de commettre lui-même des erreurs et d'en tirer la leçon. » Une autre disposition des statuts de la société garantissait aux fondateurs ou à Parker que, si jamais ils venaient à quitter la société pour une raison ou une autre, ils pourraient conserver à la fois leur adresse e-mail de la société et leur ordinateur portable professionnel. Après avoir été éjecté de Plaxo, Parker s'était retrouvé sans adresse e-mail ni portable, si bien que personne ne pouvait plus entrer en contact avec lui.

« Le fait que Sean soit un créateur d'entreprise déjà échaudé nous a vraiment été très utile, dit Moskovitz. Nous ne connaissions rien à la manière de constituer une société ou de solliciter un financement, mais nous avions l'un des spécialistes les plus prudents qui soit pour le faire à notre place et essayer de nous protéger. » Quand il qualifie Parker de « prudent », Moskovitz ne fait pas référence à son style personnel. Parker pouvait être imprévisible.

Mais Moskovitz se rappelle affectueusement son rôle chez Thefacebook en ces temps héroïques, malgré quelques incidents ultérieurs. Parker avait l'âge légal pour acheter de l'alcool, il savait organiser une soirée qui dépasserait le stade du bière-pong, et il parlait le langage du capital-risque. « C'était carrément rassurant de l'avoir avec nous, dit Moskovitz. Sean s'enflamme facilement et a parfois un petit grain de folie, mais en général ça vous rend l'existence plus intéressante quand vous êtes une bande de *geeks* assis autour d'une table en train de bouffer du code toute la journée. » À vingt-quatre ans, Parker passait pour un expert aux yeux de ces gars de vingt ans.

Zuckerberg était peut-être plus concentré et plus stable que Parker, mais lui aussi avait un côté excentrique. Toutefois, c'était plutôt intellectuel et verbal. Il avait par exemple la manie de ponctuer une conversation, quand elle atteignait un moment critique, en énonçant brusquement : « Maintenant, tu sais qui tu combats ! » C'était une citation d'un de ses films favoris, *Troie*, qu'il avait vu à Harvard Square avec des amis en mai de l'année précédente, à l'occasion de son vingtième anniversaire. Zuckerberg avait adoré étudier la littérature classique. Dans une scène capitale du film, le guerrier grec Achille, joué par Brad Pitt, affronte son adversaire troyen Hector :

Hector : Faisons le serment que le vainqueur permette au vaincu d'avoir des funérailles en bonne et due forme.

Achille : Il n'y a pas de pactes entre les lions et les hommes. [Il plante sa lance en terre et retire son casque, qu'il jette de côté.] Maintenant, tu sais qui tu combats[3].

En tant qu'escrimeur – version civilisée du guerrier – Zuckerberg voyait parfois le monde comme un affrontement de fleurets, un forum de combat dans lequel la botte idéale est celle qui surprend un adversaire qui a baissé sa garde.

Il était en conflit avec l'axe Winklevoss-Narendra. Thefacebook avait maintenant engagé un autre cabinet d'avocats pour se défendre contre cette action en justice, qui entamait son parcours sinueux dans les rouages du tribunal fédéral de Boston et devenait un aimant puissant pour les ressources limitées de la société, à la hauteur d'environ 20 000 dollars par mois d'honoraires[4]. Après un entretien téléphonique avec les avocats, Zuckerberg résumait les dernières nouvelles à Moskovitz, puis se levait et déclamait : « Maintenant, tu sais qui tu combats ! » À d'autres moments, cette réplique avait encore moins de sens.

Mais ces citations incongrues de dialogues de films donnaient à Zuckerberg, qui pouvait par ailleurs basculer dans de longues périodes de silence, un plaisir considérable, bien qu'inexplicable. Il les introduisit aussi dans Thefacebook. À l'époque, quand on lançait une recherche sur le site, on voyait une petite case sous les résultats. Au début, on y lisait, en caractères minuscules : « Je trouverai bien quelque chose à mettre ici. » Cette phrase fut remplacée plus tard par : « Je sais même pas à quoi ça ressemble, une caille. » C'est une réplique anodine tirée du film *Serial noceurs*. Une autre citation placée au même endroit, « Trop près pour les missiles. Va pour les mitrailleuses », est prononcée à un moment critique dans *Top Gun* par le pilote de chasse que joue Tom Cruise. Ces citations finirent par résumer, à la manière des plaisanteries de potaches, l'esprit du groupe – enjoué, combatif, et, malgré la sophistication technique, un peu puéril. Des étudiants d'universités aux quatre coins des États-Unis passèrent des heures à discuter du sens de ces impénétrables épigrammes. Peu après, Aaron Sittig conçut les T-shirts à l'effigie de la société. On y voyait deux cailles, et un avion de chasse fonçant dans le ciel.

La vieille Ford Explorer se retrouva à la fourrière après une série de contraventions impayées pour stationnement interdit (accumulées par Parker). Comme ils avaient négligé de faire réimmatriculer la voiture, ils ne purent pas la récupérer. Zuckerberg et Parker soulevèrent la question lors de la réunion du conseil d'administration avec Peter Thiel, qui approuva l'acquisition d'un véhicule de société. « Et surtout pas d'excès de vitesse avec », les exhorta-t-il. Ils achetèrent un élégant Infiniti FX35 noir, luxueux croisement entre un break et un SUV. L'engin a une ligne aérodynamique légèrement agressive, comme ramassé sur lui-même pour se jeter sur une Ford qui ne se doute de rien. (Maintenant vous savez qui vous combattez !) Ils le surnommèrent « le Phacochère », allusion à un blindé du jeu vidéo Halo qu'ils pratiquaient régulièrement sur leur Xbox. Même les jouets passaient à la vitesse supérieure.

Thefacebook était apparemment en plein essor, mais Zuckerberg pensait encore presque autant à Wirehog. « C'était très bizarre la manière dont Thefacebook se développait à ce stade, dit Sean Parker. Mark n'y croyait pas totalement et voulait faire tous ces autres trucs. » Zuckerberg estimait avoir de bonnes raisons de répartir les risques. Il craignait que Thefacebook ne se heurte à un mur une fois qu'il tenterait de s'élargir au-delà des universités. Il avait des doutes sincères quant aux chances de succès commercial de ses différents projets. Et il ne s'agissait pas seulement de commerce. Zuckerberg n'avait guère changé depuis le temps où, tout juste sorti d'Exeter, il avait refusé les millions de dollars qu'on lui proposait pour Synapse, l'outil de gestion de données MP3 qu'il avait mis au point avec Adam D'Angelo. Les idées l'intéressaient au moins autant que la perspective de faire fortune.

Quoi qu'il en soit, il était persuadé qu'au moins un de ses projets prendrait vraiment et ferait un malheur. Peut-être que ce serait Wirehog. « Mark nous disait toujours à quel point il aimait faire démarrer des trucs, surtout à l'époque, raconte Dustin Moskovitz. C'était du genre : "Mes projets d'avenir, c'est essentiellement de lancer des prototypes d'un tas de ces applis, et ensuite d'essayer de trouver des gens pour les faire tourner." »

Parker, en revanche, demeurait résolument hostile à Wirehog. « J'ai très précisément dit que Wirehog est une idée catastrophique et une énorme perte de temps. Nous ne devrions pas travailler dessus », rappelle-t-il. Mais Zuckerberg imposa son avis à Parker, qui engagea à contrecœur Steve Venuto, le juriste qui avait mis en place Plaxo, pour créer la société Wirehog. Afin d'essayer d'amadouer

Parker, Zuckerberg fit de lui un des cinq actionnaires de Wirehog, avec McCollum, D'Angelo et Moskovitz, qui lui-même avait des doutes sur Wirehog. « J'avais besoin de l'attention de Mark pour Thefacebook », se rappelle Moskovitz. Avec le recul, Zuckerberg admet qu'il ne rendait pas toujours la vie facile à ses associés. « Dustin était complètement gagné à ce qu'on était en train de faire [avec Thefacebook]. Et moi, je pensais toujours au prochain truc. Jusqu'à ce qu'on arrive à ce point d'inflexion majeur, d'après mes calculs, il n'était pas évident que ça vaille la peine d'avoir investi tout ce travail dedans. »

Le groupe était divisé. McCollum et D'Angelo se concentraient presque uniquement sur Wirehog, tandis que Parker et Moskovitz ne travaillaient que sur Thefacebook. Zuckerberg était à cheval sur les deux projets. « Wirehog était plus exaltant pour pas mal d'entre nous, dit D'Angelo. Il y avait des tas de réseaux sociaux. Wirehog était un produit que je voulais utiliser moi-même, et qui était aussi plus exaltant au niveau technique. »

Wirehog était un programme autonome que les utilisateurs téléchargeaient sur leur ordinateur. Ses concepteurs lui ménagèrent une petite case dédiée sur Thefacebook, afin qu'il puisse voir qui étaient vos amis et s'ils avaient eux aussi téléchargé Wirehog. Il vous ouvrait une fenêtre sur leurs ordinateurs et vous indiquait quels fichiers ils étaient disposés à partager. Wirehog était principalement conçu pour les photos, puisque c'était ce que les usagers de Thefacebook réclamaient à cor et à cri de pouvoir échanger entre eux. (À l'époque, vous n'aviez droit qu'à une seule photo sur votre page.) Mais Wirehog pouvait aussi traiter de la vidéo, de la musique et des documents. « Nous avons plus ou moins envisagé Wirehog comme la première application ajoutée à TheFacebook », dit D'Angelo. Zuckerberg parle lui aussi de Wirehog comme du premier exemple d'un traitement de Thefacebook comme plate-forme pour d'autres types d'applications. D'Angelo continua d'écrire du code pour Wirehog en automne après être rentré à Caltech.

Malgré les protestations de Parker et de Moskovitz, Wirehog démarra en novembre 2004 comme un site sur invitation seulement dans quelques universités. Une page de Thefacebook expliquait : « Wirehog est une application sociale qui permet à des amis d'échanger entre eux des fichiers de n'importe quel type via le Web. Thefacebook et Wirehog sont couplés, si bien que Wirehog sait qui sont vos amis afin que seuls les gens de votre réseau puissent voir vos fichiers. » Le site de Wirehog énumérait tout ce qu'on pouvait faire avec : « Partager des photos et d'autres médias avec des amis ; parcourir et sauvegarder des fichiers dans tout le Web ; se rouler dans la boue en poussant des cris de cochon et activités similaires ; transférer des fichiers à travers des pare-feu. »

Mais Wirehog était trop compliqué pour la plupart des usagers de Thefacebook, exactement comme Parker l'avait prédit. Il voulait désespérément le mettre en sommeil, afin que soit épargnée à Thefacebook la perspective d'un procès épuisant. C'était peut-être deux sociétés séparées, mais c'est sur Thefacebook qu'un usager allait télécharger le logiciel de Wirehog. Bientôt, Zuckerberg lui-même commença à modérer ses ardeurs. « Il est tout simplement redescendu sur terre en prenant conscience du temps qu'il perdait ainsi », dit Moskovitz.

Le 2 novembre, MySpace atteignit les 5 millions d'utilisateurs. Les petits gars de Los Altos Hills étaient perplexes. Ils se virent en train de créer un anti-MySpace. Alors que ce service était ouvert à tous, exubérant dans sa présentation et sans restrictions, Thefacebook était minimaliste, avec une flexibilité limitée et aucune liberté graphique. MySpace ne se préoccupait pas de votre identité réelle. Sur Thefacebook, vous étiez identifié par votre adresse e-mail universitaire, et vous étiez obligé de vous identifier correctement – vous n'aviez pas le choix. Sur MySpace, le réglage par défaut vous permettait de voir le profil de n'importe qui. Sur Thefacebook, vous ne pouviez voir que les profils d'étudiants de votre propre établissement, ou de ceux qui vous avaient explicitement accepté comme ami. Un degré de confidentialité était incorporé. « Sur MySpace, les gens pouvaient faire ce qu'ils voulaient de leurs profils, dit Zuckerberg. Nous avons toujours pensé que les gens partageraient plus si nous ne les laissions pas tout faire, parce que ça leur imposait un minimum d'ordre. »

Si Zuckerberg était relativement peu troublé par les progrès de MySpace, il s'inquiétait en revanche beaucoup plus de la concurrence au niveau universitaire. Tout un éventail d'autres réseaux sociaux centrés sur les facs se mettait rapidement en place. Les évincer devint la priorité numéro un. CollegeFacebook.com, pour commencer, était une pure copie, dans l'apparence comme dans le ton. Sa stratégie consistait à rechercher des établissements moins snobs que l'élitiste Thefacebook n'avait pas encore visés. Il accumula brièvement quelques centaines de milliers d'adeptes avant que l'original arrive. L'équipe Winklevoss-Narendra avait finalement lancé Harvard Connection en mai, devenu ConnectU pour souligner le fait qu'il s'adressait à toutes les universités. À Columbia, CUCommunity, rebaptisé pour les mêmes raisons Campus Network, s'étendait à d'autres campus et voyait son implantation reconnue. Ces concurrents progressaient plus vite que Thefacebook. Ils avaient en général moins d'utilisateurs dans chaque nouveau campus, si bien qu'ils pouvaient ajouter des établissements sans exiger autant de leurs systèmes que les hordes de Thefacebook exigeaient du sien. Néanmoins, leur présence croissante inquiétait Zuckerberg et ses associés.

Ils se lancèrent donc dans ce qu'ils appelèrent une « stratégie d'encerclement ». Si un autre réseau social avait commencé à s'enraciner dans une certaine fac, Thefacebook démarrait non seulement dans cet établissement, mais aussi dans un maximum de campus environnants. Ils voulaient ainsi que les étudiants de ces campus créent une pression de réseautage interuniversitaire conduisant les étudiants de l'établissement visé à préférer Thefacebook. Par exemple, l'université Baylor au Texas possédait l'un des plus anciens réseaux sociaux internes. Thefacebook fut donc lancé à l'université du Texas à Arlington au nord, à la Southwestern University au sud-ouest et à l'université Texas A&M au sud-est. En général, ce mouvement en tenaille réussissait, puisque normalement Thefacebook bénéficait d'une expansion fulgurante quand il était lancé dans des établissements qui n'avaient pas de réseau social sur leur campus. Zuckerberg n'avait que vingt ans, mais il l'emportait déjà sur ses concurrents grâce à ses qualités de stratège.

Il avait une conception strictement utilitaire de la publicité. Si les dépenses devaient augmenter, les recettes publicitaires devaient suivre. Il voulait s'assurer que Thefacebook gagne assez d'argent pour couvrir ses dépenses, qui tournaient autour de 50 000 dollars par mois. « Si nous avons besoin de 100 000 dollars pour acheter des serveurs ou de 500 000 dollars pour payer des collaborateurs supplémentaires [...] alors quel volume de pub nous faut-il ? » résumait-il dans un entretien accordé au *Harvard Crimson.*

Y2M, l'agence de publicité qui représentait Thefacebook, réussit un coup en août – un accord avec Paramount pour promouvoir la sortie en novembre du dessin animé *Bob l'éponge.* À cette époque héroïque, les seuls encarts publicitaires étaient de minces rectangles verticaux dans la partie inférieure gauche de la page. Paramount paya Thefacebook 15 000 dollars pour 5 millions de passages, correspondant dans l'argot de la pub en ligne à un CPM (*cost per mille* – coût par millier de pages vues ou « coût par impression ») de 3 dollars. Paramount inaugura aussi un concept qui deviendrait plus tard un élément vital de la structure commerciale de Thefacebook – un groupe de fans spécialement créé pour le film. La pub encourageait les utilisateurs à adhérer au groupe, qui consistait essentiellement en un forum de discussion. La description du groupe était : « Tout le monde chante avec moi : “Qui Habite Dans un Ananas Sous la Mer ?” » Certains utilisateurs trouvèrent le procédé débile et affichèrent leur opinion sur la page du film. Il y eut autant de commentaires insultant les gens qui aimaient le film que de commentaires de fans. Néanmoins, l'expérience fut considérée comme un succès. Plus de 2 500 utilisateurs de Thefacebook mentionnèrent le film dans leur profil.

En décembre, Y2M avait déjà signé avec Apple un accord qui ferait date. Non seulement Apple patronnait un groupe de fans de ses produits, mais il payait un dollar par mois pour toute nouvelle adhésion au groupe, avec un minimum mensuel de 50 000 dollars. Le groupe eut immédiatement du succès et le minimum fut facilement dépassé. Ce fut de loin le plus important événement financier dans la brève histoire de Thefacebook. Les recettes correspondantes couvraient plus ou moins les dépenses de la société. Les cadres de chez Apple étaient enthousiastes : ils avaient ainsi acquis une puissante plate-forme leur permettant d'être en contact permanent avec les fans d'Apple dans les universités, public auquel ils commencèrent à proposer des réductions et des promotions spéciales comme des téléchargements gratuits de chansons sur iTunes. Cet arrangement comblait Zuckerberg parce qu'il évitait ces bannières publicitaires conventionnelles dont il avait horreur.

Il y avait aussi des pubs plus modestes que les étudiants eux-mêmes pouvaient acheter directement sur le site, appelées *flyers* – prospectus. Un *flyer* pouvait cibler uniquement les étudiants de votre établissement. Et même pour les plus grands campus, ces pubs coûtaient moins de 100 dollars par jour. C'était un moyen efficace pour promouvoir des activités quand on était un groupement étudiant ou annoncer une grande soirée quand on était une corpo. Les associés voulurent aller plus loin dans cette direction – créer un système permettant aux commerçants des villes universitaires d'acheter des pubs ciblant les étudiants. Parker recruta donc un nouvel employé, Ezra Callahan, un de ses anciens camarades de chambre, qui avait vendu des pubs pour le *Stanford Daily* quand il était étudiant là-bas. Parker lui proposa le poste par e-mail alors que Callahan voyageait en Europe. Quelques semaines plus tard, il arriva tout droit de l'aéroport à une heure du matin. Parker était au cinéma avec une copine et n'avait guère parlé aux autres de sa nouvelle recrue. Alors quand Moskovitz, à moitié endormi, lui ouvrit la porte, il ne savait pas du tout qui était Callahan. « C'est moi, Ezra, insista-t-il. Je bosse pour vous, les mecs. » Moskovitz le laissa entrer. Callahan reçut un paquet d'options sur titres, dont il présuma qu'elles ne vaudraient rien. De toute façon, il projetait de s'inscrire bientôt en fac de droit. Bien que le produit « commerce local » occupe une bonne partie de son temps et de celui de nombreux autres dans les mois qui suivirent, il ne fut jamais lancé. L'autre tâche de Callahan était d'apprendre de Saverin comment gérer et planifier toutes les autres pubs. Le « directeur des opérations financières » s'y employait, à distance, depuis la côte Est. Même si Zuckerberg avait momentanément fait la paix avec son ancien associé, il grignotait peu à peu les dernières responsabilités qui lui restaient.

Le 30 novembre, Thefacebook enregistra son millionième adhérent. Le réseau n'existait que depuis dix mois. Peter Thiel avait récemment ouvert à San Francisco une boîte de nuit avec restaurant, appelée Frisson. Il mit son bar VIP à disposition pour une soirée spéciale. L'organisateur, Parker, y rajouta la célébration de son propre anniversaire – il aurait vingt-cinq ans le 3 décembre.

Les invitations par courrier électronique étaient pompeuses. Elles commençaient par une citation de l'ouvrage de Malcolm Gladwell *Le Point de basculement* : « Regardez le monde autour de vous. La plus petite poussée – appliquée à l'endroit *ad hoc* – peut le faire basculer. » Et le texte de l'invitation continuait : « Et il a basculé... » C'était symptomatique de la manière dont Parker parlait de la société. À l'entendre, la réussite de Thefacebook était un fait accompli. Même Zuckerberg n'en revenait pas qu'ils aient atteint si vite le million.

D'Angelo et Saverin se déplacèrent, de même que le directeur des relations publiques et ex-camarade de chambre de Zuckerberg, Chris Hughes. Investisseurs, amis et parasites passèrent la nuit à boire dans un décor tape-à-l'œil, nonobstant le fait que plusieurs membres de l'équipe principale n'avaient pas l'âge légal pour consommer de l'alcool. Et il y avait encore des questions sur le choix des priorités. L'un des invités demanda à D'Angelo ce qu'il faisait chez Thefacebook. « Mais non, répondit D'Angelo, je travaille chez Wirehog. »

Le succès de Thefacebook commençait à faire des vagues. Et à Silicon Valley, le succès attire l'argent. De plus en plus d'investisseurs se manifestaient. Zuckerberg les ignorait.

L'un de ces suppliants était Sequoia Capital. Considéré comme l'un des acteurs les plus respectables du capital-risque, Sequoia avait financé toute une série de géants – Apple, Cisco, Google, Oracle, PayPal, Yahoo et YouTube, entre autres. On dit à Silicon Valley que les gens de Sequoia manquent parfois d'humour et ne dédaignent pas la manière forte. Michael Moritz, éminence grise de Sequoia et décideur de premier ordre, avait siégé au conseil d'administration de Plaxo et connaissait bien Sean Parker. Il n'y avait pas là d'admiration mutuelle. Parker estimait que Moritz avait contribué à sa chute. « Il était hors de question d'accepter l'argent de Sequoia, vu ce qu'ils m'avaient fait », explique Parker.

Alors pourquoi ne pas les brancher sur Wirehog, pour faire diversion ? À l'époque, pareille plaisanterie semblait justifiée. L'idée était ridicule, mais en plus d'agacer Sequoia, elle avait un autre but, plus symbolique. L'approbation de Zuckerberg était peut-être un moyen d'accepter l'opinion de Parker sur Wirehog – de reconnaître que ce projet n'était pas viable. « On a essayé deux fois de faire sérieusement la promo de Wirehog, mais on a eu l'impression que ça n'intéressait personne, dit Zuckerberg. Ils voulaient se faire Facebook [sic], c'est tout. » Les gens de Sequoia, eux, étaient tellement impatients de se rapprocher d'eux qu'un des associés, Roelof Botha, accepta volontiers la suggestion.

Les petits gars de Los Altos échafaudèrent un plan. Le jour prévu pour la réunion, ils eurent une panne d'oreiller. Ils étaient attendus à 8 heures. À 8 h 05, Botha leur téléphona : « Vous êtes où, les mecs ? » Zuckerberg et Andrew McCollum, son associé pour Wirehog, arrivèrent en catastrophe devant les luxueux bureaux de Sequoia à Menlo Park, sur Sand Hill Road, en T-shirt et bas de pyjama. Leur panne d'oreiller avait été calculée. « En réalité, ça devait être encore pire, dit Zuckerberg. On ne voulait même pas y aller. » Ensuite, sous les yeux attentifs des inflexibles associés de Sequoia, Zuckerberg commença sa présentation PowerPoint.

Il leur montra dix diapositives. Il ne vanta même pas les mérites de Wirehog. C'était une liste humoristique à la David Letterman, du style « Dix bonnes raisons de ne pas investir dans Wirehog ». Elle commençait – à rebours – presque sérieusement : « Raison numéro 10 de ne pas investir dans Wirehog : nous n'avons pas de revenus. » Numéro 9 : « Nous allons probablement être attaqués en justice par l'industrie du disque. » Les ultimes arguments étaient d'une impolitesse éhontée. Numéro 3 : « Nous nous sommes présentés à votre bureau en retard et en pyjama. » Numéro 2 : « Parce que Sean Parker est dans le coup. » Et la raison numéro 1 de ne pas investir dans Wirehog : « Si nous sommes ici, c'est uniquement parce que Roelof nous a dit de venir. »

Pendant toute la présentation, les associés semblèrent écouter respectueusement, se rappelle Zuckerberg, qui avoue aujourd'hui regretter profondément cet incident : « Je suppose qu'on les a offensés et maintenant j'ai vraiment des remords, parce que ce sont des gens sérieux qui essaient de faire du bon boulot, et on leur a fait perdre leur temps. Pas le genre d'histoire dont je suis fier. » Sequoia n'investirait jamais dans Facebook.

Thefacebook était enfin l'unique priorité. Le monde avait basculé, mais Zuckerberg aussi. Parker commença à chercher des collaborateurs de haute volée pour étoffer son équipe. L'une des premières personnes dans sa ligne de mire pour un poste important était Matt Cohler, le bras droit de Reid Hoffman, qui avait assisté à la réunion avec l'investisseur Peter Thiel. Cohler possédait un ensemble de qualités qui plaisait à Parker. C'était un intellectuel-né, très au fait des exigences de l'Internet, doué d'une extrême dextérité pour les rapports humains. Il avait une licence en musicologie de Yale, avec mention, et s'intégrait donc bien avec les harvardiens de Thefacebook. Et il avait même de l'expérience au niveau international, puisqu'il avait vécu en Chine quand il travaillait pour une entreprise Internet locale. Seulement il se trouvait très bien chez LinkedIn, qui passait alors pour une des start-up les plus excitantes et les plus prometteuses de Silicon Valley.

Cohler consulta un certain nombre de ses amis pour voir s'il devrait vraiment prendre en considération la proposition de Parker. Il avait presque vingt-huit ans – il n'était plus étudiant – et avait même travaillé un temps pour le vénérable cabinet de conseil McKinsey. Il n'était pas du genre à se décider sur un coup de tête. Cohler appela son frère, étudiant de licence à Princeton, pour lui demander s'il avait entendu parler de Thefacebook. « Sa réaction a été du genre : “T'es sérieux, ou quoi ?”, comme si je lui avais demandé s'ils avaient l'électricité à Princeton », se rappelle Cohler. Mais il avait du mal à croire aux chiffres avancés par Thefacebook. Il demanda à Zuckerberg s'il pouvait explorer lui-même la base de données du service. Cohler fut décoiffé par ce qu'il y découvrit. Parker, Zuckerberg et lui-même parvinrent à un accord peu après.

À ce stade, tout le monde dans la société gagnait 65 000 dollars par an, plus – et c'était crucial pour Cohler – un beau paquet d'actions. Cohler était convaincu que Thefacebook pouvait devenir un géant. Wirehog n'avait pour lui aucun intérêt. Sa tâche était d'aider Thefacebook à devenir une véritable entreprise. Son rôle, comme il le dirait plus tard, était d'être le « consigliere » de Zuckerberg.

5. Investisseurs

> *« Il faut que j'investisse dans cette société. »*

Au nombre des amis de Chris Hughes à Kirkland House se trouvait Olivia Ma, dont le père, Chris, était directeur des acquisitions et investissements au *Washington Post.* Sa fille le pressa de jeter un coup d'œil à Thefacebook, et, entre Noël et le jour de l'an 2004, il invita Zuckerberg à déjeuner un dimanche à Menlo Park, près des bureaux de Thefacebook à Palo Alto.

Le *Post* avait déjà investi dans Tribe.net et Chris Ma trouvait Thefacebook attrayant parce que centré sur une tranche démographique prometteuse – les étudiants. Et il fut immédiatement impressionné par Zuckerberg. « Après ce premier déjeuner, j'ai conclu que le secret de Mark est qu'il est fin psychologue, a rapporté Ma. Son idée centrale est que les jeunes ont le désir profond d'avoir certains types d'interaction sociale à l'université et qu'ils sont impulsés par l'intérêt extrême porté à leurs amis – à ce qu'ils font, ce qu'ils pensent, et où ils vont. Il avait des intuitions simples, mais profondes. » Ma évoqua brièvement l'attitude informelle du *Post* quant aux investissements et laissa entendre que sa société aimerait placer de l'argent dans Thefacebook. Zuckerberg dit qu'il y réfléchirait. Ma et lui étaient proches non seulement à cause d'Olivia, mais parce que Chris avait fréquenté la Phillips Exeter Academy, la prépa de Zuckerberg. Deux semaines plus tard, Zuckerberg appela Ma et lui dit qu'il voulait se rendre à Washington pour discuter de la possibilité d'un investissement.

Sean Parker, dont la famille habitait près de Washington, fit le voyage avec Zuckerberg, et quand ils arrivèrent dans les bureaux du *Post*, ils trouvèrent non seulement Ma et un autre responsable des investissements, mais aussi le PDG du *Post*, Don Graham, serrés dans une minuscule salle de conférences, les locaux du journal étant en cours de rénovation. Ma avait demandé à Graham de se joindre brièvement à eux pour faire la connaissance de l'impressionnant jeune entrepreneur. Don Graham le rougeaud est un leader réputé dans le monde américain du business et membre de la famille qui contrôle le *Washington Post* depuis les années 1930. Zuckerberg expliqua Thefacebook à Graham, qui se rappelle avoir été immédiatement conquis. « J'ai pensé que l'idée était carrément époustouflante au plan commercial », dit-il. L'évocation du succès de Thefacebook à Harvard réveilla chez Graham, alors âgé de cinquante-neuf ans, un souvenir étrangement pertinent. Il avait lui aussi étudié à Harvard et il se remémora l'époque où il était reporter et président du *Harvard Crimson* au milieu des années 1960.

À l'époque, le *Crimson* conservait plusieurs grands-livres sur une étagère dans la salle de rédaction. Des articles de l'édition de chaque jour étaient découpés, puis collés dans ces registres, et les journalistes commentaient ces articles directement sur la même page. Dans un autre grand-livre, ils écrivaient tout ce qui leur passait par la tête. « Je me rappelai très précisément que chaque fois que l'un de nous entrait dans cette pièce, dit Graham, il lisait tout ce qui était écrit dans ces grands-livres et ajoutait ses propres commentaires. J'ai souvent réfléchi au pouvoir de ces registres et me suis demandé s'il n'y avait pas moyen de les reconstituer dans un environnement comme celui-ci [au *Washington Post*]. Quand j'ai entendu

Mark décrire l'idée à la base de Thefacebook, je me suis dit : "Oh, mon Dieu, je vois exactement où il veut en venir." » Graham essayait à ce moment-là d'élaborer et d'étoffer les propres services Internet de son journal.

Il fut stupéfait d'apprendre combien d'heures les usagers passaient quotidiennement sur Thefacebook. Il fut aussi quelque peu sidéré par Mark Zuckerberg. « Mark n'était pas vraiment plus gauche qu'il ne l'est maintenant, continue Graham. Si vous disiez quelque chose, il se taisait pour réfléchir avant de faire un commentaire ou de réagir. Mais tout ce qu'il disait au cours de cette conversation était sensé. C'était remarquablement impressionnant pour un jeune homme de vingt ans. »

Graham se mit à faire plus ou moins l'historique du journal et Parker se rappelle l'avoir entendu dire : « ... c'est alors qu'un certain Warren Buffett entra dans notre existence », ou quelque chose d'approchant. Ni Zuckerberg ni Parker ne savaient grand-chose sur la famille Graham avant cette visite, mais ils avaient entendu parler de Warren Buffett, le légendaire investisseur et l'un des hommes les plus riches du monde. Berkshire Hathaway, la société dirigée par Buffett, était un gros investisseur du *Washington Post* depuis les années 1970. « Il nous a confié que l'arrivée de Buffett avait transformé de fond en comble l'existence de l'entreprise », se souvient Parker. Graham expliqua que si le *Post* pouvait avoir une perspective à très long terme de sa stratégie d'entreprise, c'était à la fois parce que la famille Graham contrôle une part considérable de ses titres comportant droit de vote, et parce que Buffett a dit clairement qu'il a l'intention de conserver ses actions à long terme.

À un moment dans la conversation, Graham fit une proposition plus spontanée, avoue-t-il, que toutes celles qu'il avait jamais faites ou qu'il a faites depuis : « J'ai dit : "Mark, en fin de compte, tu vas nous dire non, mais si tu avais besoin d'un investisseur qui ne vienne pas du capital-risque et qui ne te soumette pas aux pressions qu'il exerce normalement" – parce qu'il avait un peu évoqué ses raisons de ne pas prendre cette direction – "nous serions probablement disposés à investir." »

Zuckerberg fut profondément impressionné par la manière dont Graham envisageait les affaires. « Un tas de firmes de capital-risque nous avaient fait des propositions, explique-t-il. Mais je ne voulais pas jouer le jeu de Silicon Valley : on prend l'argent des capital-risqueurs, on essaie d'émettre des actions ou de revendre la société en vitesse, on fait entrer des gestionnaires professionnels à cadence accélérée, des trucs comme ça. Or le *Washington Post* est une entreprise totalement différente de ces entreprises technologiques. J'ai été carrément soufflé par la différence de culture, par le fait qu'ils visent vraiment le long terme et qu'ils soient focalisés à ce point sur la marque *Washington Post* et la confiance dont elle jouit. Je me suis dit : "Waouh ! Je veux être plus comme ce type." Et c'est à ce moment-là que j'ai sérieusement songé à faire une autre table ronde [d'investisseurs]. Et je tenais à la faire avec eux. Don était un type avec qui je pouvais travailler. » Graham resta quatre-vingt-dix minutes, bien plus longtemps qu'il ne l'avait prévu. Quand finalement il fut obligé de se lever pour partir, Zuckerberg se leva lui aussi. Le garçon de vingt ans regarda Graham dans les yeux. « Vous êtes cool », dit-il. Graham s'autorisa un large sourire.

Après quoi, les choses se mirent à bouger rapidement. La Washington Post Company envoya une autre délégation, plus importante, à Palo Alto. Les responsables de la division Internet du *Post* étaient du voyage, notamment Caroline Little, la nouvelle directrice générale, avec les vice-présidents des sections finances et développement commercial. Pour Caroline Little, Thefacebook était apparemment une mine d'or potentielle : « Mark était plutôt contre la pub, pour autant qu'on pouvait s'en rendre compte. Mais moi j'étais là sur ma chaise à saliver en songeant à quel point ce serait facile de rentabiliser l'affaire. Il a fallu que je me morde la langue, parce que Don ne voulait pas en entendre parler. »

Sean Parker interpréta le changement d'attitude de Zuckerberg vis-à-vis de l'investissement comme une permission pour attaquer le terrain plus vigoureusement et voir ce ce qu'on pourrait encore gagner. « J'ai pensé que la société devait, même à l'époque, être évaluée à un demi-milliard de dollars, dit maintenant Parker avec une certaine emphase. Pour nous, c'était très évident que nous étions en train de nous emparer du monde. » Mais en réalité, même à ce stade, Parker évoquait une valorisation relativement modeste. Son ami Seth Sternberg (à présent PDG de la société de messagerie instantanée Meebo) se souvient que Parker lui avait demandé son avis pour une valorisation. Bien que Sternberg n'ait que vingt-six ans, il avait déjà travaillé dans le développement d'entreprise chez IBM, et donc son opinion avait du poids. Sternberg recommanda de viser une valorisation d'au moins 40 millions de dollars. Parker ajusta alors ses attentes vers le haut, avec un objectif entre 40 et 60 millions de dollars, comme le montrent des documents internes de la société. Une somme pareille était déjà phénoménale pour une entreprise vieille d'un an dirigée par un garçon de vingt ans avec sept employés et des revenus annualisés de moins d'un million de dollars. Mais Parker se trompait. Il visait trop bas.

Dès que le bruit courut que Thefacebook envisageait un investissement, la machine à renifler les dollars tourna à plein régime à Silicon Valley. Des demandes de renseignements commencèrent à s'accumuler. Chez Thefacebook, les téléphones portables ne cessaient de sonner. Ron Conway, l'un des hommes les mieux informés de Silicon Valley et investisseur providentiel de longue date, conseillait Parker sur les gens à qui parler et ce qu'il fallait leur dire. Il prenait aussi contact par courrier électronique avec des sociétés bien établies à Silicon Valley et des pourvoyeurs de capital-risque de premier plan (Zuckerberg dit maintenant qu'à l'époque il n'était pas au courant de la majeure partie de ces démarches).

L'intérêt manifesté par les investisseurs se renforça encore lorsque le *Los Angeles Times* publia le 23 janvier en première page un article sur Thefacebook – le tout premier article sur l'entreprise paru dans un média important – avec la manchette « Un site Internet intrigue les étudiants d'un bout à l'autre des États-Unis »[1]. « Intelligent, loufoque ou irrévérencieux, écrivait Rebecca Trounson, ce site Web exerce une emprise puissante sur ses membres, dont la plupart se connectent presque tous les jours. »

Parker confia à son ami Sittig, promu gourou de la conception graphique chez Thefacebook, l'élaboration de quelques diapos PowerPoint et commença à rencontrer des investisseurs potentiels. La présentation en six pages était modeste, mais très convaincante. Elle revendiquait 2 millions d'utilisateurs actifs pour Thefacebook (à la mi-février) et annonçait un déploiement sur 370 établissements. Mais l'attention des investisseurs était surtout attirée par les données montrant à quel point les utilisateurs étaient motivés. Une majorité étonnante d'entre eux – 65 pour cent – retournaient quotidiennement sur le site, et 90 pour cent y retournaient au moins une fois par semaine. La croissance était si forte qu'elle atteignait parfois 3 pour cent par jour.

Mais ce qui soulevait le plus d'enthousiasme chez les gens qui voyaient la présentation était un simple graphique de croissance. Parker et Sittig l'avaient conçu pour ménager la surprise. Pour commencer, Parker affichait un graphique montrant les universités où le service avait été introduit. Il ressemblait à un escalier, car Thefacebook pénétrait les établissements par groupes et attendait un certain temps avant d'en ajouter d'autres. Puis une autre diapo venait se superposer à la courbe des établissements. Elle montrait la tendance du nombre total d'utilisateurs. La corrélation entre l'ouverture de nouveaux établissements et la progression du nombre d'utilisateurs était flagrante. Après chaque marche de l'escalier, le nombre d'utilisateurs grimpait avec un décalage minimal. Ce qui impliquait la possibilité d'une croissance quasi garantie, du moins jusqu'à ce que Thefacebook ait saturé la population disponible, soit les 16 millions d'étudiants américains.

Le projet d'entreprise simple que Parker présentait évitait explicitement de mentionner les bannières publicitaires traditionnelles de l'Internet, alors même qu'elles étaient la principale source des maigres revenus que Thefacebook avait encaissés jusque-là. La page quatre de la présentation PowerPoint était intitulée « Publicité locale ». Cette projection avançait que les « prospectus » comportant uniquement du texte et ciblés sur un campus – donc utilisés par des clubs et associations d'étudiants pour annoncer divers événements – généreraient des bénéfices nets de 3,65 millions annuels si Thefacebook était présent dans 400 établissements. Or le produit distinct, pas encore lancé, de publicité locale proprement dite – celui pour la mise en œuvre duquel Parker avait engagé Ezra Callahan – affichait des projections bien plus ambitieuses avec des recettes annuelles de 36,6 millions de dollars. Ce qui supposait soixante annonceurs pour chacun des 400 campus, qui proposeraient des réductions, des bons d'achat, etc.

Et puis il y avait une page de pur délire autopromotionnel. La présentation vantait ce qu'elle appelait « AdSeed » – graine de pub –, concept défini comme « l'AdSense Google pour les réseaux sociaux ». Le programme AdSense de Google rémunère les sites Web qui permettent en contrepartie au moteur de recherche de placer sur leurs pages des messages publicitaires fondés sur leur contenu. À l'époque, ce système commençait à décoller. Avec le nom AdSeed, Thefacebook essayait ainsi de barboter dans le sillage de Google. La diapo expliquait : « Les produits, marques et médias (films, livres, musique) bénéficient d'un "point d'accueil" dans l'espace social. » Thefacebook venait tout juste d'inaugurer la très rentable page sponsorisée par Apple, et c'était ça le modèle. La diapo affirmait qu'à l'époque Thefacebook recevait 40 000 dollars par mois de la part de clients pilotes de son AdSeed – nom qui d'ailleurs ne fut jamais utilisé en réalité.

Le 9 février, douze sociétés de capital-risque, quatre grandes entreprises technologiques et le *Washington Post* assiégeaient déjà Thefacebook pour décrocher un marché ou un autre, d'après un document interne de la société. Parker avait même décidé de ne pas relancer les investisseurs qui avaient besoin d'être convaincus. Quelques noms bien connus n'étaient pas dans la course. Kleiner Perkins et Benchmark, deux des plus éminents établissements financiers de Silicon Valley, étaient déjà l'un et l'autre embourbés dans les réseaux sociaux grâce à leurs investissements malheureux chez Friendster. Ils ne voulaient pas entendre parler de Thefacebook.

Malgré cette impressionnante présentation PowerPoint, Thefacebook se heurtait toujours à un scepticisme bien réel. Après tout, le seul moyen pour un investisseur potentiel de se connecter au site et d'y jeter un coup d'œil était d'utiliser une adresse e-mail d'ancien étudiant de son université d'origine. Un site Internet commercial à accès restreint, c'était nouveau. Et puis il y avait le problème de l'équipe dirigeante – un PDG de vingt ans, manquant d'expérience, conseillé par un associé à la réputation sulfureuse.

Or tandis que la tension montait dans les tractations avec le *Washington Post* et les autres, Thefacebook avait des besoins financiers immédiats. Parker décida d'emprunter encore de l'argent à son ami Maurice Werdegar de chez WTI. Les 300 000 dollars de la ligne de crédit initiale avaient été épuisés en moins de deux mois au lieu des huit attendus. Parker voulait emprunter à nouveau 300 000 dollars. Mais Werdegar et lui ne pouvaient se mettre d'accord sur la manière d'évaluer le montant des warrants qui donneraient à WTI le droit d'acheter les actions de Thefacebook. En général, WTI n'investit qu'à la suite d'un financement par des firmes de capital-risque, et les prix de ses warrants sont normalement fixés par rapport à ce que les capital-risqueurs ont déjà payé. WTI avait quelque peu assoupli cette pratique en prêtant de l'argent dans le sillage d'un investisseur providentiel comme Peter Thiel.

Werdegar estimait que WTI prenait des risques non négligeables, parce qu'à la suite de ce prêt le total de ses débours s'élèverait à 625 000 dollars en comptant les deux prêts et les 25 000 dollars de l'investissement en actions. Il voulait que le prix des warrants attachés à ce deuxième prêt s'aligne sur celui des warrants attachés au premier prêt, quelques mois seulement plus tôt – le prix payé par Thiel pour sa participation au capital de Thefacebook.

Parker commença à faire miroiter les résultats de la prochaine table ronde des investisseurs, qui s'annonçaient grandioses, ce qui signifiait qu'il y avait de grandes chances que WTI soit remboursé sans difficulté. Si cela s'avérait exact, les risques étaient réduits. Parker voulait que le prix des warrants soit fixé par rapport aux résultats de la prochaine table ronde des investisseurs en capital-risque. D'après lui, la valorisation atteindrait vraisemblablement les 50 millions de dollars au bas mot, ce que Werdegar trouva ridicule. Parker affirma aussi qu'un investissement était imminent. Werdegar ne le crut pas.

Ils firent donc un pari. Les termes du prêt comportaient une disposition en vertu de laquelle, si Thefacebook décrochait un investissement de 2 millions de dollars ou plus le 15 mai 2005 au plus tard (soit dans trois mois environ), les warrants de WTI lui permettraient d'acquérir un nombre prédéterminé d'actions à un prix légèrement inférieur à ce que les capital-risqueurs avaient payé. En revanche, si Thefacebook ne pouvait honorer sa promesse dans les délais impartis, les warrants de WTI lui permettraient d'acquérir les actions pour un prix très inférieur – très proche de ce que Peter Thiel (et WTI lui-même) avaient payé lors de la première réunion des investisseurs. Les 300 000 dollars que Parker emprunta ainsi permirent de payer la plupart des serveurs acquis par la société au printemps pour répondre à l'inflation du nombre d'utilisateurs.

Fin mars, tandis que les pourparlers avec le *Washington Post* se poursuivaient, le géant des médias Viacom entra en scène sans prévenir et annonça qu'il était disposé à acquérir intégralement la société pour environ 75 millions de dollars. Il voulait combiner Thefacebook et MTV.com. Ce fut la surprise complète pour tout le monde à Palo Alto. Cette proposition témoignait de la notoriété grandissante que la rumeur publique conférait à Thefacebook. Si Zuckerberg acceptait, il aurait mis environ 35 millions de dollars dans sa poche pour une année de travail. Mais pour lui, cela ne comptait pas. Vendre ne l'intéressait pas. Néanmoins, il fallait un certain temps pour digérer l'existence même de pareille proposition. Au moins un des conseillers de la société pressa Parker de l'accepter. Moskovitz et lui auraient alors obtenu près de 10 millions de dollars chacun[2].

Après de nouvelles tractations, le *Washington Post* envoya fin mars une liste de conditions pour un marché très avantageux. Il investirait 6 millions de dollars pour une participation à 10 pour cent, après quoi Thefacebook afficherait une valorisation de 60 millions de dollars. Ce qui se traduit par « 54 millions pré », c'est-à-dire préalablement à l'investissement dans l'argot du capital-risque : 60 millions moins 6 millions. Parker exultait. C'était mieux que ce qu'il espérait. Il appela son conseiller Ron Conway à San Francisco. « Mon Dieu ! s'écria l'émotif Conway au téléphone. Cinquante-quatre millions pré ? Tu prends ! C'est du massif ! » Mais Parker et Zuckerberg n'étaient pas pressés. Le nouveau collaborateur de Zuckerberg, Matt Cohler, qui connaissait beaucoup de monde, pressait ses collègues de continuer à parler aux capital-risqueurs. Beaucoup commencèrent à l'appeler à toute heure pour avoir une chance d'investir dès qu'ils eurent appris qu'il avait rejoint Thefacebook.

En tout cas, il fallait encore marchander avec le *Post*. Ses négociateurs voulaient un siège au conseil d'administration, mais Zuckerberg et Parker ne voulaient pas leur en donner un à moins qu'il ne soit occupé par Don Graham lui-même. Graham estima que ce ne serait pas correct, étant donné que le journal avec lequel il était alors étroitement lié pourrait être amené à publier des articles sur Thefacebook. Zuckerberg négocia avec lui au téléphone et ficela plus ou moins un accord qui ne prévoyait pas de siège au CA.

À Palo Alto, le fonds de capital-risque Accel Partners cherchait à faire un nouveau coup. Il s'était imposé dans les années 1990 avec une série de gros investissements dans les télécommunications et les logiciels, qui tous s'étaient révélés lucratifs : UUnet, MacroMedia, RealNetworks et Veritas. Les occasions recommençaient à faire surface dans l'Internet, mais Accel n'avait pas de client parmi les grands sites commerciaux. À Silicon Valley, on murmurait qu'Accel avait perdu sa magie.

Dans le sillage de l'éclatement de la bulle Internet des années 2001-2002, Accel avait réduit le volume de ses fonds et remboursé à ses investisseurs l'argent inutilisé. Or, fin 2004, il recommençait à accumuler de l'argent – un nouveau fonds de 400 millions de dollars. Mais certains de ses investisseurs de longue date n'appréciaient pas qu'Accel continue de faire payer ses services plus cher que les autres capital-risqueurs – 2,5 pour cent de frais de gestion et 30 pour cent des éventuels bénéfices. Parmi ceux qui décidèrent de tourner le dos au tout dernier fonds, il y avait le fonds de dotation de l'université Harvard. La suite des événements devait prouver qu'Harvard s'était ainsi privée de participer au succès de l'entreprise créée par un des ses anciens étudiants.

Jim Breyer, codirecteur d'Accel, était impatient de montrer à ses tout derniers investisseurs de quoi sa firme était capable. L'optimisme revenait à Silicon Valley, et l'heure était venue de prendre à nouveau des risques. Avec sa crinière de cheveux noirs, sa bonne humeur et ses yeux bleus perçants avec lesquels il vous adresse souvent une sorte de regard complice, Breyer est d'une nature optimiste. Il aime rire et partager des confidences. C'est un mélomane (« de Bach à Nirvana », comme il se plaît à préciser) et un amateur d'art (il collectionne de nombreux tableaux, de Picasso à Gerhard Richter). Et ses références de maître de l'univers sont impeccables. Profondément incrusté dans l'élite du business américain, il siège – excusez du peu – au conseil d'administration du géant des supermarchés Wal-Mart. Breyer, le plus gros investisseur de chez Accel, savait que l'Internet était à un tournant.

Kevin Efrusy était directeur non associé chez Accel, donc capital-risqueur en formation. Breyer lui avait confié la mission de repérer des sociétés Internet susceptibles d'une croissance démesurée. La toute dernière cible d'Accel était le réseautage social. Accel identifie méthodiquement les tendances centrales à un moment donné et crée une courte liste de ce qu'il appelle ses « initiatives mentales préparées ». L'une des trois à ce moment-là était « applications sociales et nouveaux médias ». Mais les problèmes avec Friendster et les autres réseaux projetaient une image d'activité à risques sur l'ensemble de la branche. « Les réseaux sociaux avaient mauvaise réputation, raconte Efrusy en faisant allusion aux contenus sexuels et aux membres chahuteurs. Mais nous avons parlé de la possibilité d'un réseau propre et calé sur certaines constantes démographiques. » C'est un grand bonhomme avec une calvitie naissante et les manières amicales mais légèrement agressives souvent rencontrées chez les capital-risqueurs.

Breyer avait conduit Accel à deux doigts d'un investissement dans une société appelée Tickle, qui offrait à l'origine des jeux-tests facétieux comme « Quelle race de chien êtes-vous ? » mais avait évolué pour devenir un vrai réseau social. Début 2004, Tickle était déjà devenu le deuxième plus grand réseau social après Friendster, avec deux millions de membres activement connectés à d'autres et échangeant des messages[3]. Accel prépara une liste de conditions, mais le conseil d'administration de Tickle décida en mai 2004 de vendre la société au site de recrutement Monster.com. Un associé de chez Accel, Peter Fenton, avait essayé de persuader Accel d'investir dans Flickr, un site de partage de photos avec quelques fonctions de réseautage. Une fois de plus, on se mit d'accord sur une liste de conditions préliminaires. Mais avant qu'Accel puisse conclure le marché, Yahoo arriva en force et acheta Flickr. C'est alors qu'en 2004, Chi-Hua Chien, un doctorant de Stanford sous contrat de recherche avec Accel, parla de Thefacebook à Efrusy.

Ils firent quelques recherches et Efrusy mit la main sur une adresse e-mail d'ancien de Stanford, son université d'origine. Lorsqu'il arriva sur Thefacebook, il fut impressionné. « Ils avaient mis le cordon devant la porte de la boîte, et c'était le principal, explique-t-il. Le contexte était là. C'était votre fac. C'était Facebook Stanford, pas Facebook International. » Mais Efrusy crut détecter un problème : comment rentabiliser un réseau social réservé à des gens qui n'ont pas d'argent ? Un de ses anciens camarades de la Stanford School of Business lui expliqua alors que les étudiants étaient une précieuse tranche démographique pour les spécialistes du marketing. C'est pendant les études en fac que se forment les habitudes d'achat cruciales qui dureront toute la vie – la première voiture, le premier compte en banque, la première carte de crédit. « Mais en fac, il n'y avait pas moyen de toucher les gens, dit Efrusy en relatant la suite de ses recherches. L'université, c'était un trou noir. On cessait de regarder la télé. On cessait de lire les journaux. » Thefacebook pouvait peut-être contourner cette difficulté.

Efrusy entendit parler de la rapidité d'expansion du site. Par l'intermédiaire d'un ami qui avait décroché un entretien d'embauche chez Thefacebook, il obtint un rendez-vous pour un entretien téléphonique avec Parker. Parker se décommanda. Puis Efrusy apprit que Matt Cohler, dont il avait fait la connaissance chez LinkedIn, avait rejoint Thefacebook. Efrusy l'appela pour lui demander de le présenter à Parker. Cohler répondit poliment que la société n'envisageait pas de parler avec des gens du capital-risque. Ensuite, environ un mois plus tard, l'une des associées de chez Accel, Theresia Ranzetta, apprit que Thefacebook était en pourparlers avec d'autres capital-risqueurs. Efrusy décida qu'il lui fallait rencontrer ces types. Après tout, ils habitaient dans le quartier. Il envoya un e-mail. Pas de réaction. Il téléphona. Sean Parker ne le rappelait pas.

Efrusy ne se laisse pas facilement décourager. Il apprit que Reid Hoffman avait investi dans Thefacebook. Il demanda donc à Peter Fenton, qui était associé chez Accel mais était proche de Hoffman, de téléphoner à ce dernier pour organiser une rencontre. Hoffman souleva lui aussi des objections. Il dit que les types de Thefacebook pensaient qu'ils perdraient leur temps en traitant avec des capital-risqueurs, parce qu'ils ne comprendraient pas vraiment Thefacebook et ne seraient pas disposés à le payer à sa juste valeur. Évidemment, à ce moment-là, Parker était déjà sérieusement en pourparlers avec plusieurs capital-risqueurs. Il évitait délibérément Efrusy, tout simplement. Il avait entendu dire que les gens d'Accel avaient perdu la main et il ne voulait pas traiter avec eux. Zuckerberg, lui, se concentrait sur l'investissement potentiel du *Washington Post.* Il était seulement à moitié conscient du temps que Parker passait maintenant à courtiser les capital-risqueurs.

Efrusy demanda à Fenton de relancer Hoffman. Cette fois, Hoffman céda et accepta d'organiser une rencontre avec Parker et Cohler, qui assurait une grande partie des tâches de gestion et d'organisation du financement. Toutefois, Hoffman fit promettre à Fenton qu'Accel n'essaie pas de se présenter avec une proposition trop modeste. Il lui confia que Thefacebook était dans une phase de négociations très avancées avec un investisseur stratégique potentiel.

Normalement, c'est l'entrepreneur qui se déplace au bureau du capital-risqueur et quémande un financement avec déférence. Efrusy s'entretint à nouveau avec Cohler, l'ex-employé d'Hoffman, et l'invita à emmener ses associés dans les bureaux d'Accel. Mais même les gars de Thefacebook éconduisirent Efrusy. « Il nous harcelait », se rappelle Cohler. Efrusy était chez Accel depuis moins de deux ans. Il n'avait pas encore décroché par lui-même une affaire importante. Il avait besoin de faire ses preuves.

Finalement, le vendredi 1er avril 2005 – date symbolique – Efrusy décida d'aller carrément chez Thefacebook. Parker avait dit qu'il y serait. Efrusy ne le savait pas, mais il n'aurait pas pu mieux choisir son moment. Les négociations avec le *Washington Post* n'avaient pas totalement abouti à cause des marchandages concernant le siège au conseil d'administration. À Palo Alto, Efrusy descendit quatre blocs à pied sur University Avenue jusqu'à un bureau que Thefacebook venait de louer sur Emerson Street, à moins de deux kilomètres de Stanford. Il était accompagné du cofondateur d'Accel, le vénérable Arthur Patterson, personnage de haute stature aux cheveux gris, qui était curieux d'apprendre pourquoi Efrusy s'enthousiasmait pour cette petite start-up. Ils gravirent les marches d'un escalier interminable fraîchement décoré à la bombe dans le style graffiti. En haut s'étalait l'image suggestive en couleurs fluo d'une femme à cheval sur un chien géant. La société n'avait pas encore fini d'emménager dans le vaste espace des combles. Sur tous les murs, d'autres exemples multicolores de fresques urbaines, dont quelques nus, vous sautaient au visage. Le mobilier était en cours de montage. Deux jours plus tôt, Thefacebook avait inauguré le loft par une grande bringue pour fêter les vingt-huit ans de Cohler. Des bouteilles d'alcool à demi pleines traînaient dans tous les coins.

Parker n'était pas là, contrairement à ses promesses. Cohler et Moskovitz étaient certes présents, mais ils n'étaient pas vraiment en état de soutenir une discussion financière sérieuse. Ils se démenaient pour monter les meubles qu'ils avaient achetés chez Ikea. Moskovitz s'était cogné contre un meuble et avait une plaie ouverte au front. Cohler, d'ordinaire agile, avait déchiré son jean sur un clou. Sa jambe de pantalon gauche était ouverte et son caleçon dépassait. « Salut, Kevin », dit Cohler à Efrusy.

Efrusy ne se laissa pas troubler par le chaos. Il était investi d'une mission. « Au début, se rappelle-t-il, nous n'avons parlé qu'avec Matt. Sean et Mark étaient indisponibles, malades ou je ne sais quoi. Alors c'est Matt qui nous a expliqué le fonctionnement du site. Il a été très convaincant sur les statistiques et sur le taux de retour des utilisateurs. Je m'en doutais déjà, mais Arthur commençait à être emballé. Ensuite, Sean et Mark se sont pointés ; ils n'étaient pas malades, ils mangeaient des tortillas.

« Je savais qu'ils trouveraient le temps long si on leur posait trop de questions. J'ai dit : "Voilà le marché. J'ai pigé que votre affaire pourrait rapporter gros. Venez dans nos bureaux lundi, et je vous promets que je vous donnerai une liste de conditions avant la fin de la journée, sinon vous n'entendrez plus jamais parler de moi. Je ne vais pas faire traîner les choses. Nous pouvons avancer vite." »

Avant qu'Efrusy et Patterson s'en aillent, Parker tint à leur faire voir quelque chose. Il les conduisit fièrement dans les toilettes dames. Là, il leur montra une autre fresque, exécutée par sa copine. Une femme nue enlaçait les jambes d'une autre femme tandis qu'un chiot, un bouledogue français, regardait la scène du haut d'un arbre. Efrusy fut interloqué. « Sean, demanda-t-il, ça va peut-être mettre les filles mal à l'aise, non ? Tu ne crains pas des accusations de harcèlement sexuel, par exemple ? » « Écoute, dit Parker, je n'ai rien à craindre de ce côté-là. » Sur quoi Efrusy persuada Parker de venir boire une bière avec lui le soir suivant, un samedi.

Tandis qu'Efrusy et Patterson regagnaient à pied leurs bureaux, Patterson lui tapa dans le dos en disant : « C'était très drôle. Et vraiment intéressant. Il faut faire ce truc. » Chez Accel, Patterson était connu pour son scepticisme endurci. Ça ne lui ressemblait pas du tout.

Efrusy profita du week-end pour intensifier ses recherches. Le samedi à midi, son épouse et lui-même allèrent à Stanford flâner du côté de Tresidder Memorial Union, siège de l'organisation étudiante du campus. Efrusy accostait des étudiants pour leur demander ce qu'ils savaient de Thefacebook. Est-ce qu'ils s'en servaient ? Est-ce que c'était vraiment aussi incontournable qu'on le disait ? Les réponses furent conformes à ses attentes : « Si j'en ai entendu parler ? J'arrive pas à m'en passer. » « J'étudie plus. Je suis accro. » « Tout le monde est dessus. On reste en contact avec des copains dans d'autres facs. Et maintenant tous les profs s'y mettent. C'est devenu le centre de ma vie. »

Efrusy appela la sœur cadette du directeur financier d'Accel, étudiante de deuxième année à l'université Duquesne de Pittsburgh. « C'était un peu comme ça : Elle : “Ah oui, Thefacebook. On l'a depuis le 23 octobre.” Moi : “Vous connaissez la date exacte ?” Elle : ”Bien sûr. Ça faisait des mois qu'on était sur la liste d'attente.” Je n'avais jamais rien entendu de pareil. Elle se rappelait la date de la mise en service. Il y avait une demande pressante parce que longtemps frustrée. J'ai parlé à ma femme et j'ai dit : “Il faut que j'investisse dans cette société.” »

Ce soir-là, il rejoignit Parker et sa copine, et aussi Cohler, au Dutch Goose, une gargote étudiante de Stanford. Très vite, ils se mirent à parler finances. « Kevin, dit Parker, nous pensons que cette société a beaucoup de valeur. Vous risquez de ne pas vouloir accepter la valorisation. » Efrusy les supplia de lui donner sa chance. C'était exactement la décision qu'espérait Parker. Une fois de plus, Efrusy pressa Parker de venir chez Accel le lundi matin, et d'emmener Zuckerberg. Il n'était pas du tout sûr qu'ils se déplaceraient.

Mais lundi, à 10 heures du matin, Zuckerberg, Parker et Cohler apparurent. Zuckerberg portait un T-shirt, un short et ses tongs Adidas. Parker et Cohler avaient opté pour le look T-shirt et veste sport. Ils ne prirent pas la peine de montrer les diapos PowerPoint qu'ils avaient présentées à d'autres firmes de capital-risque. Parker fit pratiquement la conversation à lui tout seul. Ce fut un déploiement magistral de réticence contrôlée visant à accrocher solidement Accel. Zuckerberg lui-même parla très peu. Puis ils repartirent.

« Alors, qu'est-ce que vous en pensez, les gars ? » demanda Efrusy aux associés. L'un des plus chevronnés commença : « On dirait que tu vas avoir du pain sur la planche pour nous convaincre. » « D'accord, mais mettons ça entre parenthèses pour l'instant. L'affaire vous plaît ? » demanda Efrusy. Dans la salle, ce fut l'unanimité. Oui, ça leur plaisait. Il n'y eut pas de débat là-dessus. Patterson était enthousiaste. Jim Breyer aussi. Mais tandis que Parker, comme d'habitude, présentait les arguments de Thefacebook, Breyer avait remarqué un détail crucial en regardant les petits jeunes faire une démonstration du site. « La première page du site Web, avait noté Breyer pour lui-même, annonce *Une Société Mark Zuckerberg.* Mark Zuckerberg est aux commandes. » Jusqu'à ce moment-là, il n'était pas clair pour Accel – ni pour aucun des autres investisseurs potentiels à l'exception de Don Graham – que Zuckerberg était le décideur sur qui reposait l'issue d'une transaction. Efrusy le connaissait à peine. Pendant la présentation, Breyer avait demandé à Zuckerberg de parler un peu de sa formation et de la vision qu'il se faisait de l'avenir de sa société, et Zuckerberg avait parlé pendant environ deux minutes. Puisque la présentation du fondateur est d'ordinaire l'élément le plus captivant quand il s'agit de convaincre les gens du capital-risque, cette réticence insolite semait la confusion.

La réunion des associés Accel s'orienta rapidement vers la stratégie : comment Efrusy pouvait-il convaincre Thefacebook d'accepter l'argent d'Accel ? Parker leur avait dit que Thefacebook était sur le point de traiter avec le *Washington Post,* et il avait grosso modo évoqué les termes de la transaction. Les associés décidèrent d'envoyer de toute urgence une proposition d'accord. Efrusy et Breyer demandèrent au juriste d'Accel de rédiger les conditions d'un investissement conférant à la société la même valorisation que celle donnée par le *Post,* mais en augmentant légèrement la mise. Efrusy déposa le document chez Thefacebook le soir même. Dans la nuit, Efrusy reçut un e-mail de Cohler lui disant en substance merci, mais nous restons avec le *Post.* Or, de sa propre initiative, et à l'insu de Parker et de Cohler, Breyer avait amorcé ce soir-là un dialogue par e-mail directement avec Zuckerberg. Le capital-risqueur suggérait qu'ils essaient de se rencontrer à nouveau le lendemain mardi.

En réalité, Parker était heureux qu'Accel soit intéressé à ce point. Cela lui permettait de mieux tâter le terrain avec les autres firmes de capital-risque qui étaient encore dans la course. Peut-être qu'après tout Thefacebook ne traiterait pas avec le *Post*. Le lendemain matin, il parla avec Tim Draper de chez Draper Fisher Jurvetson, qui se déclara disposé à égaler l'offre d'Accel – information que Parker communiqua à Efrusy lorsque celui-ci lui téléphona quelques minutes plus tard. Efrusy laissa entendre qu'Accel pourrait peut-être renchérir là-dessus et cita quelques chiffres. Parker est un bon négociateur qui ne s'embarrasse pas de scrupules. « Pas question ! cria Parker. Il est absolument exclu que nous acceptions ça. Nous voulons cent millions pré ! » Et il raccrocha au nez d'Efrusy. Les jeunes associés, qui écoutaient la conversation sur un téléphone mains libres, étouffèrent un fou rire.

Chez Accel, Efrusy s'isola en tête à tête avec Breyer, qui tenait autant que lui à emporter ce marché. Breyer avait fini par considérer Thefacebook comme une entité exceptionnelle – une société dotée d'un potentiel comme il n'en avait encore jamais pressenti. Ils voulaient vraiment que l'affaire se réalise, et ils étaient disposés à payer le prix. Mais si Thefacebook voulait traiter avec le *Washington Post*, il y avait peut-être un moyen d'entrer dans la combine. Breyer connaissait Don Graham, du *Post* – ils avaient siégé ensemble dans un conseil d'administration. Il déjeunait dans son restaurant favori, le Village Pub, à Woodside, et s'entretenait avec l'un des plus importants investisseurs d'Accel, lorsque son assistant réussit enfin à avoir Graham au bout du fil. Breyer s'excusa et sortit de table.

« Don, j'ai cru comprendre que tu es en pourparlers avec Thefacebook pour un investissement, dit Breyer. Ils nous ont fait une présentation à nous aussi. On aimerait beaucoup trouver un moyen de travailler avec vous et de partager l'investissement fifty-fifty.

— Je ne crois pas que je sois autorisé à faire ça, Jim, répondit Graham. Ce sont les conditions que Mark a demandées. Je crois que nous avons déjà conclu l'affaire.

— Je sais que vous lui avez mis le marché en main, dit Breyer, mais je ne crois pas vous ayez déjà conclu l'affaire. Nous serions heureux d'investir avec vous si vous vous décidiez en ce sens. »

Après le déjeuner, Breyer réserva une table dans le même restaurant pour le dîner à 19 heures. Quand il eut regagné son bureau, il se réunit en petit comité avec ses associés et décida de porter l'offre d'Accel à un niveau considérablement plus élevé. L'après-midi, Efrusy et deux associés de chez Accel, Theresia Ranzetta et Ping Li, descendirent University Avenue et débarquèrent sans prévenir dans les bureaux de Thefacebook, en plein milieu d'une réunion. Efrusy entra carrément et interrompit la réunion en plaquant d'une main ferme la liste de conditions sur la table. Elle indiquait une offre de 70 millions de dollars « pré » avec un investissement de 10 millions de dollars. Ce qui porterait à 80 millions la valorisation après investissement de Thefacebook. « Il faut que vous acceptiez ça, implora Efrusy. Nous comprenons ce que vous faites. Nous avons pleinement confiance. Nous remuerons ciel et terre pour assurer le succès de la société. » Quelque peu sidéré, Parker répondit : « D'accord. Ça vaut la peine d'y réfléchir. » Avant de partir, Efrusy remarqua que les fresques sur les murs du bureau avaient subi un léger toilettage. Quelqu'un avait posé d'infimes morceaux de ruban masque aux endroits les plus stratégiques.

Après le départ d'Efruzy, les jeunes entrepreneurs échangèrent des regards avec jubilation. Quatre-vingts millions ? Fantastique ! « Et le *Post*, alors ? » demanda Zuckerberg. Personne n'avait la bonne réponse, mais on leur proposait un marché qui portait la valeur de Thefacebook à 80 millions de dollars !

Il était toutefois difficile de trancher. D'un côté, Graham croyait à Thefacebook et laisserait Zuckerberg et Parker faire ce qu'ils voudraient. Bien que rien n'ait été encore signé, Zuckerberg s'était entendu verbalement avec Graham pour une transaction avec une valorisation inférieure. Si Accel investissait, il serait très intimement impliqué dans la société, ce qui pourrait peut-être signifier moins de liberté. Ses bureaux n'étaient qu'à trois blocs au bout de l'avenue. Mais cela pourrait aussi signifier une meilleure compréhension de Silicon Valley et plus de contacts. Parker n'avait pas de raisons personnelles de préférer un arrangement avec le *Washington Post*, et Matt Cohler, le plus expérimenté de tous, avait la ferme conviction qu'il leur fallait lever le plus d'argent possible. Le vent tournait du côté d'Accel. Sa liste de conditions mentionnait explicitement la possibilité que le *Post* investisse en parallèle, ce qui n'intéressait guère les gens de Thefacebook – d'abord parce que cela aurait impliqué de céder une trop grosse part de la société.

Après quelques coups de fil, Parker conclut que ni Tim Draper, ni aucun des autres capital-risqueurs restants n'étaient disposés à suivre Accel à ce niveau. Le choix était entre Accel et le *Post*.

Ce soir-là, Jim Breyer offrit un dîner aux dirigeants de Thefacebook au Village Pub, le luxueux restaurant situé près de la résidence de Breyer dans le quartier chic de Woodside, au nord de Palo Alto. À table se trouvaient Zuckerberg, Parker, Cohler et Efrusy. Le Village Pub est réputé pour sa cave, et Breyer, en connaisseur, commanda une bouteille de cabernet Quilceda Creek à 400 dollars. Zuckerberg, qui n'avait encore que vingt ans et n'avait pas l'âge légal, commanda un Sprite. L'objet de ce dîner était d'abord de permettre à Efrusy et Breyer de mieux connaître Zuckerberg, qui avait la plupart du temps gardé le silence pendant leurs rencontres.

Breyer avait déjà révélé sa propre relation avec Harvard – c'est là qu'il avait obtenu son MBA. Il siégeait même au conseil d'administration de la Harvard Business School. Breyer faisait tout ce qu'il pouvait pour mettre Zuckerberg à l'aise. Une conversation sérieuse eut lieu sur la stratégie – Breyer et Efrusy réitérèrent avec insistance à quel point ils voulaient investir et travailler avec

Zuckerberg et son équipe. Breyer commençait à admirer les idées claires du jeune PDG en matière de stratégie et son attachement absolu à la qualité et à l'utilité du produit Thefacebook. Or, pour une raison mystérieuse, Zuckerberg n'était manifestement toujours pas à l'aise. C'est alors qu'il commença à décrocher.

Les gens croient souvent que Mark Zuckerberg ne les écoute pas. Il ne dit rien et semble se désintéresser de la conversation. Il ne recourt pas au langage corporel, aux hochements de tête et autres signaux conventionnels pour dire à quelqu'un qu'il l'écoute. Mais d'ordinaire cela ne signifie pas qu'il ne vous écoute pas. Il ne montre pas d'émotions et réfléchit en silence, c'est tout. Il n'empêche qu'il y a des moments où il n'écoute vraiment pas. Cela se produit quand il s'ennuie ou qu'il est très mal à l'aise. Il marmonne alors une série de « ouais » à intervalles aléatoires pendant toute la conversation. Seuls les gens qui le connaissent bien détectent la différence. Au cours du dîner au Village Pub, Zuckerberg passa en mode non-écoute. Matt Cohler s'en aperçut.

Zuckerberg alla aux toilettes et ne revint plus. Cohler se leva pour aller voir si tout allait bien. Zuckerberg était assis en tailleur, la tête baissée. Et il pleurait. « Entre deux sanglots, il disait : “C'est mal. Je peux pas faire ça. J'ai donné ma parole !” se rappelle Cohler. Il pleurait tout ce qu'il pouvait. Alors j'ai dit : “Pourquoi tu n'appelles pas carrément Don pour lui demander ce qu'il en pense ?” » Zuckerberg mit un certain temps à retrouver son calme, puis il regagna la table.

Le lendemain matin, il appela Graham. « Don, commença-t-il, je ne vous ai plus reparlé depuis que nous nous sommes mis d'accord sur les conditions du prêt, et entre-temps j'ai eu une proposition beaucoup plus intéressante de la part d'une firme de capital-risque locale. Et j'ai l'impression que j'ai un dilemme moral… »

Graham avait déjà parlé à Breyer, il était donc déçu, mais pas surpris. Or il était aussi impressionné. « Je me suis dit : “Ça alors, pour un môme de vingt ans, c'est remarquable : il ne m'appelle pas pour me dire qu'il prend le fric des autres. Il m'appelle pour discuter avec moi." » Graham savait que sa proposition initiale était déjà excessivement généreuse pour une société si modeste et si jeune. Il sentait qu'il n'y avait pas au *Post* le contexte nécessaire pour aller plus loin. Et il supposa qu'il aurait beau citer le chiffre qu'il voudrait, Accel ferait monter les enchères.

« Mark, l'argent, ça compte pour toi ? » demanda-t-il. Zuckerberg lui répondit par l'affirmative. Ça pouvait être, poursuivit-il, la seule chose qui puisse empêcher Thefacebook d'être déficitaire ou d'être obligé d'emprunter.

« Tu sais que si tu acceptes leur argent, ça ne sera pas comme si tu acceptais notre argent, pas vrai ? répondit Graham. Ils envisageront un projet d'entreprise pour toi et essaieront de t'orienter dans cette direction. Et comme nous n'avons pas le réseau dont ils disposent, ni ne sommes aussi raffinés qu'eux, nous n'allons pas essayer de te dire comment diriger ta société. » Graham confie aujourd'hui : « J'aurais été heureux que ça ne se termine pas par une introduction en Bourse. Mais Mark avait réfléchi aux inconvénients de traiter avec un capital-risqueur, et il était clair que c'était ce qu'il préférait. »

« Mark, je te libère de ton dilemme moral, lâcha Graham après une conversation de vingt minutes. Vas-y, prends leur argent et développe ta société. Bonne chance. » Pour Zuckerberg, ce fut un soulagement énorme. Qui augmenta encore plus le respect et l'admiration qu'il avait pour Graham.

Zuckerberg avait déjà informé Breyer par e-mail qu'il voulait le rencontrer en tête à tête dans les bureaux d'Accel.

Plus tard ce matin-là – le vendredi 6 avril – Zuckerberg se rendit seul à pied chez Accel sur University Avenue et se retrouva avec Breyer dans sa petite salle de conférences. Il avait fini par apprécier l'affable Breyer, quand bien même il n'avait pu partager son vin à 400 dollars. Mais Parker lui avait fait la leçon sur les détails de pareils investissements. Durcissant le ton, Zuckerberg annonça à

Breyer qu'il voulait quelques améliorations. Si Accel portait sa valorisation « pré » à au moins 75 millions de dollars et si Breyer acceptait de rejoindre le conseil d'administration de Thefacebook, alors il était prêt à signer. Efrusy était un type sympa, mais il n'était pas au top et manquait d'expérience. « Ça m'a fait de la peine, rapporte Efrusy, mais je comprenais son point de vue. » Zuckerberg indiqua très clairement que si Breyer ne voulait pas siéger au conseil d'administration, Thefacebook conclurait son marché avec le *Washington Post,* tout simplement. Pour Zuckerberg, la possibilité de placer à ses côtés un investisseur chevronné de Silicon Valley comme Breyer était le facteur déterminant.

La priorité de Breyer était d'acquérir une plus grosse part de la société. Accel essaie de posséder au moins 15 pour cent des sociétés dans lesquelles il investit. Mais Zuckerberg et Parker étaient d'avis que Thefacebook n'avait pas besoin de plus d'argent. La question avait été abordée lors du dîner de la veille, et une solution partielle avait été trouvée. Accel pouvait investir 2,7 millions de dollars supplémentaires, et Zuckerberg, Parker et Moskovitz auraient droit chacun à une prime spéciale d'un million de dollars.

Dans des opérations de capital-risque comme celle-ci, l'investisseur force habituellement les actionnaires existants à diluer leur participation avant l'investissement en ajoutant un « pool » d'actions qui demeurent non attribuées, en supposant que de futurs employés soient partiellement rémunérés en actions de la société. La méthode de calcul est compliquée, mais elle a pour effet d'augmenter la participation des capital-risqueurs au détriment de celle des entrepreneurs. Normalement, les capital-risqueurs obligent les actionnaires d'une société à accepter un pool d'actions d'environ 20 pour cent.

Mais Parker avait préparé Zuckerberg à répondre à cette tactique, et il était manifeste lors du dîner que Breyer tenait beaucoup à cet investissement. Zuckerberg refusa donc d'accepter une dilution à 20 pour cent. Au lieu de quoi ils se mirent d'accord sur un pool de 10 pour cent. En outre, Zuckerberg insista pour qu'une moitié seulement de ce volume s'applique aux participations des actionnaires d'origine. Si bien qu'une partie de la dilution affectait aussi l'argent d'Accel. « Mark a négocié vraiment serré », reconnaît Breyer.

Ils conclurent finalement un marché qui conférerait à Thefacebook une valorisation après investissement légèrement inférieure à 98 millions de dollars. Accel investirait environ 12,7 millions de dollars – une somme stupéfiante pour une si petite société. Il posséderait environ 15 pour cent de Thefacebook. « Je savais que le prix était bien trop élevé, dit maintenant Breyer, mais parfois c'est ça qui permet d'emporter le marché. » Breyer accepta de siéger au conseil d'administration ; en contrepartie, il demanda à pouvoir investir un million de dollars de son propre argent. Le garçon de vingt ans et le capital-risqueur échangèrent une poignée de main. Zuckerberg quitta le bureau, laissant Breyer tout à sa joie.

Avant qu'ils se serrent la main, Zuckerberg expliqua qu'il y aurait peut-être un petit investissement supplémentaire, provenant soit de Graham et du *Washington Post*, soit d'Edgar Bronfman, héritier de la fortune des alcools Seagram et PDG de Warner Music. Bronfman avait rencontré Parker et Zuckerberg quand ils étaient passés chez Warner Music à Los Angeles à l'automne précédent, et malgré son animosité initiale datant de l'époque Napster, il s'était réconcilié avec Parker. Mais Bronfman décida de ne pas investir (s'il l'avait fait, ses 300 000 dollars d'actions en vaudraient au moins 100 millions aujourd'hui). L'offre d'acquisition potentielle émanant de Viacom était encore vaguement dans l'air, bien que Parker et Zuckerberg ne fassent aucun effort pour y répondre.

Il fallut quelques semaines pour finaliser l'ensemble de l'opération. Parker modifia plusieurs points essentiels. Il renforça la structure d'entreprise garantissant que Zuckerberg contrôle un siège vacant du conseil d'administration en plus du sien, Parker en occupant un autre. Ce qui signifiait que, même si Breyer avait rejoint Thiel au CA, les deux fondateurs contrôleraient trois des cinq sièges, donc la majorité des voix. Un arrangement compliqué liait leur détention de titres à leur siège au CA. Ainsi y aurait-il très peu de chances que Zuckerberg perde le contrôle de sa propre société. Le fait qu'Accel l'ait accepté prouve à quel point Breyer tenait à cette opération, et aussi la foi qu'il plaçait en Zuckerberg. Breyer était devenu un fan du jeune PDG qu'il tenait déjà, dit-il, pour un « génie du produit ». Certains collègues de Zuckerberg crurent qu'il pourrait demander à son père d'occuper le siège vacant. Il avait souvent communiqué avec lui par messagerie instantanée pour demander son avis pendant le processus de fondation de la société. Mais pour l'instant, le siège demeurait inoccupé. Le financement de Thefacebook était inhabituel à plusieurs égards. D'abord, le montant même de la valorisation était sans précédent pour une start-up Internet. Même le premier gros investissement de Google lui avait conféré une valorisation de moins de 75 millions de dollars. On garda le silence sur les primes payées aux trois jeunes entrepreneurs de Thefacebook, d'abord parce qu'en général on estime préférable en pareilles circonstances de réserver tous les fonds à la société elle-même. En fait, cette prime aux fondateurs d'une société est tellement rare que les vétérans de Silicon Valley ne se rappellent pas lui avoir connu un précédent. Et le pari avec l'établissement prêteur WTI ? « J'ai gagné », dit Parker dans un gloussement de joie. Au final, les warrants de WTI leur coûtèrent dix fois plus que ce qu'ils leur auraient coûté si Werdegar avait remporté son pari. Il resta tout de même fan de Parker et de sa société. En juillet, Werdegar accorda un nouveau prêt à Thefacebook, de 3 millions de dollars, cette fois, là encore uniquement pour couvrir le coût des serveurs et autres actifs physiques.

Lorsque Eduardo Saverin, associé initial de Zuckerberg dans la fondation de Thefacebook, fut informé des conditions de l'investissement Accel, il péta les plombs. Sa participation, qui, pendant l'été, était encore de 34,4 pour cent, venait d'être diluée par la restructuration et les investissements supplémentaires et représentait moins de

10 pour cent. Il affirma qu'il ne s'était pas rendu compte que la chose allait se produire, menaça de porter plainte, et ainsi de suite. Mais depuis la réorganisation, il n'avait plus tellement de poids. Ezra Callahan avait à présent appris comment faire tout le travail de Saverin pour la publicité. Indigné, Saverin cessa complètement de travailler pour Thefacebook (tout en conservant ses actions). Zuckerberg bloqua son e-mail, et Y2M reçut l'instruction de ne plus avoir de contacts avec lui.

Zuckerberg, Cohler et Moskovitz étaient intimidés par les prouesses de négociateur de Parker. L'opération avait été un exemple typique d'une levée de fonds menée avec succès. Avec le recul, Cohler confirme : « Parker a vraiment joué le rôle principal dans ces négociations. Aujourd'hui, les gens ne se rendent pas compte à quel point il a été important pour la société. Il a fait un travail exceptionnel. » Zuckerberg a confié à des amis qu'il n'a jamais vu une opération commerciale aussi stupéfiante que celle que Parker a réalisée avec Accel.

Le jour du contrat le plus important dans la jeune existence de Mark Zuckerberg faillit très mal se terminer. Il avait signé les documents pour conclure l'investissement d'Accel. Il était maintenant millionnaire en dollars. Mais cette nuit-là, le pressentiment lui dictant de modérer la fête fut confirmé d'une manière presque absurde. Sa copine de l'époque était étudiante à Berkeley. Au petit matin, il partit en voiture pour aller la rejoindre. En chemin, il s'arrêta à East Palo Alto pour faire le plein du « Phacochère », son crossover Infiniti FX35 noir flambant neuf. Ce quartier était beaucoup plus pauvre que le reste de Palo Alto. La station-service était déserte. Tandis qu'il faisait le plein, un jeune homme s'approcha de lui en brandissant une arme. Mais il était tellement ivre ou drogué qu'il tenait à peine sur ses jambes. Il avait du mal à parler assez clairement pour exiger de l'argent. Terrifié, Zuckerberg prit un risque calculé. Il remonta dans son véhicule et démarra. Il ne se passa rien. « Je crois que je suis un sacré veinard », admit-il. Bien qu'il fasse là allusion à cet incident qui faillit tourner mal, c'est une observation qui s'applique assez bien à la création de Thefacebook et à son financement.

Au bout du compte, Thefacebook avait beaucoup d'argent. Il pouvait maintenant étoffer son personnel pour de bon. Les serveurs ne seraient plus attachés avec du fil de fer. La vraie croissance était sur le point de commencer.

6. Esprit d'entreprise

« Être PDG d'une société, ce n'est pas vraiment comme partager un appart sur le campus avec des potes. »

Brusquement, il ne semblait plus y avoir de limites à ce que Thefacebook pourrait accomplir. L'obstacle financier avait été écarté. Le service continuait de progresser rapidement sur les campus. Tous les doutes que Zuckerberg aurait encore pu avoir étaient dissipés. L'heure était venue d'en faire une vraie société. Oui, mais comment s'y prendre ? Mark Zuckerberg et Dustin Moskovitz n'avaient que vingt et un ans. Malgré la vision qui les animait, leur créativité et leur engagement, ils conservaient une mentalité d'étudiants. Ils ne savaient pratiquement rien sur l'organisation d'une entreprise. Sean Parker, vingt-cinq ans, avait participé à plusieurs start-up, mais il détestait leurs restrictions et était un rebelle dans l'âme. Son mépris délibéré des conventions du monde des affaires était aussi total que l'ignorance affichée par Zuckerberg. Il ne restait plus que Matt Cohler, vingt-huit ans et diplômé de Yale, pour être par défaut le doyen et la tête froide de l'équipe centrale de Thefacebook. Il avait été consultant chez Mc Kinsey et collaborateur à tout faire chez LinkedIn pour l'entrepreneur chevronné Reid

Hoffman. Il avait donc une assez bonne idée de ce qu'une start-up était censée faire. Mais Thefacebook n'était pas une entreprise comme les autres. Elle n'affrontait pas des défis ordinaires.

Sa première priorité était d'engager du personnel. À présent, ce n'était plus un problème d'argent. Mais on ne se bousculait pas pour travailler chez Thefacebook. Début 2005 à Silicon Valley, la plupart des gens considéraient encore les réseaux sociaux comme un phénomène de mode, malgré le succès de MySpace. Il n'était pas évident qu'ils deviennent un jour une industrie. À l'époque, ce qui semblait marcher pour les entreprises Internet, c'était les blogs et le podcasting. Et comme Thefacebook était un réseau fermé, un adulte que la société aurait voulu engager ne pouvait pas facilement accéder au site pour s'en faire une idée.

En plus de tous ces problèmes, Thefacebook, société encore au berceau, avait la réputation d'être un repaire de chahuteurs. Cohler, qui concentra rapidement son attention sur l'embauche de personnel, essaya de convaincre une chasseuse de têtes réputée spécialisée dans les start-up, Robin Reed, d'aider la société à trouver un vice-président responsable de l'ingénierie. Robin Reed, blonde d'âge moyen aux cheveux courts encadrant un visage rond, qui affichait une tendance New Age à porter au poignet des chapelets de perles en bois, n'était pas intéressée. « J'avais entendu des histoires rocambolesques sur eux, affirme-t-elle. C'était trop louche pour moi. Sean Parker avait assez mauvaise cote à l'époque. » Sa réputation de fêtard et son départ forcé de Plaxo avaient fait de Parker le stéréotype du *bad boy* de Silicon Valley. Robin Reed parla à des collègues qui avaient déjà essayé en vain de recruter pour Thefacebook. « C'est *Sa Majesté des mouches*, là-bas », lui dit l'un d'eux.

L'allusion à cette société tribale d'écoliers naufragés sur une île déserte était peut-être exagérée, mais il n'en était pas moins vrai qu'une bande de potaches étaient aux manettes. Zuckerberg devait faire attention aux cartes de visite qu'il produisait lors de rendez-vous d'affaires[1].

Il en avait deux types. Sur les premières, on lisait : « Président-directeur général ». Sur les autres : « C'est moi le PDG, pétasse ! » Non seulement les conseils d'université d'un bout à l'autre des États-Unis protestaient contre son projet de compétition de bière-pong à l'échelle nationale, mais, plus près de chez lui, Tricia Black refusait de rejoindre la société tant qu'il ne serait pas annulé. Tricia Black, responsable des ventes dans l'agence de publicité Y2M, suppliait Eduardo Saverin de l'engager depuis le milieu de l'année 2004. On lui proposa enfin de rejoindre Thefacebook, où elle mit sur pied un service publicité interne. Quant à la décoration des bureaux, les femmes nues et le bouledogue peints par la copine de Parker dans les toilettes dames furent bientôt recouverts peu après qu'Accel eut investi ses 12,7 millions de dollars.

Les tactiques de recrutement n'étaient pas très professionnelles. La principale méthode appliquée au début consistait à poser sur le trottoir la silhouette en bois d'un cuisinier italien. Il tenait une ardoise affichant non pas des variétés de pizzas, mais des emplois à pourvoir, comme « Responsable Ingénierie[2] ».

Le premier collaborateur engagé par Cohler fut Steve Chen, un ex-programmeur de chez PayPal. Mais au bout de deux semaines seulement, Chen décida de partir pour fonder une nouvelle société avec deux amis de chez PayPal. Ce devait être une start-up de vidéos, et Cohler tenta de l'en dissuader : « Tu fais une erreur énorme. Tu vas le regretter toute ta vie. Thefacebook va devenir un truc géant ! Et il y a déjà une centaine de sites vidéo ! » Chen ignora l'avertissement et partit fonder une société appelée YouTube.

Zuckerberg ne tarda pas à se rendre compte que Google, au sommet de la chaîne alimentaire de Silicon Valley, était son tout premier concurrent pour recruter de nouveaux talents. Après tout, c'était là que la plupart des grands ingénieurs en logiciel aspiraient à travailler. Le simple fait d'apprendre que quelqu'un passait un entretien d'embauche chez Google le rendait encore plus désirable pour Thefacebook.

Cohler rendit visite à son frère cadet, étudiant à Princeton, et entendit parler d'une réunion de recrutement Google sur le campus. Il fit imprimer des tracts vantant Thefacebook et les distribua à l'entrée de la salle. Peu après, à Stanford, Zuckerberg installa une table pliante dans un bâtiment du département d'informatique avec une pancarte : « Pourquoi travailler chez Google ! Venez chez Thefacebook ! » Il fallut même convaincre Adam D'Angelo de ne pas accepter le stage d'été rémunéré que Google lui avait offert. Et Parker le persuada de rejoindre Thefacebook.

Après qu'Accel eut fait son gros investissement, Kevin Efrusy, qui avait encouragé l'opération, se mit à rendre régulièrement visite à Thefacebook pour conseiller Zuckerberg. Il lui proposa de faire entrer un conseiller à temps partiel, Jeff Rothschild, cofondateur de la grosse société de logiciels commerciaux Veritas. Rothschild avait à la fois une connaissance en profondeur des centres de données et la maturité d'un quinquagénaire. Zuckerberg comprit que Rothschild pouvait aider Thefacebook à éviter une débâcle à la Friendster. Efrusy suggéra de lui offrir des actions en échange d'une journée de travail hebdomadaire. « Est-ce qu'il serait disposé à travailler à plein temps ? » demanda Zuckerberg. « Non, jamais de la vie, répondit Efrusy. Il est à la retraite. » Lors de leur rencontre suivante, Zuckerberg annonça fièrement : « Je l'ai engagé à plein temps. » Lui dire que quelque chose était impossible, c'était comme agiter le chiffon rouge sous le nez d'un taureau. « Je croyais que ces types avaient monté un site de drague, se rappelle Rothschild en évoquant sa fascination rapide pour Thefacebook. Mais une fois que j'ai compris la vision de Mark, j'ai compris que ce n'était pas comme MySpace. Il n'était pas question de faire se rencontrer des gens. C'était la manière la plus efficace de rester en contact avec ses amis. » Réussir à mettre dans le coup un vétéran comme Rothschild contribua à la légitimité de la société.

L'attitude positive de Rothschild envers Thefacebook aida Cohler à persuader Robin Reed de se charger du recrutement. Elle accepta finalement de venir voir Zuckerberg. Lorsqu'elle gravit l'escalier décoré de graffiti des bureaux Thefacebook à Palo Alto, elle trouva la porte ouverte et les lieux déserts. Au bout d'un moment, elle partit. Cohler la repéra dans la rue et la fit revenir. Il se trouve que Zuckerberg était bien là, mais sur le toit. Si vous montiez sur une table dans une pièce surnommée le dortoir (elle avait aussi une Xbox et un futon), puis vous contorsionniez pour passer par une fenêtre, vous aboutissiez à un vaste terrasse, couverte de gravier, où étaient disposées des chaises longues. C'était un endroit très apprécié les jours de grand soleil et un lieu où l'on pouvait se retirer en toute discrétion pour téléphoner ou parler en tête à tête. Robin Reed se hissa donc sur le toit. Zuckerberg la supplia de se charger du recrutement de la partie ingénierie de Thefacebook. Elle trouva un certain charme à tout cet environnement, et finalement elle accepta.

Or Thefacebook avait des critères de recrutement très particuliers. Pour commencer, il y avait une forte tendance à privilégier la jeunesse. Arrêter ses études était considéré comme une vertu dans cette équipe de décrocheurs, d'iconoclastes et d'autodidactes. « Pourquoi voudriez-vous étudier ça alors que vous pourriez le pratiquer ? » demandait Zuckerberg aux étudiants de troisième cycle qu'il essayait de recruter. Il commença même à garantir que la société paierait les frais de scolarité de quelqu'un si cette personne avait abandonné ses études pour rejoindre Thefacebook et décidait ultérieurement de les reprendre. Cohler mettait des annonces pour des stages d'été rémunérés et informait parfois les candidats prometteurs, quand ils se présentaient pour un entretien, que Thefacebook n'engageait que des collaborateurs à plein temps. Ce qui les forçait à envisager d'abandonner leurs études. C'est ainsi qu'il persuada Scott Marlette, une des premières recrues de valeur, d'abandonner son troisième cycle en génie électrique à Stanford.

Adam D'Angelo – grand, la voix douce, les cheveux en bataille, voûté dans une posture introvertie – demeura l'intellectuel maison et le premier programmeur par excellence. Il avait depuis longtemps cessé de se concentrer sur Wirehog. Il était maintenant l'ingénieur en chef de Thefacebook. Peu importe avec qui ils avaient eu leur premier entretien – Zuckerberg tenait toujours à ce que les candidats à des postes technologiques importants soient interrogés par D'Angelo. S'il estimait qu'ils étaient à la hauteur, ils étaient engagés.

Quand quelqu'un était effectivement embauché, son premier devoir était d'aller acheter lui-même son ordinateur portable. Il n'y avait pas assez de mobilier non plus. Scott Marlette passa sa première semaine assis par terre. Il y avait seulement deux petites tables au milieu de la pièce principale, déjà encombrées par les affaires d'autres personnes. Plus tard, Marlette alla s'acheter une chaise et un bureau chez Ikea.

Le site passa de 3 millions d'utilisateurs en juin à 5 millions dès octobre 2005. C'était un taux de progression incroyable, mais au moment même où ils le fêtaient, les membres toujours plus nombreux du personnel de Thefacebook devaient travailler dur pour l'empêcher de saboter leurs efforts. Leur arsenal technologique était condamné à croître aussi rapidement que le nombre d'utilisateurs. La lutte contre la malédiction de Friendster était une obsession constante. Adam d'Angelo était assailli par des crises quotidiennes. Il se souvient de l'ambiance : « Cette base de données va être saturée. Il faut qu'on s'en occupe. On ne peut plus envoyer d'e-mails. Réparez ça. Cette semaine, on a frôlé la panne. La semaine prochaine, on va droit dans le mur et le site va planter. Il faut augmenter la capacité. » Il fallait souvent aller au centre de données de Santa Clara brancher des serveurs supplémentaires. À la fin de l'année, Facebook avait déjà dépensé 4,4 millions de dollars en serveurs et matériel de réseautage pour ses centres de données.

Dans leurs efforts frénétiques pour maintenir tout le système en état de marche malgré sa croissance rapide, les jeunes ingénieurs commirent souvent de graves erreurs. Certaines menacèrent de mettre hors service la totalité

Décembre 2003. Les locataires des deux appartements mitoyens de Kirkland House sur le campus de Harvard.
De gauche à droite: Joey Siesholtz, Mark Zuckerberg, Billy Olson, Dustin Moskovitz, Joe Green et Arie Hasit – il manque Chris Hughes.
(Photo reproduite avec l'aimable autorisation de Dustin Moskovitz)

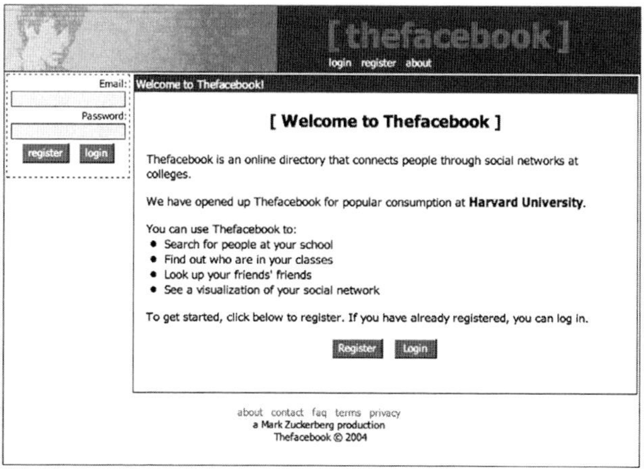

Zuckerberg et Cie lancèrent Thefacebook en février 2004 uniquement pour les étudiants de Harvard. *(Capture d'écran reproduite avec l'aimable autorisation de Facebook)*

Dans la pièce commune de l'appartement de Kirkland House, Mark Zuckerberg contemple Thefacebook sur son ordinateur. *(Photo Lowell K. Chow/The Harvard Crimson)*

Printemps 2004. Les trois colocataires et associés à Harvard.
De gauche à droite: Dustin Moskovitz, Chris Hughes et Mark Zuckerberg.
(Photo Ravi Ramchandani/The Harvard Crimson)

À Harvard, le génie des mathématiques, Eduardo Saverin, qui avec son sens des affaires aida à financer le lancement de Thefacebook, mais se brouilla avec les autres fondateurs. *(Photo Ravi Ramchandani/The Harvard Crimson)*

Été 2004. Dans la villa de Palo Alto louée par Thefacebook, la salle à manger était le centre des opérations. *De gauche à droite*: Andrew McCollum (un ami qui ne travailla pas beaucoup sur Thefacebook), Mark Zuckerberg et le stagiaire Stephen Dawson-Haggerty. *(Photo Aaron Sittig)*

Lors d'une fête de Facebook en 2005 : Ezra Callahan, sixième employé de la société, et Mark Zuckerberg. *À droite*, Kevin Colleran, un as des ventes de publicité.
(Photo reproduite avec l'aimable autorisation de Kevin Colleran)

Lorsqu'en septembre 2005 Facebook emménagea dans un immeuble plus luxueux à Palo Alto, Zuckerberg voulut conserver une ambiance branchée. Il engagea une fois de plus le graffeur David Choe. *(Photo Kevin Colleran)*

Le premier vrai bureau, sur Emerson Street à Palo Alto. Sous les fresques urbaines envahissantes de David Choe, *de gauche à droite* : Mark Zuckerberg, Dustin Moskovitz et Sean Parker, alors président de Facebook. *(Photo Jim Wilson/The New York Times/Redux)*

Matt Cohler (*à gauche*) arriva chez Thefacebook début 2005 et apporta un professionnalisme bienvenu en tant que conseiller de Zuckerberg. Le visage hilare à l'arrière-plan est celui du programmeur et graphiste Aaron Sittig – encore un employé de la première heure qui influença Facebook, et l'influence toujours.
(Photo Ben Blumenfeld)

Mark Zuckerberg et Sean Parker engagèrent Kevin Colleran (*à gauche*) sans l'avoir rencontré. Cette photo de lui avec le rappeur 50 Cent était sur son profil Facebook. Zuckerberg crut avoir engagé 50 Cent.
(Photo reproduite avec l'aimable autorisation de Kevin Colleran)

L'un des nombreux bureaux surpeuplés de l'immeuble d'University Avenue à Palo Alto. Dès le début, Facebook a eu du mal à gérer sa propre croissance. *(Photo Kevin Colleran)*

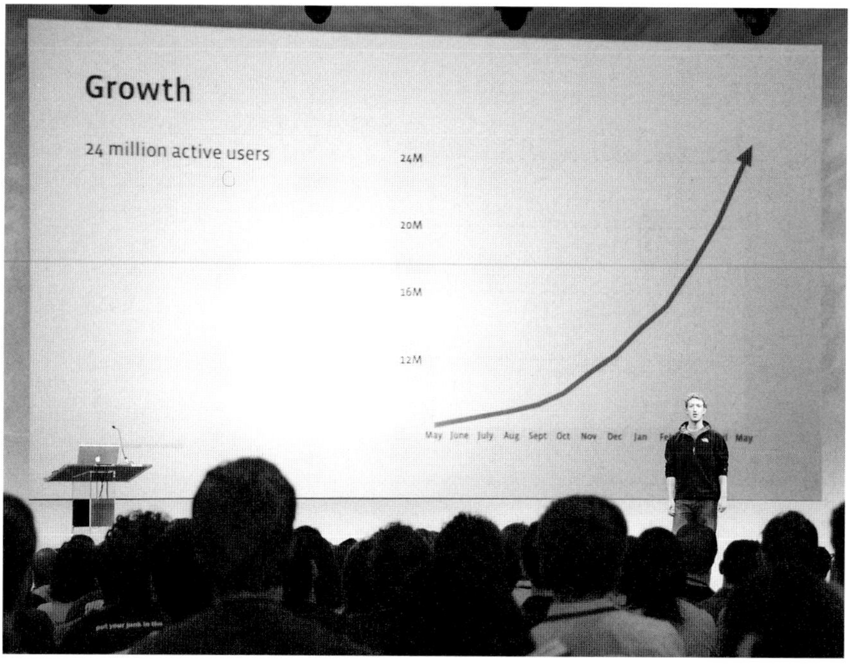

En mai 2007, Facebook annonça son plus grand changement depuis sa création – devenir une plate-forme pour des applications créées par des sociétés tierces. Zuckerberg s'exprima lors du lancement public à San Francisco appelé « événement f8 » (les programmeurs écrivirent ensuite des applications pendant huit heures). Après f8, la croissance s'accéléra encore. *(Photo Andrew Bosworth)*

Le 4 février 2008, une marée humaine remplit les rues de Bogotá et de toutes les autres grandes villes de Colombie pour protester contre les terroristes des FARC. Tout avait commencé sur Facebook, chez Oscar Morales à Baranquilla.
(Photo Alberto Acero. Avec l'aimable autorisation du magazine El Tiempo)

Sheryl Sandberg quitta Google début 2008 pour aider à faire de Facebook une véritable entreprise commerciale. Une relation de travail efficace s'établit entre elle et Mark Zuckerberg. Les recettes sont passées à près d'un milliard de dollars par an.
(Photo reproduite avec l'aimable autorisation de Facebook)

du site, puisque le logiciel sous-jacent consistait en une unique et très longue suite d'instructions, au mépris des protocoles élémentaires d'élaboration d'un projet de cette envergure (Marlette et D'Angelo fractionnèrent ultérieurement le code en une structure segmentée plus conventionnelle). À un moment, le code source – la propriété intellectuelle fondamentale de la société – passait en lecture continue sur les profils des étudiants. Un des techniciens introduisit accidentellement un bogue qui permit brièvement à n'importe quel utilisateur de se connecter à n'importe quel compte. Une autre fois, un stagiaire fit une erreur de codage qui signifiait qu'à chaque fois qu'on cliquait sur une pub sur le site, on était dirigé sur un seul annonceur, Allposters.com.

Dustin Moskovitz était responsable de la marche sans heurts du site au jour le jour, et donc chaque fois que se produisait une de ces catastrophes, il avait la charge d'y remédier, même s'il fallait y passer la nuit. Mis en présence d'une erreur particulièrement stupide, il perdait parfois son sang-froid, cognait furieusement sur son bureau et jetait des objets par terre. Mais il redressait toujours la situation. Il forçait le respect de tous pour son dévouement et son éthique professionnelle. « Dustin a toujours été ferme comme un roc », déclare Ruchi Sanghvi, une souriante diplômée en ingénierie informatique de l'université Carnegie-Mellon au visage rond et aux longs cheveux noirs. Elle fut la première femme ingénieur engagée par Thefacebook et demeura longtemps la seule dans le noyau central de la société.

En essayant de savoir qui faisait quoi, Jeff Rothschild découvrit que l'intégralité de l'assistance client de Thefacebook était assurée par un étudiant de Berkeley qui travaillait à temps partiel depuis son domicile. Cet étudiant avait accumulé 75 000 demandes d'assistance en souffrance. Rothschild mit une annonce sur le site pour recruter un responsable de l'assistance client et engagea Paul Janzer, récemment diplômé de Stanford. Ils conclurent rapidement qu'il leur fallait étoffer leur équipe. Ils rassemblèrent six candidats de plus. Rothschild les convoqua à un entretien d'embauche collectif et les engagea tous. Même dans ces conditions, le nombre des demandes non examinées monta à 150 000 avant de commencer à retomber. Les gens posaient des questions sur tout et n'importe quoi, depuis la procédure pour changer la photo du profil jusqu'à la possibilité éventuelle de changer d'identité après un mariage.

Efrusy essaya de jouer le rôle de conscience collective de l'entreprise. En retour, Zuckerberg lui donna des cartes de visite avec le titre de « directeur général des préoccupations ». Il avait du pain sur la planche. Les nouvelles fonctions étaient introduites sans avoir été testées. Il trouvait éprouvant d'avoir une conversation à bâtons rompus avec Zuckerberg pendant que celui-ci pianotait sur son portable des changements en temps réel sur le site.

Chargée du recrutement, Robin Reed prenait plus longtemps qu'elle ne l'avait prévu pour faire ses recherches. Pour commencer, les ingénieurs expérimentés répugnaient à travailler pour un jeune de vingt et un ans qui n'avait jamais occupé un véritable emploi. Et beaucoup de candidats étaient refroidis par la réputation de Sean Parker, surtout quand ils apprenaient qu'il avait le titre de président chez Thefacebook. Robin Reed avait également du mal à cerner ce que Zuckerberg voulait exactement. Le profil type des personnes qu'il recherchait changeait constamment. Il disait clairement qu'il conserverait la responsabilité dans le développement du produit. Mais malgré l'immaturité apparente de l'équipe et le chaos de la vie quotidienne chez Thefacebook, Robin Reed remarqua que le progrès continuait.

Zuckerberg lui demanda de venir travailler à plein temps pendant six mois environ, jusqu'à ce que la société ait pourvu tous les postes vacants. Elle n'avait encore jamais procédé ainsi, mais une option d'achat d'actions Thefacebook ne lui déplaisait pas. Elle commençait à être convaincue. « Je croyais tout savoir après avoir épaulé de grands entrepreneurs, dit-elle. Mais quand je suis entrée chez Thefacebook, j'ai été frappée par le peu de choses que je savais sur la manière dont travaillent des gens d'une vingtaine d'années. Tout le monde les traitait d'irresponsables. Ils arrivaient toujours tard au boulot et certains ne travaillaient que la nuit. Mais en réalité Mark était incroyablement responsable. Ils l'étaient tous. Alors j'ai décidé d'oublier ce que je savais et de me mettre dans la peau d'une débutante. »

Un samedi matin, Robin Reed, bouddhiste et adepte de la méditation, prenait le café avec Zuckerberg au Musée d'art moderne de San Francisco. Elle conclut un marché avec lui. Elle accepterait de rejoindre la société pour quelques mois, et lui accepterait de méditer. Elle commençait à couver d'un œil presque maternel la réussite du jeune chef d'entreprise. Elle lui donna un logiciel spécial pour son ordinateur, avec de petits capteurs de biofeedback qui s'attachent aux doigts et sont connectés par des fils à l'ordinateur pour mesurer le retour au calme du sujet. Quand ils furent parvenus à se mettre d'accord là-dessus, Zuckerberg lui lança : « Je crois que c'est le moment de vous prendre dans mes bras. »

Bien qu'à l'époque les motifs de stress aient été légion, Zuckerberg n'avait pas l'air de flipper. En fait, il restait étonnamment calme. Même dans les moments les plus frénétiques chez Thefacebook, il ne se mettait jamais en colère. (Et il informa bientôt Robin Reed qu'il se servait avec succès de son kit d'assistance à la méditation.)

Cette apparente placidité est la clé de son charisme particulier qui peut vous séduire comme vous contrarier. Non seulement il garde la tête froide, mais il révèle rarement ses sentiments. Sa manière normale de vous écouter est de vous regarder fixement sans trahir la moindre émotion. Vous n'avez jamais la certitude qu'il vous entend. Il est rare qu'il réagisse immédiatement à ce que vous êtes en train de lui dire. Si vous avez besoin de savoir ce qu'il pense, vous risquez d'être frustré. « Il est vraiment difficile à déchiffrer, explique Chris Hughes, son ancien colocataire qui pendant cette période gérait les relations publiques de la société à partir de sa chambre d'étudiant à Harvard. C'est difficile de communiquer simplement avec lui. »

L'époque où Thefacebook était une entité assez petite pour que tout le monde soit au courant de tout était révolue. À présent, Zuckerberg était obligé de travailler plus consciemment la communication, afin de s'assurer que ses messages traversent le nombre croissant des niveaux hiérarchiques. Efrusy le pressa de coucher par écrit ses pensées en matière de stratégie et de procédure. Lorsqu'ils se retrouvèrent la semaine suivante, Zuckerberg apporta un petit carnet relié en cuir. « Ça ressemblait au *Petit Livre rouge* de Mao, dit Efrusy. Il l'a ouvert, et c'était des pages et des pages manuscrites en caractères corps 2. » L'écriture de Zuckerberg est extrêmement précise, comme celle d'un architecte ou d'un styliste. Mais il refusa de laisser Efrusy lire ses notes. « Je lui ai dit que le principe était de communiquer avec tout le monde, dit Efrusy. Il m'a regardé comme si c'était une pensée nouvelle et a dit : “Oh, vraiment ?” »

Zuckerberg ne se séparait pas de ce carnet, mais certains collègues purent y jeter un coup d'œil. Il révélait en détail où Zuckerberg espérait conduire sa société. Ses nom et adresse figuraient sur la page de garde, avec la mention : « Si vous trouvez ce livre, renvoyez-le à cette adresse pour recevoir une récompense de 1 000 dollars. » Il était intitulé « Le Livre du Changement », avec une citation juste au-dessous du titre : « Soyez le changement que vous voulez voir dans le monde – Gandhi. » On y trouvait, précisément calligraphiées avec l'écriture cursive de Zuckerberg, de longues descriptions détaillées des fonctionnalités du service qu'il espérait lancer dans les années à venir – notamment ce qui deviendrait le Fil d'actualité, ses projets d'ouvrir Thefacebook à tout le monde et d'en faire une plate-forme pour des applications créées par des tiers. Dans certaines sections, à en croire ceux qui l'ont lu, le texte devenait presque du monologue intérieur. Zuckerberg lui-même note à l'occasion dans la marge : « Ça ne mène à rien, apparemment. » Mais pour nombre de ses proches collaborateurs, ce livre semblait aussi chargé de sens que le carnet de croquis de Michel-Ange.

Une nouvelle personnalité importante entra dans la vie de la société à peu près à ce moment-là : l'investisseur et entrepreneur Marc Andreessen, qui devint un conseiller intime de Zuckerberg. Andreessen, l'un des innovateurs et entrepreneurs les plus admirés de Silicon Valley, avait débarqué en Californie encore adolescent, comme Zuckerberg, plus ou moins, après avoir contribué à inventer le premier navigateur Web à l'université de l'Illinois. Il fut cofondateur de Netscape Communications et, plus tard, de deux autres sociétés importantes et appréciées, tout en investissant dans des douzaines d'autres. Matt Cohler et Peter Thiel présentèrent Andreessen à Zuckerberg en pensant qu'il pourrait aider le jeune PDG à trouver comment gérer la croissance de Thefacebook. Zuckerberg fut immédiatement charmé par l'inflexible Andreessen, qui ne manifestait jamais la moindre trace d'obséquiosité. Il avait en fait une confiance absolue en lui-même et ne tolérait guère les imbéciles. Il était indifférent à ce que les gens pouvaient penser de lui, ce qui plut à Zuckerberg. Il était aussi brusque avec Zuckerberg qu'il l'était avec tout le monde.

Aiguillonné par Parker et Cohler, d'une part, et par Andreessen et Efrusy d'autre part, Zuckerberg commença à essayer de se conduire en chef d'entreprise. Il habitait une des maisons de la société, mais déménagea pendant l'été. À peu près à la même date, il proclama qu'il allait cesser d'écrire des logiciels. Il avait besoin de se concentrer sur de plus vastes perspectives. Il y eut une petite cérémonie pour marquer le jour où il inséra sa dernière séquence de code. Lors d'un exposé qu'il fit à Stanford peu après, il avoua, légèrement déçu, que « au niveau de la dynamique, gérer un personnel et être PDG d'une société, ce n'est pas vraiment comme partager un appart sur le campus avec des potes ». Certains week-ends, on pouvait surprendre Cohler, Moskovitz et Zuckerberg en train de lire les écrits de Peter Drucker, le consultant et enseignant souvent qualifié de pape du management moderne.

Zuckerberg décida d'étudier sa toute nouvelle idole du management, Don Graham. Il demanda à visiter les bureaux du *Washington Post* pour voir comment travaillait Graham. Alors même qu'à ce stade-là il savait à peine la différence entre pertes et profits, il voulait voir ce que fait un PDG. Zuckerberg prit l'avion pour Washington et passa quatre jours avec son mentor. Il suivit Graham de près pendant deux jours au siège du journal, puis l'accompagna à New York pour le voir faire une présentation devant des analystes financiers. Le capital de la Washington Post Company est divisé en actions publiques et en une classe distincte d'actions, contrôlées par la famille et dotées d'un poids accru de manière significative en cas de vote. Cette structure, conçue pour refléter les sensibilités très particulières d'une société anonyme propriétaire d'un journal – la transformant en hybride d'une entreprise à but lucratif et d'une fondation –, donne à la famille Graham un pouvoir de veto réel sur les décisions engageant la société. C'est ce contrôle familial qui permet à Graham de mettre en application une vision à long terme. Zuckerberg se mit à penser qu'il aurait peut-être besoin un jour d'une structure similaire pour Thefacebook.

Il lui fallait trouver comment relever les défis en matière de gestion des ressources humaines qui se présentent dans toute organisation. Sa démarche était parfois de traiter par la plaisanterie des incidents que d'autres considéreraient avec plus de gravité. Une jeune femme se plaignit auprès de lui d'avoir été harcelée par un autre employé pendant qu'elle poussait son plateau à la cafétéria. La réaction de Zuckerberg fut de mettre le protagoniste dans l'embarras devant tout le monde. « Il a été porté à ma connaissance, annonça-t-il au milieu d'une réunion de travail, que l'un d'entre vous a dit à une fille "Je veux planter mes dents dans ton cul". » Il se tut. Silence dans la pièce. « Et ça veut dire quoi, d'ailleurs ? » Tout le monde éclata de rire et on n'en parla plus.

Chez Thefacebook, la culture d'entreprise était une désinvolture étudiante institutionalisée, qui fusionnait bizarrement avec un dévouement et une activité intenses. Les employés – une vingtaine – se déplaçaient en groupe, pour aller au cinéma Aquarius tout proche, où ils pouvaient entrer gratuitement parce qu'un des ingénieurs y travaillait à temps partiel, au McDonald's quelques kilomètres plus loin à East Palo Alto et à l'University Café au coin de la rue, qui était la salle de réunions non officielle de la société.

« Ici, on travaillait tout le temps, se rappelle Ruchi Sanghvi. Tout le monde était ami avec tout le monde. Pour nous, le travail n'était jamais du travail. On travaillait à Noël, les week-ends et jusqu'à 5 heures du matin. » Elle-même travaillait si dur qu'une nuit – ou plutôt au petit matin – en regagnant son appartement de San Francisco au volant de sa voiture, elle heurta deux fois le terre-plein central avant de s'endormir au bord de l'autoroute. Après quoi elle déménagea pour être à côté de son travail. Thefacebook offrait une prime de logement de 600 dollars par mois aux employés qui habitaient à Palo Alto, à proximité de ses bureaux, ce qui encourageait l'effacement des frontières entre temps de travail et temps libre.

Pratiquement personne n'arrivait avant midi. Dans son ouvrage autopublié *À l'intérieur de Facebook*, Karel Baloun, alors ingénieur, écrit que c'est Zuckerberg lui-même qui donnait le ton : « Zuck entrait dans le bureau ; quand il voyait que toutes les chaises étaient occupées, il s'allongeait carrément sur le ventre sur la mince moquette, ses tongs battant l'air, et commençait à pianoter sur son iBook Apple blanc[3]. » Les activités n'atteignaient pas leur cadence productive avant le soir. Des programmeurs carburant au Red Bull pianotaient sans relâche sur leurs portables tout en conversant via la messagerie instantanée. La recruteuse quinquagénaire Robin Reed commença à veiller chez elle jusqu'à 3 ou 4 heures du matin pour participer à ces échanges nocturnes. Elle s'était rendu compte que c'était le moment où se prenaient nombre de décisions importantes.

Zuckerberg préférait la messagerie instantanée et utilisait AIM. Un employé légèrement plus âgé qui était assis à moins de deux mètres de Zuckerberg reçut un message AIM du patron : « Hé ! » C'était la première fois qu'il recevait pareille communication. Cherchant alors à être convivial, l'homme se leva de sa chaise, se tourna vers Zuckerberg et l'interpella tout haut sur un ton amical : « Hé ! » Zuckerberg ne détacha pas les yeux de son écran. Il n'était même pas certain qu'il ait entendu. Si vous vouliez communiquer, vous passiez par la messagerie instantanée. Zuckerberg s'animait légèrement plus en soirée, quand beaucoup de gens étaient partis.

Thefacebook faisait des efforts explicites pour être un lieu de travail sympa et branché, presque jusqu'à la caricature. L'apparence comptait. Quand Jeff Rothschild débuta chez Thefacebook, ce quinquagénaire s'habillait dans le style techno-ringard des ingénieurs de Silicon Valley : baskets hors d'usage, chemise rentrée dans un pantalon kaki ou un jean ample. Environ un mois plus tard, un ami le rencontra par hasard à l'aéroport. Il arborait un jean griffé sur lequel sa chemise flottait librement, à la mode hipster. « Jeff, qu'est-ce qui s'est passé » ? demanda son ami. « Ils disaient que j'étais mauvais pour leur image », répondit Rothschild. Les autres employés se mirent à le surnommer « J-Ro ». « Une partie de la vocation de notre société était d'être l'entreprise la plus cool de Silicon Valley, affirme Parker. J'ai exploité l'idée d'une ambiance de travail fun et rock'n'roll... » C'est pourquoi il engagea le graffeur David Choe pour décorer les bureaux et suggéra à sa compagne de l'époque d'ajouter une petite touche particulière aux toilettes dames. (Choe fut récompensé par un mince paquet d'actions qui valent aujourd'hui des dizaines de millions de dollars.) La société continua de louer plusieurs maisons où les employés habitaient en commun, dont l'une facilement accessible à pied depuis les bureaux. C'est là que tout le monde se retrouvait pour faire la fête le week-end.

Zuckerberg se déplaça à New York pour rencontrer le nouveau responsable des ventes publicitaires que Tricia Black venait d'engager, Kevin Colleran. Colleran avait auparavant travaillé dans l'industrie du disque, et la photo de son profil le montrait dans une soirée, le visage rayonnant, un bras passé autour de l'épaule du rappeur 50 Cent – petit bouc insolent et accoutrement bling-bling. Zuckerberg fixa rendez-vous à Colleran devant le Virgin Megastore de New York, à Union Square. Colleran était en retard. Il s'approchait de Zuckerberg quand son nouveau patron l'appela sur son portable.« Où êtes-vous ? » demandait Zuckerberg. « Zuck ! Je suis juste devant vous ! » répondit Colleran. Zuckerberg avait l'air terriblement déçu. Il avait cru que le nouveau responsable de la pub de Thefacebook était le Noir agressif sur la photo du profil.

Les fonctionnalités sociales caractéristiques de Thefacebook étaient à l'occasion déployées en interne. Le jour où Naomi Gleit, fraîchement diplômée de Stanford, commença à travailler pour la société, Matt Cohler lui demanda de persuader toutes les étudiantes de sa corpo féminine d'envoyer un *poke* à Jim Breyer sur sa page d'accueil, histoire de rassurer le conseil d'administration sur la bonne marche du produit.

L'humour pince-sans-rire de Zuckerberg et son bagage classique se manifestaient aussi, d'après l'ingénieur-auteur Baloun : « Vers la fin du mois de mai 2005, Zuck peignit le mot "Forsan" en caractères gigantesques sur le mur de son bureau. [...] Cet adverbe provient de l'*Énéide* de Virgile : "*Forsan et haec olim meminisse juvabit*", qu'on pourrait traduire par "Peut-être qu'un jour même ces souvenirs auront pour vous des charmes[4]." »

De plus en plus d'entreprises du secteur technologique et du monde des médias prenaient note de la croissance fulgurante de Thefacebook et essayaient de voir comment elles pourraient en profiter. Au printemps, les fondateurs de MySpace Chris DeWolfe et Tom Anderson étaient venus de Los Angeles pour tâter le terrain en vue d'une éventuelle acquisition de Thefacebook[5]. Zuckerberg, Parker et

Cohler les rencontrèrent dans un café sur University Avenue, mais uniquement parce qu'ils estimaient que c'étaient des gens intéressants et parce qu'ils étaient curieux d'en savoir plus sur MySpace. Puis en juillet, MySpace lui-même fut vendu. La News Corporation de Rupert Murdoch acquit la société-mère du réseau social pour 580 millions de dollars afin de mettre la main sur MySpace et ses 21 millions d'utilisateurs.

À Palo Alto, on fêta l'événement. Non seulement cette opération proclamait l'importance et la valeur des sites communautaires, mais il ne déplaisait pas aux gens de chez Facebook qu'un géant des médias traditionnel soit désormais en train de bricoler avec MySpace. Ils présumaient que la News Corp. ralentirait considérablement le site. Le même jour, Parker appela DeWolfe et son associé Tom Anderson sur un combiné avec haut-parleur pour que tout le monde puisse écouter la conversation. L'équipe de Palo Alto exprimait ses condoléances. Comme DeWolfe et Anderson n'avaient qu'une faible participation dans la société-mère, ils n'allaient pas toucher grand-chose sur la vente de leur création.

La dernière chose que Zuckerberg voulait faire, c'était de vendre son bébé. Lors de son exposé à Stanford, quelqu'un lui demanda quel était à son avis le meilleur moyen de « monétiser Thefacebook en tant que stratégie de sortie ». La réaction de Zuckerberg fut son unique réponse courte de la soirée : « Je passe mon temps à réfléchir aux moyens de construire ce truc et non d'en sortir. Je crois que ce que nous faisons est plus intéressant que ce que font tous les autres, et que c'est un travail cool. Je ne passe pas mon temps à réfléchir à ça. Désolé. »

Bien que Zuckerberg accorde une priorité minimale à la publicité, le site en attirait cependant un volume respectable. Mais même à cette date, il était déjà apparent qu'en la matière Thefacebook n'était pas un site Web typique. Ce qui était à la fois une bonne et une mauvaise chose. Pour commencer, les gens ne cliquaient pas souvent sur les pubs. C'était peut-être parce que les usagers n'étaient pas réceptifs aux messages commerciaux quand ils se concentraient sur la recherche d'informations sur leurs amis. Une reprise du modèle Google, qui fait payer les annonceurs seulement quand les gens cliquent sur leurs pubs, ne semblait pas très prometteuse ici.

À New York, Kevin Colleran, le nouveau directeur des ventes publicitaires, travaillait dur pour trouver des annonceurs de grandes marques qui soient disposés à payer sur la base du CPM, ou coût par mille « impressions ». C'est ainsi que sont facturés les spots publicitaires à la télévision. Le but de ce type de pubs (contrairement au système du paiement par clic pratiqué par Google) n'est pas d'inciter les gens à cliquer dessus, mais plutôt d'être vues par le plus de gens possible. Or Thefacebook était encore un site Web exotique pour étudiants dont peu de gens à Madison Avenue connaissaient l'existence, sans parler d'en comprendre le principe.

Pendant quelques mois, Colleran fut l'unique vendeur de publicité à temps complet du site, et il connut très vite la frustration. Ce grand gaillard sympa aux cheveux blonds coupés en brosse était un démarcheur énergique qui pouvait se faire ouvrir presque toutes les portes. Il trouva beaucoup d'annonceurs disposés à essayer Thefacebook. Mais un grand nombre de leurs idées étaient immédiatement rejetées par Zuckerberg. Il opposait son veto à tout procédé qui risquait d'interférer avec l'utilisation fluide du site, quelles que soient les recettes qu'il pourrait générer. Des procédés courants comme des fenêtres surgissantes qui s'ouvraient avant qu'on puisse voir le contenu d'une page étaient absolument sacrilèges. Colleran apprit à user de prudence jusque dans ce qu'il suggérait lui-même.

Il enrageait de voir que Zuckerberg refusait d'ajouter de nouveaux établissements plus rapidement. Pour ce fils de pub, des utilisateurs en plus, c'était toujours ça de gagné. Zuckerberg et Moskovitz, eux, procédaient méthodiquement. Des étudiants d'universités où Thefacebook n'avait pas encore démarré venaient régulièrement sur le site et tentaient de s'inscrire. Ils étaient placés sur une liste d'attente et étaient prévenus quand venait le tour de leur établissement. Quand le nombre d'inscrits sur la liste dépassait les 20 pour cent environ de la population étudiante, Thefacebook était lancé dans l'établissement en question. « J'ai toujours pensé que c'était une erreur, dit Colleran, mais je me rends maintenant compte que c'était une des principales raisons de notre réussite. » En maintenant les portes fermées et en n'ouvrant le site aux nouveaux établissements qu'une fois démontrée l'existence d'une demande, Zuckerberg et Moskovitz, son gourou de l'expansion, s'assuraient que lorsque Thefacebook démarrait pour de bon, le nombre d'utilisateurs exploserait.

Colleran trouva une société disposée à investir massivement dans sa publicité. Ce fut son premier gros contrat. La société de jeux en ligne britannique Party Poker n'achetait pas sa publicité au tarif CPM, mais sur la base du CPA – « coût par acquisition ». Party Poker payait un forfait de 300 dollars pour chaque nouvel inscrit qui s'abonnait à ses services et versait au moins 50 dollars sur un compte de jeu. Ce qui se révéla énormément lucratif pour Thefacebook – le site récoltait bientôt 60 000 dollars par mois rien que pour les 200 nouveaux membres, en moyenne, qui s'inscrivaient. Les spécialistes de chez Y2M, qui continuaient de vendre de la pub pour Thefacebook, n'en revenaient pas. Ils n'avaient encore jamais vu un annonceur ciblant les étudiants dépenser autant sur Internet. Toutefois, environ un an plus tard, les jeux en ligne furent interdits aux États-Unis et Thefacebook dut faire une croix sur Party Poker.

Au nombre des annonceurs intéressés par des bannières publicitaires payées au tarif CPM se trouvaient quelques sociétés qui visaient les étudiants demandeurs d'emploi – des entreprises de peinture-décoration, par exemple, ou des entreprises de vente à domicile qui engageaient des démarcheurs pour l'été. Un gros client vendait des couteaux de cuisine. Les entreprises fournissant les produits vendus par les corpos étudiantes lors de fêtes de bienfaisance trouvaient aussi un écho favorable sur le site. Les tarifs commençaient à 5 dollars par millier de vues et les annonceurs étaient tenus de dépenser un minimum de 5 000 dollars par mois.

Mais outre le lucratif contrat avec Party Poker, le gros des recettes provenait toujours des groupes sponsorisés, notamment celui d'Apple. Puisque Apple payait un dollar par mois et par membre et que le groupe s'agrandissait, Thefacebook gagnait de plus en plus d'argent. Ce système ne tarda pas à rapporter des centaines de milliers de dollars par mois. C'était la plus grosse source de revenus de la société en 2005. Parmi les autres sociétés qui sponsorisaient des groupes – et étaient obligées de dépenser un minimum mensuel de 25 000 dollars – il y avait Victoria's Secrets.

Or certains signes avant-coureurs indiquaient que cette nouvelle forme de réseau social offrait aux annonceurs un outil d'une puissance incomparable. En 2005, Interscope Records sortit un single de Gwen Stefani intitulé « Hollaback Girl ». La chanson prend la forme d'une sorte de refrain de pom-pom girls, et les responsables du marketing Interscope eurent l'idée d'en faire explicitement la promotion auprès des pom-pom girls universitaires, dans l'espoir qu'elles l'adoptent pour leurs prestations sur les stades. Où trouver ces pom-pom girls, si ce n'est sur un site Web réservé aux étudiants ? Dustin Moskovitz, passé maître dans l'art d'extraire des données des profils Facebook pour le compte des annonceurs, n'eut guère de mal à les cibler.

Cette démarche semble évidente, mais rares étaient les sites Internet qui pouvaient alors proposer une cible fondée sur des informations explicitement fournies par leurs usagers. Interscope aurait pu tout aussi bien recourir aux services d'une société qui cible les utilisateurs d'autres sites en se fondant sur l'analyse de leur comportement sur Internet. Pareils réseaux publicitaires observent le comportement des internautes avec de minuscules logiciels appelés « cookies » qui s'installent dans les navigateurs Web des consommateurs. Ils peuvent savoir, par exemple, si vous vous êtes rendu sur les types de sites qu'une jeune fille de vingt ans est susceptible de fréquenter, ou si vous avez acheté de la musique en ligne. Si vous aviez fait les deux, ils pourraient placer des annonces *ad hoc* sur les pages que vous visitez. Pareille démarche déduit qui vous êtes et ce qui vous intéresse par un processus de conjecture intelligente, ou censé l'être.

Si un ciblage de ce type a pu être considéré comme suffisamment précis, il demeure assez aléatoire. Beaucoup de ces publicités sont vues par des gens qui ne sont pas les vraies cibles. Même le sexe de la cible est souvent incorrectement déduit sur Internet. Un spécialiste chevronné de la publicité en ligne estime à 35 pour cent la proportion d'erreurs dans ce domaine. Si vous êtes une femme et partagez l'ordinateur de votre petit ami, par exemple, cette démarche ne fonctionnera pas très bien. Interscope pouvait aussi aboutir à un ciblage démographique serré en trouvant un site réservé aux pom-pom girls universitaires, à supposer qu'il en existe un, et y placer ses pubs. Mais il n'aurait vraisemblablement pas beaucoup de succès.

Sur Thefacebook, en revanche, Interscope pouvait être assuré que ses pubs ne seraient vues que par des étudiantes qui soit étaient pom-pom girls, soit avaient mentionné cette activité dans leur profil. Thefacebook indiqua à Interscope le nombre exact de fois où il avait affiché la pub sur les pages consultées par les étudiantes ainsi définies. « Hollaback Girl » devint effectivement une chanson populaire des pom-pom girls lors des rencontres de football américain de l'automne 2005. Il est impossible de prouver que les pubs affichées sur Thefacebook ont été déterminantes, mais on peut parier presque à coup sûr que pratiquement toutes les pom-pom girls des campus où fonctionnait le site les avaient vues.

Un ciblage de ce type est très prometteur. Un kit médias utilisé par Colleran juste après qu'il eut pris ses fonctions énumère les paramètres qu'un annonceur pourrait utiliser pour cibler des étudiants : situation géographique, sexe, cours suivi(s), mots clés dans le profil, année d'entrée à l'université, matière principale, situation amoureuse, livres, films ou types de musique favoris, opinion politique et statut universitaire (étudiant, corps enseignant, ancien étudiant, personnel non enseignant). Les annonceurs qui cherchaient des gens pour repeindre des maisons ou pour vendre des couteaux au porte-à-porte pouvaient ne montrer leurs pubs qu'aux étudiants de sexe masculin des régions où ils voulaient recruter de la main-d'œuvre supplémentaire. Ou alors, ils pouvaient viser plus serré – par exemple, les étudiants de première année membres de l'équipe de football et originaires d'un lycée dans le nord de l'Ohio.

À l'intérieur de la société, nos jeunes pionniers commençaient à comprendre qu'ils disposaient d'une base de données individuelles unique en son genre et susceptible d'être exploitée à de nombreuses fins. La combinaison de données identitaires validées et d'informations approfondies sur les individus pouvait produire des révélations qu'aucun service Internet n'avait pu jusque-là fournir. Un petit prodige des maths, ancien camarade de D'Angelo et de Zuckerberg à Exeter, passa l'été à écrire des algorithmes pour trouver des constantes et des récurrences dans les données de Thefacebook. Il put ainsi créer des listes de favoris. Le cinéma était au sommet des préoccupations des 3 millions d'utilisateurs du service. Leurs cinq films favoris étaient *Napoleon Dynamite, The Notebook, Old School, Fight Club* et *Garden State.* Livre favori : *Da Vinci Code.* Chanteur favori : Dave Matthews. Peu après, le site commença à offrir un service appelé Pulse, qui indiquait les livres, films et types de musique les plus populaires sur Thefacebook pris dans son ensemble et sur un campus donné.

Malgré toutes les promesses que le corpus de données unique de Thefacebook recélait pour les annonceurs, la plupart des pubs vendues sur le site à ce stade étaient des annonces d'intérêt général sous forme de bannières. Thefacebook avait des contrats avec plusieurs réseaux publicitaires, qui affichaient des pubs au hasard. Rien de tout cela ne générait beaucoup de recettes. L'argent que la société avait levé chez Accel s'épuisait lentement, mais sûrement. À la fin de l'année, il restait 5,7 millions de dollars sur les 12,7 millions obtenus[6]. Thefacebook n'était pas encore devenu une véritable entreprise.

Nos étudiants en rupture d'études mais ô combien intellectuels passaient des heures à débattre de ce que Thefacebook faisait en réalité. Après tout, il n'y avait encore jamais eu un site Web exactement comme celui-ci. Ils prenaient au sérieux, et même avec une certaine gravité, la signification de ce qu'ils étaient en train de construire. Zuckerberg parlait d'un annuaire. C'était, disait-il, ce qu'il avait eu l'intention de faire à l'origine. Parker avait une définition un peu plus imaginative. Il disait que Thefacebook était un petit gadget que vous promeniez avec vous et que vous braquiez sur les gens pour tout savoir sur eux. L'analogie de Cohler était que le site était comme votre téléphone portable – un moyen d'accéder aux gens qui comptaient dans votre vie. Même à l'époque, on reprochait souvent à Thefacebook d'être une perte de temps. À quoi Zuckerberg avait l'habitude de répliquer : « Comprendre les gens n'est pas une perte de temps. » Il commença alors à dire que le but de Thefacebook était « d'aider les gens à comprendre le monde autour d'eux ».

À l'instar de nombreuses innovations majeures dans le domaine du logiciel ou dans celui des communications des cent dernières années, Thefacebook produisait ce que les économistes appellent des « effets de réseau ». On dit qu'un produit ou un service a un effet de réseau quand sa valeur augmente pour l'ensemble des usagers chaque fois qu'un nouvel usager s'inscrit. Puisque chaque utilisateur supplémentaire renforce le service, la croissance tend à conduire à plus de croissance, dans un schéma dit de cercle vertueux. C'était sûrement le cas pour Thefacebook, tout comme pour la messagerie instantanée, AOL, l'Internet proprement dit et même le téléphone. Les entreprises ou technologies bénéficiant d'effets de réseau ont tendance à croître continuellement et à avoir une présence durable sur le marché.

Thefacebook voulait donner une image « cool » du travail à Palo Alto – ce qui facilitait le recrutement – mais pour le produit lui-même, c'était une tout autre histoire. Friendster, qui avait surfé sur son aspect cool, était maintenant moribond. Zuckerberg commença à déclarer que Thefacebook était « un service public ». Nul terme ne pouvait être plus ringard, bien qu'en réalité Zuckerberg l'envisage dans une perspective grandiose. C'était pour lui une manière de revendiquer l'affinité de Thefacebook avec le réseau téléphonique et d'autres infrastructures de communication traditionnelles. « Nous voulions construire un nouveau média de communication, dit Parker. Nous savions que nous réussirions quand nous ne serions plus *cool* – quand nous ferions tellement partie de la vie des gens qu'ils trouvent notre présence normale. » Dustin Moskovitz ajoute qu'il était important que la société se libère des associations suscitées par ses racines étudiantes. « C'était toujours important pour la marque Thefacebook de s'éloigner de l'image de frivolité qu'elle avait, surtout à Silicon Valley », dit-il. Il n'avait pas été un chaud partisan du tournoi de bière-pong.

L'image recherchée était celle d'une efficacité élégante. Même si le look noir et blanc fonctionnel et dépouillé du site contrastait fortement avec l'exubérance excessive de MySpace, la conception graphique était encore maladroite et inefficace, reflétant la manière dont le site avait évolué par ajouts successifs depuis ses débuts dans une chambre d'étudiant. Aaron Sittig, le graphiste et programmeur ami intime de Sean Parker, venait de rejoindre Thefacebook pour y travailler à temps plein. « Le premier jour, j'ai demandé à Mark : "Qu'est-ce que tu veux que je fasse ?" se rappelle-t-il. Et il a dit : "C'est toi le graphiste. Alors tu refais la maquette du site." » Et ce fut ce qu'on appela le projet Facelift. Sittig passa l'été à travailler en collaboration étroite avec Zuckerberg pour débrouiller le code logiciel et simplifier partout le fonctionnement. Cette simplicité qui finirait ultérieurement par caractériser le site était délibérée. « Nous voulions mettre le site entre parenthèses sans afficher une attitude particulière, explique Sittig. Nous voulions avant tout que les gens se retrouvent et interagissent entre eux au lieu d'avoir un rapport avec Thefacebook. »

Un autre projet important de l'été 2005 était l'acquisition de l'adresse Internet Facebook.com afin que le service puisse changer de nom. Parker le tout premier était choqué par l'inclusion maladroite de l'article défini dans Thefacebook. Il passa des semaines à négocier avec une société appelée AboutFace, qui se servait de l'adresse Facebook.com pour commercialiser des logiciels utilisés par des entreprises pour créer des annuaires du personnel. Les gens d'AboutFace étaient disposés à vendre, mais ne voulaient pas être payés en actions Thefacebook. Finalement, Parker dut débourser 200 000 dollars cash. Il supervisa également un remaniement du logo : supprimer les guillemets qui encadraient « thefacebook » et alléger la police de caractères pour écrire le nouveau nom de la société, « Facebook » tout court. La tête partiellement pixellisée d'Al Pacino dans le coin supérieur gauche de l'écran fut conservée, mais avec un léger toilettage et en réduction. La société devint officiellement Facebook le 20 septembre 2005.

Or, malgré les succès de Parker, il était de plus en plus clair pour Zuckerberg et d'autres qu'il n'était pas l'homme idéal pour aider à gérer une entreprise. Zuckerberg commença à penser qu'il devrait lui-même diriger la société. Parker ne nie pas qu'on avait du mal à lui faire confiance : « Je me remonte toujours à bloc pour faire un gros coup, je réussis des tas de trucs et après, je disparais plus ou moins, avoue-t-il. Ce qui n'est pas vraiment un plus quand on veut s'impliquer dans la gestion au jour le jour d'une entreprise. » Parker disparaissait périodiquement. Et les employés remarquaient ses sautes d'humeur imprévisibles. Réussir à imposer la marque Facebook serait l'ultime geste important de Parker en tant que président de la société. La dernière semaine d'août, il était en vacances en Caroline du Nord et faisait du kite surf. Il avait loué une maison tout près de la plage avec quelques amis, dont une jeune femme qui était son assistante chez Thefacebook. Le fait qu'elle n'ait pas encore vingt et un ans allait peser dans les difficultés que Parker rencontrerait plus tard. Une nuit, au milieu de leur semaine de vacances, ils organisèrent une fête et invitèrent les moniteurs de kite surf, qui convièrent à leur tour une bande d'amis du cru. La fête atteignit de telles proportions que des gens commencèrent à venir directement de la plage. Deux nuits plus tard, il organisèrent une autre soirée, plus restreinte, avec les seuls moniteurs. Le groupe était en train de boire de la bière lorsqu'une horde de policiers fit irruption avec des chiens renifleurs de drogue et un mandat de perquisition visant un certain « Scott Palmer ». Ils dirent qu'on leur avait signalé que la maison contenait une grande quantité de cocaïne, d'ecstasy et de marijuana. Ils fouillèrent partout.

Parker et ses amis répétaient avec insistance que la police se trompait et qu'il n'y avait pas de drogues. Mais finalement, au bout d'une heure environ, un policier revint en brandissant triomphalement un sac en plastique contenant une poudre blanche. Parker, qui avait signé le contrat de location de la maison, fut emmené au commissariat. Il apprit alors qu'on avait signalé l'usage de drogues dans le sillage de la grande fête, deux nuits plus tôt. Après de longues consultations pour savoir s'il y avait même suffisamment de preuves pour lui dresser contravention, Parker fut arrêté pour possession de cocaïne, un simple délit. Il ne fut pas formellement accusé d'avoir commis un crime ; pour cela, il aurait fallu une inculpation en bonne et due forme. Il fut relâché immédiatement.

Parker prit l'avion et rentra en Californie, ébranlé, mais affirmant avec véhémence qu'il n'avait rien fait de mal. Il avertit Zuckerberg et le juriste de la société, Steve Venuto, tout comme les cadres Dustin Moskovitz et Matt Cohler. Ils décidèrent qu'il n'était pas nécessaire que la société prenne des mesures. Puis Zuckerberg informa Jim Breyer de l'incident. Ce qui n'augurait rien de bon pour Sean Parker.

Breyer, représentant d'Accel au conseil d'administration, prit l'arrestation très au sérieux. Il était doublement inquiet : non seulement le président de la société et membre du conseil d'administration était accusé de possession de drogues, mais il s'était trouvé alors en compagnie d'une employée de la société mineure. Breyer était au courant des accusations d'usage de drogues et d'écarts de conduite chez Plaxo parce qu'il avait parlé de Parker avec Mike Moritz et d'autres investisseurs concernés avant d'investir lui-même dans Thefacebook.

Le fait que Parker n'ait jamais eu de bons rapports avec Accel et Breyer l'empêchait de résoudre tranquillement le problème. Il s'ensuivit des négociations tendues et complexes.

Zuckerberg n'était pas convaincu que Parker ait fait quoi que ce soit de répréhensible. Après tout, il n'y avait pas eu d'inculpation (il n'y en aurait jamais). Et Zuckerberg était loyal envers son ami. Le PDG lui était profondément reconnaissant d'avoir réussi la négociation avec Accel et d'avoir pris les mesures assurant son contrôle de la société.

Mais pour Breyer, Parker représentait un risque pour l'entreprise, bien au-delà de ce qu'il avait pu faire en Caroline du Nord. Tout en ayant un très grand respect pour l'intelligence de Parker, il considérait qu'il insufflait une certaine instabilité dans la culture de l'entreprise. Breyer était aussi parfaitement conscient de l'aversion de Parker pour les capital-risqueurs comme lui.

D'autres cadres de la société se trouvaient dans une position inconfortable, coincés au milieu d'un conflit insoluble. Même certains des amis de Parker ne souhaitaient pas qu'il reste président de Facebook, que les dernières accusations soient fondées ou pas. Pour eux, l'incident était la goutte d'eau qui faisait déborder le vase. Tandis que certains de ces jeunes employés soutenaient Parker précisément quand il disait qu'il n'avait rien fait de mal, d'autres ne tenaient pas à prolonger le statu quo. Entre autres, ses collègues s'inquiétaient de ce que Parker veuille rester le visage public de Facebook. Il semblait risqué de laisser en place un homme dont la vie privée était marquée par l'imprudence et la témérité.

Un tourbillon d'accusations et de querelles précipita la société dans une véritable crise. Breyer insistait pour que Parker s'en aille. La pression sur Zuckerberg était intense. Entre-temps, Jeff Rothschild, qu'Accel avait introduit en tant qu'expert technologique chevronné, mais qui s'était rallié à l'équipe des jeunes entrepreneurs, s'efforça de jouer les médiateurs. Il passa des heures à parler avec Parker et Zuckerberg, tout comme Venuto, le juriste de l'entreprise (un associé de longue date engagé par Parker).

Tout se décida en l'espace de deux jours. Breyer exigea la démission de Parker et menaça d'intenter une action en justice parce qu'en tant que membre du conseil d'administration, il n'avait pas été informé assez tôt. Peter Thiel, ami de Parker et autre membre du CA, l'encourageait lui aussi à partir. Parker et Zuckerberg s'isolèrent dans le « dortoir » pour une conversation chargée d'émotion, à l'issue de laquelle Parker accepta de démissionner.

Mais alors que c'était la troisième fois qu'il se faisait mettre à la porte d'une société qu'il avait contribué à créer, Parker avait finalement réussi à assurer ses arrières. D'après les conditions qu'il avait soigneusement rédigées dans son propre intérêt et celui de Zuckerberg, il n'était nullement obligé ni d'abandonner son siège au CA, ni de se dessaisir de ses options sur titres, même s'il n'était plus cadre de la société. Breyer insista cependant pour que non seulement il quitte le conseil d'administration, mais aussi renonce à acquérir définitivement ses titres, puisqu'il n'était resté dans la société qu'un an environ (l'acquisition est généralement liée à l'ancienneté – plus vous restez dans la société, plus vous pourrez acquérir de parts). La société avança d'un an les acquisitions de Parker, et il accepta de renoncer à la moitié de ses options sur titres (s'il les avait conservées, ses actions vaudraient environ un milliard de dollars aujourd'hui).

Mais Parker pouvait attribuer à quelqu'un d'autre son siège au CA, auquel il renonçait volontairement. Il hésitait à le donner à Zuckerberg, car en contrôlant un troisième siège Zuckerberg jouirait d'une autorité absolue sur le destin de la société. Parker craignait toutefois que toute autre option ne permette à des investisseurs extérieurs de contrôler la société. Il supposait que si ces investisseurs en avaient le pouvoir, ils finiraient par chercher à évincer Zuckerberg. Il avait donc l'impression de ne pas avoir le choix.

Parker et Zuckerberg convinrent que ce siège reviendrait au PDG, ce qui donnait à Zuckerberg le contrôle de deux sièges sur les cinq du conseil d'administration, en plus de celui qu'il occupait lui-même. Pour l'instant, ces deux sièges demeuraient vacants. Mais dans l'éventualité d'un désaccord sérieux avec Breyer et Thiel, Zuckerberg avait la possibilité de nommer deux nouveaux directeurs à condition qu'ils s'engagent à voter selon ses instructions. « Ce qui a bétonné la position de Mark comme monarque absolu de Facebook, pour ainsi dire, résume Parker. Je considère Facebook comme une entreprise familiale. Mark et ses héritiers contrôleront Facebook à perpétuité. » Zuckerberg continue de consulter périodiquement son ancien collègue.

7. Automne 2005

« Il formulait une théorie de plus en plus large sur la nature réelle de Facebook. »

À la rentrée universitaire de l'automne 2005, la société à présent dénommée Facebook couvrait la quasi-totalité du marché des campus – 85 pour cent des étudiants américains l'utilisaient et pas moins de 60 pour cent d'entre eux retournaient sur le site chaque jour[1]. Zuckerberg voulut alors élargir Facebook à d'autres tranches démographiques. Mais beaucoup de responsables de la société doutaient de l'opportunité de ce choix. « La question était : "Qu'est-ce qu'on fait ensuite ?", se rappelle Jim Breyer. On passe au niveau international ? On vise les jeunes adultes en conservant les étudiants ? Mais nous savions que si nous voulions gagner gros, il nous fallait faire la conquête des lycéens. »

Zuckerberg et son cofondateur Moskovitz voyaient Facebook comme une lente progression vers l'omniprésence. Pour eux, les lycées n'étaient qu'une étape supplémentaire qui allait de soi. Elle pourrait représenter un bond en avant gigantesque de l'audience du site. Et il était urgent de contrer MySpace, qui progressait rapidement dans les lycées. Une fois que vous connaissiez l'opinion de Zuckerberg, vous saviez comment le conseil d'administration allait voter.

Cet été-là, Facebook avait donc commencé à projeter d'inclure les élèves des lycées. L'investisseur Jim Breyer et Matt Cohler – la vieille garde – soutenaient tous les deux que la marque Facebook était irrévocablement liée à l'université et que les étudiants ne voulaient pas partager le site avec des lycéens. Ils affirmaient qu'un Facebook pour les *high schools* devrait fonctionner séparément et sous un autre nom. « Facebook High » semblait prometteur, mais « FacebookHigh.com » était déjà la propriété d'un spéculateur qui en demandait un prix exorbitant.

Si les lycéens s'inscrivaient à leur tour, comment le service pourrait-il authentifier les utilisateurs ? Il était vital de protéger la culture Facebook fondée sur l'usage du vrai nom et d'une identité vérifiable. Les adresses e-mail en « .edu » allouées par les universités garantissaient la véritable identité des membres. C'était le fondement qui permettait à Facebook de protéger les informations personnelles des utilisateurs – on ne partageait qu'avec des gens qu'on connaissait. Plus de la moitié des utilisateurs étaient tellement persuadés de la sécurité de leurs informations qu'ils incluaient leur numéro de portable dans leur profil.

Or seul un petit nombre de lycées, la plupart privés, donnaient des adresses e-mail à leurs élèves. Chris Kelly, juriste polyvalent récemment engagé par la société, lança une brève campagne pour convaincre les lycées de fournir des adresses e-mail à leurs élèves en tant que mesure de sécurité sur Internet. Facebook envisagea ensuite de créer son propre service de courrier électronique pour les lycéens. Finalement, un compromis fut trouvé. Une part de votre authentification sur le site était constituée par des personnes qui, en fait, confirmaient votre identité en étant vos amis Facebook. Par conséquent, les étudiants de première et de deuxième année furent encouragés à inviter leurs amis encore au lycée. Ces nouveaux utilisateurs pouvaient ensuite inviter leurs propres amis. Ce qui signifiait un démarrage plus lent pour la version lycéenne de Facebook. Le service créa des « réseaux » ou groupes de membres séparés pour chacun des 37 000 établissements d'enseignement secondaire publics et privés.

Initialement, le site lycéen fonctionnait comme un « Facebook » distinct. Bien que les utilisateurs lycéens se connectent également à Facebook.com, ils ne pouvaient voir les profils des utilisateurs étudiants. Le nombre de membres progressa d'abord à une cadence douloureusement lente, mais fin octobre c'étaient déjà des milliers d'élèves des lycées qui rejoignaient Facebook chaque jour. (À ce stade, il y avait au total 20 000 nouveaux utilisateurs environ par jour.)

Facebook n'était plus un phénomène strictement étudiant. Zuckerberg, avec le soutien appuyé de Moskovitz, insista bientôt pour que les deux services fusionnent. En février 2006, ils étaient déjà prêts à abandonner cette distinction, si bien que les usagers pouvaient librement établir des liens d'amitié ou échanger des messages avec n'importe qui, quels que soient son âge ou son année d'étude (l'âge minimal était fixé à treize ans). Cohler, Breyer et de nombreux collaborateurs plus âgés redoutaient toujours autant que l'attrait exercé par Facebook sur les étudiants ne chute lorsqu'ils se verraient sur le site en compagnie de lycéens.

Le jour où les deux systèmes fusionnèrent fut donc crucial. Or il s'avéra que les étudiants – ceux qui s'étaient aperçus du changement – étaient en général satisfaits de pouvoir communiquer avec un univers plus vaste d'amis potentiels. Il y eut les protestations habituelles lorsque Facebook s'élargit au-delà de ce qui passait pour une cohorte sélective d'usagers. Un nouveau groupe s'appelait : « T'es encore au lycée et tu veux être mon ami ? Ça coince… Alors dégage[2]. » Mais les données recueillies indiquèrent à Zuckerberg et à son équipe ce qu'ils voulaient savoir : un volume important de communications se développait entre lycéens et étudiants et le volume général des activités progressait suite à ce changement. En avril 2006, Facebook avait plus d'un million d'usagers lycéens.

À Palo Alto, le complexe de pièces encombrées au-dessus du restaurant China Delight sur Emerson Street était devenu trop petit pour Facebook. La société emménagea dans des locaux plus spacieux, un bloc plus loin sur University Avenue, non loin de Stanford et en face de l'ancien siège de Google. L'immeuble de bureaux moderne, avec sa façade toute en verre, soulignait le sérieux de la société. Toutefois, le déménagement impliqua une improvisation typique de Facebook. Chacun emportait ses affaires. Une courte procession de jeunes ingénieurs en T-shirt, chacun poussant sa chaise de bureau chargée d'un moniteur à grand écran, s'étira sur le trottoir d'University Avenue.

Lorsqu'en octobre 2005 Facebook atteignit les 5 millions d'utilisateurs, il fêta l'événement lors d'une soirée au Frisson, la boîte de nuit de San Francisco appartenant à Peter Thiel, membre du conseil d'administration, dix mois seulement après la soirée du million d'inscrits au même endroit. Chaque jour apportait de nouvelles preuves que les usagers ne pouvaient plus se passer du service. Au début de l'année universitaire, Facebook avait presque doublé le nombre des universités dans lesquelles il fonctionnait ; il dépassait les 1 800[3]. Dans presque toutes, sa pénétration dépassa rapidement les 50 pour cent. Plus de la moitié des usagers se connectaient au moins une fois par jour – résultat extraordinaire pour une entreprise Internet. Au bureau, le personnel était bombardé d'images de cailles envoyées par e-mail.

Des internautes avaient remarqué la citation de *Serial noceurs* au bas de la page Recherche : « Je sais même pas à quoi ça ressemble, une caille. » Ils voulaient se rendre utiles. Ou alors, ils comprenaient l'allusion. Ou les deux. Ça n'avait pas d'importance. Ils réagissaient.

Les utilisateurs voyaient alors 230 millions de pages par jour sur Facebook, et les recettes avaient grimpé jusqu'à un million de dollars par mois. Elles provenaient essentiellement de réseaux publicitaires qui plaçaient des annonces à bas prix. Des groupes sponsorisés comme ceux d'Apple et de Victoria's Secret rapportaient des milliers de dollars, et des prospectus en ligne dans des établissements individuels généraient aussi un peu de revenus. Mais comme les dépenses mensuelles de la société s'élevaient à 1,5 million de dollars environ, Facebook grignotait son capital à la cadence de 6 millions de dollars par an. Cet argent provenait principalement de l'investissement d'Accel, et Zuckerberg ne s'inquiétait pas outre mesure. Moskovitz continuait de travailler comme une bête, mais quand il n'était pas devant son bureau, il se baladait au volant d'une berline BMW série 6 qu'il avait achetée en septembre.

Chez Facebook, nombreux étaient ceux qui avaient l'impression de participer à un moment historique. Matt Cohler qui, contrairement à la plupart des membres de l'équipe, était diplômé – de Yale et en musique – voyait des analogies : « C'était un de ces moments marqués par un *zeitgeist* créatif unique, comme le jazz à New York dans les années 1940, le mouvement punk dans les années 1970 ou la première École viennoise de la fin du XVIIIe siècle. » La conviction qu'ils participaient à l'Histoire en marche amenait les gens à travailler encore plus dur.

Mais Facebook n'était pas le seul à faire avancer l'Histoire. Il était entouré d'autres entreprises qui créaient elles aussi un Internet plus social. Juste au coin de la rue se trouvait Ning, société fondée par Marc Andreeseen et qui élaborait des logiciels permettant à n'importe qui de créer son propre petit réseau social privé. À San Francisco, à quarante-cinq minutes d'autoroute vers le nord, Digg inventait un nouvel outil permettant aux gens de partager des articles et d'autres médias qu'ils trouvaient sur le Web. D'autres réseaux sociaux comme Bebo et Hi5 émergeaient aussi dans la même région. Certains visaient la même clientèle que Facebook, mais ils élaboraient en tout cas des produits intelligents qui trouvaient un écho chez les internautes du monde entier.

Moskovitz s'intéressait plus aux chiffres qu'aux analogies historiques. Il surveillait de près la concurrence et s'inquiétait de la progression de MySpace, qui était passé d'environ 6 millions de membres en janvier à 24 millions en octobre[4]. « Comment ils font ? » demanda un jour Moskovitz. « J'emmerde MySpace », répondit Zuckerberg.

Il eut quelque temps plus tard l'occasion d'exprimer une opinion aussi négative en des termes quelque peu plus courtois en s'adressant directement aux responsables de MySpace. Zuckerberg et Cohler prirent l'avion pour Los Angeles, où ils rejoignirent dans un restaurant Ross Levinsohn, directeur du groupe interactif de la Fox pour le compte de la News Corp. de Rupert Murdoch. Il supervisait MySpace. Le concurrent de Facebook redoublait de sollicitude. Levinsohn ménageait Zuckerberg parce qu'il voulait acquérir Facebook pour compléter son portefeuille numérique. Mais Zuckerberg, comme d'habitude, se contenta de le faire marcher. Dans son livre *Ils ont volé MySpace*, Julia Angwin raconte que Lewinsohn semblait douter que Facebook puisse gérer une croissance aussi rapide. Zuckerberg critiqua à la fois ce commentaire et l'entreprise de Levinsohn : « C'est la différence entre une société de Los Angeles et une société de Silicon Valley. Facebook a été construit pour durer, et ces types [de MySpace] n'y connaissent rien[5]. »

Quelques semaines après avoir atteint les 5 millions d'utilisateurs, Facebook ajouta une nouvelle fonctionnalité qui transformerait son service. Jusque-là, sa réussite était fondée sur sa simplicité « à deux neurones », comme disait un employé de la société : tout ce qu'on pouvait faire, c'était remplir son propre profil et regarder les infos que les autres avaient mises dans les leurs. Or une manière de personnaliser son profil était devenue très populaire. Bien qu'ils n'aient droit qu'à une seule photo, les étudiants en changeaient fréquemment, et même, pour certains, plusieurs fois par jour. Ils voulaient manifestement pouvoir afficher plus de photos.

L'hébergement de photos explosait sur Internet. Dans le cours de l'année, Yahoo avait acquis Flickr, un service innovant qui permettait aux utilisateurs de télécharger des photos gratuitement sur le site, et qui se révélait très créatif avec un système de marquage du contenu. Un marqueur (*tag* chez Flickr) était inséré par le photographe au moment où il téléchargeait la photo, afin de l'étiqueter sur la base de son contenu. Par exemple, une photo pouvait recevoir les marqueurs « paysage », « Venise » et « gondole ». Les utilisateurs pouvaient rechercher des photos sur la base de leurs marqueurs.

Il s'ensuivit un débat prolongé sur l'opportunité pour Facebook d'entrer sur le marché de l'hébergement des photos et du stockage des données en ligne. L'application téléchargeable antérieure Wirehog, conçue en partie pour permettre aux utilisateurs de voir les photos stockées sur leurs ordinateurs respectifs, avait été un flop. Pendant la brève période où elle avait été active, peu d'usagers l'avaient essayée. Et Zuckerberg estimait qu'il était risqué de bricoler avec la simplicité de Facebook au moment où le service croissait aussi rapidement. Mais Parker et d'autres réussirent finalement à le convaincre qu'il valait la peine d'essayer d'élaborer une application photos intégrée à Facebook. « La théorie derrière Photos, raconte Parker, était que l'application marcherait mieux intégrée à Facebook que sous forme d'application autonome. »

Certaines des nouvelles recrues les plus à la pointe se chargèrent du projet. Aaron Sittig supervisa la conception graphique et l'interface utilisateur. Scott Marlette écrivit le logiciel. La gestion des processus fut confiée au nouveau vice-président chargé du produit, Doug Hirsch – fruit du recrutement de Robin Reed. À trente-quatre ans, Hirsch était un vétéran de l'Internet qui avait été l'un des trente premiers employés de Yahoo.

Au bout de quelques semaines, Sittig, Marlette et Hirsch présentèrent rapidement un service d'hébergement de photos – conventionnel, peut-être, mais plutôt bien conçu. Comme beaucoup de ses prédécesseurs sur

Internet, il permettait aux utilisateurs de télécharger leurs photos et de les placer dans des albums en ligne, et à d'autres utilisateurs de les commenter. Mais il lui manquait quelque chose. Hirsch, qui avait des années d'expérience dans la conception de produits Internet, suggéra une démarche différente, totalement dans l'esprit Facebook. « Je voudrais bien trouver une fonctionnalité authentiquement sociale que nous pourrions rajouter [aux photos] », expliqua-t-il lors d'une réunion. Sittig, jeune homme très sérieux aux mèches blondes et dont l'impeccable beauté de surfeur est rarement tempérée par un demi-sourire narquois et fugitif, réfléchit à ce que cela pourrait impliquer. « J'ai fait un petit retour en arrière, se rappelle-t-il, et j'ai pensé : "Vous savez, pour les photos, le truc qui m'intéresse le plus, c'est de savoir qui est dessus." »

Ce fut la percée. Ils décidèrent que les photos Facebook seraient étiquetées d'une seule manière – par les noms des gens qui y figuraient. Élémentaire, peut-être, mais ça n'avait encore jamais été fait. Vous auriez uniquement la possibilité d'identifier par un marqueur les gens qui avaient confirmé qu'ils étaient vos amis. Les gens ainsi désignés recevaient un message d'alerte les informant de ce marquage, et une icône apparaissait à côté de leur nom sur les listes d'amis figurant sur la page d'accueil de chaque utilisateur.

L'équipe du projet Photos prit deux autres décisions importantes. Pour voir la photo suivante, il n'y avait qu'à cliquer n'importe où sur celle que vous étiez en train d'examiner. Pas la peine de cliquer sur un petit bouton « suivante ». L'équipe tentait d'encourager l'état de « transe Facebook » qui incitait les gens à cliquer continuellement d'une page à l'autre. La consultation des photos devenait ainsi une opération simple et une fonction incontournable. L'équipe prit un risque en décidant de compresser les photos pour obtenir des fichiers bien moins volumineux, car lorsqu'elles apparaîtraient sur Facebook, elles auraient une résolution sensiblement inférieure à celle de l'original. L'intérêt de l'opération était qu'elles se chargeraient plus vite : les utilisateurs pourraient choisir un certain nombre de photos sur leur disque dur et les voir en ligne en quelques minutes.

Les gens accepteraient-ils des photos en basse résolution ? Se serviraient-ils des marqueurs ? Fin octobre, le jour où les membres de l'équipe lancèrent l'application Photos, ils surveillaient avec appréhension un moniteur grand format qui affichait toutes les photos à mesure qu'elles étaient téléchargées. La première image était la caricature d'un chat. Ils échangèrent des regards inquiets. Puis au bout d'une minute environ ils commencèrent à voir des photos de filles – des filles en groupe, des filles dans des soirées, des filles en train de prendre des photos d'autres filles. Et ces photos possédaient des marqueurs ! Les filles ne cessaient d'arriver. Pour chaque écran rempli de photos de filles, il n'y avait que quelques photos de mecs. Les filles célébraient leurs amitiés. Le nombre des photos qu'on pouvait télécharger était illimité, et les filles en affichaient des tonnes.

Des photos ordinaires étaient en fait devenues plus parlantes. Elles transmettaient un message informel. Une photo pourvue d'un marqueur exprimait votre relation avec vos amis et l'explicitait. « Assez rapidement, raconte Sittig, nous avons appris que les gens partageaient ces photos pour dire, en gros : "J'estime que ces gens font partie de ma vie, et je veux montrer à tout le monde que je suis proche d'eux." » Il y avait désormais sur Facebook deux manières de prouver votre popularité : le nombre d'amis que vous aviez, et le nombre de fois où vous étiez repéré par un marqueur sur des photos.

En outre, Sittig, Marlette et Hirsch trouvèrent dans la foulée un emploi idéal et inattendu pour les photos à l'ère du numérique. De plus en plus de gens commençaient à avoir des téléphones portables avec fonction photo et s'en servaient pour prendre en vitesse des instantanés de leurs activités quotidiennes. Si vous aviez un appareil photo sur vous en permanence, vous pouviez prendre une photo pour enregistrer un événement quelconque, puis l'afficher sur Facebook pour communiquer l'information à vos amis. Les marqueurs de la photo la reliaient automatiquement à des gens dispersés sur tout le site. C'était très différent de la manière dont on se servait généralement des photos sur MySpace. Sur MySpace, c'était plutôt des photos de charme, méticuleusement posées, affichées par les sujets eux-mêmes pour se rendre séduisants. Sur Facebook, les photos n'étaient plus de petites œuvres d'art, mais juste une forme de communication élémentaire. En peu de temps, l'application Photos devint la fonction la plus appréciée du service, Facebook lui-même devenant le site photo le plus populaire de l'Internet. Un mois après le lancement, 85 pour cent des usagers du service avaient été identifiés sur au moins une photo. La plupart des utilisateurs paramétraient leur profil de façon à ce qu'ils soient prévenus par e-mail si quelqu'un les identifiait par un marqueur. Qui ne voudrait pas aller voir une nouvelle photo de sa personne après avoir reçu pareil message ? Après le lancement de cette fonctionnalité, les gens commencèrent à revenir plus souvent sur Facebook, puisqu'il y avait plus souvent quelque chose de nouveau à voir. Zuckerberg, qui fondait son évaluation du succès du service sur la fréquence des retours des utilisateurs, était enchanté. Pas moins de 70 pour cent des étudiants et lycéens retournaient maintenant sur le site chaque jour, et 85 pour cent au moins une fois par semaine. Pareille fidélité de la clientèle est époustouflante pour un service Internet, ou même, en l'occurrence, pour une entreprise commerciale, tous secteurs confondus.

Immédiatement, la question se posa de savoir si Facebook pouvait encaisser toutes ces nouvelles données et l'augmentation correspondante du trafic. Le stockage des données et les serveurs étaient mis à rude épreuve. En l'espace de six semaines, Photos avait consommé tout l'espace de stockage que Facebook avait prévu d'utiliser dans les six mois à venir. Par bonheur, la société avait sous la main un vétéran des centres de données en la personne de Jeff Rothschild. Il veilla des nuits d'affilée pour essayer d'empêcher les serveurs de « passer dans le rouge » – d'excéder leur capacité avec un risque de plantage potentiel. Des employés se relayaient pour aller au centre de données de Santa Clara aider à brancher de nouveaux serveurs. Marlette, que la plupart de ses collègues tenaient pour un programmeur de génie, s'attela à une révision du code logiciel de la fonction photo qui le rendrait plus robuste et plus efficace. Fin 2010, Facebook hébergait déjà 40 milliards de photos, ce qui en faisait, et de loin, le plus gros site de photos du monde[6].

Le succès de Photos fut une révélation pour tout le monde chez Facebook, depuis Zuckerberg jusqu'au bas de la hiérarchie. L'équipe avait élaboré ce qui était par ailleurs une simple application d'hébergement de photos. Mais la manière dont elle l'avait intégrée à Facebook démontrait le pouvoir magique obtenu en superposant un ensemble de relations sociales à une activité Internet ordinaire.

Les cadres de la société voyaient l'effet Facebook en action pour la première fois. Zuckerberg commençait à parler de ce qu'il finirait par appeler le « graphe social », c'est-à-dire le réseau de relations développé à l'intérieur de Facebook par les utilisateurs se connectant avec leurs amis. Avec les photos Facebook, vos amis – votre graphe social – fournissaient plus d'informations, plus de contexte et de convivialité. Mais si cela fonctionnait, c'était uniquement parce que les photos comportaient des marqueurs et que Facebook prévenait les intéressés quand ils étaient ainsi identifiés. Les marqueurs déterminaient la manière dont les photos étaient réparties sur l'ensemble du service. « C'est en observant la progression du marquage, dit Cohler, que nous avons compris pour la première fois comment le graphe social pouvait être utilisé comme système de répartition. Le mécanisme de répartition était les relations entre les gens. »

En outre, appliquer le graphe social à d'autres activités en ligne les rendrait peut-être plus intéressantes et plus utiles. Mais comment Facebook y parviendrait-il ? Si Photos était une nouvelle application ajoutée à la plate-forme Facebook, quelles seraient les autres applications ? Zuckerberg trouvait ces questions extrêmement passionnantes, et elles convergeaient vers une idée dont il avait, même avant le lancement de Thefacebook, débattu avec Adam D'Angelo : l'Internet tout entier avait besoin de devenir plus « social ». C'était comme si le rêve Wirehog portait enfin ses fruits. « Observer ce qui s'est passé avec Photos, confie Parker, a été l'élément vital dans ce qui a conduit la vision de Mark à se concrétiser. Il formulait une théorie de plus en plus large sur la nature réelle de Facebook. »

Harvard était toujours présent dans l'histoire de Facebook. Après le succès de Photos, le rusé Zuckerberg commença à envisager des changements encore plus spectaculaires, mais pour les mettre en œuvre il allait avoir besoin d'une nouvelle équipe de programmeurs haut de gamme. Il avait été déçu par les candidats qui se présentaient à Silicon Valley. Ils ne cadraient pas avec la culture Facebook. Leur culture d'entreprise était trop classique, ils n'étaient pas assez iconoclastes, et pas assez créatifs à son goût. Zuckerberg passa donc Facebook au peigne fin à la recherche d'anciens assistants de travaux dirigés et autres doctorants en informatique qui l'avaient impressionné à Harvard. Il établit une liste qu'il transmit à Robin Reed. Et elle commença à les appeler.

En juin 2006, Facebook engagea quatre anciens assistants de travaux dirigés des promotions Harvard 2003 et 2004, qui habitaient à Seattle. Trois travaillaient chez Microsoft et un chez Amazon.com. Zuckerberg trouva en Charlie Cheever (de chez Microsoft) une sorte de frère d'armes puisque Cheever avait été lui aussi convoqué devant la commission disciplinaire du Conseil d'université de Harvard pour avoir téléchargé dans une base de données des informations personnelles d'étudiants. Cheever avait laissé quelques amis explorer cette base pour savoir qui partageait une chambre avec qui, ou dans quelle résidence habitait une fille particulièrement mignonne. C'était une frasque comparable à celle de Zuckerberg avec Facemash, mais avec un an d'avance.

Ces cracks de la programmation apportèrent immédiatement une nouvelle rigueur dans la partie ingénierie de Facebook. Non seulement ils étaient assez jeunes pour comprendre l'esprit d'ouverture et la transparence qui étaient au centre des valeurs de la société, mais ils avaient à leur actif plusieurs années d'expérience chez les plus grands noms du logiciel. Ils s'attendaient à participer à une innovation Internet spectaculaire.

8. Le PDG

« Vous feriez mieux de prendre des leçons de management. »

Tandis que Facebook ne cessait d'évoluer – et de croître encore plus vite à chaque nouveau changement –, les grandes puissances du monde de la technologie et des médias commencèrent à s'y intéresser de plus près. Facebook semblait être cette sorte de site Web commercial irrésistible que tout PDG ou cadre sup' rêvait de posséder depuis le décollage d'Internet au milieu des années 1990. Du jour au lendemain, Mark Zuckerberg eut beaucoup de nouveaux amis bien habillés et d'un certain âge, à Los Angeles et sur la côte Est.

Mais Zuckerberg ne pensait pas comme le PDG d'une entreprise technologique ou des médias ayant pignon sur rue. C'est à peine s'il songeait aux bénéfices et il conservait une attitude ambivalente quant à la publicité. Ce que ses nouveaux soupirants avaient bien du mal à comprendre. Un cadre supérieur d'une entreprise technologique se rappelle une rencontre avec Zuckerberg à cette époque-là. L'entretien avait été frustrant – Zuckerberg ne songeait apparemment pas à augmenter les recettes de sa société. « Il ne savait pas ce qu'il ne savait pas, dit ce témoin. Mais quand il ouvrait la bouche, il était très direct, très intelligent. Il tenait beaucoup à la fonction d'outil social de Facebook, jusqu'à la naïveté. À l'époque, ça semblait carrément trop altruiste. Alors je lui ai demandé : "C'est un outil social en tant que stratégie pour passer au stade suivant ?" Et il m'a répondu : "Non, tout ce qui m'intéresse vraiment, c'est de faire cet outil social." Et je me suis dit : "Ou bien ce mec est un très bon tacticien et il refuse de me dire ce qu'il va faire ensuite, ou alors il est encore à jouer dans son bac à sable." Je n'avais pas la réponse. »

En mars 2005, Viacom avait identifié Facebook comme le partenaire naturel de sa filiale MTV quand son stratège en chef Denmark West avait lancé en vain l'idée d'une acquisition à 75 millions de dollars. Quelques mois après que cette proposition fut rejetée, MTV réussit presque à acquérir MySpace, mais la News Corp. emporta le marché sous son nez en juillet. Sumner Redstone, le PDG octogénaire de Viacom, était furieux de s'être fait doubler par son éternel rival Rupert Murdoch. En automne 2005, MTV s'intéressait plus que jamais à Facebook. Après tout, raisonnaient West et consorts, il y avait de tels points communs entre les publics des deux sociétés que Facebook pouvait devenir la stratégie numérique de MTV.

West appela Cohler, qui l'informa que Zuckerberg n'acceptait des conversations qu'au niveau directorial. Si le directeur opérationnel de Viacom, Tom Freston, voulait participer, Zuckerberg se déplacerait. La décision fut prise rapidement. Cohler et Zuckerberg s'envolèrent pour New York afin de rencontrer Freston et Judy McGrath, PDG de MTV Networks. En veine de sollicitude, Freston expliqua qu'il semblait y avoir une grande synergie entre MTV et Facebook, vu les évidentes correspondances de leurs publics. Il déclara qu'il adorerait trouver un moyen de travailler en commun. Par exemple, il suggéra que Viacom pourrait développer du contenu pour le public toujours plus nombreux de Facebook. « Nous nous considérons comme un service public », décréta sèchement Zuckerberg en repoussant cette idée. Viacom, poursuivit Freston, pourrait aussi aider Facebook à étendre son audience vers un public plus âgé. « Je suis très focalisé sur les lycées et les facs », répondit Zuckerberg. Les responsables de Viacom ne comprenaient pas pourquoi Zuckerberg et Cohler avaient fait le voyage de New York. « C'était pour nous dire "non, merci" », résume un cadre Viacom qui avait assisté à la scène. Mais Viacom n'abandonna pas la partie.

Début novembre 2005, Michael Wolf, ancien conseiller expérimenté de l'industrie des médias chez Mc Kinsey & Company, rejoignit MTV en tant que président, sous les ordres de Judy McGrath. Il entreprit immédiatement de courtiser Zuckerberg.

Chaque fois que MTV réunissait un groupe cible parmi les étudiants qui étaient la tranche démographique principale de son public, ils parlaient continuellement de Facebook. Ce qui fournissait à Viacom une perspective unique et neuve sur la puissance de ce phénomène. Des cadres Viacom craignaient que cette nouvelle forme de média ne les éclipse, et ils espéraient prendre le train en marche. Freston et ses collègues de chez MTV craignaient en outre que les réseaux Fox de la News Corp. mettent à profit leur récente acquisition de MySpace pour gagner des parts de marché chez les annonceurs de la télévision. Il paraissait vraisemblable qu'un nouveau type de forfait allait bientôt émerger, qui inclurait à la fois la composante télévision et la composante réseaux sociaux, du moins pour une programmation visant un public jeune.

Wolf prit l'avion pour rencontrer Zuckerberg dans son bureau de Palo Alto. Le PDG de Facebook était en short et T-shirt, et portait ses éternelles tongs Adidas. Elles étaient devenues si célèbres qu'au moment où Wolf arriva chez Facebook un assistant était en train de clouer une tong usagée sur une planche. Elle allait être remise comme récompense à l'un des programmeurs. Wolf se proposait de cultiver l'amitié de Zuckerberg et voulait seulement entamer un dialogue cordial lors de cette rencontre, mais il demanda tout de même si le PDG songeait à céder la société. « Je ne veux pas vendre », répliqua Zuckerberg. « Et si vous vouliez citer un prix, ce serait quoi ? » insista Wolf. « Je crois que nous valons au moins deux milliards de dollars », fit le petit jeune qui avait lancé Thefacebook depuis sa chambre d'étudiant vingt mois plus tôt.

Peu avant cette rencontre, un négociateur agressif de chez Amazon.com, Owen Van Natta, trente-cinq ans, avait rejoint Facebook en tant que président du développement commercial. Ce battant chevronné, assoiffé d'efficacité et d'autorité, avait de l'énergie à revendre. Au bout de cinq semaines seulement, Zuckerberg l'avait promu directeur opérationnel. Van Natta élabora le premier plan stratégique de Facebook et commença illico à mettre de l'ordre dans ce qui était resté une entreprise chaotique et hétéroclite. Le nouveau directeur opérationnel n'hésitait pas à faire usage de son autorité : il licencia un certain nombre d'ingénieurs et d'autres employés qui avaient été recrutés pêle-mêle au début de l'année. Mais le plus grand talent de Van Natta, affiné chez Amazon, s'exerçait dans la négociation des accords commerciaux. Il allait bientôt avoir l'occasion de faire ses preuves.

Van Natta n'appréciait guère que Michael Wolf, le président de MTV, ait trouvé que le meilleur moyen de joindre Zuckerberg était la messagerie instantanée – ainsi avait-il pu prendre directement rendez-vous avec le PDG. Van Natta demanda à Wolf de passer par lui à l'avenir. Wolf ignora ces instructions. Au lieu de quoi il envoyait périodiquement des messages instantanés à Zuckerberg pour l'informer qu'il projetait de se rendre à Palo Alto – que ce soit vrai ou non –, et suggérer un dîner d'affaires. Si Zuckerberg était d'accord, il était prêt à prendre le premier avion.

Wolf n'était qu'un des nombreux hauts responsables des médias et de la technologie qui assiégeaient Zuckerberg. Facebook était très sollicité. Le bureau et l'University Café au bout de la rue – le lieu de rendez-vous favori – virent défiler des grands noms comme à la parade. « Les mecs de NBC vont passer cet après-midi. » « C'est quand, le rendez-vous avec Microsoft ? » « Peter Chernin est là ! » (le bras droit de Murdoch chez News Corp.) « Tu savais que Zuck a rencontré Dan Rosensweig de chez Yahoo ? » Il y eut des réunions au sujet d'un accord avec AOL, qui possédait le système de messagerie instantanée AIM employé quotidiennement par Zuckerberg (et la plupart des usagers Facebook). Un temps, les discussions se focalisèrent sur la possibilité d'élaborer une version spéciale d'AIM pour Facebook. Finalement, les deux sociétés conclurent un accord permettant aux membres d'AIM d'inviter leurs interlocuteurs de messagerie à rejoindre Facebook. Ce système devint rapidement une source importante d'adhésions par recommandation.

Les rendez-vous de Zuckerberg suscitaient une certaine grogne, notamment chez les cadres engagés grâce aux talents de Robin Reed et qui étaient de plus en plus nombreux à venir d'autres tranches d'âge que celle des vingt et un ans. Beaucoup d'entre eux (c'étaient presque tous des hommes) avaient l'impression que Zuckerberg était disposé à parler de n'importe quoi avec n'importe qui, surtout si la personne en question était PDG. Que signifiaient toutes ces rencontres ? Zuck était-il sur le point de vendre la société ? Allons-nous faire partie de Viacom, de Yahoo ou de la News Corp. ? Allons-nous tous devenir riches ? Les employés de la jeune génération, plus idéalistes, se demandaient si c'était la fin du miracle Facebook. Il leur arrivait parfois de débattre avec des accents nostalgiques de l'opportunité de chercher un nouveau PDG.

Zuckerberg ne prenait pas la peine de s'expliquer. Il considérait ces entretiens comme un processus d'apprentissage et n'avait pas l'impression d'avoir à expliquer grand-chose au personnel. Après tout, il n'avait nullement l'intention de vendre sa société. Ironiquement, une partie du problème résidait dans ses bonnes manières. Il acceptait facilement, à la fois par curiosité et par politesse, de rencontrer les huiles qui se déplaçaient pour le voir. Pendant la journée, il écoutait poliment – sans montrer d'émotions, peut-être –, quand Van Natta et les autres collaborateurs chevronnés lui cassaient les pieds. Mais tard dans la nuit il continuait de s'entretenir à huis clos et plus franchement avec Cohler, D'Angelo, Moskovitz, et encore assez fréquemment avec Parker. Or Zuckerberg restait tellement circonspect qu'eux aussi étaient dans l'incertitude quant à ses intentions finales. Et tout le monde était douloureusement conscient qu'il avait la maîtrise totale du destin de la société.

Robin Reed était gagnée par la frustration. Elle avait contribué à faire embaucher la plupart des collaborateurs les plus âgés, et ceux-ci avaient l'impression d'être mis sur la touche et commençaient à être inquiets. Elle était fière de la qualité de l'équipe qu'elle avait constituée, mais elle constatait que le personnel était submergé par ce qu'elle appelle la « désinformation de style campus ». Si Sean Parker n'était pas un président de société idéal, il communiquait en revanche très efficacement. Après son départ, Zuckerberg acquit plus d'autorité, mais ce n'est pas nécessairement ce qu'il voulait. Robin Reed ne s'était jamais bien entendue avec Parker, mais c'était presque pire sans lui. La panne de communication semblait générale.

En outre, la politique interne se durcissait. Doug Hirsch, vice-président responsable du produit chez Facebook et vétéran de chez Yahoo, choquait certains des autres cadres, dont beaucoup avaient été recrutés récemment eux aussi. Ils croyaient que celui-ci menait des négociations avec les nombreuses sociétés qui voulaient passer des accords avec Facebook. Il lui reprochaient de sortir de son rôle de chef de produit. L'une des raisons de ce comportement était qu'il avait connu nombre de ces protagonistes quand il était chez Yahoo. Ils l'appelaient et suggéraient des rencontres exploratoires. Hirsch ne s'entendait pas très bien avec Zuckerberg non plus. S'il avait été engagé, c'était parce qu'on avait seriné à Zuckerberg qu'il avait besoin de quelqu'un d'autre pour diriger le développement du produit afin qu'il puisse se concentrer sur la gestion de l'entreprise. Le PDG avait toujours eu une attitude ambiguë à propos d'un éventuel vice-président chargé du produit, puisqu'il considérait cela comme son domaine réservé. « Doug avait plus ou moins l'impression de jouer les adultes responsables, explique Cohler, et ce n'était certainement pas ce à quoi nous pensions quand nous l'avons engagé. » Hirsch lui-même dit que certaines des personnes à qui il avait parlé avant d'être embauché lui avaient laissé croire qu'il finirait peut-être par avoir une chance d'être candidat au fauteuil du PDG.

Si Robin Reed avait observé de près tout ce mécontentement, c'était d'abord parce qu'elle disposait – chose rare chez Facebook – d'un bureau personnel, dont elle avait besoin pour ses recrutements. Une photocopieuse avait été extraite d'une armoire surdimensionnée et Robin Reed avait installé un rideau-paravent japonais pour la confidentialité. À l'intérieur de la pièce, à côté du bureau, se dressait une grande sculpture de Ganesh, dieu hindou qui lève les obstacles. Mais Ganesh ne semblait pas être efficace. Beaucoup d'employés venaient dans ce bureau pour se plaindre. Zuckerberg ne les écoutait pas, critiquaient-ils. Zuckerberg devrait être remplacé. Zuckerberg ne savait pas ce qu'il voulait faire de la société.

Robin Reed était à bout. « Les cadres avaient le moral à zéro, raconte-t-elle. C'était l'implosion. Les rumeurs allaient bon train et Mark ne communiquait avec personne sur ce qui se passait en réalité. L'équipage était au bord de la mutinerie. » Zuckerberg se trouvait sur la côte Est pour un de ses nombreux rendez-vous. Elle décida de l'intercepter avant qu'il retourne au bureau. Elle lui envoya un message AIM lui demandant de la rejoindre quelque part entre l'aéroport de San Francisco et le bureau. Mais l'avion de Zuckerberg avait du retard et ils ne purent se rencontrer avant 2 h 30 du matin. Robin Reed partit de son domicile de Marin County et emprunta le Golden Gate Bridge, puis ils convergèrent vers le centre de San Francisco. Zuckerberg arriva dans une maxi-limousine que quelqu'un avait réservée pour lui par erreur.

Ils s'installèrent sous les néons d'un restaurant ouvert la nuit. Robin Reed laissa éclater sa frustration : « Mark, nous avons réussi vous et moi à réunir une équipe de pur-sang, mais ils sont bloqués dans leurs boxes. Personne ne sait ce qui se passe. Si vous voulez vendre votre société, alors arrêtez de tourner autour du pot et dites que vous en voulez 1 milliard de dollars. Owen [Van Natta] peut aller faire la proposition. Si c'est 2 milliards de dollars, dites-le. Si vous ne voulez pas vendre, dites-le aussi !

— Je ne veux pas vendre la société, répondit Zuckerberg, imperturbable comme toujours.

— Alors cessez d'accepter tous ces rendez-vous avec Viacom, Time Warner et la News Corp. ! Vous envoyez des signaux contradictoires. » Puis Robin Reed lança l'assaut final : « Vous feriez mieux de prendre des leçons de management, sinon vous ne vous en sortirez jamais !

— Donc vous êtes enfin franche avec moi, répliqua Zuckerberg en sortant un peu de sa réserve. C'est la première fois que j'ai l'impression que vous me dites vraiment ce que vous pensez. » Il l'avait désarmée. Elle ne pouvait plus être en colère. Il écoutait pour de bon.

Au cours des semaines suivantes, Robin Reed remarqua un changement manifeste chez Zuckerberg. D'abord, il accepta de voir un formateur pour prendre des leçons sur la manière de devenir un chef d'entreprise efficace. Il se mit à multiplier les rendez-vous en tête à tête avec ses cadres supérieurs. La semaine qui suivit la confrontation, il convoqua tout le personnel à la première « assemblée générale » Facebook. Se plaignant de nausées, il présida la séance de bout en bout assis en tailleur à même le sol.

Zuckerberg emmena le groupe de cadres dans un lieu de réunion extérieur pour s'entretenir avec eux des objectifs de la société et améliorer les procédures de communication interne. Lorsque Moskovitz en entendit parler, il exprima son scepticisme : « Est-ce qu'il faut tomber à la renverse pour que les gens vous rattrapent, ou quelque chose dans ce goût-là ? Parce que je ne marche pas dans ce truc à la con. »

Zuckerberg commença à mieux savoir expliquer où allait la société. Il ne cessait de répéter qu'il voulait faire de Facebook l'une des principales forces de l'Internet et ne voulait pas le voir racheté par quelqu'un d'autre. Il savait mieux expliquer ses priorités à son équipe. Ses présentations Powerpoint comportaient des diapositives ultra-simples – parfois une puce introduisant une seule phrase elliptique, du style « • Objectif de la société : étendre l'usage du site ». L'équipe était rassurée. Robin Reed se réjouissait.

Zuckerberg convoqua Doug Hirsch dans son bureau et ils reconnurent que ça ne marchait plus entre eux. Hirsch n'était pas officiellement licencié, mais son maintien n'était pas justifié. Il était chez Facebook depuis quatre mois. Zuckerberg avait été irrité par certaines initiatives de Hirsch relatives au produit, et ils s'étaient opposés sur des projets importants envisagés par Zuckerberg. En outre, Hirsch suggérait de manière agressive des moyens d'utiliser le produit Facebook pour générer plus de recettes, ce qui, dans la plupart des entreprises, aurait été normal. Mais dans celle-ci, à l'époque, c'était presque un sacrilège. Et le bruit courait parmi les employés qu'il aurait pris des contacts non autorisés avec des sociétés intéressées comme Google. Aujourd'hui encore, beaucoup des jeunes alliés de Zuckerberg affirment que Hirsch « essayait de vendre secrètement la société ». Ce que, bien sûr, il n'aurait pas pu faire.

Du point de vue de Moskovitz, qui observait de près la situation, c'était encore un exemple de schéma répétitif. « C'est la même histoire avec pas mal des cadres, constate-t-il. Mark voulait étoffer le produit et se concentrer sur les bénéfices le plus tard possible. Et eux voulaient s'assurer qu'ils avaient une affaire qui rapporte. »

Robin Reed introduisit une structure bienvenue dans la gestion de Facebook, mais bien peu parmi les collaborateurs qu'elle engagea tinrent la distance. Hirsch n'était que l'un des premiers parmi ceux, nombreux, qui partiraient au bout de moins d'un an. Les fidèles de la garde rapprochée de Zuckerberg reprochaient à Robin Reed d'avoir introduit des gens qui n'appréciaient pas à leur juste valeur la mission et la culture Facebook, uniques en leur genre. Certains de ces fidèles – les survivants – se mirent à appeler le professeur de management de Zuckerberg « Grima-Langue-de-serpent », allusion à un conseiller malfaisant du roi Théoden dans *Le Seigneur des Anneaux* de Tolkien. Les critiques venaient aussi de l'extérieur. Les blogueurs de l'industrie technologique montraient du doigt la gestion à éclipses du personnel, apparemment indicatrice d'un chaos interne. Mais le conseiller de Zuckerberg, Marc Andreessen, reconnaît au PDG le mérite de n'avoir pas hésité à licencier les collaborateurs inefficaces. Il est impossible, précise Andreessen, qu'une société en croissance rapide ne se trompe jamais quand il s'agit d'embaucher du personnel. Mieux vaut ne pas tarder à opérer les rectifications qui s'imposent.

Zuckerberg préférait travailler avec des gens de son âge. Il pensait d'ailleurs qu'ils étaient meilleurs programmeurs. Un peu plus tard, il dévoila le fond de sa pensée en parlant à un groupe d'autres entrepreneurs. « Je veux souligner l'importance d'être jeune et d'avoir l'esprit technique, dit-il alors d'après le blog VentureBeat[1]. Les jeunes sont plus intelligents, c'est tout. Pourquoi les grands maîtres des échecs ont-ils tous moins de trente ans ? » On peut imaginer l'effet produit par la lecture de ces confidences sur le nombre croissant de cadres Facebook trentenaires et quadragénaires.

Alors même qu'il essayait d'apprendre comment mieux exercer son autorité et gérer son personnel, Zuckerberg ne gérait pas très bien sa propre santé. Ou avait-il finalement succombé au stress ? Il commença à s'évanouir régulièrement, au bureau ou ailleurs, parfois au milieu d'une réunion ou assis devant son ordinateur. Ses amis lui suggérèrent de dormir plus et de prendre de vrais repas à heures régulières.

Lors d'un dîner donné par *Fortune* début décembre 2005 et que j'animais en qualité de directeur de programme pour un congrès technologique baptisé Brainstorm, je demandai à tous les participants réunis autour de la grande table d'exprimer en quelques mots ce qui leur tenait le plus à cœur. Lorsque vint son tour, Jeremy Philips, stratège de haut vol à la News Corp. et conseiller intime de Rupert Murdoch, déclara à quel point sa société se félicitait d'avoir acquis MySpace et ajouta que Facebook semblait lui aussi très intéressant.

Michael Wolf, l'homme de Viacom, quitta le dîner en catastrophe. « Oh, mon Dieu, s'inquiéta-t-il, ils sont en pourparlers avec Facebook. » Le PDG de Viacom, Sumner Redstone, piquerait une crise s'il se faisait encore une fois doubler par Murdoch. Wolf appela sur-le-champ Zuckerberg et lui demanda de but en blanc si Facebook envisageait une cession à la News Corp. Zuckerberg concéda que les deux sociétés avaient été en pourparlers, mais ajouta qu'il trouvait la News Corp. « trop Hollywood » et que, de toute façon, les sociétés de médias comme elle ne comprenaient pas les entreprises du secteur technologique comme Facebook. Wolf ne prit pas ce message au sens où Zuckerberg l'entendait probablement – pour lui suggérer que Viacom ne lui plaisait pas non plus.

À la mi-décembre, Wolf reprit le contact avec une proposition très supérieure à un repas dans un restaurant local. Il projetait de se rendre à San Francisco avec le jet de Viacom. Est-ce que Mark serait d'accord pour profiter du voyage et rentrer ainsi à New York pour les vacances ?

Zuckerberg mordit à l'hameçon. Comme les appareils de la flotte aérienne Viacom n'étaient en réalité pas disponibles, Wolf affréta un Gulfstream G5 haut de gamme banalisé pour le trajet entre l'aéroport de San Francisco et l'aéroport de Westchester County, près de chez les parents de Zuckerberg à Dobbs Ferry, dans l'État de New York. Ce matin-là, Wolf décolla de New York sur un vol American Airlines. Lorsque Zuckerberg arriva, en retard, vers 17 h 30, le responsable MTV attendait à bord du G5 comme si c'était la chose la plus normale du monde. Ensuite, ainsi que l'avait prévu le rusé Wolf, ils passèrent cinq heures ininterrompues ensemble à bord de l'avion. Wolf était résolu à trouver le moyen qui permettrait à Viacom d'acquérir Facebook.

Or, pendant la plus grande partie du trajet, c'est Zuckerberg qui mena la conversation. Il interrogea Wolf sur les affaires de MTV. Comment des sociétés telles que Viacom gagnaient-elles de l'argent ? Quels étaient les tarifs de la pub sur MTV ? Qu'est-ce qu'il restait des recettes en bénéfice net ? Comment s'y prenait-on pour développer l'audience de MTV ? Wolf essaya de recentrer la conversation sur la manière dont MTV pouvait travailler avec Facebook. Il expliqua comment l'équipe des ventes publicitaires MTV pourrait utiliser son entregent avec les grands annonceurs pour aider à vendre les pubs Facebook. Et il fit observer que les gros succès de MTV, comme les émissions de télé-réalité *Laguna Beach* et *The Hills,* regardées par des millions d'adolescents et de jeunes adultes, étaient des supports idéaux pour faire la promotion de Facebook. Zuckerberg dit qu'il avait remarqué une baisse sensible du trafic Facebook pendant les plages horaires de ces émissions.

Durant le vol, il exprima son admiration pour le G5. « Cet avion est fantastique, dit-il.

— Vous devriez peut-être nous céder une partie de votre société, répondit Wolf. Ensuite, vous pourrez avoir le même. »

Wolf l'invita à s'asseoir sur le strapontin du cockpit lorsque le puissant jet d'affaires atterrit à Westchester. Quand il s'arrêta devant l'aérogare privée, deux véhicules attendaient. L'un était la limousine noire de fonction de Wolf, l'autre était le minibus de la famille Zuckerberg, d'où sortirent les parents de Mark. Rayonnants, ils l'étreignirent chaleureusement. Comme s'il rentrait chez lui en étudiant bien sage après un semestre à la fac.

Wolf repartit à Palo Alto en janvier 2006 avec le chef de la stratégie publicitaire de MTV. Zuckerberg suggéra un dîner au Village Pub de Woodside, ce restaurant chic où Jim Breyer l'avait invité pour un entretien historique. Il se fit accompagner de Cohler et de Van Natta. Wolf utilisa une élégante présentation PowerPoint montrant comment les deux sociétés pouvaient travailler ensemble.

À table, il suggéra un marché au terme duquel Viacom achèterait une partie de Facebook en combinaison avec un grand partenariat publicitaire. Zuckerberg l'écouta poliment, mais dit clairement qu'il ne prendrait même pas en considération tout arrangement risquant de lui faire perdre son contrôle absolu de la prise de décision dans sa société.

Début février, Wolf se rendit une nouvelle fois à Palo Alto. Les deux hommes commençaient à développer une certaine complicité et firent une longue promenade dans les rues agréables et bien entretenues. Pour une raison quelconque, ils passèrent chez Zuckerberg, qui habitait un modeste studio. L'endroit était en désordre, bien que pratiquement dépourvu de mobilier. Il y avait un matelas posé par terre, les draps rejetés de côté, des piles de livres, une natte en bambou sur le sol, et une lampe. Puis ils allèrent dîner dans un restaurant du quartier. En chemin, Wolf posa à Zuckerberg la question qu'il lui avait déjà posée dans l'avion : « Pourquoi ne pas nous vendre à nous ? Vous seriez très riche.

— Vous venez de voir mon appartement, répondit Zuckerberg. Je n'ai pas vraiment besoin d'argent. Et, de toute façon, je ne crois pas que j'aurai jamais une aussi bonne idée. »

Le dialogue continua et Zuckerberg réitéra qu'il estimait Facebook à 2 milliards de dollars et qu'il ne voulait pas envisager de le vendre pour moins que cela. « Ce n'était pas "Je veux 2 milliards de dollars", se souvient Wolf. C'était "Si vous me payez 2 milliards de dollars, je ne vends pas. Merci." » Zuckerberg finit par dire qu'il serait plus raisonnable de se contenter d'envisager une sorte de partenariat.

Contrarié, Wolf rentra à New York et s'entretint avec Judy McGrath et Tom Freston. Ils ne voulaient pas d'un partenariat. Ce qu'ils voulaient – comme Sumner Redstone –, c'était posséder Facebook. Alors Freston décida carrément de formuler une proposition. Il écrivit à Zuckerberg que Viacom paierait 1,5 milliard de dollars pour acquérir une société qui avait deux ans d'existence.

L'argent serait versé comme suit : 51 pour cent en liquide et au comptant, et le reste à tempérament, selon les résultats commerciaux de Facebook. C'était de loin la proposition la plus significative et la plus concrète qu'on ait jamais faite à Facebook. Zuckerberg ne daigna même pas répondre.

Environ une semaine plus tard, Wolf appela Zuckerberg et ils eurent une longue conversation qui ne mena à rien. Wolf rencontra à la fois Peter Thiel et Jim Breyer pour se plaindre de l'indifférence de Zuckerberg, mais tous les deux lui dirent qu'ils ne pouvaient guère intervenir. Van Natta, en revanche, confia à Wolf qu'il essayait de convaincre Zuckerberg de vendre.

Entre-temps, l'équipe de chez Viacom avait entendu dire que Yahoo serait aussi en pourparlers avec Facebook. Il se trouvait que Freston jouait régulièrement au tennis à Los Angeles avec le PDG de Yahoo, Terry Semel. Un jour, sur le court, Freston essaya de sonder Semel pour savoir s'il était en contact avec Facebook. Il lui sembla que la réponse était oui. La pression sur Viacom s'accentua.

Jusque-là, Wolf avait pris des mesures très strictes pour garder le secret sur les contacts avec Facebook. Même chez Viacom, peu de gens étaient au courant. Tom Freston et Judy McGrath estimaient que, si Rupert Murdoch avait pu leur arracher MySpace, c'était d'abord parce que les tractations de Viacom avec ce réseau social avaient été trop médiatisées. Or, fin mars, l'édition en ligne de *Business Week* publia un article intitulé « Facebook aux Enchères [2] ». Il signalait le fait – légèrement inexact – que la société avait refusé 750 millions de dollars et espérait en recevoir 2 milliards. L'article ne disait pas que Viacom était l'enchérisseur, mais spéculait sur l'intérêt qu'il pourrait trouver à Facebook. Pour Wolf et ses collègues, c'était embarrassant. Ils supposèrent que Facebook avait laissé filtrer l'information pour susciter d'autres enchères. Effectivement, peu après la parution de l'article, Zuckerberg les appela et annonça qu'il voulait toujours parler avec eux.

Cette fois-ci, Facebook faillit bien être vendu. Van Natta et Zuckerberg se déplacèrent à New York. Wolf retourna à Palo Alto avec plusieurs collègues de chez Viacom. Ils campaient dans une salle de conférences chez Facebook. Zuckerberg, Cohler et Van Natta venaient les voir, négociaient avec eux puis se retiraient dans une autre salle de conférences pendant que l'équipe Viacom faisait un tour à pied dans le quartier. Retour à la salle de conférences. Nouveau tête-à-tête. Mark voulait plus d'argent d'avance. Viacom voulait des garanties sur les performances avant de verser le reste des 1,5 milliard de dollars. Van Natta voulait moins de restrictions sur les dividendes. Wolf accepta finalement de porter le versement initial à 800 millions de dollars cash. Mais ils continuèrent de chipoter sur les 700 millions restants. Aucune des deux parties n'était assistée par un banquier spécialiste des investissements, ce qui aurait été pourtant de règle dans ce type de négociations. Wolf connaissait assez bien Zuckerberg pour comprendre que faire venir des experts de Wall Street, froids et calculateurs, ne pourrait que l'intimider un peu plus.

Mais la marge de manœuvre de Wolf était limitée. Le directeur financier de Viacom répugnait à payer trop cher une société qui, malgré son omniprésence sur Internet, demeurait minuscule en termes financiers. À ce stade, Facebook n'avait engrangé qu'environ 20 millions de dollars de recettes dans toute son histoire, et n'avait dégagé absolument aucun bénéfice. Les cadres Facebook dirent à Wolf que la société tablait sur 22 millions de dollars de recettes pour 2006 et 55 millions pour 2007, mais la délégation Viacom doutait fortement que ces objectifs puissent être atteints. Exiger 800 millions de dollars, c'était vraiment tirer sur la corde.

À la fin, les deux camps ne purent s'entendre sur la manière dont Facebook gagnerait ses 700 millions supplémentaires. Les négociateurs de chez Facebook trouvaient la formulation du marché trop compliquée et la rentabilisation incertaine. De toute façon, Zuckerberg commençait à avoir la frousse. Il disait des choses comme : « Google a eu l'intelligence de ne pas vendre trop tôt. Voyez comme ils s'en sont bien tirés. » Wolf répliqua que Google avait fait des centaines de millions de dollars de bénéfice avant d'émettre des actions, et que Facebook n'en avait pas encore fait. Zuckerberg, lui, trouvait plus significatif que Facebook soit devenu alors le septième site Internet le plus fréquenté, avec 5,5 milliards de pages vues en février, d'après l'agence de mesure d'audience Media Metrix du groupe comScore[3].

Tandis que les négociations avec Viacom s'enlisaient, Facebook procéda lui-même à des manœuvres financières. Il leva encore de l'argent auprès des investisseurs en capital-risque, mais pour cette deuxième table ronde (dite « série C » parce que c'était le troisième financement de la société), la valorisation avant investissement fut de 500 millions de dollars, soit cinq fois la valorisation de 97 millions après investissement qu'Accel avait été obligé d'accepter onze mois plus tôt. Cette séance d'avril fut menée par la grande firme de capital-risque Greylock Partners, suivie par Meritech Capital Partners. En outre, Peter Thiel et Accel Partners ajoutèrent chacun de l'argent et augmentèrent leur participation dans Facebook, qui reçut au total une injection de 27,5 millions de dollars. Ce qui soulagea la pression financière de manière significative et aida puissamment Zuckerberg à s'éloigner de Viacom.

Le succès de Facebook attirait sur lui un autre type d'attention, celle des imitateurs internationaux. Bien que le site ait commencé à s'étendre à des établissements élitistes et sélectifs dans des pays anglophones à l'extérieur des États-Unis, la société était totalement absente d'Asie et presque totalement d'Europe. Le site allemand studiVZ (*Studiverzeichnis*, « annuaire étudiant ») emprunta alors la maquette Facebook, en remplaçant le bleu par le rouge. À part cela, c'était une contrefaçon sans scrupules. Le site fut lancé en octobre 2005 et rencontra un succès immédiat. En janvier 2007, quand il fut acquis par la puissante maison d'édition Holtzbrinck, il comptait déjà

1,5 million d'utilisateurs. Zuckerberg craignait tellement que studiVZ mette en péril sa réussite future en Allemagne qu'il faillit racheter le site à la fin de l'année 2007 – pour environ 4 pour cent de la valeur nette totale de Facebook. Ironiquement, la perspective d'une acquisition était d'autant plus vraisemblable que la copie était parfaite, ce qui aurait grandement facilité l'intégration mutuelle des deux services. Un autre imitateur, Xiaonei, lancé en Chine à peu près à la même époque, copiait effrontément une partie du code logiciel de Facebook et reprenait même, au début, la ligne « Une Production Mark Zuckerberg » au bas de chaque page[4]. Xiaonei fut lui aussi un succès et accumula des millions d'utilisateurs.

Malgré sa fracassante acquisition de MySpace, le PDG de la News Corp., Rupert Murdoch, était de plus en plus intrigué par Facebook. Zuckerberg et lui finirent par devenir bons amis. Le nabab des médias était charmé par la passion du jeune chef d'entreprise, et Zuckerberg aimait sa vision grand format de la transformation des médias. Murdoch était presque le seul grand patron des médias à avoir compris qu'Internet était en train de transformer le paysage pour tous les acteurs de cette branche. Il considérait son acquisition de MySpace comme une étape importante parmi d'autres. Mais il n'arrivait pas à comprendre pourquoi Zuckerberg estimait la valeur de Facebook à plusieurs fois ce qu'il avait payé pour MySpace, qui avait alors beaucoup plus d'usagers. Les négociations eurent des hauts et des bas, mais n'atteignirent jamais le niveau de celles engagées avec Viacom et Zuckerberg finit par s'en désintéresser.

Zuckerberg affichait une assurance presque insolente. Tout le monde voulait lui parler. Toutes les sociétés cherchaient apparemment à acquérir Facebook, et tout le monde semblait avoir besoin de s'en servir. Et il avait remarqué autre chose : à chaque nouvelle proposition d'achat de la société, la somme offerte était plus élevée. Entre-temps, le site ne cessait de progresser. Si cette progression se poursuivait, la valeur de Facebook ne cesserait d'augmenter. De toute façon, il n'avait pas l'intention de vendre, alors ces conversations n'avaient aucun caractère d'urgence.

Or Facebook consommait toujours des tonnes de dollars. Il ne pouvait plus indéfiniment tirer sur l'argent des investisseurs pour couvrir ses pertes, malgré tout le mépris affiché par Zuckerberg envers la publicité. Par bonheur, Google, Microsoft et Yahoo voulaient tous négocier des accords pour placer des annonces sur Facebook. Zuckerberg autorisa ses subordonnés à entamer des négociations. Pour lui, c'était de l'argent facile. Il n'allait pas leur donner beaucoup d'espace sur l'écran, de toute façon.

Facebook avait à présent tellement de succès qu'il commençait à saturer le marché universitaire, avec des milliers d'établissements connectés. Dans presque chaque nouvel établissement, la majorité des étudiants s'inscrivaient. Le succès du site dans les lycées conforta Zuckerberg dans sa conviction que Facebook avait la capacité de se répandre rapidement dans de nouveaux groupes. L'important était que le groupe cible comporte un grand nombre de relations qui se recoupent en profondeur.

Et quel était le modèle de toutes ces communautés ? Le lieu de travail. Zuckerberg décida de lancer ce qu'il appela des réseaux d'entreprise. Ce serait la première tentative de Facebook pour recruter des adultes. Un réseau d'entreprise serait installé dans une société de la même manière que Facebook établissait un réseau étudiant fermé dans une université. Le réglage de confidentialité par défaut était que les membres de pareille communauté pourraient tous accéder aux informations les uns des autres. Zuckerberg croyait que les réseaux d'entreprise étendraient l'universalité de Facebook à tout le pays et, peut-être, au monde entier, ou du moins à tous les gens travaillant pour une société. La démarche était très différente de celle de LinkedIn de Reid Hoffman – un des investisseurs de Facebook –, réseau structuré autour du curriculum vitae de ses membres et qui ne mettait pas vraiment l'accent sur la communication quotidienne ni sur les connexions sociales sur le lieu de travail.

Les réseaux d'entreprise démarrèrent en mai 2006, mais il ne se passa pas grand-chose. C'est à peine si le monde s'en aperçut. Facebook créa des réseaux pour un certain nombre de sociétés, ouvrant ainsi des portes... que bien peu franchirent. L'exception fut les lieux de travail très particuliers de l'armée de terre, de la marine et de l'armée de l'air américaines. L'intensité des expériences partagées chez les jeunes militaires est apparemment très semblable à celle observée dans les universités. Dans de tels contextes, Facebook avait un sens. Mais dans la plupart des grandes sociétés où Facebook commença à installer des réseaux, ils eurent très peu d'impact sur les employés, ou pas du tout.

Dans le monde des affaires, peu de gens savaient que Facebook ouvrait ses portes. Et Facebook traînait derrière lui une mauvaise réputation. À peu près au moment où démarraient les réseaux d'entreprise, le *New Yorker* publia un long article sur Zuckerberg et Facebook – l'analyse la plus approfondie jamais consacrée à la société. Le journaliste, John Cassidy, traitait le site comme une curiosité, s'attardait sur le procès intenté par les Winklevoss et laissait entendre que les utilisateurs de Facebook étaient asociaux. « Manifestement, écrivait-il, l'une des raisons de la popularité de ce site est qu'il permet aux utilisateurs de se dispenser des efforts qu'implique une vraie relation. » Il citait aussi un sociologue pour qui les principales raisons de la popularité de Facebook étaient sans doute « le voyeurisme et l'exhibitionnisme[5] ».

Pour les non-utilisateurs, Facebook avait encore la réputation d'être un site de drague où les gens faisaient des choses inutiles – et peut-être louches – comme envoyer des *pokes*. En 2006, chaque fois que vous ajoutiez un nouvel ami sur Facebook, une boîte de dialogue apparaissait pour vous demander comment vous l'aviez connu. L'un des choix était « nous nous sommes branchés ». Comment ce site pourrait-il s'adresser à des professionnels ? Et Facebook affrontait le problème de l'œuf et de la poule : les adultes ne voulaient pas s'inscrire avant que d'autres adultes ne soient déjà là.

Peut-être qu'après tout Facebook ne fonctionnait bien que pour les étudiants et les lycéens. Peut-être, s'inquiétaient nombre de cadres Facebook, que les adultes n'avaient pas besoin de ce type de service. Dans le bureau, l'ambiance s'assombrit. Quand bien même la croissance se poursuivait vigoureusement chez les étudiants et les lycéens, si les adultes ne voulaient pas rejoindre Facebook, alors il y avait peut-être quelque chose qui clochait dans les idées de Zuckerberg. Il était déçu et perplexe. C'était un véritable échec. Peut-être que le monde ne deviendrait pas plus transparent aussi vite qu'il l'avait cru. « C'était la première fois que Mark faisait une grosse erreur de calcul, raconte Matt Cohler. Et il ne s'était encore jamais trompé à ce point. »

Zuckerberg projetait d'autres gros changements, mais si les adultes ne réagissaient pas à Facebook, certaines transformations échoueraient. Au début de l'été, le conseil d'administration débattit de la gravité du problème. David Sze, qui avait impulsé le récent investissement de Greylock Partners dans Facebook et avait le statut officiel d'observateur au CA, se trouva obligé d'en rassurer les membres. Lors d'une réunion, Moskovitz, qui siégeait lui aussi en tant qu'observateur, demanda à Sze s'il regrettait son investissement, vu les difficultés inattendues rencontrées par les réseaux d'entreprise. À ce moment-là, Sze était moins inquiet que le CA de Facebook, chroniquement optimiste en temps normal.

Cet été-là, et pour la troisième année, la société loua une villa Facebook, principalement occupée par les nouveaux arrivants à Palo Alto. L'un des avocats de Facebook objecta que cela représentait un risque juridique excessif, mais Zuckerberg passa outre. Le PDG décida que la société devrait payer la moitié du loyer parce que tout le monde – et pas seulement les locataires – devait pouvoir utiliser la piscine. En fait, la piscine fut quelque peu délaissée, car le chauffage était hors service. Zuckerberg s'était réservé une chambre dans la villa pour les week-ends ; le reste du temps, il habitait dans son appartement. Il avait rompu avec l'étudiante en licence de Berkeley avec qui il sortait et s'était réconcilié avec sa petite amie de longue date, Priscilla Chan, qu'il avait rencontrée dans la file d'attente des toilettes lors d'une soirée à Harvard[6]. Elle avait achevé ses études en 2006 avec la promo d'origine de Zuckerberg. Au lieu d'un diplôme, il possédait une société évaluée à 500 millions de dollars et occupant près d'une centaine d'employés. Zuckerberg négocia et parvint à un accord avec l'exigeante Priscilla : ils ne vivraient pas ensemble, mais passeraient un minimum de 100 minutes seuls chaque semaine et se retrouveraient au moins une fois, mais ni dans l'appartement de Zuckerberg, ni chez Facebook[7].

La société conservait néanmoins un petit côté campus. Les employés appelaient « la corpo » une autre villa Facebook, non loin de la première. Neuf personnes, en majorité des programmeurs formés à Harvard et récemment engagés, se partageaient ses quatre pièces. Sur une fenêtre resplendissaient les trois lettres grecques grand format qui décoraient à l'origine le premier bureau de la société sur Emerson Street – Tau Phi Bêta pour *The Face Book*.

Il est facile de comprendre pourquoi le juriste de la société était inquiet. La salle à manger servait aux tournois de bière-pong, et l'un des locataires, Chris Putnam, n'avait que dix-neuf ans. Étudiant de deuxième année à la Georgia Southern University, il avait réussi à pirater les serveurs de la société et à donner à deux mille profils Facebook l'apparence de profils MySpace. Il inséra un message dans le code pour dire qu'il n'avait aucune intention malveillante. Cette prouesse impressionna tellement Zuckerberg et Moskovitz qu'ils l'embauchèrent.

À la « corpo », les distractions des employés pouvaient aussi être plus productives. « Les gens venaient carrément écrire du code, ou organiser une soirée télé et regarder *Lost : Les Disparus*, raconte le programmeur Dave Fetterman. On pouvait encore accueillir tout le monde dans la maison pour faire une fête. La nuit, on buvait de la bière, on regardait la télé, on imaginait des idées nouvelles et on commençait à les coder sur place, soit dans la chambre de quelqu'un, soit dehors dans la cour. Mark ou Dustin se pointaient. Ils étaient d'habitude les premiers à ouvrir leurs portables. » Les programmeurs mélangeaient parfois la fête et le travail dans ce qu'ils appelaient des « soirées lancements ». Ils téléchargeaient un nouveau logiciel sur le site et le lançaient en direct depuis la villa.

Les grands annonceurs commençaient à se frotter prudemment à Facebook. Fini les petites maisons de disques qui cherchaient à faire de la promo pour des chansons de Gwen Stefani – Facebook avait affaire aux géants du marketing. Mais ce n'était pas l'environnement auquel ils étaient habitués. Le groupe encore restreint de vendeurs de publicité Facebook encourageait les clients à élaborer des messages et des offres spécialement conçus pour le site, vu le peu d'estime que Zuckerberg avait pour la publicité traditionnelle (lorsqu'en mai 2006 il engagea le nouveau patron des ventes publicitaires, Mike Murphy, Zuckerberg lui dit : « Je ne déteste pas la pub en général. Je déteste la pub merdique, c'est tout »). Même le directeur opérationnel Van Natta, vétéran de l'industrie Internet aux manières expéditives, avait ravalé ses ambitions et acccepté le diktat de Zuckerberg : la publicité devrait toujours être utile à l'utilisateur. Bien que son mandat soit d'accumuler les recettes, il s'était mis à répéter des formules comme : « On devrait presque ne pas faire de fric là-dessus si ça n'ajoute pas de la valeur au site. »

Chase Manhattan fit œuvre de pionnier avec ses cartes de crédit. En collaboration avec une petite agence de publicité new-yorkaise, Noise Marketing, la banque lança la carte Chase + 1, spécialement conçue pour les étudiants et exclusivement réservée aux usagers Facebook. La carte était noire, conformément aux vœux des étudiants. Elle proposait ce que Chase appelait des points Karma, qu'on pouvait échanger contre de modestes récompenses comme des billets de concert. Mais contrairement à ce qui se passait avec la plupart des cartes à points de fidélité, on pouvait accumuler des points sans dépenser de grosses sommes. Ce qui convenait bien aux étudiants, puisqu'en général ils ne font que des achats modestes. Chaque achat, si modeste soit-il, valait vingt points. Vous pouviez aussi gagner des points en adhérant au groupe Facebook sponsorisé par Chase, ou encore en suivant un cours en ligne sur la manière de gérer votre argent. Et Chase dota sa carte d'une fonction « sociale ». Vous pouviez donner vos points Karma à vos amis Facebook.

Une semaine après le lancement du programme, 34 000 étudiants avaient déjà adhéré au groupe, et Chase émit bientôt des milliers de cartes[8]. Les banquiers étaient contents, et Facebook avait fait un pas important en commençant d'apporter la preuve que la publicité ciblée pouvait être efficace.

Quelques mois plus tard, Procter & Gamble tenta une expérience similaire. Son PDG, A.G. Laffley, avait commencé à évoquer la nécessité pour P&G de se rapprocher de ses consommateurs. Après avoir lu cette information, le vendeur de publicité Facebook Kevin Colleran effectua un de ses magistraux sondages téléphoniques à froid pour voir si P&G orientait une de ses marques vers le marché étudiant. Il s'avéra que, même si les bandes de blanchiment dentaire White Strips vendues sous la marque Crest ne visaient pas spécifiquement les étudiants, les statistiques de vente internes indiquaient que White Strips se vendait particulièrement bien dans les supermarchés Wal-Mart situés près des campus. Colleran et les responsables du marketing P&G élaborèrent une campagne Facebook sous le titre Smile State.

À l'image de ce qu'avaient fait Apple, puis Chase, P&G créa un groupe Facebook sponsorisé pour Crest White Strips. Il fit la promotion du groupe Smile State uniquement auprès des usagers Facebook qui étudiaient dans l'une des vingt grandes universités d'État situées près d'un Wal-Mart. Tout étudiant qui adhérait au groupe recevait un billet pour aller voir *We Are Marshall*, film visant un public étudiant et dont la vedette était Matthew

McConaughey. En outre, les établissements qui inscrivaient le plus de membres au groupe Facebook de Crest White Strips eurent droit à un concert organisé par Def Jam records. Il y eut plus de 20 000 adhésions. Avoir 20 000 personnes qui expriment publiquement leur affinité pour Crest White Strips en utilisant leur vrai nom est le genre de chose qui donne la chair de poule aux services marketing. Ce fut une immense victoire pour P&G et pour Facebook.

Zuckerberg refusait toujours de s'intéresser à la publicité, si lucrative soit-elle, qui interrompait l'expérience Facebook et détournait l'attention des utilisateurs. En mai 2006, Sprite fut relancé sous un nouveau conditionnement avec une campagne de publicité ironique qui visait un public jeune et se voulait audacieuse et voyante. L'agence de Sprite proposait de payer 1 million de dollars une page entièrement verte qui remplacerait la page d'accueil Facebook pendant une journée. Zuckerberg n'envisagea même pas de prendre l'argent. Le PDG ne songeait pas non plus à impressionner les gens pour avoir leur clientèle. La première fois qu'un cadre de haut niveau d'une grande agence de San Francisco spécialisée dans la publicité en ligne se rendit chez Facebook, il tomba sur Zuckerberg ; il était pieds nus et portait un short de basket NBA qui lui descendait au-dessous du genou.

La plupart des annonceurs avaient encore des doutes sur la nature exacte de Facebook, sans parler de la manière de s'en servir à leur avantage. Mais en juin la troisième plus grande agence de publicité mondiale passa dans le camp de Facebook avec un geste spectaculaire. Le groupe Interpublic s'engagea à dépenser 10 millions de dollars de publicité Facebook dans l'année à venir pour le compte de ses clients. Dans le cadre de cet accord, le géant de la pub acheta aussi 0,5 pour cent du capital de la société[9]. « De plus en plus de consommateurs jeunes et branchés sur la technologie délaissent les support médias traditionnels et définissent leur personne et leur communauté sur Internet », déclara le PDG d'Interpublic Michael Roth. Il nota aussi que 65 pour cent de tous les étudiants américains avaient déjà un profil Facebook.

En août, Facebook bénéficia d'une autre reconnaissance majeure – cette fois-ci de la part d'un titan de l'industrie technologique. Pour commencer, MySpace annonça un important accord de trois ans avec Google, qui donnait 900 millions de dollars pour pouvoir gérer une fonction de recherche à l'intérieur de MySpace et placer de la publicité sur le site. La transaction était d'une telle ampleur qu'elle suffit à rentabiliser l'investissement de Murdoch dans MySpace. C'était la deuxième fois qu'une transaction colossale concernant MySpace avait des retombées positives sur Facebook. La première fois – quand Murdoch avait acheté MySpace – Facebook avait par contagion acquis une certaine valeur. Cette fois-ci, le potentiel publicitaire de Facebook avait l'apparence d'une vraie mine d'or.

Le directeur opérationnel Van Natta et le nouveau vice-président du développement commercial, Dan Rose, que Van Natta avait débauché chez Amazon, étaient déjà en pourparlers avec les sociétés qui avaient le plus fort volume de bannières publicitaires : Google, Microsoft et Yahoo. Facebook avait déjà conclu un modeste accord avec le département MSN de Microsoft pour lui vendre de l'espace publicitaire.

Rien ne motive plus Microsoft que le désir de battre Google. Un jour ou deux après l'annonce de l'accord entre MySpace et Google, Rose appela Microsoft, conscient du fait que le colosse du logiciel avait bataillé pour arracher le marché avec MySpace et avait perdu.

La démarche de Rose suscita une réaction immédiate et positive. « Oui, dit le cadre Microsoft qui lui répondit, nous aimerions beaucoup envisager un accord similaire avec Facebook. Qu'est-ce que vous demandez ? » Van Natta et Rose se consultèrent et concoctèrent rapidement ce qu'ils estimaient être une opération financièrement juteuse. Ils suggéraient que Microsoft se serve de son réseau de ventes publicitaires pour représenter le catalogue de bannières Facebook et garantisse un certain CPM pour chaque pub placée. Il n'y eut même pas de discussion. « OK, on sera là demain pour mettre ça au point », rétorqua l'homologue impatient de Rose chez Microsoft. Finaliser les détails ne fut pas une mince affaire. « Mark était inflexible quand il s'agissait de préserver l'expérience de l'utilisateur et la maquette, raconte un des négociateurs de Microsoft. Ça rendait dingues les gens de notre service de publicité, parce qu'il était très difficile de livrer des unités de pub Internet standard. »

Ce fut une opération décisive. Facebook disposait maintenant d'un nouveau flux de recettes, important et lucratif. Du jour au lendemain, Microsoft transforma 2006, qui s'annonçait pour Facebook comme une année déficitaire – une de plus – en une année très rentable. Quelques mois plus tôt, la société avait montré au représentant de Viacom, Michael Wolf, des projections internes annonçant 22 millions de recettes publicitaires pour 2006, mais Facebook termina l'année avec au moins le double de ce chiffre. Les sommes versées par Microsoft représentaient largement plus de la moitié des recettes de la société en 2006. Pour 2007, l'accord avec Microsoft garantissait à Facebook 100 millions de dollars de recettes.

Peut-être que les cours de gestion d'entreprise suivis par Zuckerberg se révélaient fructueux. Il laissait Owen Van Natta, l'homme d'expérience, jouer un rôle très semblable à celui joué auparavant par Sean Parker – représenter Facebook à l'extérieur et étoffer l'entreprise, tandis que lui-même pouvait se concentrer sur l'amélioration du produit Facebook. Van Natta gérait des accords de plus en plus importants avec des partenaires tels qu'Interpublic et Microsoft. L'équipe de cadres – purgée de certaines des découvertes de Robin Reed – devenait plus homogène. Bien que son contrat de chargée du recrutement ait été renouvelé plusieurs fois, elle était partie pour de bon. Robin Reed avait aidé la société à grandir, même si l'équipe répugnait à l'admettre.

Viacom avait renoncé à essayer d'acquérir Facebook, mais Zuckerberg avait tiré de ses conversations avec Michael Wolf une somme d'enseignements sur la négociation des accords et le fonctionnement de l'industrie des médias qui lui serait très utile dans les années à venir. Et à l'intérieur de la société, il jouait mieux son rôle de décideur.

9. 2006

« J'arrive pas à savoir ce que deviennent mes amis ! »

Le stupéfiant succès de l'application Photos de Facebook suscita une sorte d'examen de conscience dans la société. Quelles étaient les raisons exactes de cette réussite ? se demandèrent Zuckerberg et ses collègues. Bon, il y avait d'abord la grande facilité avec laquelle vous pouviez trouver les nouvelles photos téléchargées par vos amis. Le profil de chaque personne comprenait une page « tableau de bord » montrant les albums photo qui avaient été récemment mis à jour. Apparemment, les utilisateurs voulaient savoir ce qu'il y avait de nouveau. Une autre innovation récente consistait à ordonner la liste d'amis sur la page d'accueil de chaque utilisateur d'après les profils qui avaient été modifiés récemment. L'équipe appelait ça le « tri chrono » et les utilisateurs étaient enthousiastes. Chaque fois que quelqu'un changeait la photo de son profil, il s'ensuivait rapidement une moyenne de vingt-cinq nouvelles pages vues.

Sur Facebook, les gens regardaient les informations d'autrui. Ils étaient impatients d'apprendre ce qui était nouveau, ce qui avait changé, ce qui s'était passé qu'ils ne savaient pas déjà. Étudier les profils de vos amis était une activité obsessionnelle, mais pas très efficace. On cliquait d'une page à l'autre en essayant de déterminer si quelque chose avait changé depuis la dernière consultation. X était-il encore célibataire ? Cette photo signifiait-elle qu'Y était allée aux Antilles ? Comment se fait-il que Z soit allé à cette soirée et qu'il ne m'en ait rien dit ? Clic clic clic. L'information était bien là, mais le processus était fastidieux.

Les jeunes dirigeants de la société eurent donc l'idée de construire une page qui montrerait non seulement les dernières photos ajoutées par vos amis, mais aussi tous les éléments récemment modifiés sur leur profil. « Nous nous sommes posé la question : "Comment donner aux gens les informations auxquelles ils tiennent le plus ?" dit Moskovitz. Nous voulions construire un écran qui montrait tout. Alors nous avons eu l'idée du Fil d'actualité. »

Ce nouvel outil aiderait les utilisateurs à trouver les informations qui comptaient le plus pour eux à un moment donné. Ce qui pourrait inclure n'importe quoi, depuis l'adresse de la soirée à laquelle un ami se proposait d'aller vendredi jusqu'à des actualisations sur la situation politique au Tadjikistan que quelqu'un pourrait avoir affichées sous forme de lien vers une page Web. Le principe était de s'assurer que vous verriez ce qui vous tenait à cœur, quelle qu'en soit la nature. L'ordre dans lequel les informations seraient présentées serait dicté par ce que vous aimiez regarder, d'après votre comportement enregistré sur le site. Zuckerberg l'expliqua ainsi à ses collègues : « Un écureuil qui meurt devant chez vous a peut-être plus de rapports avec votre vécu actuel que les gens qui meurent en Afrique. »

Tout ce remue-méninges eut lieu au début de l'automne 2005. Peu après, Adam D'Angelo s'entretint avec une nouvelle recrue, Chris Cox, sur l'élaboration du Fil d'actualité. « J'ai vu une lueur briller dans ses yeux, rapporte Cox. Pour moi, c'était clair qu'il ne s'agissait pas de gagner encore plus d'argent. Il a dit : "On entend ça tout le temps : j'arrive pas à savoir ce que deviennent mes amis ! L'Internet pourrait aider à répondre à un million de questions, mais pas à la plus importante, celle qu'on se pose chaque jour au réveil : que deviennent les gens auxquels je tiens ?" »

Ils se mirent à l'ouvrage sur le Fil d'actualité. « Ensuite, pendant huit mois, nous y avons travaillé passionnément », dit Cox, un grand gaillard laconique, surdiplômé de Stanford qui avait étudié l'informatique, la psychologie et la linguistique. L'idée était audacieusement ambitieuse : écrire un ensemble d'algorithmes pour disséquer les informations produites par les usagers Facebook, choisir les activités et les modifications de profil qui auraient le plus d'intérêt pour leurs amis, et ensuite les présenter à ces amis en ordre chronologique inversé. La page d'accueil de chaque utilisateur serait donc complètement différente, en fonction des amis qu'il aurait. « C'était le plus gros défi technologique que la société ait jamais affronté », dit Sean Parker.

L'utilisateur moyen de Facebook avait à l'époque environ 100 amis. Le logiciel serait obligé de surveiller toutes les activités de tous ces gens. Par conséquent, chaque fois que vous vous connecteriez au service, le logiciel classerait les activités de tous vos amis sur la base de ce qui aurait le plus de chances de vous intéresser. Ce calcul se fonderait, entre autres données, sur votre comportement antérieur. Vous aviez peut-être noté que vous n'aviez pas le moral, ou que vous alliez au cinéma, ou alors, vous aviez affiché une photo, indiqué que vous aimiez le nouvel album de Wilco, ou affiché un lien vers un épisode du *Daily Show*. Le logiciel Facebook détecterait ces nouvelles informations et déciderait s'il fallait ou non les retransmettre en tout ou partie à vos amis en se fondant sur les chances qu'elles auraient de les intéresser. Il déduirait ces probabilités à partir du comportement antérieur de vos amis. S'ils aimaient le hip-hop (et non la country music), il se pourrait qu'ils ne reçoivent pas l'information sur Wilco. S'ils ne regardaient jamais de vidéos, il se pourrait qu'ils ne voient pas le lien vers le *Daily Show*. Le logiciel appliquerait ce type de raisonnement à toutes les sortes d'informations et d'activités relevées sur le site. Il répéterait ce processus environ toutes les quinze minutes. Multipliez maintenant tout cela par 6 millions – le nombre d'usagers actifs qu'avait Facebook au début du projet. C'était un défi massif en matière d'ingénierie et de conception de produit.

Le Fil d'actualité serait un changement radical. « Ce n'est pas une nouvelle fonction, c'est une évolution majeure du produit », déclara Zuckerberg à l'époque. Elle allait rénover complètement Facebook. Elle était indispensable en tant que base d'innovations futures auxquelles il songeait déjà. Zuckerberg prêchait la bonne parole avec conviction devant les ingénieurs et les concepteurs de produits, pas toujours avec succès. « Pour beaucoup d'entre nous, c'était "Non, pas de ça, on déteste !" » se rappelle la directrice de produit Naomi Gleit.

Bien que Zuckerberg continue de s'opposer à la vente de la société, beaucoup de gens dans son sillage chez Facebook estimaient qu'il était de bonne guerre de savoir ce que de nouveaux acquéreurs potentiels étaient prêts à payer. Owen Van Natta était passé maître dans l'art de débusquer des propositions. À la fin du printemps 2006, après l'échec des négociations avec Viacom, qui avaient plafonné à 800 millions de dollars cash, Zuckerberg et le conseil d'administration conclurent que, si quelqu'un offrait 1 milliard de dollars cash pour Facebook, ils prendraient la proposition très au sérieux. Si Zuckerberg était d'accord, c'est entre autres parce qu'il craignait que l'échec des réseaux d'entreprise ne signifie que son bébé n'était pas destiné à devenir aussi grand qu'il l'avait cru.

Pendant ce temps, une dizaine de kilomètres plus au sud, à Sunnyvale, les cadres Yahoo étaient inquiets. Ils constataient l'implantation de plus en plus profonde du réseautage social alors même qu'ils n'étaient pas présents sur ce créneau. Le PDG Terry Semel était de plus en plus amoureux de Facebook. Le directeur opérationnel Dan Rosensweig était déjà un fan du site et s'était donné la peine de rencontrer Zuckerberg en 2005. Il avait clairement affirmé que Yahoo était disposé à parler d'une acquisition si Zuckerberg était intéressé. Il ne l'était pas.

En juin, l'équipe directoriale Yahoo conclut à l'unanimité qu'il fallait acquérir Facebook. Semel prit contact avec Zuckerberg et ils commencèrent à négocier. Assez vite, il sembla possible que Yahoo soit disposé à payer 1 milliard de dollars. Semel, Rosensweig et Toby Coppel, directeur de la stratégie chez Yahoo, se lancèrent dans une série de négociations avec Van Natta, Cohler et Zuckerberg. Un grand nombre de réunions se tinrent chez Van Natta, à Palo Alto, le studio du PDG n'étant pas approprié.

Zuckerberg ne savait pas s'il fallait pavoiser ou rester sur ses gardes. Pour exprimer un peu de chaque, il chargea un de ses directeurs de produit d'acheter pour 500 dollars de feux d'artifice illégaux en vue d'une soirée réunissant le personnel de la société pour la fête nationale du 4 juillet. Le tir des fusées dans un parc de Palo Alto suscita une rencontre embarrassante – mais brève – avec la police. Le lendemain, Yahoo concrétisa sa proposition sous la forme d'une liste de conditions que Semel fit transmettre à Zuckerberg par coursier.

Du point de vue du PDG et de ses alliés comme Moskovitz, cette démarche les irritait. Moscovitz, comme Zuckerberg, ne voyait pas l'intérêt de vendre. « Le boniment qu'on m'a servi, se rappelle-t-il, c'était : “Ce serait irresponsable de ne pas savoir à combien se monte notre valorisation. Nous n'essayons pas de vendre la société.” Et ça a fait boule de neige pour devenir : “OK, maintenant il y a des listes de conditions et nous allons être obligés de faire semblant de négocier. »

Jim Breyer, qui siégeait au conseil d'administration, voyait les choses différemment. Ce serait l'occasion ou jamais d'opérer une « sortie » lucrative, pour reprendre le terme utilisé par les capital-risqueurs quand ils gagnent beaucoup d'argent. Si l'affaire était conclue, Accel gagnerait plus de dix fois la valeur de son investissement au terme de quatorze mois seulement. « Je demandais une réunion du conseil d'administration, je demandais une discussion, se rappelle Breyer. J'ai dit : "Nous sommes obligés de nous documenter, d'y réfléchir et de peser le pour et le contre. Vous ne pouvez pas rejeter la proposition sans l'examiner. Nous avons beaucoup d'employés, et nous les représentons. Pour eux, c'est de l'argent bien réel." » À propos des jeunes dirigeants de la société, il ajoute : « Une fois que la proposition est arrivée, et bien que ce soit la somme que nous voulions, ils ont refusé d'aller plus loin. Mark sentait certainement à ce stade qu'il ne voulait pas vendre. Alors le climat s'est vraiment tendu. »

Dans une réunion du CA, Zuckerberg perdit patience. « Hé, Jim, on ne peut pas vendre si moi je ne veux pas vendre », dit-il carrément. « Ça, je le sais, Mark, répliqua un Jim Breyer irrité. Mais nous étions d'accord pour demander 1 milliard. Il faut analyser la situation. »

Breyer n'était absolument pas le seul à faire campagne pour une vente. Une fois de plus, il y avait deux camps chez les employés, essentiellement les jeunes et les moins jeunes. Le jeune trentenaire Van Natta et le presque trentenaire Cohler – les aînés relatifs – voulaient vendre. Sean Parker, qui était encore un des principaux actionnaires, faisait bloc avec Zuckerberg et Moskovitz. Il estimait que Facebook n'en était qu'à ses débuts. Peter Thiel qui, malgré la différence d'âge, avait beaucoup de sympathie pour Zuckerberg passa des heures à débattre avec le jeune PDG de l'opportunité de vendre[1]. Thiel voulait que Zuckerberg envisage la chose, mais restait déférent envers le fondateur. « À la fin, Peter était disposé à me soutenir, se rappelle Zuckerberg. Jim a insisté un peu plus. Pratiquement tous les autres voulaient vendre la société. »

Moskovitz, le plus ancien associé de Zuckerberg, était l'un de ceux qui s'opposaient fermement à la vente. « J'étais sûr que le produit allait beaucoup souffrir si Yahoo nous achetait, raconte-t-il. Et Sean me disait que 90 pour cent de toutes les fusions aboutissent à des échecs. » En outre, Zuckerberg et lui suivaient de près le résultat de l'acquisition par Google, début mai, de Dodgeball, une société qui utilisait des téléphones portables pour vous aider à localiser physiquement vos amis. « On voyait bien que Dodgeball allait se planter, affirme Moskovitz. Et dire que Google était la Mecque des start-up ! Si une acquisition réalisée à ce niveau tournait à l'échec, je n'étais pas très chaud pour rejoindre une société qui avait la réputation d'être un peu en retard sur son époque. »

Zuckerberg était certain que l'offre de Yahoo, si impressionnante soit-elle, paraîtrait bien trop modeste au cas où le Fil d'actualité réussissait comme il l'espérait. Le lancement était prévu dans moins de deux mois, pour la rentrée scolaire et universitaire. Et Facebook avait aussi l'intention de procéder presque au même moment à un autre changement spectaculaire – le site allait s'ouvrir à quiconque pourrait s'y inscrire. Il ne serait plus nécessaire d'être étudiant, lycéen ou membre d'un réseau d'entreprise. Bref, l'inscription était libre. Contrairement au principe des réseaux d'entreprise, il ne s'agissait plus de prendre le modèle universitaire et de l'appliquer à un nouveau marché. C'était un changement global – déclarer que Facebok devrait être pour tout le monde. La société n'abandonnait pas l'ancienne structure. Elle fixait toujours à chaque utilisateur une place dans un réseau. Mais si vous n'étiez ni dans un établissement d'enseignement ni dans une entreprise, vous pouviez tout simplement adhérer au réseau de votre ville. Ce serait là le vrai test de l'attrait d'un Facebook élargi au-delà des lycées et des facs.

Cohler et Breyer craignaient, après l'échec des réseaux d'entreprise, que l'inscription libre soit elle aussi une impasse, et que Facebook ne puisse jamais aller au-delà du marché des étudiants et lycéens. « Nous avions atteint la saturation au niveau des facs, rapporte Cohler. Nous approchions de la saturation au niveau des lycées. MySpace faisait très fort dans la tranche des 20-25 ans. Et Mark était convaincu – aveuglément, nous semblait-il alors – que l'adoption à grande échelle du produit par les adultes allait marcher. Il avait toujours vu juste dans ce genre de choses et beaucoup d'entre nous s'étaient trompés, jusqu'à l'affaire des réseaux d'entreprise. »

Si Facebook ne se catapultait pas au-delà des lycées et campus pour s'implanter dans une population plus large, alors sa croissance était presque terminée. Pour Cohler, cela signifiait que la proposition de Yahoo serait peut-être la meilleure qu'on leur ferait jamais. « Mark, je suis disposé à changer d'avis, dit alors Cohler. Explique-moi.

—Je ne peux pas vraiment expliquer, rétorqua Zuckerberg. Je *sais.* C'est tout. »

Pour nombre des employés et des investisseurs chevronnés de la société, Facebook tenait là une occasion en or de capitaliser sur sa pénétration exceptionnellement complète du marché des facs et lycées. Pour certains, Facebook ressemblait à MTV à ses débuts, quand son réseau à base de clips vidéo avait créé une nouvelle forme de média dont les jeunes ne pouvaient carrément plus se passer. Ceux qui pensaient ainsi soutenaient que Facebook risquait de perdre son prestige chez les étudiants et les lycéens en invitant tout un tas d'adultes beaucoup moins cool sur le même réseau.

Zuckerberg n'était pas d'accord. Sa vision était cohérente et claire : Facebook avait besoin de sortir du cadre des lycées et des campus pour devenir un site dont tout un chacun pourrait se servir pour communiquer avec ses amis. Parker, Moskovitz et lui-même disaient depuis le milieu de l'année 2005 que Facebook n'était pas conçu pour être cool, mais juste pour être utile. Si les plus jeunes usagers étaient rebutés quand le site élargirait sa base démographique, tant pis. Zuckerberg savait que, de toute façon, les internautes qui se connectaient sur Facebook n'étaient pas tellement conscients de la présence de gens gravitant à l'extérieur de leur propre cercle d'amis. Il se pouvait même que des adultes adhèrent en masse sans que l'étudiant ou lycéen lambda s'en aperçoive.

La tension avec Breyer et les cadres de la société plus la gravité du problème de la vente commençaient à ronger Zuckerberg. Certaines nuits, incapable de dormir, il prenait sa voiture et tournait en rond, ses CD de Green

Day et de Weezer à fond sur la stéréo[2]. Il passait des heures à faire les cent pas autour de la piscine de la villa Facebook, en essayant de réfléchir à ces problèmes, tandis que sa compagne, Priscilla, se morfondait sur sa chaise longue. Elle confia un jour à une amie : « J'espère qu'il ne vendra pas. Je ne vois pas comment il pourrait s'occuper autrement[3]. » À peu près à cette époque, Zuckerberg consulta sa sœur aînée Randi, qui travaillait dans le service marketing de Facebook. « Il était vraiment déchiré, se rappelle-t-elle. Il disait : "C'est un sacré paquet de fric. Ça pourrait vraiment changer la vie de beaucoup des gens qui bossent pour moi. Mais ce n'est rien à côté de l'occasion immense que nous avons de changer le monde. Je ne crois pas que je rendrais service à qui que ce soit en acceptant cet argent." »

Les négociations au domicile de Van Natta se poursuivirent pendant les deux premières semaines de juillet. Les juristes de Yahoo étudièrent minutieusement les finances de la société. Finalement, les deux parties aboutirent à un accord : en principe, Yahoo achèterait Facebook pour 1 milliard de dollars cash. Malgré tout, certains négociateurs de Yahoo pouvaient voir que Zuckerberg n'était toujours pas convaincu. Il prenait son temps à chaque nouvelle phase des négociations. Ils n'étaient pas sûrs qu'il soit vraiment consentant, en dépit de ce qui avait pu être mis au point avec Van Natta. Ils avaient raison. Et d'autres attitudes de Zuckerberg étaient agaçantes pour l'équipe Yahoo. Par exemple, se rappelle un des négociateurs de chez Yahoo, « Mark ne s'intéressait pas du tout à l'intégration de la publicité dans le produit Facebook ».

C'est alors que toute cette tension retomba avec une rapidité inattendue. À la mi-juillet, Yahoo annonça ses résultats financiers du deuxième trimestre. Wall Street les trouva décevants et l'action Yahoo perdit 22 pour cent de sa valeur en une seule journée. Peu après, Terry Semel, le PDG, battit en retraite, comme le directeur financier de Viacom en avril. Comment réagirait Wall Street si Yahoo dépensait une somme énorme pour acquérir une société faisant si peu de bénéfices ? Semel ramena sa proposition à 850 millions de dollars en reconnaissant que cela pourrait faire casser les négociations. Ce qui arriva. Son adjoint Dan Rosensweig appela Zuckerberg pour l'informer que Yahoo n'offrait plus 1 milliard de dollars. Dès qu'il eut raccroché, un Zuckerberg rayonnant traversa la pièce à grands pas, s'approcha du bureau de Moskovitz et lui tapa théâtralement dans la main. Au terme d'une téléconférence de dix minutes, le conseil d'administration Facebook rejeta la nouvelle proposition. Même Breyer n'était pas mécontent de cette décision.

Pendant que se déroulaient ces événements, les instances directoriales d'autres sociétés du monde des médias et de la technologie commençaient à se demander si elles ne devraient pas acquérir Facebook. Des rumeurs circulaient sur le milliard de dollars qu'aurait offert Yahoo.

Chez Time Warner, les discussions à propos de Facebook prirent un tour sérieux, mais brièvement. Le PDG d'AOL, Jonathan Miller, voulait l'acquérir. Pour lui, la communauté était au cœur d'AOL, ainsi qu'en témoignaient les salons et forums de discussion en ligne, et la messagerie instantanée AIM. À son avis, Facebook s'y intégrerait parfaitement. Mais AOL n'était qu'un secteur au sein du groupe Time Warner. Miller ne pouvait aller plus loin sans l'assentiment des dirigeants de la société-mère, qui avaient déjà repoussé plusieurs de ses autres propositions d'acquisition. Miller savait aussi que Zuckerberg n'accepterait pas d'être payé en actions de Time Warner, très décrié à l'époque pour ses résultats médiocres. Tout accord impliquerait de payer cash.

Alors Miller devint créatif. Un partenariat avec une autre société du groupe Time Warner, estimait-il, pourrait peut-être aider à triompher de la résistance interne. Il réussit à recruter Ann Moore, PDG de Time Inc., la division presse du groupe, pour un projet conjoint d'acquisition de Facebook. Ils échafaudèrent un plan dans lequel AOL et Time Inc. vendraient chacun des actifs afin de réunir du liquide pour acheter Facebook. AOL vendrait MapQuest avec son logiciel Tegic, utilisé sur les téléphones portables pour découvrir les mots que vous essayez de composer au clavier. Miller espérait en tirer pas moins de 600 millions de dollars. Ann Moore, pour sa part, céderait l'éditeur britannique de magazines IPC pour environ 500 millions de dollars. Ils auraient alors assez de liquide pour envisager une acquisition de Facebook. Mais lorsqu'ils présentèrent leur proposition à Jeff Bewkes, le président de Time Warner, il les descendit en flammes. Il leur déclara que, s'ils pouvaient se passer de leurs possessions, ils n'avaient qu'à les vendre et remettre l'argent à la société-mère. S'ils voulaient ultérieurement procéder à une acquisition de Facebook, ils n'auraient qu'à venir le voir et il étudierait la question. Point final. Zuckerberg n'entendit jamais parler de ce projet.

L'automne approchait. Chez Facebook, l'enthousiasme grandissait, porté par les lancements jumelés projetés pour les premières semaines de la rentrée universitaire. L'équipe du Fil d'actualité mettait la dernière main à sa création. Et les gens qui supervisaient l'inscription libre avaient en outre décidé d'inaugurer une nouvelle manière d'inciter des amis à vous rejoindre sur le site. Vous alliez avoir la possibilité de télécharger votre Carnet d'adresses résidant chez l'un des grands fournisseurs de messagerie électronique – Hotmail, Yahoo, Gmail ou AOL – et de trouver en quelques clics qui, parmi vos correspondants, était déjà sur Facebook. Vous pourriez aussi envoyer des e-mails à des gens qui n'étaient pas sur Facebook pour les inviter à s'inscrire. Cet élément était si important que d'aucuns, chez Facebook, commencèrent à parler d'une fonction « Importateur de Carnet d'adresses » pour désigner l'inscription libre.

La mise au point du Fil d'actualité fut de loin le projet le plus complexe et le plus long que Facebook ait jamais entrepris. Il n'empêche qu'au milieu de l'été une version fonctionnait déjà. Un soir, assis dans son séjour, Chris Cox découvrit la première « information » du Fil. Sur sa page d'accueil trônait une ligne unique : « Mark a ajouté une photo. » « C'était comme le moment dans *Frankenstein* où le doigt [de la créature] bouge », s'émerveille Cox. Le Fil d'actualité finirait par être composé d'une longue liste d'alertes similaires, taillées sur mesure pour chaque utilisateur. Le modèle conceptuel du Fil d'actualité était un journal composé sur mesure et distribué à chaque utilisateur. Toutes les petites alertes étaient des « infos » ou des « publications » et le logiciel qui déterminait quelles infos devaient être transmises à chaque utilisateur était qualifié d'« éditeur ».

Facebook vivait dans une impatience exacerbée en attendant le lancement officiel du Fil d'actualité. Dave Morin, qui travaillait chez Apple, était en passe d'être recruté par Parker et Moskovitz à ce moment précis. (Parker n'était peut-être plus salarié de la société, mais sa passion pour la réussite de Facebook n'en était pas diminuée pour autant.) Morin se rappelle une conversation avec Parker la nuit précédant le lancement. « Morin, demain sera le jour qui décidera si Facebook devient soit insignifiant soit plus gros que Google », claironna Parker. Moskovitz usa d'un langage moins solennel pour présenter la chose à Morin : « Demain, vous allez tellement adorer la nouvelle page d'accueil que vous aurez envie de bosser ici gratuitement ! »

Facebook démarra le Fil d'actualité en pleine nuit, aux premières heures du mardi 5 septembre. Tout le monde avait travaillé tellement dur que le bureau était un champ de bataille jonché de câbles et de papiers. Le réfrigérateur collectif était bourré de champagne californien Korbel pour un arrosage en règle. Les gens sortirent les bouteilles et commencèrent à boire directement au goulot. Certains avaient même apporté des pétards du Nouvel An. Il fallait fêter l'événement. Lorsqu'on appuya sur le bouton pour lancer officiellement le programme, une petite foule se rassembla autour d'un moniteur. Zuckerberg était là, portant un T-shirt rouge à l'effigie du CBGB, la boîte culte de New York, et un short de baseball noir trop grand.

Ruchi Sanghvi, directrice du produit Fil d'actualité, afficha un message optimiste intitulé « Facebook se paie un lifting » sur le blog Facebook : « Nous avons ajouté deux fonctionnalités cool, écrivait-elle innocemment, le Fil d'actualité, qui s'affiche sur votre page d'accueil, et le Mini-Fil d'actualité, qui s'affiche sur le profil de chaque membre. Le Fil d'actualité met en relief ce qui se passe dans le cercle de vos amis Facebook. Il actualise une liste personnalisée d'informations tout au long de la journée, si bien que vous saurez quand Mark ajoute Britney Spears à ses Favoris ou quand l'élu(e) de votre cœur est à nouveau célibataire. [...] Le Mini-Fil d'actualité est similaire, mais n'est centré que sur une seule personne. Le Mini-Fil d'actu de chaque personne montre ce qui a changé récemment dans son profil et les contenus (notes, photos, etc.) qu'elle a ajoutés. »

La page d'accueil d'un utilisateur était maintenant entièrement composée de bribes d'informations sélectionnées par un algorithme pour les tenir au courant des activités de leurs amis. Quelques exemples de ce qui figurait dans les Fils d'actualité de divers utilisateurs : David Walt a ajouté de nouvelles photos ; Monica Setzer n'est plus en couple ; Amanda Valerio a changé la photo de son profil ; Alex Stedman a quitté le groupe Étudiants du Campus de Santa Barbara Contre le Bière-Pong ; Dan Stalman et Alex Rule sont maintenant amis ; Lauren Chow est allée voir *Les Dieux sont tombés sur la tête* ; Garrett Tubman va mieux parce que Zackie vient de lui remonter le moral ; et une Mise à jour : 14 de vos amis ont rejoint le groupe Étudiants contre le Fil d'actu Facebook (Pétition officielle adressée à Facebook).

Eh oui, il y avait comme un problème. Apparemment, les usagers Facebook détestaient le Fil d'actualité. Après que les membres de l'équipe technique eurent lancé le code en direct, ils observèrent l'apparition progressive des réactions émanant des 9,4 millions d'utilisateurs. La toute première était : « Arrêtez cette merde ! » Des photos de cette soirée montrent une fête qui tourne au vinaigre lorsque des collaborateurs légèrement éméchés cessent de brandir allègrement leur Korbel et commencent à fixer d'un air ahuri des écrans brusquement remplis de récriminations en cascade.

Ainsi débuta la plus grave crise que Facebook ait jamais affrontée. Sur cent messages adressés à Facebook au sujet du Fil d'actualité, un seul était positif. À la Northwestern University en Illinois, un troisième année du nom de Ben Parker se réveilla mardi matin, se connecta à Facebook, et n'aima pas ce qu'il y vit. Il créa rapidement le groupe anti-Fil d'actualité « Étudiants contre le Fil d'actu Facebook ». « Vous êtes allés un peu trop loin, cette fois, Facebook, écrivait-il. Très peu parmi nous veulent savoir automatiquement ce que nous mettons à jour [...] ce fil d'actualité est trop sinistre, ressemble trop à du harcèlement, et il faut le supprimer. » En l'espace d'environ trois heures, le groupe avait 13 000 membres[4]. À 2 heures du matin, il en avait 100 000. Le mercredi à midi, c'était déjà 280 000, et le vendredi, 700 000. Et il y avait près de cinq cents autres groupes contestataires[5], avec des noms comme « CE FIL D'ACTU FACEBOOK C'EST DE LA MERDE ! ! ! », « Chuck Norris, viens nous sauver du Fil d'actu Facebook ! », « fil d'actu = saloperie de merde trouduc d'arnaque à la con casse-couilles à vomir par tous les trous » et « Ruchi est le Diable »[6]. Au moins 10 pour cent des usagers du site protestaient activement contre ce changement.

La principale objection à l'endroit du Fil d'actualité était qu'il envoyait beaucoup trop d'informations sur vous à beaucoup trop de gens. Une manchette du *Daily Wildcat* de l'université d'Arizona résumait le problème : « Les utilisateurs étudiants disent que le nouveau Fil d'actu Facebook est à la limite du harcèlement. » Le journal citait un étudiant de première année : « Personne ne devrait être forcé d'avoir un blog de ses activités sur sa propre page Web[7]. » Et à l'université du Michigan, le *Michigan Daily* citait une troisième année qui trouvait la chose problématique du point de vue du spectateur : « Le nouveau Facebook me donne vraiment la frousse. J'ai l'impression d'espionner les gens, de faire du *stalking*[8]. » Beaucoup d'internautes commençaient à évoquer un « Stalkerbook ». On vous suivait à la trace, et vous vous retrouviez dans la peau d'un espion. Qui voulait ça ?

La première réaction officielle de la société émergea tard dans la nuit du mardi. Zuckerberg afficha un message sur le blog avec le titre condescendant « Calmez-vous. Respirez. Nous vous entendons. » Il se voulait rationnel : « Nous n'ignorons pas l'existence des groupes Facebook qui se créent à propos de cette affaire (au fait, Ruchi n'est pas le diable). Et nous sommes d'accord, le harcèlement et l'espionnage, ce n'est pas cool ; mais avoir la possibilité de savoir ce qui se passe dans la vie de vos amis, c'est cool. Ces informations, qu'on cherchait auparavant à obtenir sur une base quotidienne, sont élégamment réorganisées et résumées de façon à ce que vous puissiez savoir ce que deviennent les gens qui vous sont chers. » Et il soulignait aussi un aspect du Fil d'actualité que lui-même et ses collègues chez Facebook estimaient essentiel : « Aucune de vos informations n'est visible pour quiconque ne pouvait la voir avant les changements. »

Le lendemain, des équipes de reportage télévisé commencèrent à se rassembler devant le siège de Facebook à Palo Alto. La société fut obligée d'engager des agents de sécurité pour escorter les employés qui se rendaient au bureau et en sortaient. Des étudiants de plusieurs universités appelaient à une manifestation massive devant le siège. Les employés étaient inquiets. « On se posait des tas de questions, se rappelle Ruchi Sanghvi. "Est-ce qu'on devrait supprimer le Fil d'actu ?" "Est-ce que ça va tuer l'entreprise ?" » Les salles de conférences de Facebook furent le théâtre de débats très sérieux sur l'opportunité d'empêcher carrément les messages évoquant les groupes contestataires de figurer dans les Fils d'actualité des usagers. Mais Zuckerberg, en tournée de promotion à New York, persuada fermement ses collègues, par e-mail et au téléphone, que c'était une question « d'intégrité journalistique » : bloquer le débat serait contraire à l'esprit d'ouverture et de transparence qui l'avait au départ conduit à créer la société[9].

Mais en débit de ce brouhaha, Zuckerberg et tous ses collaborateurs perçurent un aspect ironique essentiel dans cet épisode : la grande rapidité d'expansion des groupes contestataires. Elle témoignait à elle seule de l'efficacité du Fil d'actualité. Si les internautes adhéraient à ces groupes pour protester contre Facebook, c'était parce qu'ils en apprenaient l'existence via leur Fil d'actualité. Comme Zuckerberg me l'expliqua à l'époque : « L'intérêt du Fil d'actualité est de faire remonter à la surface des tendances qui ont cours autour de vous. L'une de ces révélations a été l'existence de ces groupes anti-Fil d'actu. Nous avons effectivement permis à ces mêmes groupes de proliférer sur notre système. » Pour lui, c'était la preuve parfaite que le Fil d'actualité fonctionnait comme prévu.

Toutefois, pareille logique calme et astucieuse ne pouvait mater la rébellion. Zuckerberg accepta donc un compromis. Chris Cox, Ruchi Sanghvi, l'ingénieur en chef Andrew « Boz » Bosworth et plusieurs autres techniciens passèrent quarante-huit heures frénétiques à rédiger de nouvelles fonctions de confidentialité qui donnaient aux usagers un minimum de contrôle sur les informations personnelles diffusées par le Fil d'actualité. Vous pouviez désormais dire au logiciel de ne pas publier d'infos sur des types spécifiques d'activités. Par exemple, vous pouviez le museler quand vous commentiez une photo ou – et c'était là un point important –, quand vous changiez votre statut dans la case Situation amoureuse.

Zuckerberg veilla toute la nuit du jeudi dans sa chambre d'hôtel à New York pour rédiger sur le blog Facebook un message annonçant les nouveaux paramétrages de confidentialité. Le ton de ce second message était sensiblement différent de celui du premier : « Nous avons vraiment merdé dans cette histoire, commençait-il. Nous nous sommes très mal débrouillés pour expliquer ce qu'étaient les nouvelles fonctionnalités, et encore plus mal pour vous en donner le contrôle. [...] Nous n'avons pas incorporé dès le départ les contrôles de confidentialité appropriés. C'était une lourde erreur de notre part, et je m'en excuse. » Zuckerberg annonçait aussi qu'il participerait dans quelques heures à une discussion en public et en direct sur le Fil d'actualité dans un groupe appelé « La liberté de circulation des informations sur Internet ».

Le groupe « Étudiants contre le Fil d'actu Facebook » atteignit ce jour-là le chiffre record de 750 000 membres. Les manifestations furent annulées. Les contrôles de confidentialité calmèrent rapidement les protestations.

Le Fil d'actualité permettait la formation quasi instantanée de groupes très importants sur Facebook. Ce qui n'avait encore jamais été possible. Et les groupes anti-Fil d'actualité ne furent pas les seuls à fleurir en cette première semaine. Alors même que « Étudiants contre le Fil d'actu Facebook » montait en puissance, un autre groupe décollait, mais dans une veine plus juvénile : « Si ce groupe atteint les 100 000 membres, ma copine aura des triplés. » La nouvelle de son existence se répandit via la viralité du Fil d'actualité et il atteignit son objectif en moins de trois jours. (Le message se révéla être un canular.) Entre-temps, un autre groupe accumulait les adhésions par dizaines de milliers et rassurait les employés de Facebook en suggérant que le Fil d'actualité pouvait tout de même avoir des côtés positifs. Ce nouveau groupe s'appelait « Sauvons le Darfour ».

Zuckerberg était tout à fait disposé à modifier le Fil d'actualité, mais il n'envisagea pas un seul instant de le supprimer. « Si ça ne marchait pas, explique Chris Cox, ça démolissait toute sa théorie sur les raisons pour lesquelles les gens s'intéressaient à Facebook. Si le Fil d'actu était une erreur, il avait l'impression que ce serait même une erreur de continuer [Facebook]. » Mais Zuckerberg savait en fait que les internautes aimaient le Fil d'actualité, quoi qu'ils puissent en dire dans les groupes. Il possédait les données qui le prouvaient. Les gens passaient plus de temps sur Facebook, en moyenne, qu'avant le lancement du Fil d'actualité. Et ils y étaient plus actifs – à un degré spectaculaire. En août, les usagers avaient regardé 12 milliards de pages sur le site. Mais en octobre, après la mise en service du Fil d'actualité, c'était déjà 22 milliards.

La toute première fois que je rencontrai Zuckerberg, c'était lors d'un déjeuner, le vendredi 8 septembre, le jour où Facebook dévoila les nouveaux réglages de confidentialité du Fil d'actualité. Quelques heures plus tôt, il avait affiché sa lettre d'excuses aux usagers après avoir veillé toute la nuit, et il allait sous peu participer à une session de questions-réponses en ligne afin d'essayer d'apaiser les protestataires.

Il n'était pas le moins du monde troublé. Il arriva au restaurant en T-shirt à manches courtes orné de l'image farfelue d'un oiseau sur sa branche. Il se mit illico à pérorer, plein d'assurance sur le réseautage social et la manière dont Facebook s'y intégrait ; il négligea presque le remue-ménage qu'il avait essayé d'apaiser les jours précédents. Sa rhétorique était celle d'un visionnaire aux idées larges. Avec une spontanéité confinant à la désinvolture, il me communiqua son analyse à froid des raisons de la colère suscitée par le Fil d'actualité. S'il n'avait pas prévu ce tollé des usagers, disait-il, c'est qu'il avait cru qu'ils s'apercevraient que le Fil n'affichait rien qui n'ait pas déjà été visible sur Facebook par le passé ; ces informations étaient seulement mieux organisées et mieux présentées. Mais il se rendait maintenant compte que ce raisonnement n'était qu'une hypothèse. Apparemment, les gens avaient l'impression que des obstacles habituels à l'intrusion avaient été supprimés d'une manière peu orthodoxe. Il commençait à comprendre que les gens mettent un certain temps à s'habituer aux changements, si inévitables ou nécessaires soient-ils à ses yeux.

Le Fil d'actualité était plus qu'une modification apportée à Facebook. Il était le signe annonciateur d'une évolution importante dans la manière dont l'information s'échange entre les individus. Il inversait les procédures « normales » de communication. Jusqu'ici, quand on désirait transmettre à autrui des informations sur soi-même, on était obligé de déclencher un processus ou d'« envoyer » quelque chose, comme lorsqu'on téléphone, qu'on écrit une lettre ou un e-mail, ou même quand on a une conversation via la messagerie instantanée.

Or le Fil d'actualité inversait ce processus. Au lieu d'envoyer à quelqu'un une alerte vous concernant, vous n'aviez plus qu'à afficher sur Facebook une information sur vous-même, et Facebook la relaierait à vos amis, lesquels, selon l'intérêt probable (d'après les calculs du logiciel) qu'ils y trouveraient, s'intéresseraient peut-être à l'activité que vous étiez en train d'enregistrer. Cette nouvelle forme de communications automatisées permettait aux destinataires desdites informations de rester simultanément en contact avec de nombreuses personnes et avec un minimum d'effort – en consultant leur page d'accueil Facebook. Le vaste monde devenait plus petit.

Ce que Facebook avait créé était essentiellement une manière nouvelle de « s'abonner » aux informations concernant les amis. Au lieu d'attendre qu'un ami vous envoie des informations, vous indiquiez à Facebook – par le simple fait d'être ami avec quelqu'un –, que vous vouliez entendre parler de cette personne. Devenir leur ami Facebook, c'était s'abonner à leurs données, de manière à ce que le logiciel Facebook bascule leurs informations sur votre page. Le principal précédent de cette technique était le premier système grand public d'abonnement aux fils d'information RSS (*Really Simple Syndication* – « parution simultanée vraiment simple »). Le RSS était devenu populaire avec la pratique du blog quelques années plus tôt. C'était un moyen de s'abonner à un blog ou à un site Web donnés. Le fil RSS était devenu pour les internautes une manière habituelle de recevoir des articles, des commentaires et bien d'autres types d'information. Son application sur Internet à des informations comportementales concernant des individus était cependant une innovation radicale qui aurait plus tard une influence considérable.

Mais à travers leur animosité contre le Fil d'actualité, les étudiants et lycéens reconnaissaient néanmoins une réalité importante et, pour beaucoup, absolument dérangeante : le fait qu'autrui voie ce que l'on fait peut changer la manière dont on se comporte. Si le Fil d'actualité évoquait des phénomènes aussi invasifs que le harcèlement ou l'espionnage, c'est parce que le comportement de chaque individu était désormais plus exposé. C'était comme si vous pouviez voir en permanence tous les gens que vous connaissiez derrière la haie au fond de votre jardin. Ils pouvaient désormais être plus facilement amenés à rendre compte de leurs actes.

Facebook avait acquis le pouvoir de forcer les gens à la cohérence, ou du moins de révéler leurs incohérences. Une fois que tout ce que vous faites est disposé en ordre chronologique pour que vos amis le voient, cela peut permettre aux gens de reconnaître chez vous des choses qu'ils ne savaient pas, en bien comme en mal. Si vous fumiez un joint et qu'un ami eût par hasard pris une photo de vous, cette photo risquait d'être affichée sur Facebook. Si vous donniez une soirée sans inviter certains amis, ils auraient désormais plus de chances de le savoir. On vous demandait de déclarer si vous étiez « en couple » ou « célibataire ». Vous ne pouviez donner une réponse à une personne et une autre réponse à quelqu'un d'autre. Tout changement dans votre statut Relations amoureuses serait diffusé via le Fil d'actualité.

Une autre des raisons pour lesquelles de nombreux usagers Facebook étaient perturbés par le Fil d'actualité était moins surprenante : ils avaient accepté trop d'« amis ». Le service était conçu comme un moyen de communiquer avec des gens que vous connaissiez déjà. Au lieu de quoi il était dans beaucoup de cas devenu un moyen d'accumuler des amis, ou même une compétition pour voir qui en aurait le plus. Mais si votre comportement devait être diffusé à tous les membres de votre liste d'amis, les gens qui s'étaient lancés dans une campagne agressive d'amitiés Facebook ne contrôlaient plus tellement qui pouvait scruter leur vie privée.

Lors de sa préparation du Fil d'actualité et de sa réaction au soulèvement, Zuckerberg suivit un scénario qui se répéterait au moment de futures controverses. Il lança le Fil d'actualité avec la conviction que c'était la prochaine étape logique pour Facebook. Il ne tint pas suffisamment compte de l'impact éventuel qu'aurait le Fil sur la vie privée des usagers ni, plus important encore, de leurs réactions. Tout le monde n'appréciait pas la transparence envisagée par Zuckerberg. Ce qui était de l'ouverture d'esprit pour une personne signifiait pour une autre une invasion de la sphère privée. Zuckerberg commença par résister aux critiques, puis il capitula et fit amende honorable. Finalement, il accepta de dialoguer avec les contestataires. La démarche par itération, typique de Facebook, prévalut. Et tout allait bien, plus ou moins.

Malgré les débuts difficiles du Fil d'actualité, Zuckerberg pensait que l'expansion de Facebook avait la priorité. Il voulait toujours passer rapidement à l'inscription libre. Et ce, non parce qu'il voulait plus d'usagers afin que Facebook rapporte plus d'argent, mais parce qu'il estimait que l'utilité de Facebook augmentait avec le nombre d'usagers. Lors du déjeuner du 8 septembre, il déclarait : « Chaque fois que nous étendons le réseau, cela le renforce. »

En outre, Zuckerberg n'envisagea jamais de mettre en sommeil le projet de libre inscription. Lors de ce dîner, auquel j'assistais, Zuckerberg et ses collègues Chris Hughes et Melanie Deitch, directrice des relations publiques, débattirent de l'opportunité d'ouvrir Facebook à tous comme prévu la semaine suivante, ou de retarder la libre inscription pour permettre à l'agitation suscitée par le Fil d'actualité de se calmer.

Finalement, Zuckerberg retarda la libre inscription de deux semaines seulement, jusqu'au 26 septembre. C'était, en partie, afin de pouvoir ajouter des contrôles de confidentialité supplémentaires de façon à ce que les membres étudiants ou lycéens n'aient pas l'impression d'être surveillés par les nouveaux utilisateurs, plus âgés, venus sur le site grâce à la libre inscription. Il n'allait pas faire la même erreur deux fois au cours du même mois.

Or, durant ces semaines-là, un autre élément perturbateur vint occuper Zuckerberg – le retour de Yahoo. Même après l'effondrement de l'action Yahoo en juillet et le retrait de l'offre d'achat à 1 milliard de dollars, le PDG Terry Semel tenait toujours autant à posséder Facebook. Avec son équipe, il avait observé l'explosion de la controverse sur le Fil d'actualité et son dénouement rapide lorsque Zuckerberg avait habilement désamorcé les objections. Ils avaient été impressionnés. Indépendamment de cela, l'action Yahoo avait regagné plus de la moitié de la valeur qu'elle avait perdue en juillet, redonnant ainsi du courage à Semel.

Ce dernier recontacta Zuckerberg avec une nouvelle surprenante : il désirait renouveler sa proposition initiale d'achat à 1 milliard de dollars. Il suggéra même qu'il pourrait aller plus loin. La situation était nouvelle.

Bien que Zuckerberg ait gardé la tête froide pendant la crise du Fil d'actualité, le jeune PDG était à présent troublé. Du jour au lendemain, les utilisateurs semblaient moins prévisibles. Et l'échec des réseaux d'entreprise continuait de le ronger. Il commençait à douter des perspectives de la libre inscription, qui allait être lancée dans quelques jours seulement. Et il avait promis au conseil d'administration de prendre au sérieux une proposition chiffrée à 1 milliard de dollars.

Zuckerberg et Breyer se parlèrent sans détour. Ils reconnaissaient l'un comme l'autre le stress des négociations antérieures. Zuckerberg commença à se demander si finalement il ne devait pas vendre la société. « Je veux garder nos options ouvertes, dit-il à Breyer. Si le nombre d'utilisateurs et leur motivation ne progressent pas régulièrement après l'inscription libre, peut-être que ce truc avec 1 milliard à la clé est un truc que j'aimerais faire. »

La libre inscription couplée au lancement de l'importateur des carnets d'adresses devint un test décisif de la viabilité à long terme de Facebook. Fallait-il craindre un flop comme celui des réseaux d'entreprise ? Les adultes seraient-ils vraiment motivés pour rejoindre Facebook ?

La libre inscription fut lancée le 26 septembre. Jour après jour, pendant les deux semaines suivantes, un groupe de six personnes se pencha sur les toutes dernières données. Il comprenait Zuckerberg, Jim Breyer, Peter Thiel, le directeur opérationnel Owen Van Natta, le « consigliere » Matt Cohler et le cofondateur Dustin Moskovitz. Fin septembre, les données étaient encore indécises, ce qui mettait tout le monde sur les nerfs et laissait présager une vente imminente. Les juristes de Yahoo procédaient à un nouvel audit d'acquisition et se préparaient à négocier un accord. En coulisse, un Sean Parker consterné suivait de près les événements. « Nous avons failli accepter la proposition, raconte-t-il. C'est la seule fois où Mark a eu l'impression de ne pas pouvoir résister aux pressions de ses collègues. »

Mais la confiance de Zuckerberg dans la stratégie de Facebook fut une fois de plus justifiée. Au cours de ces semaines décisives, un de ses collègues se rappelle avoir été présent dans la salle de conférences privée du PDG, une pièce toute blanche, lorsqu'un collaborateur fit irruption et annonça : « Dix millions ! C'est vraiment génial ! » Atteindre ce nombre d'utilisateurs représentait une étape majeure dans la croissance de la société.

Au bout d'une semaine environ, il était manifeste que non seulement les adultes rejoignaient Facebook, mais qu'une fois à l'intérieur ils invitaient des amis, affichaient des photos, etc., et se comportaient donc comme les autres usagers actifs. Ils étaient motivés. Avant la libre inscription, les nouveaux membres adhéraient à la cadence de 20 000 par jour, mais dès la deuxième semaine d'octobre, c'était 50 000. Et les étudiants ne se soulevèrent pas contre les nouveaux usagers adultes comme certains l'avaient craint. Peut-être le remue-ménage autour du Fil d'actualité avait-il lassé les utilisateurs. Ou peut-être étaient-ils tellement occupés à digérer tout ce qu'ils apprenaient via le Fil d'actu qu'ils n'avaient plus le temps de protester.

Jim Breyer, en particulier, était apaisé par les résultats de la libre inscription. « L'ouverture du site a relancé l'usage, se rappelle-t-il. À ce stade, les jeux étaient faits. Nos tendances de progression étaient bonnes. Et nous avons carrément dit : “Nous ne sommes pas prêts à vendre.” »

Si la société resta intacte, les rapports de Zuckerberg avec certains membres de l'équipe se détériorèrent. Dans les mois qui suivirent, ses relations avec Breyer furent tendues. D'après un des amis intimes de Zuckerberg, Van Natta avait si puissamment milité pour une vente à Yahoo que le PDG ne lui fit plus jamais entièrement confiance. Van Natta resta directeur opérationnel encore un an. Même Cohler, l'un des plus proches confidents de Zuckerberg, subit la tension. Un temps, il demeura exclu du cercle des décideurs. « Mark, dit un conseiller de Zuckerberg, tient absolument à la loyauté envers l'entreprise, et si vous voulez vendre l'entreprise, vous n'êtes plus l'ami de Mark Zuckerberg. Mark se souvient de tous ceux qui étaient en faveur du marché avec Yahoo. »

Mais dans le sillage de ce tumultueux septembre 2006, la stature de Zuckerberg chef d'entreprise décolla pour de bon. De nombreux employés vinrent même à le considérer avec un certain respect mêlé de crainte. Tout le monde savait qu'il était resté ferme sur le Fil d'actualité comme sur la libre inscription. « Ç'a été un moment de grandeur pour Mark, explique un cadre supérieur à propos de la réaction de Zuckerberg à la polémique du Fil d'actualité. Ça a bétonné l'image de l'homme qui dirigerait cette entreprise pour toujours. Il a interrogé sa conscience et abouti à un compromis génial pour que les gens puissent mieux contrôler les informations partagées. Ce qui a fait taire tout le monde, et au bout de quelques jours, toute cette histoire était oubliée. »

Et tandis que beaucoup parmi les 130 employés se demandaient s'il était raisonnable de refuser la proposition de Yahoo – après tout, nombre d'entre eux seraient devenus multimillionnaires si Zuckerberg avait accepté de vendre –, la progression de la société semblait inévitable. Jim Breyer s'autorisa alors à envisager un Facebook grandiose couvrant tout Internet, vision à laquelle il avait résisté par le passé. Naomi Gleit, une directrice de produit qui s'était opposée au Fil d'actualité, exprime ainsi la pensée de ses collègues : « Il avait carrément deux étapes d'avance sur tout le monde. Il avait forcé le destin de la société et s'était attiré des tas de réactions négatives. Mais il avait vu juste. »

Zuckerberg lui-même se souvient de l'anxiété entourant les pourparlers avec Yahoo. « Ç'a été un des moments les plus éprouvants », dit-il en reconnaissant comme il le fait rarement sa propre anxiété. Il se demanda avec inquiétude comment réagiraient les employés lorsque lui-même et le CA décideraient de ne pas vendre. « J'ai vraiment eu de la chance, parce que, des tas de fois, quand une société doit prendre une décision difficile, comme celle-ci, il peut s'écouler des années avant qu'il soit manifeste que vous aviez pris la bonne décision. Alors que dans ce cas, ç'a été très clair très rapidement. »

Lors d'une réunion de l'équipe pendant ces semaines chaotiques, quand la capacité de Facebook à conserver son élan semblait très précaire, Mark Zuckerberg, à vingt-deux ans, manifesta une franchise qui en même temps surprit et charma nombre de ses collègues : « Ça ne va peut-être pas vous rassurer de m'entendre dire ça, mais je suis plus ou moins en train d'apprendre le boulot sur le tas. »

En décembre, lors de sa soirée de Noël, la société au grand complet, soit environ 150 personnes, affréta des autobus et se rendit au Great American Music Hall de San Francisco pour fêter une année couronnée de succès. Dès que les participants montèrent dans les bus, ils commencèrent à boire. Lorsqu'ils arrivèrent à la soirée, beaucoup étaient déjà ivres. Lors du trajet de retour, un employé vomit dans une bouche d'aération d'un des autobus. La société dut payer plusieurs milliers de dollars pour rembourser les dégâts. Ce fut pour ainsi dire le dernier hoquet de l'amateurisme Facebook. La société avait 12 millions d'utilisateurs actifs. Elle avait dépassé le stade où elle pouvait être gérée comme un site Web conçu dans une chambrée d'étudiants.

10. Vie privée et confidentialité

« On a une seule identité. »

Que devrions-nous nous révéler de nous-mêmes au monde ? C'est une question importante que Facebook nous oblige à envisager. Voulez-vous savoir que je suis journaliste confirmé au magazine *Fortune*, spécialisé dans la technologie, et qu'actuellement j'écris un livre sur Facebook ? Ou alors devrais-je vous dire que j'ai cinquante-sept ans, que je suis marié à une artiste et père d'une adolescente, poète à l'occasion et ancien syndicaliste ? Jusqu'ici, selon le contexte social, je vous aurais vraisemblablement présenté l'une ou l'autre de ces identités. Sur mon unique profil Facebook, pratiquement tout cela est révélé.

Ce n'est pas un accident. Zuckerberg a conçu Facebook ainsi. « On a une seule identité », dit-il énergiquement trois fois dans la même minute lors d'un entretien réalisé en 2009. Il se rappelle qu'au début certains avaient soutenu que Facebook devrait offrir deux profils aux utilisateurs adultes – un profil professionnel et un profil « convivial et ludique ». Zuckerberg s'y était toujours opposé. « L'époque où vous montriez une image différente à vos collègues de travail ou vos collaborateurs et aux autres personnes de votre connaissance va probablement être révolue sous peu », affirme-t-il.

Il avance plusieurs arguments. « Avoir deux identités pour vous-même est un exemple de manque d'intégrité », nous dit Zuckerberg le moraliste. Mais il affirme aussi, dans un registre plus pragmatique, que « le niveau de transparence existant actuellement dans le monde ne tolère plus qu'une même personne ait deux identités ». En d'autres termes, même si vous voulez mettre une cloison entre vos données personnelles et vos données professionnelles, vous n'y arriverez pas, car les données vous concernant prolifèrent sur Internet et ailleurs. Zuckerberg dirait la même chose pour les images qu'un individu essaie de projeter – par exemple, un adolescent voyou et drogué quand il est avec ses amis, mais qui redevient docile quand il est à la maison.

Zuckerberg, avec un groupe influent de collègues, croit aussi qu'en reconnaissant qui nous sommes et en nous comportant d'une manière cohérente avec tous nos amis, nous contribuerons à créer une société plus saine. Dans un monde « plus ouvert et plus transparent », les gens seront liés aux conséquences de leurs actes et auront plus tendance à se comporter d'une manière responsable. « Amener les gens au stade d'une plus grande ouverture, dit Zuckerberg, c'est un grand défi. Mais je crois que nous y arriverons. Je crois seulement que cela prendra du temps. L'idée que le monde sera meilleur si vous partagez plus de choses est tout à fait étrangère à beaucoup de gens et se heurte à toutes ces inquiétudes relatives à la vie privée. »

La plupart des gens trouveraient ces idées déconcertantes et Zuckerberg ne s'attarde guère sur les aspects manifestements négatifs de sa vision. Le chemin qui mène à une plus grande transparence est déjà jonché de victimes dont la vie privée a été dévoilée contre leur gré. Comme l'a formulé récemment un juriste spécialisé dans la protection de la sphère privée : « Combien d'amis ouvertement homosexuels faut-il avoir sur un réseau social avant d'être soi-même démasqué comme gay[1] ? » En règle générale, les problèmes de confidentialité sur Facebook surviennent lorsque les compartiments rassurants dans lesquels les gens ont réparti sélectivement divers aspects de leur vie commencent à s'interconnecter. Vous pouvez tenter de projeter une certaine identité sur votre profil Facebook, mais vos amis, par leurs commentaires et d'autres activités, peuvent vous contredire.

Facebook est fondé sur une prémisse radicale, à savoir qu'une transparence inévitable et enveloppante s'emparera de la vie moderne. Par la force de ses convictions, la cohérence et la flexibilité stratégique, Zuckerberg a pu obliger Facebook à rester fidèle à ce principe fondateur en dépit des pressions qui se créent alors que le réseau progresse au-delà des 500 millions d'utilisateurs. Pour comprendre l'histoire de Facebook, il faut comprendre l'opinion de Zuckerberg sur ce qu'on appelle chez Facebook la « transparence radicale ». Les moments les plus douloureux vécus par la société ont résulté d'initiatives – comme le lancement du Fil d'actualité –, qui ont brusquement révélé les informations personnelles des usagers via des processus inattendus.

La démesure même du succès de Facebook a rendu moins inquiétant le principe fondateur. Pour le pire ou le meilleur, Facebook est en train d'induire une reconfiguration massive des frontières de la vie privée. Un grand nombre d'usagers Facebook, surtout les jeunes, savourent l'étendue de leurs révélations. Beaucoup donnent de leur plein gré un luxe de détails sur leur carrière, leurs relations amoureuses, leurs centres d'intérêt et leur biographie. Si vous êtes ami Facebook avec quelqu'un, il se peut que vous appreniez plus sur cette personne qu'en dix ans d'une amitié hors Internet. Zuckerberg se considère comme un farouche défenseur de la vie privée et s'enorgueillit que Facebook ait dès le départ offert aux utilisateurs autant de moyens de contrôler l'accès aux informations personnelles. Mais il croit tout aussi fermement que les gens tiennent de moins en moins à verrouiller leurs données. C'est pourquoi, afin d'adapter le service à ce qu'il interprète comme une évolution des mentalités, il continue de pousser Facebook vers une plus grande exposition des informations alors même que la majorité des contrôles de confidentialité restent en place. Cette contradiction permet d'expliquer la série de polémiques liées à la protection de la vie privée qui ont assailli la société tout au long de son histoire – autour du Fil d'actualité en 2006, du logiciel publicitaire Beacon en 2007, des Conditions d'utilisation début 2009 et du réglage de confidentialité « Tout le monde » fin 2009. Dans chaque cas, Facebook avait incité un peu trop lourdement ses usagers à révéler leurs données et avait dû ensuite battre en retraite.

Or quoi qu'en pense Zuckerberg il subsiste de nombreux domaines dans lesquels les conventions sociales et le comportement individuel n'ont pas encore intégré l'environnement sans compromis de Facebook. Alors qu'il devient plus difficile d'orchestrer la manière dont les autres nous voient, cela nous rend-il plus cohérents, ou simplement plus vulnérables ? Chris Kelly, responsable depuis longtemps de la confidentialité chez Facebook, confirme les propos de son patron : « Nous avons pu construire ce qui est, à notre avis, une version d'Internet plus sûre et plus respectée en rendant les gens responsables de leurs actes et en exigeant d'eux qu'ils utilisent leur véritable identité. » Des experts indépendants sont d'un autre avis. « À chaque fois, il semble que Facebook rende plus difficile qu'il n'est nécessaire la protection de la vie privée des usagers », écrivait Marc Rotenberg, directeur de l'EPIC – le Centre d'information sur la confidentialité électronique – et surveillant respecté d'Internet dans un éditorial de juillet 2008[2]. Rotenberg estime que les utilisateurs ne disposent pas de contrôles suffisamment simples de leurs données, et que Facebook, malgré son credo de la transparence, n'est pas très transparent quand il s'agit d'utiliser nos informations personnelles.

La quantité de données nous concernant qui réside sur Facebook soulève aussi les problèmes d'une gestion publique de la vie privée. Ladite entreprise – ou toute entreprise en général – devrait-elle contrôler et rassembler tant d'informations au sein de sa propre infrastructure ? Ce devrait-il être la tâche du gouvernement ? Les citoyens veulent avoir la maîtrise de leur identité numérique. Même si Facebook fait des promesses sur la manière dont il traitera nos données, comment pouvons-nous être certains qu'elles seront utilisées conformément à nos exigences, non seulement aujourd'hui, mais à l'avenir ? Facebook met les données personnelles fournies par les utilisateurs à la disposition des annonceurs, sous forme collective, dans un but lucratif. Facebook et ses partenaires commerciaux apprennent des tas de choses sur nous, mais, en général, nous en savons beaucoup moins sur la société Facebook et sur la manière exacte dont elle utilise nos données.

C'est certainement ce que pense le défenseur de la vie privée Marc Rotenberg. « Qui finira par contrôler notre identité numérique ? se demande-t-il. Nous voulons continuer de la contrôler. Nous ne voulons pas que Facebook la contrôle. » Facebook affrontera certainement des ripostes de la part des utilisateurs comme des autorités régulatrices à mesure qu'évoluera sa politique en matière de confidentialité.

Plus vous êtes vieux, plus vous avez des chances de trouver que la révélation par Facebook des informations personnelles s'assimile à une intrusion excessive. Beaucoup d'utilisateurs adultes de Facebook ont du mal à accepter l'idée qu'un profil unique fasse fusionner leur vie personnelle et leur vie professionnelle. Certains d'entre eux l'utilisent donc pour des informations strictement personnelles et essaient d'éviter d'accepter comme amis des collègues de travail. D'autres réduisent les données personnelles au minimum et se connectent sans faire de distinction avec des collègues de travail comme avec de simples contacts, y compris des personnes qu'ils connaissent mal, dans le but de transformer Facebook en une sorte de mine d'or du réseautage. Mon ami Facebook Robert Wright, cinquante-deux ans, auteur d'essais respecté qui a récemment publié *L'Évolution de Dieu*, ne s'est mis sur Facebook qu'à contrecœur, pour aider à la promotion de ses écrits. « Facebook exige une absence d'inhibition qui ne m'est pas naturelle. Je suis trop complexé pour me servir efficacement de la technologie moderne. »

Même certains associés de Zuckerberg ne sont pas d'accord avec lui. « Mark ne croit pas qu'on puisse distinguer vie sociale et vie professionnelle, déclare Reid Hoffman, investisseur Facebook de la première heure et créateur du réseau social exclusivement professionnel LinkedIn, qui décourage l'inclusion d'informations personnelles. C'est une vision typique de l'esprit étudiant. Une des choses qu'on apprend avec l'âge, c'est l'existence de ces contextes distincts. » Charlie Cheever, qui fut longtemps programmeur chez Facebook (et qui a maintenant quitté l'entreprise), est sceptique lui aussi : « J'ai l'impression que Mark ne croit pas tant que ça à la confidentialité, ou du moins qu'il croit à la confidentialité comme tremplin. Peut-être qu'il a tort, peut-être qu'il a raison. » Cheever suggère ainsi que pour Zuckerberg la confidentialité est une fonction transitoire – un « tremplin » – que Facebook devrait offrir aux internautes jusqu'à ce qu'ils soient sevrés de ce besoin.

En revanche, certains théoriciens du monde des affaires applaudissent la démarche de Zuckerberg. John Hagel, cinquante-neuf ans, chercheur de haut vol et conseiller chez Deloitte Consulting, auteur de plusieurs ouvrages à succès sur Internet et business, estime que présenter ce qu'il appelle « une version holistique de nous-mêmes » est inévitable et probablement bénéfique. La raison en est, dit-il, l'accélération du changement dans le monde des affaires et dans la société. « Si nous cessons d'acquérir en permanence de nouvelles connaissances en participant à des réseaux de relations de plus en plus étendus, explique-t-il, nous ne trouverons plus de travail. Mais des relations soutenues doivent être fondées sur la confiance, et c'est plus difficile si on ne montre qu'une partie de soi-même. »

Ce n'est pas que Zuckerberg croie en une transparence totale. Il n'afficherait pas des activités confidentielles chez Facebook sur son propre profil. Hagel reconnaît lui aussi ses limites : « Si je veux critiquer mes filles, je ne le ferai pas sur Facebook. D'un autre côté, il n'est pas inutile que les gens sachent que j'ai deux filles, parce que cela donne une idée plus complète de qui je suis en tant que personne. »

D'autres s'épanouissent dans une auto-exhibition effrénée. Jeff Pulver, un entrepreneur high-tech de New York et résauteur invétéré, fait une grande partie de ses affaires sur Facebook et Twitter, qu'il utilise pour envoyer des messages et organiser des réunions. Mais, affirme-t-il, il est aussi lui-même dans ces interactions : « J'appelle ça la vie 3.0. On vit de plus en plus sur Internet et on se connecte pour de vrai. Les gens qui dressent leur bouclier et ne se rendent pas vulnérables ne comprendront jamais toute l'agitation autour de Facebook, de Twitter et des médias sociaux. »

En 2007, l'experte en technologie Leisa Reichelt, basée à Londres, créa l'expression « intimité ambiante » sur son blog pour décrire la dynamique de Facebook et d'autres nouveaux services qui permettent aux individus de parler librement d'eux-mêmes à des groupes d'amis ou de sympathisants. Elle la définit comme « la capacité de rester en contact avec des gens à un niveau de régularité et d'intimité auquel on n'aurait pas accès habituellement, parce que le temps et l'espace conspirent à rendre cela impossible[3] ». Cette expression a touché au vif les spécialistes des réseaux sociaux dans le monde entier. Dans un article abondamment commenté du *New York Times Magazine* publié en septembre 2008, Clive Thompson a raconté en détail sa propre expérience avec Facebook et Twitter[4]. L'article explorait les implication sociales de l'intimité ambiante et en célébrait les vertus : « Cette nouvelle conscience [...] ressuscite la dynamique de la vie dans une petite ville, où tout le monde sait ce que vous faites. »

Rien sur Facebook n'est réellement confidentiel, et c'est la stricte réalité. La propre politique de confidentialité de la société l'exprime sans détour. Tout ou partie de vos données personnelles « peut devenir publiquement disponible. [...] Nous ne pouvons garantir ni ne garantissons que le contenu utilisateur que vous affichez sur le site ne sera pas vu par des personnes non autorisées ». À vrai dire, pareil langage est surtout conçu pour protéger Facebook contre des procès éventuels. Il est certain que la société fait de gros efforts pour vous permettre de protéger ce qui est censé être confidentiel. Mais beaucoup de gens ne comprennent pas les paramétrages de confidentialité – souvent complexes – de leurs informations personnelles, ou n'en profitent pas. Ce qui conduit fréquemment à des malentendus ou à des situations embarrassantes.

Une fois que les gens affichent leur comportement réel sur Facebook, quand ils font quelque chose d'irréfléchi ou de stupide, l'incident a plus de chances de devenir « publiquement disponible ». Un jeune employé américain d'une banque anglo-irlandaise demanda à son chef d'avoir son vendredi pour régler un problème de famille inattendu. C'est alors que quelqu'un afficha une photo de lui dans une fête ce vendredi soir, habillé en fée avec un tutu et une baguette magique. Au bureau, tout le monde – y compris son supérieur – découvrit le mensonge. Un politicien de Vancouver se retira de la course en pleine campagne électorale après qu'un journal eut publié une photo Facebook montrant deux personnes en train de lui baisser gaiement son caleçon. Et il y a l'exemple célèbre de John Favreau, rédacteur des discours de Barack Obama, mis publiquement en difficulté lorsqu'un blog eut affiché une photo le montrant dans une soirée les mains posées sur les seins d'une effigie en carton grandeur nature d'Hillary Clinton. La photo était reprise de Facebook où elle avait été affichée par un de ses amis. Et une révélation Facebook peut faire plus que vous mettre dans l'embarras. Un sondage effectué en 2009 auprès des employeurs américains révéla que 35 pour cent des entreprises avaient rejeté des candidatures sur la base d'informations trouvées sur les réseaux sociaux. La raison numéro un des refus d'embauche : avoir affiché « des photographies ou des informations provocantes ou inappropriées ». Les universités elles aussi scrutent de plus en plus Facebook et MySpace au moment des admissions.

Le président Obama avait peut-être l'incident Favreau à l'esprit lorsqu'il s'adressa à un groupe de lycéens de Virginie en septembre 2009 : « Je veux que vous soyez prudents quand vous affichez quelque chose sur Facebook, parce qu'à l'ère de YouTube, tout ce que vous faites ressortira un jour ou l'autre dans votre vie. Et quand on est jeune, on fait des erreurs et on fait des bêtises. » L'adhésion à Facebook démarre de plus en plus tôt : le site est aujourd'hui communément utilisé par beaucoup d'enfants de onze ans et même plus jeunes, en dépit du règlement Facebook stipulant que les utilisateurs doivent avoir au moins treize ans[5].

On n'est toutefois pas obligé d'être jeune pour faire des erreurs. De nombreux incidents Facebook ont révélé des comportements critiquables chez des gens exerçant certaines responsabilités. À Leicester, en Angleterre, un gardien de prison a été licencié quand ses collègues eurent remarqué qu'il avait des amis Facebook chez les détenus[6]. À Philadelphie, un fonctionnaire de la justice a été suspendu et muté après qu'un juré femme de son tribunal eut signalé qu'il lui avait demandé d'être son ami sur Facebook[7]. Des jurés ont commis des erreurs eux aussi. Plusieurs verdicts en diverses régions des États-Unis ont été contestés par des accusés reconnus coupables après qu'ils eurent appris que des jurés tenus en principe au silence avaient affiché des remarques sur Facebook pendant que le procès était en cours. Même les gens dont la fonction consiste précisément à garder des secrets sont démunis devant l'irrésistible transparence Facebook. Quand le Royaume-Uni annonça en juin 2009 que sir John Sawers allait devenir le prochain chef de son service d'espionnage, le Secret Intelligence Service (l'ancien MI6), le *Daily Mail* découvrit une mine de photos de famille en accès public affichées par sa femme sur Facebook. Elles comprenaient des photos de vacances, d'amis de la famille et de détails susceptibles de révéler où habitait Sawers et comment il passait son temps[8].

La transparence Facebook peut perturber les relations à l'intérieur d'un couple. Beaucoup de gens ne sont pas encore habitués à voir tant d'images des êtres qui leur sont chers et à savoir tant de choses sur eux. Si votre petit ami figure sur des photos en compagnie d'une autre fille, ça ne veut peut-être rien dire, mais qui sait ? Pis encore, il arrive qu'un des partenaires apprenne qu'ils ne forment plus un couple... en découvrant le changement dans le profil Facebook de l'autre. Le résultat peut même être tragique : un Britannique aurait tué sa femme, dont il s'était récemment séparé, après avoir vu sur Facebook son statut Situation amoureuse passer de « mariée » à « célibataire »[9].

Les photos, en particulier, peuvent révéler, comme dans le cas de sir John, avec qui vous passez votre temps, ce que vous faites avec lui ou elle, et dans quel milieu vous évoluez. Lycéens et étudiants vivent essentiellement leur vie à découvert sur Facebook. Ils dialoguent en tête à tête avec leurs amis sur leur « mur » Facebook en dépit du fait que quiconque peut accéder à leur profil peut le voir. Ces informations sont en général visibles pour tous les membres du réseau de l'établissement.

Quelques dissidents de la jeune génération trouvent malsaine l'obsession de l'auto-représentation sur Facebook. Shaun Dolan, vingt-cinq ans, assistant dans une agence de publicité new-yorkaise, a pris délibérément la décision de ne pas adhérer au service. « Ma génération est intolérablement narcissique, m'écrit-il dans un courrier électronique. Quand je sors avec mes amis, il y a toujours un appareil photo, qui sert uniquement à afficher des images sur Facebook. Comme si rien ne se passait s'il n'y en avait pas la preuve sur Facebook. Les gens surveillent minutieusement leur propre page pour voir sur quelles photos ils sont marqués, ou quelle photo donnerait la meilleure image d'eux-mêmes à leurs amis. »

D'aucuns qualifient un tel comportement d'exhibitionnisme ou, comme le formule mon vieux collègue de chez *Fortune* Brent Schlender, de recherche d'une « célébrité numérique ». Sur Facebook, nous suivons la vie de nos amis dans ses moindres détails de la même manière que des millions de lecteurs suivent celle de Britney Spears dans le magazine *People*. Dans une formule célèbre, Andy Warhol a déclaré que « tout le monde aurait son quart d'heure de célébrité », mais sur Facebook, ce qui est limité n'est pas la durée de votre célébrité, mais son étendue. Elle peut se limiter à un cercle d'amis ou de camarades de classe, ou de fac. Le théoricien de l'Internet David Weinberger affirme actuellement que « sur la Toile, tout le monde est célèbre pour 15 personnes[10] ».

Beaucoup de jeunes ne savent apparemment pas à quel moment l'auto-exhibition devient de l'imprudence. Une vendeuse de vingt ans, employée dans une animalerie d'Akron, dans l'Ohio, afficha sur Facebook une photo d'elle en train de tenir deux lapins qu'elle venait de noyer. Les activistes de la SPA furent scandalisés et elle fut brièvement arrêtée et inculpée de cruauté envers les animaux. Les adolescents affichent systématiquement des photos les montrant, eux et d'autres, en train de prendre des drogues, ou de boire de l'alcool sans avoir l'âge légal. Un lycéen de la Amherst Regional High School, au Massachusetts, rassembla des photos montrant des élèves populaires en train de boire et, peut-être, de prendre de la marijuana, puis les envoya en masse au proviseur et à d'autres membres de la communauté scolaire[11]. Dans un autre lycée, le proviseur se connecta à Facebook et suspendit tous les sportifs qu'il repéra dans les photos d'une soirée, canette de bière en main. (Ceux qui buvaient dans des gobelets en plastique rouge furent épargnés[12].)

Les interactions de Facebook avec des adolescents sont presque universellement stressantes pour les adultes, parce que les deux générations ont des attitudes fondamentalement différentes sur ce qui constitue une révélation acceptable en matière de vie privée. Une de mes connaissances à San Francisco fut choisie comme amie Facebook par le fils adolescent de son compagnon. Lorsqu'il partit en vacances d'été en Europe, ce garçon se rendit à Amsterdam. Tout émoustillé, il raconta ses expériences de fumeur de shit à ses amis Facebook. Mon amie était déchirée : devait-elle informer son compagnon, et, dans ce cas, trahir la confiance placée en elle par l'adolescent ? En Virginie, une dame de soixante ans constata que son neveu accumulait les obscénités sur sa page Facebook. Or elle savait que son école extrêmement sévère pouvait l'exclure pour cela. Elle discuta elle-même du problème avec lui au lieu d'avertir ses parents.

Puisque la plupart des adolescents répugnent encore à avoir leurs parents comme amis Facebook, certaines familles ont décidé que pour avoir un ordinateur et utiliser Facebook l'enfant doit permettre à ses parents de consulter son profil. Ils sont fréquemment peinés par ce qu'ils y trouvent.

Jusqu'où les utilisateurs devraient-ils être encouragés à révéler leur vie privée ? C'est un sujet de débat permanent dans l'histoire de Facebook. « Dès le premier jour, notre mission était de rendre la société plus ouverte, assure l'ex-responsable du marketing Dave Morin, proche collaborateur de longue date de Mark Zuckerberg. C'est aussi simple que ça. Nous aidons les gens à être plus ouverts dans toujours plus de contextes. Je crois qu'ils sont moins obligés de se préoccuper constamment de qui ils sont en réalité. » Mais l'actuelle directrice opérationnelle de Facebook, Sheryl Sandberg, trente-neuf ans, voit les choses un peu différemment : « Mark croit vraiment à la transparence et à la vision d'une société ouverte et d'un monde ouvert, alors il veut pousser les gens dans cette direction. Je crois qu'il comprend aussi que le moyen d'y parvenir est de donner aux gens un contrôle ultraprécis, qui les rassure. Il espère que vous serez alors plus ouvert, et il est comme qui dirait heureux de vous aider à en arriver là. Pour lui, c'est donc plus un moyen qu'une fin. Pour moi, c'est moins sûr. » Sheryl Sandberg, qui a quatorze ans de plus que Zuckerberg, trouve normal qu'une personne ne veuille pas rendre sa vie transparente.

Facebook possède certes une aptitude unique à aider les utilisateurs à contrôler la diffusion de leurs informations personnelles. Mais cela ne fonctionne qu'avec l'exigence rigide formulée par Facebook d'utiliser votre identité réelle. Si vous aviez des doutes sur l'identité des membres de Facebook, vous ne pourriez pas les autoriser de manière sélective à accéder à vos données en faisant d'eux vos amis Facebook. Vous pouvez restreindre ou élargir leur connaissance de vos informations personnelles tout comme régler la quantité d'informations que vous pouvez apprendre sur eux en les plaçant dans des groupes appelés Liste d'amis. Ces groupes – pour les collègues de travail, les membres de votre famille, les camarades de fac, etc. – vous permettent d'envoyer des informations à un groupe et pas à d'autres[13]. Toutefois, seuls 25 pour cent environ des utilisateurs se servent de ces contrôles, d'après l'ex-responsable de la confidentialité chez Facebook, Chris Kelly. Beaucoup les trouvent d'une difficulté exaspérante.

Facebook offre – potentiellement, du moins – plus de procédures de contrôle des données par les usagers que tout autre site Internet. Adam D'Angelo, qui fut longtemps l'architecte en chef de l'entreprise, affirme que Facebook représente un « nouveau modèle pour l'information » à cause de ces procédures. « Toutes les informations affichées sur Facebook sont protégées par des restrictions stipulant qui peut les voir. Certains ensembles de gens peuvent voir certaines informations. » D'Angelo a raison de souligner que pareilles procédures de contrôle « ultraprécises » sont quasiment uniques sur Internet – en partie à cause de la masse considérable d'informations que Facebook détient sur les internautes qui consultent les profils.

Fin 2009, Facebook actualisa ses paramétrages de confidentialité et fit un effort important pour expliquer aux utilisateurs comment répartir leurs amis en groupes et leur assigner différents niveaux d'accès aux informations. Or tout en demandant aux utilisateurs de vérifier leurs réglages de confidentialité, Facebook décida de ramener le réglage par défaut sur « Tout le monde ». Beaucoup d'utilisateurs ne s'en aperçurent pas immédiatement et découvrirent que leurs informations personnelles étaient plus exposées qu'avant, en dépit de ce qui était présenté comme une « amélioration » de la confidentialité. La réaction fut négative et musclée. Un groupe d'organisations pour la protection de la vie privée, conduit par Marc Rotenberg et l'EPIC, porta plainte auprès de la Commission fédérale du commerce et demanda une enquête et des pénalités pour Facebook. Les plaignants comprenaient des groupes importants comme l'Association des bibliothèques américaines et la Fédération des consommateurs. Avant le changement, les cadres Facebook l'évoquaient avec enthousiasme, disant qu'il avait des chances de rassurer les utilisateurs sur le sort de leurs données. Ironiquement, la plainte de l'EPIC soutenait exactement le contraire : « Les changements opérés par Facebook sur les paramètres de confidentialité des usagers rendent publiques des informations personnelles qui étaient auparavant confidentielles. [...] Ces changements vont à l'encontre des attentes des usagers, réduisent la confidentialité et contredisent les propres déclarations de Facebook. » Le service n'avait pas encore appris à anticiper et à intégrer les préoccupations des utilisateurs en matière de confidentialité. Ils n'étaient apparemment pas encore prêts à accepter une transparence excessive.

Zuckerberg avait plus ou moins eu la bonne fortune de donner aux usagers Facebook le niveau de contrôle dont ils disposent effectivement. Au début, il était clair que si les usagers de Harvard partageaient tant d'informations sur eux-mêmes, c'est parce qu'ils savaient que seuls d'autres étudiants de Harvard – membres du réseau Facebook de Harvard – pouvaient les voir. Lorsque Facebook évolua, l'idée de réseaux multiples évolua de concert. Tous les utilisateurs étaient initialement placés par défaut dans un réseau – celui d'une université, d'un lycée, d'une entreprise ou d'une entité géographique. Je suis resté des années dans le réseau de Time Inc. et aussi dans celui de New York. Vous pouvez voir les informations personnelles d'autres personnes de vos réseaux, et elles peuvent voir les vôtres à moins que vous ne régliez vos paramètres de confidentialité pour les en empêcher. (Ce que j'ai fait pour les deux réseaux.) Mais personne à l'extérieur de ces réseaux ne peut voir vos informations à moins que vous ne l'autorisiez explicitement à le faire. À présent – et c'est un changement majeur – les réseaux régionaux sont en passe d'être éliminés. Ce qui va réduire de manière spectaculaire le nombre d'internautes qui peuvent voir les données de la plupart des usagers sans être leurs amis Facebook.

En dépit de toutes les polémiques autour de la confidentialité sur Facebook, la plupart des utilisateurs semblent satisfaits de la manière dont le site fonctionne. À l'issue d'un sondage effectué en septembre 2009 par les agences d'évaluation Ponemon Institute et TRUSTe, qui vérifient les sites Internet, Facebook arrive au dixième rang des sociétés américaines, toutes spécialités confondues, auxquelles les gens font le plus confiance. Facebook était mieux classé qu'Apple, Google et Microsoft.

Mais l'influence des convictions les plus extrêmes de Zuckerberg demeure apparente lorsqu'on se promène dans les bureaux de Facebook. On y entend parler d'un concept appelé « transparence ultime » ou « transparence radicale ». Puisque de toute façon le monde va vraisemblablement devenir de plus en plus ouvert, autant commencer à s'y habituer, raisonne-t-on à Palo Alto. Tout va être visible.

L'endroit où vos données personnelles sont manifestement les plus transparentes est l'application Photos de Facebook. C'est là qu'il est le plus difficile de limiter la révélation d'informations sur vous-même. Vous ne pouvez empêcher quiconque d'y afficher une photo de vous. Vous avez certes le droit d'effacer le « marqueur » qui vous identifie sur une photo et diffuse l'information à votre Liste d'amis. En général, toutefois, lorsque vous effacez un marqueur, l'information correspondante a déjà été diffusée sur le Fil d'actualité Facebook (tout utilisateur peut aussi régler ses paramètres de confidentialité de façon à ne pas être « marqué » du tout). Les photos sont visibles par défaut. Tous les internautes inscrits sur la totalité du réseau Facebook peuvent les voir à moins que vous ne modifiez délibérément vos réglages de confidentialité – et la plupart des utilisateurs ne le font pas.

Au fil des années, nombre d'utilisateurs ont manifesté le désir de voir Facebook effacer des photos contestables d'eux-mêmes prises par d'autres personnes. Or la société applique fermement la règle selon laquelle, même si vous contrôlez le marqueur, vous ne contrôlez pas la photo elle-même. C'est le photographe qui détient ce droit. Facebook s'oppose aussi – à tort, me semble-t-il – à ce que les utilisateurs puissent approuver ou non les marqueurs les concernant avant qu'ils soient placés sur une photo et diffusés à leurs amis.

Les partisans d'une transparence radicale répliquent que, si Facebook peut faciliter la diffusion de photos de vous-même, il existe beaucoup d'autres sites Internet où un photographe pourrait aussi afficher ces photos. Par conséquent, Facebook ne facilite pas quelque chose qui serait impossible autrement. « L'opinion de Mark est que Facebook ferait mieux de ne pas résister aux tendances du monde actuel sous peine d'être dépassé. » Ainsi s'exprime de sa voix douce le passionné de la transparence Adam D'Angelo, qui partage cette opinion et avec qui Zuckerberg débat de ces problèmes depuis leur scolarité à Exeter en 2001. « L'information évolue plus vite, explique-t-il. C'est exactement la manière dont fonctionnera le monde à l'avenir grâce à la technologie, sans préjuger de ce que fera Facebook. » Même Sheryl Sandberg affiche une fierté manifeste quand elle dit : « On ne peut pas être sur Facebook sans être son moi authentique. » Chez Facebook, les membres du camp de la transparence radicale, Zuckerberg compris, croient qu'une visibilité accrue nous rend meilleurs. Certains prétendent, par exemple, qu'à cause de Facebook les jeunes d'aujourd'hui ont plus de mal à tromper leurs petit(e)s ami(e)s. Ils disent aussi qu'une transparence accrue devrait favoriser une société plus tolérante dans laquelle les gens finiraient par accepter que tout le monde peut parfois mal se conduire ou se mettre dans des situations embarrassantes. La présupposition que la transparence est inévitable se refléta dans le lancement du Fil d'actualité en septembre 2006. Il traitait l'ensemble de nos comportements de manière identique – télescopant ainsi toutes nos identités, de quelque contexte que ce soit, dans le même flux d'informations.

Ceux et celles qui disent ce qu'ils pensent et se montrent sur Facebook se voient parfois comme des militants en train de livrer de petites batailles pour l'ouverture et la transparence. Certaines des controverses qui en résultent mettent en relief l'étroitesse d'esprit des adultes. Kimberley Swann, seize ans, de Clacton, dans la banlieue de Londres, débuta comme employée dans une agence de conseil en marketing et logistique. Elle ajouta des collègues de travail à ses amis Facebook. Au bout de quelques semaines, elle écrivit sur Facebook que son job était barbant. Quelqu'un en informa son patron, qui la mit promptement à la porte. « Je n'avais même pas cité le nom de la société, dit Kimberley dans un entretien accordé au *Daily Telegraph*. Mais ils voulaient tout savoir et ils ont fouiné partout[14]. » L'incident fut largement commenté. « La plupart des patrons n'auraient même pas l'idée de suivre leurs employés jusqu'au pub du coin pour voir s'ils se plaignent de leur travail devant leurs amis », dit un responsable syndical cité par la BBC[15].

Quelques lycéens sont allés au tribunal pour défendre leur droit de s'exprimer librement sur Facebook. Katherine Evans, élève de la Pembroke Pines Charter High School en Floride, avait créé un groupe Facebook pour se plaindre que son professeur d'anglais de prépa était « le plus mauvais prof que j'aie jamais rencontré ». Le proviseur apprit l'existence du groupe et exclut Katherine pour trois jours. Elle l'attaqua alors au tribunal fédéral en affirmant qu'il avait violé son droit à la libre expression garanti par le premier amendement de la constitution[16].

Certains jeunes – reprenant sans le savoir les propos de Zuckerberg – disent que ce n'est pas un problème d'avoir des images osées d'eux-mêmes sur Facebook puisque, lorsqu'ils seront plus âgés, les normes régissant pareilles indiscrétions se seront assouplies. Tandis qu'ils jouent manifestement avec leur propre réputation, l'incontestable tendance générale vers l'auto-révélation sur Facebook et même dans la société en général confère à cette opinion une certaine crédibilité. Le président Barack Obama a avoué ouvertement dans son autobiographie avoir sniffé de la cocaïne. Pratiquement personne n'en a tenu compte.

Il est compréhensible que les gens veuillent partager sans réserves les informations les concernant et en même temps se sentir à l'abri des révélations intempestives qui pourraient les embarrasser. Mais ils ne le peuvent pas, et la raison de cette impossibilité est enchâssée dans la raison même pour laquelle les gens utilisent Facebook. James Grimmelmann, maître de conférences en droit à la New York Law School, explique ce dilemme dans un article de 2009 intitulé « Sauver Facebook » : « [Facebook] a de graves problèmes de confidentialité et une architecture de protection de la confidentialité admirablement complète. [...] La plupart des problèmes de confidentialité sur Facebook sont [...] les conséquences naturelles de la manière enthousiaste dont les gens l'utilisent. [...] Il y a une tension profonde – et probablement irréconciliable – entre le désir d'un contrôle fiable de ses propres informations et le désir d'une interaction sociale non planifiée[17]. »

L'un des principaux arguments de Grimmelmann est que les violations de la confidentialité qui se produisent sur Facebook sont souvent le résultat non du comportement de la société Facebook, mais du comportement des gens qu'un utilisateur a acceptés comme amis. Pour empêcher que des photos soient prises et affichées sur Facebook, appareils photo et téléphones portables sont maintenant interdits dans certaines fêtes et soirées sur les campus. Dans d'autres soirées, il y a même ce que les jeunes appellent des « salles de shoot », totalement obscures afin d'empêcher quiconque de prendre des photos de défonce à l'alcool ou autres substances. En outre, les sportifs et autres étudiants soucieux de leur image ont appris à éplucher immédiatement Facebook après des soirées compromettantes, à la recherche de photos où des marqueurs les identifient, marqueurs qu'ils vont évidemment supprimer. Mais si ces photos ont été téléchargées puis marquées, c'est après tout parce qu'elles proviennent d'un utilisateur qui est votre « ami ». Grimmelmann appelle ce processus une « violation de confidentialité au pair-à-pair[18] ».

Puisque nous utilisons notre vrai nom sur Facebook, nous pouvons être tenus responsables de nos propos. Sur Internet, beaucoup de gens s'abritent derrière des pseudonymes quand ils profèrent des propos odieux, obscènes ou haineux, mais ici, c'est plus difficile. À Harrison, dans l'État de New York, un inspecteur de police a été rétrogradé et forcé de démissionner début 2009 après avoir écrit sur Facebook que l'élection du président Obama signifiait que « la Roseraie [de la Maison Blanche] allait devenir le jardin des pastèques[19] ».

La culture Facebook de la véritable identité n'est pas totalement efficace. Beaucoup d'internautes créent de faux profils pour s'amuser. À un moment ou un autre, il y a toujours des douzaines de profils sous le pseudonyme salace Haywood Jablome (« hey, would you blow me ? »), par exemple. Mais de telles plaisanteries sont d'ordinaire évidentes. Notre identité est validée par les amis que nous avons sur Facebook, et ce Haywood-la-Pompe n'en a habituellement guère, quand il en a. D'autres faux profils sont plus difficiles à détecter. La société Symantec, spécialiste de la sécurité informatique, a mené en 2008 une expérience pour laquelle elle avait créé le profil fictif d'une jeune fille séduisante censée fréquenter un lycée quelque part à Silicon Valley. En l'espace de quelques heures, un nombre non négligeable d'élèves de cet établissement lui avaient demandé d'être leur amie Facebook, sans doute parce qu'ils voulaient sortir avec elle. Il y a eu aussi des incidents regrettables où, par exemple, des hommes se sont fait passer pour de jeunes et jolies créatures dans le but d'inciter de jeunes garçons à leur envoyer des photos d'eux-mêmes nus ou engagés dans des activités de nature sexuelle.

Les célébrités viennent elles aussi perturber l'idéal Facebook. Bill Gates a supprimé son profil personnel sur Facebook début 2008 pour deux raisons. Il recevait par jour plus de demandes d'amitié – des milliers – que ses employés n'en pouvaient traiter. Mais il y avait aussi cinq autres « Bill Gates » qui se faisaient passer pour lui, chacun doté de nombreux amis.

Les personnes qui ont un patronyme peu courant ont un autre problème. Facebook bloque souvent leur inscription dès le départ. Elmo Keep, vingt-sept ans, demeura exclue de Facebook jusqu'à ce qu'elle envoie à la société des copies de son passeport et de son permis de conduire – qui prouvaient qu'elle habitait en Australie et non rue Sésame[20]. V Addeman, cinquante-deux ans, de Costa Mesa, en Californie, essaya de s'inscrire, mais fut rejeté par le logiciel. Il discuta longtemps avec le service clients Facebook pour le persuader que son prénom légal est constitué d'une seule lettre. Parmi d'autres usagers qui eurent des difficultés à s'inscrire, on peut citer la journaliste et traductrice japonaise Hiroko Yoda, la Néo-Zélandaise Rowena Gay et des anglophones dont les noms comportent les substantifs *beaver*, *jelly*, *beer* et *duck*[21]. Même Katherina Fake, cofondatrice bien connue du site Web de photos Flickr, ne put s'inscrire immédiatement (les procédures appliquées par Facebook pour résoudre pareils malentendus étaient grossièrement insuffisantes jusqu'à fin 2009, lorsque fut lancée une politique de recours formalisés).

L'immense majorité des utilisateurs s'identifient correctement. Ce qui donne à Facebook des capacités pratiques sans équivalent ailleurs. Un habitant de Cardiff localisa un demi-frère qu'il n'avait pas revu depuis trente-cinq ans rien qu'en cherchant son nom sur Facebook. Pareilles retrouvailles familiales deviennent presque habituelles à l'ère Facebook[22].

De nombreuses personnes n'échangent plus d'adresses e-mail ni de numéros de portable ; elles font une recherche et se connectent sur Facebook. Cette simple fonction d'annuaire est l'une de ses vertus les plus incontestables. Les gens qui ne sont pas sur Facebook sont de plus en plus considérés, dans certains groupes sociaux, comme injoignables par leurs amis et connaissances.

Y a-t-il un risque qu'une fois révélé sur Facebook un détail de notre vie personnelle ne puisse jamais s'en échapper ? Est-ce qu'on se souviendra éternellement de moi comme de ce mec bourré avec le drôle de chapeau dans la galerie de photos de quelque « ami » Facebook ? Sera-t-il de plus en plus difficile d'évoluer en tant que personnes si les opinions à notre sujet se sont déjà fixées ? Depuis toujours, des gens ont déménagé dans une autre ville et refait leur vie pour échapper à un passé chargé ou une mauvaise impression qu'ils avaient laissée. Est-ce que ça ne sera plus possible ?

Il est sensé d'user de prudence dans la proportion de données personnelles qu'on révèle sur Facebook. J'applique moi-même la règle simple des « cinq colonnes à la une ». Il m'est relativement égal de proposer à l'examen d'autrui de larges portions de ma personnalité ; je donne donc des informations complètes et exactes sur mon profil et participe activement au dialoque. Mais je n'essaie jamais d'inclure toute information que je serais consterné de découvrir étalée en première page de mon journal local.

Zuckerberg a acquis un allié inattendu dans sa campagne pour l'ouverture et la transparence – Ben Parr, l'étudiant de Northwestern University qui avait lancé « Étudiants contre le Fil d'actu Facebook », le groupe contestataire et catalyseur de la grande crise de la confidentialité. En septembre 2008, Parr, devenu journaliste technologique, s'est bel et bien repenti. « Voilà le changement majeur de ces deux dernières années, écrivait-il dans un article[23]. Nous redoutons moins de partager notre vie et nos pensées instantanément avec des millions de personnes, avec des amis intimes comme avec des inconnus. Le développement des technologies nouvelles et l'action énergique de Zuckerberg ont conduit à ce changement. [...] Le Fil d'actualité a véritablement lancé une révolution qui demande de prendre du recul pour l'apprécier. La confidentialité n'a pas disparu, mais elle devient plus facile à contrôler – ce que je veux partager, je peux le partager avec tout le monde. Ce que je veux garder pour moi reste dans ma tête. »

11. La plate-forme

« Ensemble, nous amorçons un mouvement ! »

Depuis les tout débuts de Facebook, Mark Zuckerberg a une obsession particulière. Le soir où son collaborateur des premiers jours Sean Parker rencontra Zuckerberg dans un restaurant chinois branché de Tribeca en mai 2004, ils se lancèrent dans une curieuse discussion. Zuckerberg, à en croire Parker, ne cessait de détourner la conversation en réitérant à quel point il avait envie de transformer Thefacebook en une plate-forme. En clair, il voulait que son service tout neuf soit un lieu où des tiers puissent déployer des logiciels, tout comme les systèmes d'exploitation Windows de Microsoft et Mac OS d'Apple étaient des plates-formes pour des applications créées par des sociétés extérieures. Parker lui objecta qu'il était beaucoup trop tôt pour envisager quoi que ce soit dans cette direction.

Kevin Efrusy de chez Accel Partners se rappelle une conversation similaire. Lors d'une de ses toutes premières rencontres avec Zuckerberg après qu'Accel eut investi dans la société à la fin du printemps 2005, le jeune PDG lui demanda un service.

« Kevin, j'ai besoin de trouver quelqu'un pour m'aider à réfléchir à ma stratégie de plate-forme.

— Hein ? Ouais, peut-être qu'un jour on pourra être une plate-forme, répondit un Efrusy hésitant. Mais on n'est qu'une société de six personnes… Attends, je pense que je connais un type chez BEA Systems [un éditeur de logiciels d'entreprise] qui a fait des trucs intéressants en matière de plates-formes et…

— BEA Systems ? Je pensais plutôt à Bill Gates. Tu peux m'aider à parler à Bill Gates ?

— Hum… Je sais pas. Peut-être que Jim Breyer peut faire quelque chose… »

Une semaine s'écoula. Efrusy était de nouveau dans le bureau de Zuckerberg.

« OK, fit Zuckerberg. Alors je lui ai parlé.

— Parlé à qui ?

— À Bill Gates ! »

Même à cette époque héroïque, Zuckerberg essayait d'imaginer comment son modeste service pourrait devenir plus qu'une simple destination Internet où les gens venaient communiquer les uns avec les autres.

Toutes les grandes entreprises du secteur technologique passent par un ou deux stades transitoires lorsque leurs créateurs découvrent qu'ils ont créé quelque chose de différent de ce qu'ils attendaient – et de plus grande envergure qu'ils n'en avaient eu l'impression au départ[1]. Très tôt, Bill Gates – qui écrivait alors avec son associé Paul Allen des logiciels sur mesure pour de petites sociétés de matériel informatique grand public – se rendit compte que le logiciel pouvait être une industrie à part entière. Il eut plus tard une deuxième intuition historique : que des ordinateurs pouvaient être intégralement construits autour d'un système d'exploitation. Microsoft deviendrait par la suite l'entreprise la plus rentable de tous les temps. Une nuit, les fondateurs de Yahoo, Jerry Yang et Jeff Filo, comprirent brusquement que leur service n'était pas seulement une carte pour naviguer sur Internet. Il pouvait aussi être un moyen sans précédent de collecter des informations de marketing détaillées sur les internautes. Yahoo devint la première grosse entreprise Internet alimentée par la publicité. Le tournant décisif arriva pour Google lorsque ses fondateurs Sergey Brin et Larry Page découvrirent qu'ils pouvaient orienter les recherches des utilisateurs non seulement vers des sites Web, mais aussi vers une base de données publicitaire distincte. Ainsi naquit le plus puissant modèle commercial de l'ère Internet connu jusqu'alors.

Zuckerberg eut sa première intuition géniale lorsque Moskovitz et lui comprirent que le service pouvait s'étendre au-delà des campus. Mais il en eut une autre en constatant le succès époustouflant de l'application Photos. Il devint manifeste qu'il se passait quelque chose. « Il manque à notre site photo les fonctionnalités que n'importe qui y aurait intégrées, me confia Zuckerberg début mai 2007. Nous ne stockons pas d'images en haute résolution. La fonction d'impression est carrément mauvaise. Et jusqu'à ces derniers temps on ne pouvait même pas modifier l'ordre des photos dans un album. Or, pour une raison ou une autre, cette application est devenue le site photo le plus fréquenté sur Internet, et de loin. » Et un processus similaire était à l'œuvre dans l'application que les ingénieurs de Facebook avaient construite à la hâte pour permettre aux utilisateurs d'inviter des amis à des soirées et autres « événements ». Elle attirait plus d'internautes que Evite.com, qui était depuis des années le premier site Web pour les invitations.

« Alors pourquoi ça a si bien marché pour Photos et Événements ? demanda Zuckerberg. Parce que, malgré toutes leurs insuffisances, ces applications possédaient une particularité qu'on ne trouvait nulle part ailleurs. Et c'était l'intégration dans le graphe social. » C'était la percée conceptuelle de Facebook, et Zuckerberg était fier du terme dont il se servait pour la décrire. « Nous avons réfléchi un peu et nous avons décidé que la valeur centrale de Facebook réside dans l'ensemble des connexions entre amis, poursuivit-il. Nous appelons cela le graphe social, au sens mathématique d'une série de nœuds et de connexions. Les nœuds sont les individus et les connexions sont les amitiés. » Ensuite son enthousiasme dérapa, me sembla-t-il à l'époque, dans l'hyperbole : « Nous avons le mécanisme de diffusion le plus puissant jamais créé en l'espace d'une génération. » Zuckerberg expliqua présomptueusement que ce même pouvoir pourrait s'appliquer à n'importe quelle sorte d'application – pas seulement à Photos et à Événements. Sa certitude était troublante. Par « diffusion », il voulait dire qu'en vous connectant avec vos amis sur Facebook vous aviez construit un réseau, ce « graphe social », et qu'il pouvait être employé pour la diffusion d'informations de toutes sortes. Si vous ajoutiez une photo, il le disait à vos amis. Idem si vous changiez votre statut Situation amoureuse, ou si vous annonciez que vous alliez passer le week-end au Mexique. Mais il pouvait aussi informer vos amis de toute action accomplie avec tout logiciel auquel votre graphe social était relié. Jusqu'ici, toutefois, les seules applications qui en tiraient parti étaient Photos, Événements et quelques autres créées par Facebook lui-même.

Dans la plupart des sociétés éditrices de logiciels, si on s'estimait capable à ce point de créer des applications exceptionnelles, on en créerait encore d'autres. Peut-être des applications d'achat en ligne rattachées au graphe social, ou des jeux, ou des applications pour entreprises. Au lieu de quoi Facebook cessa complètement d'élaborer des applications, du moins pendant un certain temps. En automne 2006, Zuckerberg entreprit de concrétiser sa vision longuement mûrie d'une plate-forme où des tiers pourraient construire des applications rattachées à Facebook. Il voulait faire pour le Web ce que Bill Gates avait fait pour l'ordinateur individuel : créer une infrastucture logicielle normalisée qui facilite l'élaboration des applications – mais cette fois, ces applications avaient une composante sociale. « Nous voulions transformer Facebook en une sorte de système d'exploitation permettant de faire tourner des applications complètes », expliqua-t-il.

Le directeur opérationnel Owen Van Natta, à qui j'ai parlé en mai 2007, décrivait ce potentiel dans une formulation très personnelle : « Prenez n'importe quoi aujourd'hui sur Internet et mettez par-dessus une lentille correspondant aux gens que vous connaissez et à qui vous faites confiance, et qui ont leur propre perspective. Voilà ce que nous mettrons en œuvre avec la plate-forme. Qu'y aurait-il de potentiellement plus précieux une fois vu à travers cette lentille ? »

Zuckerberg réfléchissait aux plates-formes depuis son premier contact avec un clavier d'ordinateur, ou presque. Encore adolescent, il apprit à programmer en codant des fonctions qui amélioraient AOL, le service Internet dominant à l'époque. Une communauté de bidouilleurs – dont Zuckerberg – transforma AOL en plate-forme sans demander l'avis de ses dirigeants. Ensuite, lors de sa dernière année à Exeter, il fit équipe avec Adam D'Angelo et élabora un logiciel pour écouter des fichiers audio MP3, appelé Synapse. Si Synapse acquit une certaine popularité, c'est d'abord parce qu'il permettait à d'autres programmeurs d'élaborer des programmes auxiliaires, dits *plug-ins*, qui fournissaient des fonctions supplémentaires. Synapse était en fait une mini-plate-forme. Et dans son obsession pour son cher Wirehog, ce logiciel qui resta à l'état de projet, Zuckerberg envisageait Facebook comme une plate-forme. Wirehog fut – brièvement, certes – la première application autonome à fonctionner en complément de Facebook.

Devenir une plate-forme sur laquelle peuvent fonctionner des applications de tierces parties est l'un des buts suprêmes de la technologie. Microsoft domina le secteur technologique pendant presque deux décennies en positionnant son système d'exploitation Windows comme plate-forme monopoliste pour l'informatique individuelle. Quiconque voulait élaborer une application dans l'environnement PC était obligé d'employer Windows (en fait, c'est Bill Gates qui a popularisé cet usage du terme plate-forme).

Créer une plate-forme permet à une entreprise de conception de logiciels de devenir le noyau central d'un écosystème de partenaires qui dépendent de son produit. Et une fois qu'une société est au centre de tout un écosystème, il devient terriblement difficile pour la concurrence de la déloger. Non seulement Apple y réussit magistralement avec son système d'exploitation Mac OS, mais il récidiva, d'abord avec l'iPod, ensuite avec son superbe iPhone.

En devenant une plate-forme, Facebook se décharge quelque peu de l'obligation épuisante d'exceller dans toutes ses créations. Facebook ne pourra jamais élaborer la meilleure application dans tous les domaines qui intéressent ses usagers. Les sociétés qui consacrent plus de ressources au dialogue en direct, par exemple, continueront de devancer Facebook. J'ai récemment demandé à ma fille Clara, dix-sept ans, si elle utilisait l'application Discussion instantanée de Facebook, une ambitieuse extension que le service a lancée au milieu de l'année 2008. Non, dit-elle, elle préférait encore AIM d'AOL ou iChat d'Apple (réponse que donneraient de nombreux adolescents états-uniens, malgré leur dépendance à Facebook). « Avec la Discussion instantanée de Facebook, on a l'impression de parler en morse », expliqua-t-elle. Elle n'a pas assez de fonctions et elle n'est pas facile à utiliser. Zuckerberg décida que ce que Facebook faisait mieux que tout le monde, c'était la gestion de votre profil et de votre réseau de contacts. Finalement, presque tout le reste sera assuré par des sociétés tierces.

Facebook fit le premier pas vers sa transformation en plate-forme en août 2006. C'est à peine si le monde s'en aperçut. À l'époque, on ne parlait que du scandale du Fil d'actualité. Le programmeur Dave Fetterman introduisit une entité appelée API (pour *application programming interface* – interface de programmation d'applications). Elle permettait aux utilisateurs de se connecter à d'autres sites Web avec leur nom d'utilisateur Facebook et le mot de passe associé, afin que le site partenaire puisse extraire leurs données, y compris leur liste d'amis. Certains employés de Facebook – des cadres plus âgés pour la plupart – répugnaient à voir les données personnelles des usagers s'échapper ainsi de l'enceinte du service. Ils disaient que la société donnait gratuitement quelque chose qui avait de la valeur et n'obtenait rien en retour. Mais Zuckerberg passa outre. Pour faire la démonstration de l'API, Facebook élabora lui-même une application externe, appelée d'abord Facebank puis rebaptisée Moochspot, qui assurait le suivi des menues dettes d'argent entre amis. Alors que des milliers de développeurs bricolèrent autour de l'API, il n'y en eut pas beaucoup pour s'en servir, et très peu d'usagers Facebook testèrent Moochspot. Le vrai problème avec l'API était qu'elle n'était pas très utile aux éventuels créateurs d'applications externes, car elle ne comportait pas la « diffusion » tant vantée. Elle ne tirait pas pleinement parti du graphe social. Vous pouviez extraire votre liste d'amis de Facebook, mais vous ne pouviez pas leur envoyer sur Facebook les informations que vous auriez produites. Bien que vos amis et vous-même puissiez contrôler le suivi de vos dettes sur Moochspot, l'application ne renvoyait aucune information sur votre profil.

Or peu après Facebook triompha avec le Fil d'actualité. Il permettait à vos amis d'être facilement tenus au courant de vos activités Facebook – et notamment des applications que vous installiez sur votre profil. C'est seulement avec le Fil d'actualité en place que Facebook pourrait devenir une plate-forme réussie. La libre inscription contribua elle aussi à assurer les bases. Les développeurs de logiciels s'intéresseraient manifestement plus à des applications sur Facebook si le service fonctionnait à grande échelle et accueillait toutes sortes de gens.

Dès que le brouhaha autour du Fil d'actualité fut retombé, les priorités de la société s'orientèrent vers la construction de la plate-forme. Adam D'Angelo et Charlie Cheever accomplirent une grande partie du travail critique de programmation. Dave Morin fut chargé du « marketing plate-forme » – travailler avec les développeurs potentiels. (Dans son poste précédent chez Apple, il avait cherché en vain à faire intégrer Facebook à Mac OS.) Morin et Fetterman contactèrent des sociétés qui avaient créé des plates-formes réussies, dont eBay, Apple et Salesforce.com.

Mais malgré tous ces modèles externes, l'équipe ne cessait de s'accrocher à un repère interne unique. « Nous avions pris Photos pour modèle, dit Morin. Nous n'arrêtions pas de nous y reporter en nous demandant : “Comment allons-nous rendre toute application capable de faire ce que fait Photos ?” » La page profil de chaque utilisateur comprenait une case pour les albums photo. En cliquant sur une photo, l'utilisateur aboutissait sur une page entière, qui ressemblait beaucoup à un site Web. Quand vous téléchargiez une photo, le logiciel mettait à jour votre propre Mini-Fil d'actualité sur votre profil tout comme le Fil d'actualité des amis concernés. L'équipe décida donc de permettre aux développeurs extérieurs de placer de la même manière des cases sur les pages profil et de construire des pages entières à l'intérieur de Facebook. Des activités sous n'importe quelle application pouvaient évidemment générer des infos pour le Fil d'actualité.

En poussant cette logique encore plus loin, l'équipe arriva au principe selon lequel Facebook s'interdirait de faire avec ses propres applications quoi que ce soit que des développeurs extérieurs ne puissent faire. « Le site devrait être un terrain neutre, expliqua Zuckerberg en 2007. Nous voulons un écosystème qui ne favorise pas nos propres applications. » Cette politique fut portée à de tels extrêmes que certaines fonctionnalités furent supprimées dans l'application Photos de Facebook parce qu'un développeur extérieur n'aurait pas pu les y intégrer.

La société donna à ses nouveaux partenaires une liberté de manœuvre extraordinaire. Bizarrement, elle prévoyait de laisser les développeurs gagner de l'argent avec leurs applications, mais ne leur ferait rien payer pour le droit d'opérer à l'intérieur de Facebook. « Les gens peuvent y développer leurs applis gratuitement, déclara Zuckerberg à peu près à l'époque où la plate-forme débuta, et peuvent faire ce qu'ils veulent. Ils peuvent construire une boutique virtuelle à l'intérieur de Facebook. Ils peuvent faire passer de la pub. Ils peuvent chercher des sponsors. Ils peuvent vendre des choses, ils peuvent envoyer des liens vers d'autres sites. Nous sommes agnostiques. Il va y avoir des sociétés dont l'unique produit est une application qui vit à l'intérieur de Facebook. »

Mais cela faisait-il de Facebook une meilleure entreprise commerciale ? Là n'était pas la priorité. « Actuellement, nous ne nous forçons pas à répondre à la question de la rentabilité tant que cela conforte notre position sur le marché, conclut-il alors. Nous nous en occuperons plus tard. »

C'est ainsi que Zuckerberg voyait les choses. Mais certains de ses collègues, surtout ceux qui vendaient de la publicité pour le site, s'étranglaient de rage. Pourquoi les créateurs d'applications tierces seraient-ils autorisés à concurrencer Facebook lui-même dans la vente de pubs ? Il y eut beaucoup de réunions orageuses. Mais malgré toute cette indignation, Zuckerberg ne plia pas. L'activité sur les applications, soutenait-il, allait générer plus de flux sur Facebook. Ce qui ferait encore plus de pages vues, et même sur les pages des applications Facebook se réserverait de l'espace pour vendre ses propres pubs. Zuckerberg préconisait aussi une sorte de darwinisme d'entreprise. Il voulait, disait-il, que les applications externes aident à préserver la sincérité de Facebook en le forçant à rendre ses propres applications assez performantes pour être compétitives.

Je m'entretenais alors avec lui dans son refuge personnel – une salle de conférences toute blanche aménagée avec du mobilier moderne style années 1960 de chez Design Within Reach, quelques blocs plus loin sur University Avenue : fauteuils Charles Eames blancs, table Eero Saarinen blanche au délicat piètement métallique, stores blancs, moquette et sofa gris, volumineux fauteuil poire noir. Les employés l'appelaient la « salle des interrogatoires » – pour évoquer à la fois les questions insistantes de Zuckerberg et l'austérité quasi carcérale du lieu. Il fêtait son vingt-troisième anniversaire lorsque nous

nous y rencontrâmes. Il était pieds nus, pas rasé, et portait sur son jean un T-shirt « Root Beer » de la chaîne de restaurants A & W. Un carton non déballé de robots Transformer était posé dans un coin. Le jeune PDG était en train de dessiner des schémas sur les tableaux blancs qui couvraient tous les murs. À un certain moment, il ne trouvait plus le chiffon *ad hoc* ; il ramassa un bonnet en tricot qui traînait par terre et essuya le tableau avec.

En avril, Zuckerberg avait donné une conférence lors d'un sommet des cadres de la News Corp. à Pebble Peach, à deux heures de voiture de Palo Alto. Rupert Murdoch avait peu de temps auparavant proféré en public certains propos laissant entendre qu'il se demandait s'il avait acheté le réseau social qu'il fallait. Lors d'un dîner de gala, Zuckerberg et Murdoch s'isolèrent pour un tête-à-tête sérieux tandis que le PDG de MySpace, Chris DeWolfe, se morfondait à une table toute proche. Finalement, Zuckerberg se leva et annonça qu'il devait rentrer pour emmener sa petite amie au cinéma. « Après son départ, les types de MySpace se sont précipités sur Rupert, raconte le blogueur et auteur Jeff Jarvis, qui assistait à ce dîner. C'était un peu : “Papa ! Tu t'occupes pas de moi !” »

À présent qu'approchait le lancement de la plate-forme, Zuckerberg ne cachait plus qu'elle était – entre autres – conçue pour battre MySpace, qui était encore le réseau social américain dominant. MySpace avait récemment décrété que certaines applications de sociétés tierces ne pouvaient fonctionner sur son réseau, et en avait même désactivé une simplement parce qu'elle était soupçonnée de vendre de la publicité. « Nous avons une philosophie et une conception du monde différentes, voilà tout, expliqua Zuckerberg. Nous sommes une société du secteur technologique, les gens de MySpace appartiennent au secteur des médias, et ils conçoivent leur travail comme la possession et la diffusion de contenus. »

Pour réussir le lancement de la plate-forme, Facebook dut commencer à faire sa propre promotion auprès des développeurs. Dave Morin et Matt Cohler sillonnèrent le globe pour rendre visite à des start-up comme à des géants des médias et chercher à les convaincre de produire des logiciels pour Facebook. Un lancement tapageur fut prévu pour le 24 mai 2007 dans une grande salle de San Francisco. Facebook baptisa l'événément « f8 », nom qui proclamait subtilement que c'était la « finalité » de Facebook de devenir une plate-forme. Zuckerberg sortit même de sa coquille pour solliciter en avant-première l'attention d'un journaliste – votre serviteur – qu'il invita à l'intérieur de la société pour un reportage en exclusivité tandis qu'il préparait f8. Je publiai un article intitulé « Facebook projette de connecter le monde » dans la revue *Fortune* et sur Internet au moment même où f8 commençait[2].

Facebook engagea Michael Christman, organisateur d'événements chevronné, pour superviser la logistique de f8. Lors de sa première visite au siège de la société, il se retrouva dans une réunion qui s'éternisait, assis près de la porte dans une vaste salle de conférences qui contenait aussi un téléviseur à écran plat et une console Nintendo Wii. La porte s'ouvrit et heurta le dos de Christman. Deux jeunes gens apparurent, mais ils ressortirent à reculons quand ils constatèrent que la salle était utilisée. Ils revinrent quelques minutes plus tard, dans l'espoir que la réunion soit terminée, et heurtèrent la chaise de Christman une fois de plus. Ils voulaient jouer au jeu vidéo. Lorsque cela se produisit une troisième fois, Christman se retourna et leur dit d'un ton sévère : « Les jeunes, si vous voulez jouer avec la Nintendo, entrez. Mais arrêtez de cogner dans ma chaise. » C'est à ce moment-là que Meagan Marks, une collaboratrice Facebook qui gérait le planning f8, lui dit : « Michael, ce pourrait être le bon moment de vous présenter à notre PDG, Mark Zuckerberg. »

Les jours qui précédèrent f8 furent une frénésie d'agitation à la limite de l'affolement. Les employés étaient remontés à bloc par la conviction de participer à un moment historique. Les salles couvertes de graffiti vibraient de proclamations grandioses : « Nous allons changer

Internet ! », « Nous allons rendre Internet social ! », « Nous allons enfin mettre les gens sur Internet ! », « Nous créons une véritable économie sur la Toile ! ». L'ancien collaborateur d'Apple Dave Morin se rappelle être rentré chez lui en voiture à 4 heures du matin après une séance de préparation particulièrement intense, en songeant : « Ça devait être comme ça quand on a fabriqué le premier Macintosh. » Pour se préparer au nouveau Facebook, Morin lisait *De la démocratie en Amérique*, de Tocqueville, l'ouvrage classique du XIXe siècle qui décrivait le système politique et économique américain, ainsi que les *Recherches sur la nature et les causes de la richesse des nations* d'Adam Smith. Chez Facebook, les dirigeants efficaces n'ont jamais brillé par la modestie de leurs ambitions.

Ce fut un marathon de la programmation. Adam D'Angelo et son équipe, qui construisaient la plate-forme, travaillaient sept jours sur sept depuis plus de trois mois. La veille de f8, ils étaient presque – mais pas tout à fait – prêts. Les membres du groupe principal s'entassèrent dans une chambre du W Hotel de San Francisco pour procéder aux tout derniers réglages. La plupart ne dormaient plus depuis plusieurs jours. Or un élément clé de la plate-forme refusait encore de fonctionner correctement. Quelques programmeurs avaient pris du Provigil – un médicament pour lutter contre le sommeil – pour pouvoir rester éveillés une nuit de plus. Ils étaient dans un état de semi-délire. Ils disaient en plaisantant qu'on devrait mélanger du Provigil avec de la cocaïne et appeler ça BlowVigil(« Lucidéfonce »).

Par bonheur, la qualité de leur codage était supérieure à celle de leur humour. Ils réussirent quand même à tenir toute la nuit. Quelques heures avant le début de f8, ils appuyèrent sur le bouton. Le logiciel fonctionnait ! Leur cerveau, plus tellement.

Personne à l'extérieur de Facebook ne savait ce qui allait arriver, sauf les rares sociétés partenaires qui avaient accepté de développer des applications à l'avance. La seule chose qu'on sache à Silicon Valley était que Facebook allait faire une annonce importante. Facebook n'avait encore jamais procédé ainsi. Des centaines de journalistes s'entassaient aux premiers rangs. On aurait pu croire que toutes les entreprises du logiciel et de l'Internet de Californie – et même de plus loin encore – avaient envoyé une délégation.

Lorsque f8 commença, les 750 personnes entassées dans la salle écarquillèrent les yeux pour voir la petite silhouette de Zuckerberg, qui arborait son uniforme habituel – T-shirt, laine polaire à capuche et tongs. Il s'avança sur la scène et déclara : « Ensemble, nous amorçons un mouvement ! » C'était une formule suggérée par Stone Yamashita, la firme de conseil en stratégie et marketing branchée de San Francisco.

La démonstration de la plate-forme par Zuckerberg fut de loin la présentation PowerPoint la mieux préparée qu'il ait jamais faite. Il avait bûché le texte, mais avait continué de modifier ses diapositives jusqu'à la dernière minute avant la présentation. Il était extrêmement nerveux. Il allait être observé par tout le monde, y compris ses parents, qui étaient dans le public. Mais ses modifications de dernière minute lui jouèrent des tours. Lorsqu'il entra en scène, les diapositives ne s'enchaînèrent pas dans l'ordre correct et son commentaire n'était plus synchronisé. Il se tut, l'air embarrassé. Les organisateurs de l'événement et les cadres Facebook retenaient leur souffle. « Et pourtant, ça marchait dans mon bureau… » plaisanta-t-il. La tension retomba. La diapositive attendue apparut. Il termina la présentation sans autre problème.

La plate-forme déchaîna l'enthousiasme du public. Elle plaçait Facebook bien loin devant MySpace. Aucun autre site Web grand public n'avait quoi que ce soit de comparable. Des comptes rendus enthousiastes commencèrent à fleurir tous azimuts sur les blogs et dans les revues spécialisées.

Un écosystème sans failles avait déjà commencé à se constituer. Plus de quarante sociétés avaient présenté des applications. Le puissant Microsoft montra deux applications qui aidaient à intégrer à Facebook des logiciels

Internet existants. Le *Washington Post* (encore lui !) présenta une « boussole politique » pour comparer vos opinions politiques à celles de vos amis. Sean Parker s'associa à Joe Green, ex-voisin de Zuckerberg à Kirkland House, pour l'application Causes, qui aidait les organisations à but non lucratif à lever de l'argent. Un autre partenaire important de la plate-forme, iLike, avait auparavant construit son propre réseau social pour le partage de chansons et de musiques favorites.

Juste après la présentation, f8 se transforma en un marathon public de programmation, qui dura huit heures : n'importe quel développeur pouvait travailler aux côtés de Zuckerberg et des programmeurs de Facebook pour improviser des logiciels. Mais lorsque l'événement f8 se termina à minuit, la nuit n'était pas terminée pour les membres de l'équipe Facebook.

Ils retournèrent au W Hotel, où ils entreprirent de « donner le coup de pouce » à la plate-forme, c'est-à-dire, dans leur jargon, de la mettre en service. Des collaborateurs se dispersèrent dans les salles de conférences pour accomplir diverses tâches indispensables, tandis que Moskovitz et Morin, assis sur un sofa dans le hall du W, travaillaient sur leurs ordinateurs portables via la connexion Wi-Fi de l'hôtel. Une fois que la plate-forme eut démarré, ils allèrent se coucher, mais pas avant d'avoir un peu fêté l'événement, bien sûr.

Dave Morin se réveilla péniblement le lendemain matin et trouva une série de messages affolés sur son téléphone portable : « Nous avons tellement de trafic que nous ne savons pas quoi faire ! disait un responsable de chez iLike. Vous pouvez nous aider à avoir d'autres serveurs ? » Apparemment, presque toutes les applications lancées la veille souffraient de l'affluence massive des utilisateurs. Comme Morin était responsable des relations avec les développeurs, c'était à lui que les sociétés tierces demandaient de l'aide. Des cadres iLike arrivèrent en avion de Seattle et louèrent un camion, avec lequel ils firent le tour de Silicon Valley pour emprunter des serveurs à diverses entreprises high-tech afin de pouvoir absorber la demande. Le vendredi, le lendemain de f8, 40 000 usagers Facebook avaient déjà installé l'application de chez iLike. Deux jours plus tard, ce chiffre était passé à 400 000.

Morin reçut de l'aide de la part de la société qui gérait le centre de données Facebook dans la banlieue sud de San Francisco. Facebook lui-même occupait une série de « cages » – des enclos grillagés remplis de serveurs et de matériel de réseautage. Une cage adjacente était mise à la disposition de tout développeur qui demandait de l'aide pour gérer son trafic. Finalement, Facebook traita avec un plus gros opérateur de centres de données pour ouvrir une installation à l'usage exclusif des sociétés partenaires créatrices d'applications, qui allait être « appariée » avec celle de Facebook, ce qui signifiait que, dans la topographie électronique d'Internet, elle serait juste à côté.

Dans toute l'industrie technologique, ce fut presque le délire en réaction à f8. Le lancement de la plate-forme Facebook devint – avec celui de l'iPhone d'Apple un mois plus tard – l'un des deux événements technologiques les plus commentés de l'année. Il n'était plus possible de rejeter Facebook, ce parvenu, comme un simple joujou pour petits étudiants. Le blog influent TechCrunch évoqua une « pensée inspirée » en parlant de la plate-forme. Avant f8, Zuckerberg et son équipe espéraient qu'au cours de l'année suivante 5 000 applications viendraient compléter Facebook et que la moitié de ses utilisateurs les adopteraient. Or, en l'espace de six mois, on enregistra 250 000 développeurs, qui géraient 25 000 applications.

Tout comme Zuckerberg l'avait prédit, Facebook conférait aux applications une capacité inhabituelle à acquérir de nouveaux utilisateurs. C'était la « diffusion » tant vantée. Le Fil d'actualité indiquait aux membres de Facebook quand leurs amis avaient installé de nouvelles applications, si bien que la plus modeste des applications créée par un développeur isolé sans aucun budget marketing pouvait atteindre des millions d'utilisateurs presque du jour au lendemain si elle avait une fonction utile. Bien que le Fil d'actualité demeure une sélection choisie par un algorithme, Facebook affina le logiciel pour assurer que les applications nouvellement installées soient annoncées. Six mois plus tard, la moitié des usagers Facebook avaient au moins une application sur leur profil.

Soudain, presque tous les entrepreneurs de l'Internet et les concepteurs de logiciels parlaient de mettre au point une application pour Facebook – depuis les titans de l'industrie jusqu'aux bidouilleurs dans leurs chambres d'étudiant. L'infrastructure Facebook de la plate-forme permettait à ces loups solitaires de créer des applications aussi facilement qu'à Microsoft. Lorsque Facebook lança la plate-forme, il désactiva sa propre application *Courses* (« cours »), qui aidait les étudiants à suivre les emplois du temps les uns des autres. Un lycéen du New Jersey, Jake Jarvis, flairant l'occasion, écrivit rapidement une application similaire qu'il vendit six mois plus tard pour une somme qui, au dire de son père, « suffisait à payer un an d'études en fac ».

La plate-forme apporta à Facebook un sérieux que le site n'avait encore jamais eu. Elle fit comprendre aux spécialistes comme aux utilisateurs lambda que ce service était plus que ce à quoi ils s'attendaient. Dans Silicon Valley et chez les branchés de la technologie du monde entier, il devint brusquement cool d'avoir son propre profil Facebook.

La plate-forme changea aussi l'expérience Facebook elle-même. Il y avait une promesse d'expansion, de possibilités nouvelles. Si l'ajout de l'application Photos avait fait de Facebook un lieu où vous aviez envie de passer beaucoup de temps, la transformation en plate-forme pour applications commença à vous donner l'impression d'être un peu sur le Web lui-même. Facebook devenait son propre univers autonome.

Étudiants et lycéens étaient depuis longtemps habitués à passer là le plus clair de leur temps en ligne. Des internautes de toutes sortes et de toutes les classes d'âge commencèrent alors à faire de même. Le jour de l'événement f8 – le 24 mai 2007 – Facebook avait 24 millions d'usagers actifs, avec 150 000 nouvelles inscriptions par jour. La répartition démographique se diversifiait : 5 millions d'usagers entre vingt-cinq et trente-quatre ans, 1 million entre trente-cinq et quarante-quatre ans et 200 000 au-dessus de soixante-cinq ans[3]. En l'espace d'un an, Facebook multiplia par trois son audience avec 70 millions d'usagers actifs.

Dans la frénésie des préparatifs complexes de f8, Zuckerberg et son équipe n'avaient contre toute attente guère réfléchi aux types d'applications qui auraient le plus de chance de marcher sur Facebook. Comme c'est souvent le cas dans cette entreprise animée par des idéaux et dirigée par un PDG obsédé par les perspectives à long terme, une certaine magnanimité prévalut. L'équipe Facebook supposa que des applications polyvalentes offrant un vaste potentiel de fonctions allaient jouer un grand rôle dans le nouvel écosystème. Par exemple, lorsqu'ils préparèrent f8 en retirant de leur application Photos certaines fonctionnalités, Zuckerberg et ses collaborateurs croyaient que quelqu'un allait en trouver une meilleure et réussir à les concurrencer. Leur idée était que f8 devait être un forum pour les applications les meilleures, les plus fonctionnelles, les plus sophistiquées. Lors de mon reportage en 2007 juste avant f8, Facebook me fit interviewer un proche partenaire de la société, qui me déclara que « Facebook est en train de créer l'occasion d'élaborer toute une génération d'Adobe Systems, d'Electronic Arts et d'Intuit qui vivront à l'intérieur de Facebook ». C'étaient les géants de l'industrie du logiciel. Comme d'habitude, Facebook visait très haut.

Or Facebook n'est rien d'autre que les actions collectives de ses utilisateurs. Ce qui s'y passe dépend en dernière analyse de ce qui intéresse les usagers Facebook et non de ce qui devrait les intéresser selon Mark Zuckerberg. Il apprit cette leçon quelque peu douloureusement avec la plate-forme.

Une frénésie de nouvelles applications émergea rapidement sur Facebook, mais elles n'étaient pas vraiment d'un niveau élevé. Celles qui décollèrent le plus vite étaient pour la plupart farfelues, mais intrinsèquement conviviales comme les jeux sur Internet ne l'avaient encore jamais été. L'une des premières applis vraiment appréciées s'appelait Fluff Friends. Elle ne faisait guère plus que vous permettre de « caresser » électroniquement un chien ou chat virtuels, mais quand vous caressiez le chien d'un ami Facebook, votre photo apparaissait sur son profil. C'était une nouvelle manière d'envoyer un message simple, comme le firent 5 millions de personnes. Une autre application similaire vous permettait de donner à vos amis une « morsure de vampire ». Food Fight, qui vous aidait à jeter de la nourriture sur vos amis, atteignit les 2 millions d'utilisateurs en quelques semaines seulement. Une petite appli idiote, Graffiti, qui vous permettait de gribouiller sur les pages de vos amis, devint l'application numéro deux. Deux jeunes gens de San Francisco l'avaient écrite en deux jours depuis leur appartement[4].

C'étaient des applications authentiquement sociales, et si elles réussirent à exporter des comportements du monde réel vers ce nouveau monde en ligne, c'est parce que ce type de comportements reflétait les penchants des internautes qui formaient encore l'écrasante majorité des usagers Facebook – les adolescents et les étudiants.

Quelques semaines avant f8, Morin prenait le café avec Mark Pincus, fondateur de Tribe.net, copropriétaire du brevet de réseautage de sixdegrees, et l'un des premiers investisseurs de Facebook. Plein d'enthousiasme, Pincus annonça à Morin son intention de créer une application de poker pour la nouvelle plate-forme. « Ça ne marchera pas, affirma Morin d'un ton sévère. Les jeux n'ont pas de potentiel viral. » Pincus passa outre et lança Texas HoldEm Poker sur Facebook ; il créa une société appelée Zynga, qui aurait un énorme succès. Zuckerberg lui-même était déçu par la futilité de nombre de ces applications. Il voulait que sa société aide les gens à communiquer des choses importantes, pas à faciliter le jeu en ligne.

C'est alors qu'arriva le phénomène Scrabulous. Deux Indiens de Calcutta, les frères Rajat et Jayant Agarwalla, élaborèrent une imitation flagrante du scrabble classique pour Facebook. Vous pouviez jouer des parties multiples avec autant d'amis que vous vouliez – il suffisait d'attendre votre tour. Scrabulous fit sensation. La revue *PC World* classa Scrabulous à la quinzième place de sa liste des « 100 Meilleurs Produits de 2008 », juste derrière le site Craigslist et devant la console Nintendo Wii (Facebook lui-même était numéro trois). Certains jours, il y eut jusqu'à 342 000 joueurs.

Scrabulous attira même l'attention de Mark Zuckerberg. Il n'avait jamais réussi à convaincre ses grands-parents de rejoindre Facebook, mais ils finirent par accepter – afin de pouvoir jouer à Scrabulous avec lui. Son antipathie envers les jeux sur Facebook commença à s'effriter. Il était pour lui manifeste que vous interagissiez avec des gens qui vous étaient chers lorsque vous jouiez à Scrabulous. Et après tout, le scrabble était un jeu fondé sur les mots et l'intellect – le type de jeu auquel s'adonnaient les gens qui avaient fréquenté Harvard.

Or toute cette agitation ne fut pas du goût des propriétaires de la marque Scrabble. Peu après le lancement de Scrabulous, Hasbro, qui détient les droits du jeu aux États-Unis et au Canada, tenta d'acheter Scrabulous, et aurait proposé jusqu'à 10 millions de dollars[5]. Les frères Agarwalla refusèrent de vendre, et Hasbro leur fit un procès. Le jeu fut retiré de la circulation. Entre-temps, Mattel, qui commercialise Scrabble dans le reste du monde, en lança sa propre version Facebook pour les usagers à l'extérieur de l'Amérique du Nord. Hasbro finit par lancer une version américaine légale de Scrabble pour Facebook, et les frères Agarwalla modifièrent leur jeu pour qu'il ressemble moins au Scrabble et le rebaptisèrent Lexulous. Il conserve une certaine popularité.

Texas HoldEm de Mark Pincus fut le prochain jeu à décoller. En un sens, Dave Morin n'avait pas tort – les jeux ne se répandaient pas viralement aussi vite que certains types d'applications. Mais ils engendraient une extraordinaire loyauté – une fois qu'un utilisateur commence à jouer, il revient fréquemment. Zynga ajouta plus tard d'autres jeux, comme Farmville et Mafia Wars, qui ont maintenant chacun des millions d'utilisateurs. Pincus leva des fonds chez les capital-risqueurs et investit vigoureusement. Zynga est à présent le plus important fournisseur d'applications sur Facebook, avec environ 1 300 employés et plus de 500 millions de dollars de revenus annuels. Et Pincus assure que Zynga est rentable. Texas HoldEm avait 35 millions d'utilisateurs actifs sur Facebook en novembre 2010, ce qui faisait de lui le site de poker le plus populaire de tout l'Internet[6]. Mais le jeu Farmville, autre création Zynga, est encore plus impressionnant. Sur Farmville, un joueur gère une exploitation agricole, s'occupe des cultures, nourrit le bétail, etc. Vous commercez avec vos voisins et rejoignez une communauté d'agriculteurs qui tous essaient de construire l'exploitation la plus grosse et la plus productive. Le jeu a environ 54 millions d'adeptes. En novembre 2010, Zynga totalisait 196 millions d'utilisateurs actifs pour tous ses jeux en ligne, d'après la firme de recherche en marketing Inside Network.

Les jeux sont à présent le type d'application qui rencontre le plus de succès sur Facebook ; ils attirent un nombre phénoménal de participants. C'est logique, puisque le jeu est une activité éminemment sociale. Facebook vous permet de jouer à n'importe quel jeu avec vos amis sur le site. D'après Inside Network, il y avait sur Facebook en novembre 2010 dix-huit jeux avec plus de 10 millions de participants. Le très complexe World of Warcraft domina pendant des années les jeux en ligne, avec au maximum 11,5 millions de joueurs[7]. Mais le jeu sur Facebook est une activité plus décontractée. « Nous avons maintenant des dizaines de millions de gens qui jouent, mais qui ne s'identifient pas comme joueurs, dit Gareth Davis, qui supervise le secteur jeux de la plate-forme Facebook. Ils jouent ici parce qu'ils veulent s'amuser avec leurs amis. »

Davis travaille actuellement avec tous les grands fabricants de consoles de jeux pour permettre aux jeux vidéo classiques de se connecter à Facebook et d'intégrer un élément social. « Dans trois ans, prédit-il, tous les jeux seront sociaux. N'importe quel appareil – que ce soit une console, un téléphone ou un téléviseur – pourra se connecter à Facebook, intégrer et partager vos données Facebook. » Une application créée par la société Social Gaming Network permet aux gens de jouer au tennis. En guise de raquette, ils manient un iPhone connecté à Facebook. Leur adversaire sur Facebook peut être n'importe où dans le monde, son propre iPhone en main.

Les jeux et les applications farfelues continuèrent de se déverser de la plate-forme Facebook tout au long de la première année, mais la société se rendait compte qu'il n'était pas facile de gérer et de policer son écosystème de partenaires. Puisque n'importe qui pouvait créer son appli, la plate-forme attira un certain nombre d'entrepreneurs qui étaient moins idéalistes que Zuckerberg et cherchaient plus à faire du bénéfice en vitesse.

Il s'ensuivit une concurrence pour attirer à tout prix les internautes. Certaines applications étaient conçues autant pour attirer de nouveaux utilisateurs que pour être utiles ou distrayantes. L'essentiel était de trouver comment manipuler le logiciel Facebook de façon à ce que des messages apparaissent sur le Fil d'actualité des membres pour les inviter à télécharger une application. Les applications devinrent très douées pour générer des infos qui inonderaient les pages d'accueil de tout le monde. Par exemple, Funwall vous permettait de créer de petites animations ou de télécharger des vidéos sur votre profil. Jusqu'ici, rien d'anormal. Mais Funwall avait une interface insidieuse dont la terminologie ambiguë incitait de nombreux utilisateurs à envoyer des invitations à tous leurs amis sans exception. Même des gens du métier s'y laissèrent prendre.

Facebook essayait continuellement d'éliminer le trafic non sollicité et d'encourager les applications plus respectables. Or les changements prévus pour punir les pratiques abusives bridaient souvent des applications légitimes. « Nous avons dû apprendre pas mal de choses en matière de relations avec les développeurs, de codes de conduite et de choses que nous ne comprenions carrément pas, explique Dave Morin. Nous avons pas mal tâtonné avant de maîtriser les rapports avec les développeurs. »

Facebook mit en œuvre tout un éventail de règles pour tenter de policer les applications et les obliger à bien se conduire. Il pria les usagers de se plaindre en cas de messages non sollicités. Il modifia le logiciel pour réduire le nombre d'infos liées aux applications qui se retrouvaient dans le Fil d'actualité d'un usager. Et il engagea un vétéran de l'industrie pour diriger la plate-forme. Ben Ling, mince et flamboyant Américain d'origine chinoise, avait géré le système de paiement Google Checkout. C'était le cadre le plus haut placé que Facebook ait jamais enlevé à Google. Les collègues le qualifiaient de « rock star ».

Dès l'été 2008, Facebook était complètement débordé par ces problèmes. La plate-forme, c'était le Far-West. Par conséquent, lors d'un deuxième événement f8, la société annonça toute une variété de raffinements et de modifications de règles, et un système d'évaluation. Facebook pouvait désormais séparer le bon grain de l'ivraie en « certifiant » les bonnes applications. Le but était d'encourager les applications les plus ludiques ou les plus utiles. Malgré tous les ratés, un nombre respectable d'applications substantielles et utiles s'enracinèrent. Visual Bookshelf, par exemple, vous permettait de faire une liste des livres que vous aviez lus, de les évaluer et d'écrire de brefs comptes rendus.

Mais l'application favorite de Zuckerberg était Causes, créée par Sean Parker et Joe Green. Elle était impulsée par une motivation noble – aider les organisations à but non lucratif à lever de l'argent. Les usagers Facebook qui font un don créent une info dans le Fil d'actualité de leurs amis. Idéalement, cela devrait inciter ces amis à faire eux-mêmes des dons. « La reconnaissance sociale compte en matière de charité aussi, explique Joe Green. Les gros donateurs ont leur nom inscrit sur les murs des hôpitaux. Chez Causes, nous vous permettons donc de montrer ce qui vous tient à cœur sur votre profil Facebook. » Il dit que c'est comme si on portait le bracelet jaune en silicone de la fondation Lance Armstrong. Il y eut une forte réponse chez les utilisateurs. Causes demeure une des applications les plus répandues sur Facebook.

L'écosystème de la plate-forme est devenu substantiel. Il y a plus de 550 000 applications qui fonctionnent sur Facebook, créées par plus d'un million de développeurs enregistrés dans 180 pays. Plus de 250 de ces applications ont au moins un million d'utilisateurs actifs par mois[8]. Les investisseurs placent de grands espoirs dans ce nouveau type d'entreprise de développement de logiciels. Cinq des plus importants fournisseurs d'applications sur Facebook – Zynga, Playfish, Rock You !, CrowdStar et Causes – ont levé à eux seuls environ 359 millions de dollars de capital, dont une énorme injection de 180 millions de dollars fin 2009 au profit de Zynga, de la part d'investisseurs privés conduits par la firme russe Digital Sky Technologies. Justin Smith, qui anime Inside Facebook, blog consacré à la communauté des développeurs Facebook, estime qu'il existe une cinquantaine d'entreprises de conception de logiciels financées par le capital-risque, dont l'activité principale est de créer et de gérer des applications sur Facebook[9]. Zynga en est la plus importante. Environ 200 entreprises plus modestes, constituées chacune d'un ou deux développeurs, ont des revenus annuels de plusieurs centaines de milliers de dollars. Et au moins 300 auto-entrepreneurs ont écrit une application Facebook qui leur rapporte assez pour leur permettre d'en vivre.

Toutes ces sociétés partenaires de Facebook réussissent si bien que leurs revenus combinés pour 2010 ne sont que légèrement inférieurs à ceux de Facebook lui-même – 835 millions de dollars, d'après Justin Smith. Ces applications produisent des revenus de plusieurs manières. Vendre de la publicité rapporte de modestes recettes à ces sociétés tierces. Leurs applications hébergent souvent des pubs vantant d'autres applications Facebook, ce qui leur rapporte environ 50 cents en moyenne chaque fois qu'un utilisateur clique dessus et finit par installer une nouvelle application.

L'achat de marchandises virtuelles à l'intérieur des applications génère beaucoup plus de revenus. Sur son blog Inside Facebook, Justin Smith estime qu'il y a eu au moins pour 675 millions de dollars de transactions de cette sorte en 2010. L'essentiel est dépensé pour des mises à jour vers un niveau de jeu plus avancé ou pour l'achat de marchandises virtuelles – par exemple, des chaussures plus raffinées pour botter le postérieur de vos amis dans KickMania. Le jeu Pet Society de chez Playfish, dans lequel les utilisateurs aménagent des maisons pour exhiber leurs animaux de compagnie, commercialise de nouveaux articles virtuels tous les lundis. En 2009, le jour de la Saint-Valentin, Playfish a vendu cinq millions d'images de roses que les joueurs pouvaient offrir à leurs ami(e)s. Chacune coûtait 2 dollars. Dans le Texas HoldEm Poker de chez Zynga, les joueurs qui ont besoin de jetons en sus de leur allocation quotidienne doivent les acheter pour de bon, alors même qu'il est impossible de récupérer des gains à partir de Facebook. De nombreux jeux Facebook ont des revenus dépassant les 3 millions de dollars par mois[10].

En outre, des petits malins du marketing ont compris que les applications Facebook sont un moyen gratuit d'atteindre les consommateurs. C'est pourquoi le *Washington Post* a créé son Political Compass. Lorsque Bob Dylan sortit un nouvel album en 2008, sa maison de disques créa une application recyclant son vieux clip de « Subterranean Homesick Blues » où on le voit en jeune homme qui brandit des pancartes. Les usagers Facebook pouvaient mettre leurs propres messages sur les pancartes et ensuite héberger la vidéo sur leur profil.

En transformant son réseau en une plate-forme pour tout ce qu'un développeur extérieur pourrait vouloir y installer, Facebook avait créé beaucoup de nouvelles possibilités, mais aussi un nouvel ensemble de risques. Malgré toute leur utilité et leur côté divertissant, les applications sur Facebook traitent fréquemment de manière cavalière les données des utilisateurs. Souvent, quand les internautes installent une application, elles lui donnent ce qui est en fait la permission globale d'extraire des données de leur profil. Or une fois que ces données sont aux mains du développeur, l'utilisateur ne contrôle plus du tout ce qu'elles deviennent. Facebook a commencé à prendre des mesures pour traiter ce problème. En mai 2010, il a créé un tableau de bord qui indique précisément les données auxquelles ont accès les applications et les jeux que vous utilisez. La frontière entre ce qui est acceptable et ce qui ne l'est pas demeure imprécise, et des applications prédatrices continuent de surgir pour prendre des libertés excessives avec les données personnelles afin de les mettre à la disposition de spécialistes du marketing qui paient pour y avoir accès. C'est un élément de plus dans le puzzle compliqué de la confidentialité Facebook. « Facebook et ses partenaires commerciaux apprennent des tas de choses sur nous, mais nous savons très peu de choses sur eux, sur les données personnelles qu'ils rassemblent et sur la manière dont ils les utilisent », déclare Marc Rotenberg de l'EPIC.

À mesure qu'un nombre croissant d'entreprises créatrices de logiciels adoptent la plate-forme et que l'hégémonie de Facebook sur le réseautage social progresse sur le globe, sa stratégie de plate-forme évolue rapidement. Elle prévoit qu'à long terme de moins en moins d'applications fonctionneront à l'intérieur même de Facebook. À présent, un service appelé Facebook Connect permet à tout site Web d'exploiter les informations des usagers et de leur réseau d'amis, et de renvoyer sur le Fil d'actualité un suivi de leurs activités. Facebook encourage de plus en plus ses partenaires à exploiter son réseau de cette manière. C'est ce que font déjà plus d'un million de sites Web, dont environ la moitié des plus importants à l'échelle mondiale. La stratégie de plate-forme que Zuckerberg caressait depuis longtemps s'est révélée payante.

12. Quinze milliards de dollars

> *« Une recommandation fiable est le Saint-Graal de la pub. »*

Ouvrir Facebook à tout un chacun avait été un immense succès. En automne 2007, plus de la moitié des usagers du site se trouvaient à l'extérieur des États-Unis. La progression internationale explosive témoignait puissamment de l'attrait universel de Facebook, puisque la société n'avait rien fait pour faciliter l'inscription des non-Américains. Tous les textes étaient encore en anglais.

Mais cette croissance présentait aussi un sérieux problème commercial. Facebook devait commencer à chercher comment gagner de l'argent – fournir le service aux internautes du monde entier coûtait cher. Toutes les publicités visaient exclusivement les Américains, ce qui signifiait que Facebook ne dégageait pas de revenus appréciables sur plus de la moitié de ses usagers. L'accord publicitaire que Facebook avait conclu avec Microsoft un an plus tôt ne s'appliquait qu'aux États-Unis. Si Facebook voulait tirer parti de sa nouvelle présence mondiale, il lui faudrait un partenaire pour l'aider à vendre ses bannières publicitaires au plan international. Microsoft avait dit clairement qu'il aimerait beaucoup être ce partenaire et qu'il transformerait l'accord sur les USA en un accord à portée internationale.

Zuckerberg avait toujours eu une attitude hautaine vis-à-vis de la publicité. Or Facebook comptait maintenant 50 millions d'usagers actifs et la plate-forme l'avait transformé en chouchou du high-tech. Il lui fallait trouver un moyen de payer tous ses frais. Des centaines de milliers de nouveaux membres s'inscrivaient chaque semaine. Et Facebook continuait d'étoffer son infrastructure en supposant que le site serait démesurément plus vaste dans l'avenir. Ce qui impliquait de dépenser des millions de dollars pour acquérir de nouveaux serveurs. S'il était obligé d'accepter la publicité, Zuckerberg espérait pouvoir en développer un type nouveau qui fonctionnerait excellemment sur Facebook, sans interférer avec l'expérience de l'utilisateur. Zuckerberg ne voulait surtout pas qu'on ait l'impression de regarder la télévision commerciale, où l'émission est constamment interrompue par des spots publicitaires débiles et inappropriés.

L'accord aux États-Unis conférait à Microsoft l'exclusivité de la vente de bannières publicitaires sur Facebook. Il fallait que cela change. Il était risqué de compter uniquement sur Microsoft pour la majeure partie des recettes. Facebook avait besoin de ses propres flux de revenu, qu'il gérerait lui-même.

Zuckerberg et le conseil d'administration de Facebook décidèrent chacun de leur côté qu'il était temps de lever à nouveau de l'argent. Peter Thiel, en particulier, voulait le faire dès l'automne. Thiel a un flair raffiné pour les caprices des marchés financiers. Les titres étaient à des niveaux jamais vus depuis l'éclatement de la bulle Internet et les investisseurs se sentaient pousser des ailes. La réputation et la croissance de Facebook avaient été transformées par f8 et le lancement de la plate-forme ; c'était donc le moment de profiter de l'enthousiasme des investisseurs. Or Thiel savait aussi que, si les gens de Facebook commençaient à quémander de l'argent auprès des investisseurs, quelqu'un pourrait essayer d'acquérir la société tout entière. L'idée plaisait à Thiel et à Jim Breyer, mais elle horrifiait Zuckerberg, dont les deux sièges vacants au CA demeuraient sous son contrôle comme une sorte d'assurance anticatastrophe.

Le PDG demanda à Van Natta et à son directeur financier nouvellement nommé, Gideon Yu (ex-directeur financier chez YouTube), de voir quelles propositions ils susciteraient en faisant miroiter une modeste participation au capital de Facebook. Yu avoue aujourd'hui qu'il pensait alors que Facebook pourrait peut-être inciter les investisseurs à acheter des actions sur la base d'une valorisation à 4 milliards de dollars. Ce qui aurait été un énorme bond en avant. Un peu plus d'un an plus tôt, la troisième table ronde de financement, appelée Série C, avait levé 27,5 millions de dollars, ce qui évaluait Facebook à 525 millions de dollars[1].

Mais la société Facebook, comme d'habitude, ne se conforma pas aux attentes habituelles. Des sociétés d'investissement privées et des capital-risqueurs étaient disposés à acquérir un morceau de Facebook sur la base d'une valorisation à 10 milliards de dollars. Ce qui ouvrit les yeux à Yu. Il avait manifestement pensé trop petit. Mais Zuckerberg n'était pas satisfait. Il estimait que sa société valait 20 milliards de dollars, rapporte un autre confident. Van Natta et lui décidèrent d'essayer 15 milliards de dollars. Ils trouvèrent certes un certain écho ici et là, mais pas d'enthousiasme excessif. Personne n'investirait à ce niveau sans avoir sérieusement négocié les conditions. « Nous avions trouvé où se situait le marché, se souvient Yu. Nous allions pouvoir traiter sur la base des 15 milliards de dollars. »

C'est à peu près à la même époque que les négociations avec Microsoft sur un accord publicitaire au niveau international commencèrent sérieusement. Le géant du logiciel voulait aussi s'accrocher à son accord avec Facebook sur les USA, mais les cadres Microsoft avaient l'impression qu'ils ne pouvaient pas le laisser tel quel. Microsoft avait besoin de renégocier cet accord tout autant que Facebook. Il perdait environ 3 millions de dollars par mois sur les pubs américaines. Il plaçait la majeure partie de ses bannières publicitaires sur des pages Facebook qui affichaient des photos, mais les gens ne remarquaient pas tellement les pubs dans cet environnement. Microsoft ne pouvait donc pas imposer des tarifs élevés aux annonceurs. Or il s'était engagé à payer à Facebook un minimum garanti d'environ 30 cents par millier de pages vues, quel que soit le montant qu'il recevait de la part des annonceurs.

Tout ce que Microsoft faisait en matière de publicité en ligne était essentiellement une réponse au pouvoir grandissant de Google. Les pubs indexées aux recherches Google s'octroyaient plus de la moitié de la manne publicitaire sur Internet, alors même que le géant des moteurs de recherche, de plus en plus rentable, commençait à jouer avec d'autres types de logiciels qui concurrençaient directement les principaux produits Microsoft dans l'environnement PC. Pour contre-attaquer et défendre son fief, Microsoft allait maintenant rivaliser avec Google sur le terrain de la publicité sur Internet. Dans le cadre de cet effort, il investissait des milliards de dollars pour améliorer son propre logiciel de recherche en ligne. Par ailleurs, Microsoft avait réussi en mai la plus importante acquisition qu'il ait jamais faite en achetant pour 6 milliards de dollars la société aQuantive, qui diffusait la publicité sur tout l'Internet. À présent qu'il possédait ce moteur de diffusion, il avait fortement besoin d'un portefeuille publicitaire supplémentaire à vendre par ce moyen.

Le PDG de Microsoft, Steve Ballmer, était lassé de perdre des affaires au profit de Google. Il avait récemment perdu l'espoir d'obtenir deux des plus gros partenariats du secteur technologique après être parvenu très près d'un accord. Dans les deux cas, Google avait fondu sur l'affaire à la dernière minute et la lui avait enlevée. Ballmer s'était déplacé à New York en décembre 2005 pour négocier un partenariat publicitaire majeur avec AOL, filiale de Time Warner. Il repartit en croyant avoir conclu l'affaire. Google lâcha alors sa section d'assaut publicitaire aux ordres de Tim Armstrong et proposa de meilleures conditions en l'espace de quelques jours : il signa un contrat pour un investissement de 1 milliard dans AOL, lui conférant par là une valorisation de 20 milliards de dollars. Puis en août 2006, Microsoft négocia avec MySpace, qui appartenait désormais à la News Corp. ; il était prêt à garantir 1,15 milliard de dollars d'investissement, d'après un des négociateurs. Google se jeta sur la proie à la dernière heure et l'emporta en garantissant à la News Corp. un engagement de trois ans représentant au total 900 millions de dollars. Il semble que la News Corp. tenait tellement au partenariat avec Google qu'elle était disposée à réduire ses exigences financières pour y parvenir. En outre, Microsoft avait été ulcéré de voir Google s'offrir le réseau de bannières publicitaires en ligne DoubleClick pour 3,1 milliards de dollars au début de l'année 2007. Cette fois-ci, Ballmer était résolu à ne pas laisser la chose se reproduire.

Van Natta excelle dans la manipulation. Il dressa froidement Microsoft contre son rival numéro un. Il savait que « Google » était la formule magique qui briderait la rapacité naturelle de Microsoft dans les négociations. Et, en fait, lorsque Google apprit que Facebook cherchait un partenaire pour sa publicité internationale, il commença à chercher vigoureusement à conclure lui-même un marché. Le 10 octobre 2007, Google invita ses meilleurs annonceurs à son célèbre congrès annuel, baptisé Google Zeitgeist. Non seulement les ténors du marketing et les plus grosses agences de publicité se rendirent sur le campus Google pour les deux jours du congrès, mais les membres du conseil d'administration Google y convergèrent aussi pour leur réunion trimestrielle. C'était le moment idéal pour traiter des affaires. Tim Armstrong, chef du secteur publicité chez Google, avait parlé avec Van Natta et savait que Microsoft était bien parti dans ses négociations pour remporter le contrat de la publicité internationale Facebook. Mais il se trouvait aussi que Mark Zuckerberg était l'un des orateurs invités à Zeitgeist. Armstrong parla aux membres du CA de Google et reçut officiellement le feu vert pour profiter de l'occasion et entamer de sérieuses négociations avec Facebook afin d'essayer d'arracher l'affaire à Microsoft. Le conseil d'administration approuva même des pourparlers pour acquérir Facebook, si c'était raisonnable.

Google ne cacha aucunement son intention de conclure un accord sur la publicité avec Facebook. Lors d'une conférence de presse pendant Zeitgeist, le PDG de Google Eric Schmidt qualifia le réseautage social de « phénomène très réel ». Il ajouta : « Les gens ne saisissent pas combien de pages vues sur Internet le sont dans les réseaux sociaux. » C'était l'une des premières expressions de ce qui deviendrait un souci constant : Google ne peut rechercher des contenus qui se trouvent derrière les murs d'un site autonome. Un rapport étroit avec Facebook pourrait déboucher sur bien plus que la simple acquisition d'espace publicitaire. Cela pourrait aider Google à conserver sa position dominante à mesure qu'évoluerait Internet.

Ce soir-là, tous les participants furent emmenés en autobus dans un parc où Google avait dressé un gigantesque chapiteau blanc. Après un cocktail interminable, les quelque 250 invités du Zeitgeist s'attablèrent pour un somptueux festin. Les entrées étaient servies sur des assiettes épaisses faites de glace. Google était au sommet de sa puissance – l'argent coulait à flots comme une manne céleste. Avec Zeitgeist, la société remerciait les gens qui dépensaient des milliards en publicité tout en se proclamant immensément riches. À la table d'honneur, plongés dans une intense conversation, se trouvaient Larry Page, cofondateur de Google, Tim Armstrong, l'experte en négociation Megan Smith, en face de Mark Zuckerberg, Owen Van Natta et Dan Rose, chef du développement commercial chez Facebook. Les gens de Facebook annoncèrent que les négociations avec Microsoft étaient très avancées. Armstrong fit bien comprendre aux cadres Facebook que Google voulait très sérieusement remporter ce marché.

Quand le somptueux dîner se termina vers 22 heures, le trio Facebook et les cadres Google se retrouvèrent au siège de la société, non loin de là, pour des négociations en règle. Ils travaillèrent une bonne partie de la nuit, jusqu'à ce qu'ils aient formulé les grandes lignes d'un accord. Google se chargerait des contrats publicitaires pour les USA comme pour le reste du monde. Il acceptait aussi d'investir modérément dans Facebook, à la hauteur d'une valorisation de 15 milliards de dollars. Pour Google, il était logique d'acheter des parts pour amadouer Facebook, car ce dernier allait avoir du mal à mettre Microsoft sur la touche. Si Facebook dénonçait l'accord – toujours valable – sur la publicité aux États-Unis, il aurait vraisemblablement à affronter de désagréables procédures juridiques. Mais Google était allé encore plus loin. Ses représentants informèrent Zuckerberg qu'ils étaient disposés à envisager d'acquérir Facebook au comptant, mais pour considérablement moins que 15 milliards de dollars. Cette fois, cependant, Zuckerberg fut inflexible. Facebook n'était pas à vendre.

Même dans l'accord sur la publicité, de nombreux collaborateurs de Google détectaient un manque de motivation de la part de Zuckerberg. Ils remarquèrent qu'il ne cessait d'exiger des concessions très spécifiques sur des détails comme les dimensions et la forme des bannières publicitaires – menus problèmes dont le règlement est d'ordinaire laissé aux mains d'employés subalternes. Il leur semblait qu'il cherchait peut-être à obtenir de Google des promesses précises afin de forcer Microsoft à faire les mêmes concessions. Malgré toutes ces tractations, l'équipe Google savait que le partenariat initial de Facebook avec Microsoft donnait à ce dernier un gros avantage. Les chances d'attirer Facebook demeuraient minces.

Microsoft avait soigneusement cultivé ses relations avec Zuckerberg. Son PDG, Steve Ballmer, s'était déplacé à Palo Alto deux fois pour rendre visite à son jeune homologue. Ray Ozzie, architecte logiciel en chef de Microsoft, était souvent venu à Palo Alto lui aussi. À son habitude, Zuckerberg les entraîna dans de longues promenades à pied. Il informa Ballmer que Facebook levait des fonds sur la base d'une valorisation de 15 milliards de dollars. Mais Ballmer était venu avec une idée très précise à l'esprit. « Et si nous vous achetions carrément pour 15 milliards de dollars ? » répondit-il d'après une source très bien informée. Zuckerberg, comme d'habitude, ne fut pas impressionné – même par cette proposition fabuleusement extravagante. D'ailleurs, s'il avait accepté, la somme était tellement élevée que les actionnaires de Microsoft auraient pu faire sérieusement obstacle à la conclusion de la vente.

« Je ne veux pas vendre la société si je ne peux pas en garder le contrôle », répliqua Zuckerberg comme toujours en pareille circonstance. Il savait qu'il lui serait pratiquement impossible de garder le contrôle une fois que Facebook serait vendu, et c'était donc pour lui une manière de mettre fin à la conversation.

Ballmer interpréta cette réponse comme une sorte de défi. Il avait très clairement dit que Microsoft voulait acheter Facebook. Il retourna donc au siège de Microsoft à Redmond et échafauda un plan complexe conçu pour démarrer un processus d'acquisition sans remettre en cause la capacité de décision de Zuckerberg. D'après des gens associés à ce projet, Ballmer proposa que Microsoft acquière une participation minoritaire dans Facebook sur la base d'une valorisation de 15 milliards de dollars. Ensuite, dans une clause plus ou moins inspirée d'un arrangement conclu presque deux décennies plus tôt entre le géant suisse de la pharmacie Hoffman-LaRoche et Genentech, star de la biotechnologie à Silicon Valley, Microsoft aurait la possibilité, tous les six mois, d'acquérir 5 pour cent de plus de Facebook. Une prise de contrôle complète de la société prendrait entre 5 et 7 ans, selon le pourcentage de la participation initiale de Microsoft. Le prix que Microsoft s'engagerait à payer augmenterait régulièrement au fil du temps, ce qui, en fin de compte, rendrait le prix définitif de Facebook considérablement supérieur à 15 milliards de dollars. Mais pour Ballmer cet arrangement répondait à la préoccupation principale de Zuckerberg – il lui permettait de conserver, du moins quelques années de plus, le contrôle de sa société.

Ballmer s'envola encore une fois pour San Francisco, accompagné de Kevin Johnson, qui supervisait tout le secteur publicité chez Microsoft. Van Natta suggéra qu'ils le rejoignent à son domicile de Palo Alto, pour éviter d'attirer l'attention. Ballmer ne lui facilita pas la tâche. Il débarqua dans un gros SUV Cadillac Escalade noir avec une escouade de gardes du corps à oreillette, qui prirent position dans la cour. Van Natta annonça alors une mauvaise nouvelle à Ballmer et Johnson, en présence de Zuckerberg, qui ne disait mot, tandis qu'à Redmond le grand manitou du logiciel Ray Ozzie écoutait la conversation sur un téléphone mains libres.

Facebook voulait modifier le contrat concernant les États-Unis, déclara Van Natta. En fait, il allait bientôt commencer à vendre lui-même sa publicité, que cela plaise ou non à Microsoft. Ballmer n'en revenait pas. Si Microsoft tenait à l'accord sur le plan international, poursuivit Van Natta, il lui fallait accepter des concessions au niveau des États-Unis. Facebook avait besoin d'essayer de nouveaux formats de publicités qu'il créerait lui-même. Si Microsoft n'était pas d'accord, bon, Google attendait en coulisse.

L'affrontement entre Van Natta et Ballmer devait être un beau spectacle. Van Natta est certes un négociateur agressif, qui n'a peur de rien et ne fait pas de compromis, mais Ballmer est un grand gaillard au verbe haut qui est lui aussi un maître dans l'art de faire monter la pression. Pas question de jouer avec lui. Après tout, c'est le PDG de la plus puissante entreprise technologique du monde. Il réitéra que Microsoft n'était nullement intéressé par la renégociation du contrat publicitaire pour les États-Unis. Ce qui l'intéressait réellement, déclara-t-il, c'était d'acquérir Facebook.

Zuckerberg se méfiait. Le jeune PDG avait retenu la leçon de l'année précédente avec Yahoo – une fois qu'on a ouvert la porte à une vente possible, il n'est pas facile de la refermer. Tout en disant clairement qu'il ne penchait pas pour la vente, Zuckerberg laissa entendre que Microsoft serait obligé d'accepter un paquet de clauses donnant encore plus d'autonomie à Facebook que n'en prévoyait l'arrangement à versements échelonnés, avec lui-même installé définitivement à la barre. Un collaborateur Microsoft qui avait entendu parler de cette conversation résume ainsi la situation : « Ce n'était pas "Si vous nous donnez X milliards de dollars, on marche." Ce mec n'est pas vendeur. Il en demandait beaucoup trop. » À vingt-trois ans, le jeune entrepreneur aurait encaissé personnellement environ 4 milliards de dollars s'il avait accepté la proposition à 15 milliards de Ballmer. Mais ça ne l'intéressait pas.

Tandis que Microsoft cherchait presque désespérément à décrocher l'accord sur l'international, Facebook profita de la docilité du géant du logiciel pour résoudre un autre conflit, un problème impliquant Hotmail, le service e-mail gratuit de Microsoft. Le plus puissant outil de la croissance de Facebook était l'importateur de contacts qu'il avait lancé avec l'inscription libre. Les nouveaux utilisateurs entraient leur identifiant e-mail et leur mot de passe, et Facebook les aidait à envoyer à quiconque se trouvait sur leur Carnet d'adresses une invitation à s'inscrire. Hotmail était de loin la plus importance source de recommandations. Or il interprétait beaucoup d'invitations par e-mail émanant de Facebook comme des messages commerciaux non sollicités, donc du spam. Certains jours, Hotmail bloquait totalement l'usage de l'importateur de contacts. La croissance de Facebook mesurée en nombre de nouvelles inscriptions accusait alors une baisse pouvant atteindre 70 pour cent, se rappelle Moskovitz. En plein milieu des tractations sur la pub, le négociateur en chef Van Natta, Moskovitz et D'Angelo débarquèrent donc au siège de Microsoft, à Redmond, pour résoudre ce conflit. « C'était quelque chose que nous ne pouvions absolument pas laisser passer », explique Moskovitz. Après environ une journée de discussions, Van Natta réussit à persuader Microsoft de ne plus bloquer les importations de contacts, même si Facebook ne concéda presque rien en échange.

Lors d'une tentative classique de bluff, les responsables de chez Microsoft informèrent Van Natta qu'ils ne céderaient pas sur l'exclusivité de la publicité aux États-Unis. Van Natta refusa alors de délier Microsoft de son obligation d'un minimum de rémunération pour les pubs affichées avec les photos. Kevin Johnson, directeur de la publicité chez Microsoft, répondit que conserver le portefeuille publicitaire américain était vital pour lui. Pour pouvoir le conserver, il était prêt à laisser tomber le projet d'accord au niveau international. « Très bien, trancha Van Natta. Nous allons traiter avec Google. »

Johnson retourna au siège de Microsoft à Redmond, dans l'État du Washington. Mais Hank Vigil, le négociateur en chef, resta à Palo Alto pour continuer les pourparlers avec Van Natta. Il réussit une percée. Van Natta avait confié à l'équipe Microsoft que son job dépendait d'une issue heureuse des négociations. Encore du baratin. Vigil proposa que Microsoft autorise Facebook à utiliser 15 pour cent du portefeuille publicitaire américain s'il faisait certaines concessions. Le samedi matin, Vigil organisa une téléconférence avec Kevin Johnson et Van Natta pour étoffer cette proposition. Johnson dit qu'il accepterait de libérer le portefeuille si Microsoft obtenait l'accord sur le marché international, si Facebook renonçait au minimum garanti pour les annonces des pages photo et autorisait l'usage du moteur de recherche Microsoft à l'intérieur de Facebook. Johnson ordonna à Vigil d'emmener son équipe dans les bureaux de Facebook le lundi matin et de ne pas en sortir tant qu'il n'aurait pas conclu l'affaire.

Le lundi à 11 heures du matin, tous les protagonistes étaient déjà confortablement installés dans une salle de conférences au premier étage du siège de Facebook sur University Avenue à Palo Alto. Assises autour d'une grande table en verre, sous le soleil qui entrait à flots par les murs transparents, les équipes des deux sociétés menèrent les négociations ultrasecrètes qui transformeraient la réputation de Facebook. Parallèlement, dans un autre immeuble Facebook, un groupe plus restreint de cadres Google débattait d'un éventuel accord entre les deux sociétés.

Les douze heures suivantes, les équipes Microsoft et Facebook se renvoyèrent la balle sur des problèmes grands et petits. Microsoft obtint un accord pour fournir une technologie de recherche à l'intérieur de Facebook – encore un coup porté dans son combat singulier quasi féodal avec Google. Facebook exigea que Microsoft n'affiche pas de bannières publicitaires en haut de l'écran ni en bas à gauche, mais uniquement en bas à droite (la réponse positive de Google sur ce point précis avait donné des munitions à Facebook). Contrairement aux stipulations de l'accord de l'année précédente sur le marché américain, il n'y aurait plus de garantie automatique du nombre de pubs affichées par Microsoft ni de minimum de perception. Au lieu de quoi les deux sociétés partageraient les recettes de toutes les publicités qu'elles auraient vendues. Facebook réussit à imposer un pourcentage plus élevé qu'il n'était d'usage dans ce type de transactions. Et le réseau social obtint la flexibilité à laquelle il tenait tant : expérimenter et innover avec de nouveaux formats sur 15 pour cent des encarts publicitaires du marché américain.

L'équipe Facebook – Owen Van Natta, Dan Rose, Gideon Yu et le juriste en chef Rudy Gadre – allait de temps en temps au coin du couloir conférer avec Zuckerberg, dont le bureau n'était qu'à quelques pas de là. Le PDG s'impliquait beaucoup plus que par le passé dans ce type de négociation. Chaque fois qu'il y avait un blocage, Van Natta remettait Microsoft sur les rails avec des allusions voilées à Google. Il laissait entendre, sans le dire explicitement, que Google était prêt à faire tout ce que Microsoft refuserait de faire. Ce qui d'ailleurs n'était pas très loin de la vérité.

Vers 23 heures, il était manifeste qu'un accord était en vue, bien qu'il reste encore nombre de détails à régler. Tout le monde était fatigué. C'est alors que les accents percutants de la house music ébranlèrent la tranquille salle de conférences. Plusieurs négociateurs entrèrent dans le bureau vaste comme un loft pour voir ce qui se passait. Ils découvrirent un programmeur Facebook devant un pupitre de régie, le volume à fond les manettes. C'était le signal indiquant aux ingénieurs Facebook qu'un marathon de programmation était sur le point de commencer. C'était l'une de ces séances nocturnes, légendaires dans la culture d'entreprise Facebook, d'où émergèrent beaucoup des innovations les plus intéressantes du site. Mais contrairement au *hackathon* habituel, ce *converthaton* avait un programme précis – modifier le code sous-jacent du logiciel Facebook pour le rendre plus facile à traduire dans d'autres langues que l'anglais. La traduction du site devait commencer dans quelques mois afin de consolider la croissance internationale déjà exubérante.

Dans la salle de conférences, les gens commencèrent à hocher la tête et taper du pied en cadence. C'était ridicule, mais revigorant. Un négociateur Microsoft se leva et vint faire cordialement la queue avec les programmeurs Facebook qui attendaient de piocher dans les plateaux fournis par un traiteur chinois. Les négociations reprirent quand la musique baissa de volume. À 3 heures du matin, l'affaire était conclue. En gros, Facebook avait eu tout ce qu'il voulait. Les négociateurs laissèrent les programmeurs travailler et allèrent se coucher.

La question d'un investissement associé n'avait pas été abordée lors des tractations dans la salle de verre. Mais le lendemain matin, Van Natta la posa sans détour. Dan Rose, qui était alors sous ses ordres, résume ainsi la situation : « On leur a dit : “Écoutez, si vous voulez profiter d'un investissement pour cimenter le partenariat, nous vous donnons volontiers la priorité.” Et on a ajouté : “Il se pourrait que nous soyons en pourparlers avec vos concurrents.” » Microsoft n'avait pas cessé d'affirmer que, si Facebook voulait vendre, il serait disposé à acheter. Mais Zuckerberg n'était pas sur le point de vendre. Van Natta poussait délicatement Microsoft vers une modeste prise de participation. Ballmer n'avait-il pas déjà reconnu que Facebook valait 15 milliards de dollars ? La valorisation n'était donc pas remise en question. À ce niveau astronomique, même un petit pourcentage de la société permettrait à Facebook d'engranger de nombreux millions de dollars qu'il pourrait utiliser pour garantir ses opérations déficitaires. Le milliardaire de Hong-Kong Li Ka-shing, souvent surnommé le « Warren Buffett asiatique », avait déjà pris contact avec Facebook pour investir ; il avait négocié durement dans l'intervalle et avait accepté d'investir avec cette valorisation. « C'était un moment de folie », se rappelle Gideon Yu. Tout le monde se comportait comme si Facebook pouvait devenir un colosse financier, même si à ce stade il n'avait de colossal que le taux de croissance du nombre de ses usagers.

Après quelques tractations frénétiques qui eurent lieu pour la plupart en l'espace d'une seule journée, Microsoft accepta d'investir 240 millions de dollars avec une valorisation de 15 milliards, soit 1,6 pour cent de Facebook, en même temps que Li Ka-shing, qui investirait 60 millions de dollars, soit 0,4 pour cent. Les cadres Microsoft étaient contents. « Tout ça pour la guerre des moteurs de recherche avec les gens de Google, souligne l'un d'entre eux. Un investissement de 240 millions de dollars qui nous a aidés à les combattre, ça valait vraiment le coup. » L'affaire avait été conclue sous pression, et Microsoft n'avait guère eu le temps de procéder à un audit d'acquisition détaillé. Il était donc vital qu'un autre investisseur ait été sur les rangs. Microsoft devait pouvoir démontrer qu'il ne payait pas un prix surévalué pour conclure un simple accord publicitaire. Par ailleurs, s'il s'avérait plus tard que la valorisation devait être fixée en dessous de ces 15 milliards de dollars, les règles de la comptabilité exigeraient que Microsoft inscrive à son passif la différence proportionnelle entre 15 milliards et la valorisation réelle. L'apport de Li Ka-shing, si modeste soit-il, était donc crucial.

Microsoft n'avait pas conclu un accord très avantageux sur le plan juridique non plus. Afin de pouvoir se présenter rapidement à cette table ronde des investisseurs, dite « Série D », il avait accepté de se conformer aux mêmes conditions qui s'étaient appliquées aux investisseurs de la Série C, lorsque plusieurs capital-risqueurs étaient intervenus en avril 2006. Les actions privilégiées convertibles qu'il avait acquises comportaient ce qu'on appelle une « préférence de liquidation 1X ». En clair, si Facebook était vendu au comptant, Microsoft récupérerait soit les 240 millions de dollars qu'il avait réellement déboursés, soit 1,6 pour cent du prix de vente si cette dernière somme était supérieure. Mais il ne pourrait rien faire pour empêcher une table ronde d'investisseurs fondée sur une valorisation inférieure aux 15 milliards de dollars. S'il y a un jour une introduction en Bourse de Facebook, Microsoft sera forcé de convertir ses actions privilégiées en actions ordinaires proportionnellement au pourcentage qu'il possède, quelle que soit alors la valeur de la société – plus ou moins de 15 milliards de dollars. Si Microsoft était disposé à accepter toutes ces conditions, c'est que son objectif principal était la réussite de l'accord sur la publicité. Or à la dernière minute il exigea une condition importante : que Facebook s'interdise d'accepter tout investissement de la part de Google. Et si jamais Facebook envisageait une vente au comptant à la bête noire de Microsoft, ce dernier devait en être prévenu suffisamment à l'avance.

L'accord fut annoncé le vendredi 24 octobre. Les réactions allèrent de la stupéfaction au sarcasme. Le *Wall Street Journal* qualifia Facebook de « tout dernier chouchou de l'Internet » et ajouta que l'accord avec Microsoft lui « rappelait la bulle Internet qui éclata en 2000 ». Le *Los Angeles Times* trouva le chiffre de 15 milliards de dollars « vertigineux ». « De quoi faire pencher la balance vers des valorisations totalement ridicules », commenta le blog influent TechDirt. C'était de loin la plus forte valorisation jamais attribuée à une entreprise technologique privée, et qui – un comble ! – ne faisait pas encore de bénéfices. Soit Steve Ballmer avait perdu la tête, soit Facebook comptait plus qu'on ne l'avait cru. Mais si la plate-forme et l'événement f8 cinq mois plus tôt avaient fermement mis Facebook une fois pour toutes sur la carte de l'industrie technologique, cet investissement fit la même chose pour Facebook à Wall Street. Le cours de l'action Microsoft grimpa sensiblement. L'accord publicitaire qui avait précipité cet investissement passa pratiquement inaperçu dans le tohu-bohu soulevé par la valorisation.

Facebook n'aurait pas pu mieux choisir son moment pour négocier. Deux semaines seulement plus tôt, les cours de la bourse atteignirent des sommets qu'ils n'ont jamais approchés depuis. En 2008, le monde fut plongé dans la pire récession de l'après-guerre. Mais Zuckerberg avait beaucoup de dollars en main pour l'aider à franchir le cap. En sus des 300 millions initialement investis par Microsoft et lui-même lors de la Série D, Li Ka-shing en investit encore 60 quelques mois plus tard, et les frères Samwer, trois capital-risqueurs basés à Munich, investirent 15 millions à peu près à la même époque, ce qui porta la somme totale levée dans la Série D à 375 millions de dollars. Zuckerberg invoquait une raison simple pour expliquer comment Facebook était parvenu à un résultat financier aussi époustouflant. « Peter [Thiel] nous a aidés pour le planning. Il a plus ou moins dit : “C'est maintenant le moment idéal pour lever de l'argent.” »

À présent que Microsoft ne s'opposait plus à ce que Facebook vende lui-même des pubs sur son site, Zuckerberg et son équipe se hâtèrent de lancer une nouvelle sorte de publicité. Deux semaines seulement après la conclusion de l'accord avec Microsoft, Facebook organisa le 6 novembre à New York sa toute première présentation à l'intention de la communauté publicitaire. L'annonce avait plusieurs volets. Toute entité commerciale pouvait maintenant créer gratuitement sur le site une « page » qui aurait nombre des caractéristiques d'un profil Facebook, dont la possibilité d'héberger des applications. Le modèle de la « page sponsorisée » avait fait son temps. La stratégie de Facebook consistait à inciter un maximum de nouvelles entreprises à adhérer à son système, en supposant qu'une fois en activité elles trouveraient des raisons de faire de la publicité ou de dépenser leur argent autrement sur le site, tandis que leur page elle-même demeurait gratuite.

Un internaute pouvait devenir « fan » de l'une de ces pages au lieu d'être l'« ami » d'un individu. Les activités des usagers sur ces nouvelles pages commerciales seraient diffusées sur les Fils d'actualité de leurs amis Facebook (je ne tardai pas à devenir fan de la page du *New York Times*, par exemple, et mes amis en furent informés dans leurs Fils d'actualité). On évoqua à peine le fait qu'un service dénommé Beacon permettrait aussi à quarante-quatre sociétés – pour commencer – d'étendre un système d'alertes similaire à leurs sites Web externes. Les activités sur ces sites Web externes pourraient s'enregistrer également sur les Fils d'actualité d'autres amis.

La pièce de résistance dans l'annonce sur les Pubs Facebook, du moins dans l'esprit de ceux qui l'avaient préparée, était que Facebook lancerait un type nouveau de publicité en libre-service qui permettrait à toute entreprise, même la plus modeste, voire à un individu, en se connectant au site, de concevoir et d'acquérir une pub sur Facebook qu'ils pourraient diriger avec une grande précision sur la cible de leur choix. Autrement dit, le type de ciblage sur mesure que Dustin Moskovitz avait inauguré trois ans plus tôt – par exemple, lorsque Interscope Records avait ciblé les pom-pom girls pour la promotion du « Hollaback Girl » de Gwen Stefani – arrivait maintenant au stade de la grande diffusion. L'une des hypothèses de départ était que les propriétaires de ces nouvelles pages seraient de gros utilisateurs desdites publicités afin de promouvoir leur présence sur Facebook. Une autre composante des nouvelles pubs en libre-service était ce que Facebook appelait des *Facebook Social Ads*, publicités qui associeraient un message commercial rémunéré à la recommandation d'un usager Facebook.

Lors de l'annonce officielle de ces nouveautés, Zuckerberg suscita une attention – et une dérision – considérables avec sa présentation grandiloquente. C'était la toute première fois qu'il donnait une importante conférence promotionnelle à l'extérieur de Silicon Valley. À l'entendre parler, on pouvait croire qu'il était passé quasiment du jour au lendemain d'un mépris affiché de la pub au désir de posséder toute l'industrie publicitaire mondiale. « Une fois tous les cent ans, commença-t-il, les médias changent. Les cent dernières années ont été définies par les mass media. Dans les cent prochaines années, l'information ne sera plus simplement livrée. Elle sera partagée entre les millions de connexions qui se créent entre les individus. [...] Rien n'influence plus les gens qu'une recommandation venant d'un ami en qui ils ont confiance. [...] Une recommandation fiable est le Saint-Graal de la publicité. » Malheureusement, puisque l'intention initiale de Facebook était de promouvoir les nouvelles pubs en libre-service, qui concernaient plus la vulgarisation du ciblage que les « recommandations fiables », l'introduction de Zuckerberg était quelque peu hors sujet.

Ce qui finirait par symboliser les Pubs Facebook – et transformer le 6 novembre en une journée tristement célèbre – c'était Beacon et la manière dont cette extension se comportait à l'extérieur de Facebook. Beacon était un système d'alertes mal conçu. Ce n'était même pas un produit publicitaire, puisqu'il ne générait aucun revenu. Il avait été élaboré par l'équipe Facebook de la plate-forme, et non par le service publicité. Mais alors qu'il était conçu pour des activités comme participer à un jeu ou ajouter une recette à un livre de cuisine en ligne, il pouvait aussi servir à annoncer des achats que vous aviez réalisés sur des sites partenaires. Or Facebook avait rassemblé à cette fin toute une équipe de partenaires commerciaux. Si, par exemple, vous aviez loué un film sur Netflix, acheté une paire de chaussures sur Zappos.com ou réservé une place de cinéma sur Fandango, vous pouviez donner au site Web en question l'autorisation d'en faire part à vos amis Facebook via une info insérée dans votre Fil d'actualité. Or Beacon était une extension ajoutée en dernière minute au lancement des Pubs Facebook et n'avait guère été testée auprès des utilisateurs. Ses implications furent négligées par Zuckerberg et ses collaborateurs dans les jours précédant le lancement.

Et Beacon souffrait d'un gros défaut de conception. Lorsque, par exemple, vous achetiez vos chaussures chez Zappos, on ne vous demandait pas explicitement d'autoriser la diffusion de cette information à vos amis Facebook. Au lieu de quoi, on vous montrait un petit menu déroulant qui demandait si vous vouliez *ne pas* diffuser l'information. Si vous ne preniez pas immédiatement l'initiative de bloquer l'alerte, elle poursuivait son chemin. En jargon du Web, c'est un système « opt-out » au lieu d'un système « opt-in ». Et surtout, le menu en question ne restait affiché que quelques secondes avant de disparaître. Il semble que sa présence même ait échappé à de nombreux utilisateurs.

Après le lancement, des histoires d'utilisateurs qui avaient involontairement affiché leurs actions commerciales sur Facebook avec des conséquences fâcheuses commencèrent à circuler dans la presse. Un habitant du Massachusetts acheta une bague, et l'info suivante apparut dans le Fil d'actualité de sa femme : « Sean Lane a acheté une bague en or blanc 14 carats avec un diamant Eternity Flower de 1/5 de carat chez overstock.com. » Deux heures plus tard, son épouse, surprise, lui envoya un SMS : « C'est pour qui, cette bague ? » En fait, si l'on en croit un article du *Washington Post*, ce devait être son cadeau surprise de Noël[2]. Sean Lane déclara au *Post* qu'il était « consterné » qu'on lui ait gâché sa surprise (et aussi, peut-être, que l'info sur le Fil d'actualité de sa femme comporte un lien vers une page Web d'Overstock indiquant que le bijou était soldé à 49 pour cent de sa valeur). Une autre relation fut perturbée quand la petite amie d'un New-Yorkais vit qu'il avait réservé sur Fandango une seule place de cinéma pour un film qu'il devait voir avec elle la semaine suivante. Un certain nombre d'utilisateurs qui avaient réalisé beaucoup d'achats sur des sites affiliés à Beacon découvrirent que le contenu intégral de leur liste de cadeaux de Noël avait été diffusé à des amis Facebook. Beacon était apparemment une application invasive qui détournait les informations personnelles. Beaucoup de gens eurent l'impression que Facebook voulait pirater les données personnelles de ses usagers dans un but lucratif. Quand les choses se mirent à mal tourner, la plupart des journalistes cherchèrent dans la démesure affichée par Zuckerberg lors de sa présentation une sorte d'explication : Facebook, c'était le pouvoir, et rien d'autre, et Zuckerberg ne se souciait pas du sort des utilisateurs. C'était méconnaître grossièrement le jeune PDG, mais Facebook avait grandi en si peu de temps que les journalistes commençaient seulement à le comprendre.

La riposte s'organisa rapidement. Comme dans toute controverse impliquant Facebook, les outils de diffusion virale de Facebook lui-même furent très bien utilisés contre lui. Le groupe politique libéral MoveOn.org intervint pour conduire le mouvement anti-Beacon. Il afficha sur Facebook – en se servant du nouvel outil en libre-service – des annonces qui posaient la question : « Facebook est-il en train d'envahir votre vie privée ? » Il invitait les utilisateurs à rejoindre un groupe de contestataires, et 68 000 le firent. En réalité, le pourcentage des usagers contestataires était relativement minuscule – 0,1 pour cent contre 10 pour cent au plus fort de la polémique du Fil d'actualité. Mais MoveOn acquit ainsi une grande visibilité. Avec d'autres groupes d'activistes, il portait plainte auprès de la Commission fédérale du commerce. D'autres préparaient des actions en justice.

Désormais, tout ce qui arrivait à Facebook faisait les gros titres. Le réseau avait 57 millions d'usagers et derrière lui l'argent de Microsoft. La presse voulait que Zuckerberg s'excuse et désactive Beacon. De nombreux chroniqueurs affirmaient que la stupéfiante nouvelle valorisation de Facebook l'avait soudain rendu désespérément impatient de prouver qu'il pouvait être rentable. Par exemple, l'article de Josh Quittner dans *Fortune* indique à quel point l'image de Facebook s'était détériorée. Intitulé « De Profundis Facebook ? », il affirmait que l'entreprise était « en voie d'effondrement ». Pour Quittner, la prise de décision impulsive du jeune Mark Zuckerberg, vingt-trois ans, dans l'épisode Beacon, évoquait « un enfant sans surveillance qui joue avec une boîte d'allumettes dans une maison en bois[3] ».

L'affaire Beacon a été la controverse la plus négative et la plus dangereuse que Facebook ait jamais eu à affronter, et ce pour plusieurs raisons. D'abord, contrairement à ce qui s'était passé pour le Fil d'actualité, Facebook avait commis une grosse erreur dans la conception du produit. Beacon avait vraiment conduit à un détournement des données. Ce qui violait donc les principes affichés par Zuckerberg sur l'importance de la confidentialité et le contrôle par l'usager de ses informations personnelles. Mais les dégâts furent aggravés par le fait que Zuckerberg attendit plus de trois semaines avant de réagir aux protestations. Son silence prolongé radicalisa la controverse. En observant comme à son habitude les statistiques de l'usage du site, il vit que Beacon n'affectait pas les comportements à l'intérieur du service. Or ce constat niait l'expérience authentiquement douloureuse d'un petit groupe d'utilisateurs tout comme la légitime indignation de la presse.

Zuckerberg a une tendance moralisatrice qui, en pareilles circonstances, ne peut que le desservir. Paradoxalement, il avait jusque-là toujours résisté à l'introduction dans Facebook de tout ce qui ressemblait à des publicités ou messages importuns. Voilà quelqu'un qui disait depuis des années qu'il voulait agir au mieux des intérêts des usagers et qui se comportait maintenant comme s'il savait mieux qu'eux où étaient leurs intérêts.

Avec le recul, Zuckerberg avoue aujourd'hui qu'il avait péché par excès d'assurance. « Si nous n'avons pas réagi assez vite, regrette-t-il, c'est que d'ordinaire, quand les gens se plaignaient, nous finissions par avoir raison. On se disait plus ou moins : "Bon, de toute façon, ils finiront par s'y habituer." Mais là, c'était plutôt : "On s'est vraiment plantés sur ce truc." »

Finalement, le 29 novembre, trois semaines après le démarrage de Beacon, Facebook corrigea le tir en le transformant en un système « opt-in » à inscription volontaire. Aucun message vous concernant ne pourrait plus être diffusé sans votre autorisation. MoveOn publia un communiqué de victoire prudent. Une semaine plus tard, Zuckerberg afficha sur son blog une communication profondément contrite intitulée « Pensées sur Beacon » : « Nous avons commis beaucoup d'erreurs quand nous avons élaboré cette extension, mais nous en avons commis encore plus dans la manière dont nous avons réagi. [...] Nous avons carrément bâclé le travail et je m'en excuse. [...] Nous avons trop attendu pour prendre la décision qui s'imposait. [...] Si Facebook a réussi jusqu'ici, c'est d'abord parce qu'il donne aux gens le contrôle des informations qu'ils partagent et de la manière dont ils les partagent. [...] C'est ce que Beacon doit faire lui aussi pour devenir une fonctionnalité valable. » Il annonçait aussi que Facebook permettait maintenant de désactiver complètement Beacon, ce qui était l'une des exigences de MoveOn.

Beacon a laissé sur Facebook des stigmates qui n'ont pas encore complètement disparu. En interne, le lancement des Pubs Facebook portait le nom de code préalable de « Pandémie ». Il s'était transformé pour de vrai en une maladie difficile à éradiquer – une impression négative qui perdura longtemps après la modification du produit. La progression des nouvelles inscriptions ralentit visiblement dans le sillage de toute la couverture médiatique défavorable, mais elle reprit début 2008. Dan Rose, l'ancien cadre Amazon qui dirige le développement commercial Facebook et qui était très impliqué dans le lancement des Pubs Facebook, affirme que la controverse a été « dévastatrice » pour la société. « Quand nous avons rectifié Beacon, le mème était déjà dans la nature et répandait le bruit que les gens ne contrôlaient plus la manière dont circulaient leurs informations. Nous avons vraiment déconné. Notre marque a mis longtemps à s'en remettre. »

Mais Beacon a illuminé l'objectif que Facebook espérait atteindre dans l'avenir : devenir un noyau social où les informations sur votre comportement viendraient converger pour que vos amis les voient. Si vous achetez quelque chose, affichez un commentaire sur un blog ou indiquez que vous aimez quelque chose, le but de Facebook est de le faire savoir à vos amis Facebook. En fait, le programme Beacon ne se termina pas avant fin 2009, avec le règlement à l'amiable d'un procès. Entre-temps, les objections à son encontre avaient peu à peu disparu. Zuckerberg estime maintenant qu'il a peut-être lancé Beacon trop tôt, tout simplement : « L'un des handicaps de Beacon était que les gens n'étaient carrément pas encore disposés à partager leurs informations à l'extérieur de Facebook. » La société lança en 2008 une technologie déployée à bien plus grande échelle, Facebook Connect, pour que les internautes partagent ce qu'ils font sur des sites partenaires. Puis en 2010 l'interface de programmation Open Graph étendit formellement la plate-forme Facebook sur tout l'Internet. Les alertes – du type inauguré par Beacon – envoyées à vos amis sont maintenant usuelles, mais avec des contrôles utilisateur renforcés.

Peu après la fin de la tourmente Beacon, Jim Breyer, membre du conseil d'administration Facebook, eut une conversation sérieuse avec Zuckerberg. « Nous nous sommes plantés. Nous aurions dû nous excuser immédiatement. Et pour moi, Mark, c'est ce qui démontre pourquoi il est si important de nommer un nouveau directeur des opérations. » Owen Van Natta était un parfait négociateur, sans égal dans le développement de l'entreprise, mais il n'était pas le second qui tiendrait la barre d'une main ferme tel que l'envisageait Breyer pour une société dirigée par un PDG de vingt-trois ans en cours d'apprentissage. Et la société avait aussi besoin d'un expert très au fait des complexités de la publicité en ligne. Zuckerberg s'accorda deux semaines de réflexion, puis annonça à Breyer qu'il était d'accord. Il communiquerait leur décision à Van Natta début janvier et commencerait ses recherches.

Dans une soirée de Noël à la mi-décembre, Zuckerberg engagea la conversation avec Sheryl Sandberg. Cadre supérieur chez Google, elle avait fait du secteur publicité en libre-service du moteur de recherche l'une des grandes puissances économiques du Web. Ils finirent par s'isoler dans un coin de la salle et s'entretinrent pendant plus d'une heure – Zuckerberg l'interrogea sur les secrets de la gestion d'une organisation technologique en pleine croissance. Ils convinrent de se retrouver un jour pour dîner.

Entre-temps, après une conversation difficile avec Van Natta, Zuckerberg commença à rencontrer des candidats potentiels au poste de directeur des opérations. L'un d'eux était Dan Rosensweig, ex-directeur des opérations chez Yahoo qui, guère plus d'un an auparavant, avait avidement cherché à acquérir Facebook pour le compte du PDG de Yahoo Terry Semel ; c'était lui qui, avec son épouse, avait organisé la soirée où Zuckerberg avait rencontré Sheryl Sandberg. Il y avait aussi Jeff Weiner, autre cadre d'élite Yahoo, célèbre pour son jugement et ses talents de gestionnaire.

Sheryl Sandberg, qui était chez Google depuis 2001 et avait gagné des millions de dollars avec ses options sur titres de cette société, avait décidé qu'elle était prête à partir. On lui avait déjà proposé un poste important chez un géant des médias sur la côte Est, et elle y réfléchissait sérieusement. Elle passa un après-midi à s'entretenir avec Roger McNamee, l'un des vieux sages de la profession et l'un des investisseurs les plus connus de Silicon Valley. Elle voulait avoir son avis sur le poste dans le secteur des médias. « C'est vraiment une très bonne idée, lui dit McNamee. Vous devriez le faire. » Puis il hésita et ajouta : « Mais ce que vous devriez vraiment faire, c'est aller travailler avec Mark Zuckerberg chez Facebook. » McNamee, qui avait conseillé Zuckerberg de manière informelle, savait qu'il cherchait un nouveau directeur des opérations. Or il se trouvait que Sheryl Sandberg et Zuckerberg étaient convenus par e-mail de dîner ensemble la semaine suivante. Elle n'avait pas envisagé la chose comme un dîner de recrutement, quand bien même Matt Cohler, aide de camp et recruteur maison de Zuckerberg, ne cessait de lui parler de Facebook depuis un an. « Quand est-ce que vous allez venir travailler avec nous ? » lui demandait-il chaque fois qu'il la voyait.

Lorsque Sheryl Sandberg arriva au petit restaurant tranquille quelque part à Silicon Valley, McNamee avait déjà parlé à Zuckerberg et lui avait recommandé la jeune femme. Lors du dîner, la conversation ne cessa qu'à la fermeture du restaurant, à 22 heures. Alors Zuckerberg ramena Sheryl Sandberg chez elle pour poursuivre le dialogue. Elle est la mère de deux jeunes enfants et se couche habituellement vers 21 h 30. À minuit, elle fut obligée de le mettre à la porte pour pouvoir dormir. Il y eut d'autres dîners similaires. Zuckerberg n'était pas pressé. Il voulait apprendre à connaître cette personne avec qui il allait peut-être travailler pendant les dix ou vingt ans à venir. Cette fois-ci, il voulait engager quelqu'un à long terme. Sheryl Sandberg confie que les rencontres avec Zuckerberg, dont il estime lui-même qu'elles prirent une cinquantaine d'heures au total, étaient « interminables ». « Il ne partait jamais ! dit-elle dans un de nos entretiens. Mettez ça dans votre bouquin. Il ne voulait carrément pas partir de chez moi. »

Sheryl Sandberg est une élégante quadragénaire, légèrement hyperactive, au visage arrondi encadré par des cheveux noirs qui lui descendent juste au-dessous des épaules. Avant ses six années chez Google, elle fut la toute puissante directrice de cabinet de Lawrence Summers quand il était secrétaire du Trésor dans l'administration Clinton. Summers l'avait remarquée lorsqu'elle était étudiante en économie à Harvard – encore Harvard ! Elle rédigea une thèse sur les facteurs économiques qui conduisent les femmes à demeurer dans des situations où elles sont maltraitées par leur mari (Zuckerberg a toujours cherché à engager de brillants universitaires, alors que lui-même n'a pas terminé ses études). Elle parle à une cadence étonnamment rapide, mais sans négliger les inflexions, dans une sorte de torrent de paroles musical. Quand je viens la voir, elle affiche une sobre élégance – pull en cachemire noir, pantalon noir et bottes Prada noires dernier cri – qui contraste avec la tenue quelconque de Zuckerberg… et celle d'un peu tout le monde chez Facebook.

Elle tenait beaucoup à ce que ces rencontres ne soient pas divulguées dans la communauté très unie de Silicon Valley. Un soir, accompagnée de son mari, Dave Goldberg, cadre haut placé chez Yahoo, elle rejoignit Zuckerberg et sa petite amie, Priscilla Chan, dans un restaurant quelconque près de l'aéroport de San Francisco, où personne ne les reconnaîtrait. Zuckerberg posait des tas de questions, elle lui en posait autant. Les sujets couverts dans leurs discussions étaient variés : l'avenir de Facebook sur les cinq ans à venir, les expériences de Sheryl dans les sphères gouvernementales, les diverses théories du management, leurs antécédents personnels. Il examinait sa candidature, mais elle aussi avait besoin d'être convaincue. Peu après le début de leurs rencontres, le magazine *02138*, animé par des anciens de Harvard, avait publié un long exposé sur les origines étudiantes tortueuses de Facebook. Il prenait pour argent comptant les arguments des frères Winklevoss et laissait entendre que Zuckerberg était probablement un escroc. « Nous ne saurons jamais ce qui s'est vraiment passé il y a quatre ans sur le campus de Harvard, concluait l'article. La question reste posée : Qui a eu l'idée au départ ? » Sheryl Sandberg s'inquiéta quand elle le lut et s'en ouvrit à son ami McNamee, qui l'assura de l'honnêteté de Zuckerberg. Fin janvier, ils devaient l'un et l'autre se rendre au Forum économique mondial de Davos. Elle invita Zuckerberg à l'accompagner pour le vol San Francisco-Zurich à bord de « Google One », le Boeing 767 des cofondateurs Larry Page et Sergey Brin. Sandberg et Zuckerberg s'entretinrent comme des conspirateurs pendant toute la durée du vol, ce qui n'échappa point à certains collègues de Sheryl.

Lorsque les discussions prirent un tour plus sérieux, elle appela son bon ami Dave Graham au *Washington Post* pour avoir son opinion sur Zuckerberg et Facebook. Graham avait été l'un des nombreux chefs d'entreprise qui avaient tenté de l'engager en 2000 quand elle avait quitté les Finances (elle avait eu, entre autres, des propositions du *New York Times* et de l'IAVI, l'Initiative internationale de vaccination anti-sida). Il se trouve que Zuckerberg avait aussi appelé Graham pour se renseigner sur elle. Le PDG du *Washington Post* les recommanda chaudement l'un à l'autre. « Une nomination sensationnelle. Chapeau ! » s'exclame maintenant Graham à propos de l'engagement de Sheryl Sandberg chez Facebook.

Jim Breyer mena lui aussi de longs entretiens avec Sheryl Sandberg et d'autres candidats au poste de directeur des opérations. Elle faisait partie des rares postulants qui ne dirent pas, explicitement ou non, qu'ils aimeraient conserver la possibilité d'être un jour PDG de Facebook. Ce qui aurait été un aveu fatal. « Mark est notre PDG à long terme, déclare Jim Breyer. Nous cherchions un associé de grande qualité que cela ne gênait pas. »

Outre le fait qu'elle acceptait d'être le numéro deux, ses antécédents à Harvard, son amitié avec Dave Graham, son rôle dans le développement du secteur publicitaire chez Google et son expérience de gestionnaire, Zuckerberg était intrigué par une autre de ses références. « Nous avons passé beaucoup de temps à parler de son expérience au gouvernement. À bien des égards, Facebook ressemble plus à un gouvernement qu'à une entreprise traditionnelle. Nous avons cette vaste communauté de gens, et, plus que toute autre entreprise technologique, nous mettons vraiment en œuvre des programmes d'action. » Beacon, évidemment, en était un très mauvais exemple.

Zuckerberg engagea donc Sheryl Sandberg, et elle débuta chez Facebook fin mars 2008. Si l'investissement de Microsoft avait proclamé à la face du monde que Facebook était une redoutable force économique, l'engagement de cette superstar Internet déclarait qu'elle allait être bien gérée.

Malgré tous ces entretiens et évaluations préliminaires, Sheryl Sandberg était quelque peu tendue le jour où elle arriva. Qu'est-ce que ça allait donner de travailler au quotidien avec un PDG de vingt-trois ans ? En ce premier jour, elle-même, Zuckerberg et la « M-Team » – le groupe des huit ou neuf cadres les plus haut placés –, discutaient d'un système de notation qui allait être appliqué au niveau des ressources humaines. Sheryl Sandberg, qui avait supervisé de nombreux systèmes de notation chez Google, prit donc la parole : « On a toujours cinq catégories : deux en haut, deux en bas, et une au milieu. » Quelqu'un lui demanda pourquoi. « Eh bien, affirma-t-elle, trois, c'est trop peu, sept, c'est trop et six est un nombre pair. Il faut une case au milieu pour centrer l'ensemble. Tout le monde comprend cinq catégories. » Peu après, la réunion se termina. Zuckerberg sortit et prit Sheryl Sandberg à part.

« Je suis vraiment désolé, lâcha-t-il.

— Pourquoi ?

— Eh bien, j'ai levé les yeux au ciel.

— Je ne m'en suis même pas aperçue.

— Bon, fit Zuckerberg, je vous fais venir ici en sachant que j'ai besoin de vous confier des responsabilités et de veiller à ce que tout le monde sache que je crois en vous, alors je ne devrais pas lever les yeux au ciel. »

Elle fut impressionnée par le fait que Zuckerberg s'accuse de pareille peccadille. « Je me suis dit : "Ça va marcher" », se souvient-elle. Et leur dialogue en toute franchise continue. Ils se rencontrent en tête à tête plusieurs fois par semaine. Pendant les premières minutes de chaque réunion du vendredi, ils échangent leurs impressions. Avant de prendre son poste, Sheryl Sandberg avait dit à Zuckerberg qu'elle voulait avoir régulièrement son avis. Mais il insista pour que cela soit réciproque.

Dès le premier jour, Sheryl Sandberg fut la championne de la pub et la vendeuse numéro un de chez Facebook. Elle avait une expérience considérable avec les annonceurs de chez Google et savait évaluer correctement l'importance et le potentiel de toute publicité sur Internet. D'aucuns ont dit chez Facebook que dans les premières semaines de sa présence elle était pratiquement la seule à posséder ce niveau de compétence. Malgré le partenariat avec Microsoft, malgré les Pubs Facebook, malgré la nécessité manifeste d'augmenter les recettes parallèlement à la progression du service, il restait dans la culture Facebook une ambivalence profonde quant à la publicité comme moyen de devenir une entreprise à part entière. Cette ambivalence était foncièrement ancrée dans l'esprit du PDG, qui croyait fermement que le produit Facebook et l'expérience de l'utilisateur passent avant tout le reste. Sheryl Sandberg avait du pain sur la planche.

13. Rentabilisation

« Quel genre d'entreprise sommes-nous ? »

Comment Facebook transformerait-il son succès social en une affaire rentable et durable ? Pareille question pouvait susciter une gamme de réponses étonnamment vaste, même de la part des cadres supérieurs Facebook, lorsque Sheryl Sandberg arriva. Zuckerberg n'avait pas de réponse valable, mais ça ne le gênait pas outre mesure. Or Sheryl Sandberg, gestionnaire très méthodique, tenait à ce que les dirigeants de Facebook alignent leurs positions. Elle avait rejoint l'entreprise pour en faire un puissant moteur publicitaire. Il était vital pour elle que tout son personnel et ses collègues de la M-Team travaillent dans le même sens. Dans son esprit, il ne faisait pas de doute que Facebook représentait l'un des meilleurs environnements publicitaires de tous les temps.

La question était loin d'être symbolique, car Facebook avait besoin de cet argent. Il dévorait les 375 millions de dollars levés auprès de Microsoft, de Li Ka-shing et des frères Samwer plus vite qu'on ne l'aurait voulu. Certains des partisans de Zuckerberg chez les cadres supérieurs avaient déjà conclu que ç'avait été une erreur de refuser une valorisation moindre, ce qui aurait permis à Facebook de lever beaucoup plus d'argent puisque beaucoup plus d'investisseurs auraient été disposés à acheter. L'entreprise avait embauché à tout va, et rémunérait à présent environ 500 employés tout en ajoutant des serveurs par centaines à ses centres de données. Facebook serait bientôt obligé d'édifier de nouveaux centres de données à l'extérieur des États-Unis pour absorber la croissance internationale. Il avait fait construire un restaurant d'entreprise dernier cri dans un immeuble distinct, à un bloc environ du siège de la société, qui employait d'ex-cuisiniers de chez Google et servait gratuitement des menus fabuleux. La société tirait des plans pour abandonner les douze immeubles dans lesquels son personnel était dispersé dans tout le centre ville de Palo Alto et emménager dans un site unique, plus vaste.

Sheryl Sandberg était dans la place depuis environ cinq semaines lorsqu'elle décida d'animer une série de réunions pour inciter la direction de Facebook à se concentrer sur le marché publicitaire. Zuckerberg ne serait pas présent, car il s'embarquait pour un tour du monde d'un mois à présent qu'il avait terminé sa recherche du numéro deux. Il voulait prendre des vacances depuis un certain temps. Il en avait maintenant l'occasion. Voyageant seul, avec un sac à dos pour tout bagage, il visita notamment Berlin, Istanbul, l'Inde et le Japon. En Inde, il accomplit un bref pèlerinage – dans un autobus local poussiéreux – à l'ashram perché dans l'Himalaya où Steve Jobs et Baba Ram Dass, entre autres, avaient cherché l'illumination.

Des collègues de Zuckerberg pensent qu'il avait délibérément programmé ce voyage afin de donner à Sheryl Sandberg un peu de liberté pour asseoir son autorité à l'intérieur de la société sans qu'il intervienne. Mais symboliquement, il n'est pas anodin que ces réunions sur la manière dont Facebook pourrait judicieusement transformer son vaste capital d'utilisateurs en une puissante entreprise commerciale aient lieu en l'absence d'un PDG qui entretenait une attitude équivoque envers la publicité. C'était la première fois que des cadres de toute l'organisation se réunissaient pour des sessions de remue-méninges sur ce que les commerciaux de l'Internet qualifient bizarrement de « monétisation » – comment transformer en argent tous ces usagers Facebook.

Ces réunions se déroulaient de 18 heures à 21 heures, une ou deux fois par semaine ; le dîner était apporté sur place. La première rassembla un nombre restreint de responsables de la société qui avaient affaire à la publicité : Mike Murphy, chef des ventes publicitaires, Chamath Palihapitiya, chargé de la croissance et du développement international, Tim Kendall, chargé des publicités Facebook en libre-service, Dan Rose, responsable du partenariat publicitaire avec Microsoft, Kent Schoen, directeur des produits publicitaires, Kang-Xing Jin, ingénieur responsable des logiciels publicitaires (et ami intime de Zuckerberg depuis l'époque de Harvard), et Matt Cohler, le « consigliere » aux cheveux ébouriffés de Zuckerberg. Sur le tableau blanc, Sheryl Sandberg écrivit en gros caractères : « Quelle sorte d'entreprise sommes-nous ? »

Ce furent d'abord des séances de discussion où chacun avait l'occasion d'exprimer son opinion. Ensuite, l'auditoire progressa régulièrement en nombre. Le bruit se répandit qu'il ne fallait pas manquer ces échanges. Assez vite, toute la M-Team et un échantillonnage plus vaste de publicitaires furent de la partie. Une soirée typique rassemblait entre une quinzaine et une vingtaine de personnes.

À l'époque, les stratégies de monétisation de Facebook étaient variées. Microsoft vendait certes des bannières publicitaires, mais dès la fin de l'année 2007, malgré le nouvel accord au niveau international, Microsoft représentait moins de 25 pour cent des recettes totales. Facebook voulait réduire encore ce pourcentage afin de mieux contrôler sa propre destinée. Les pubs en libre-service lancées en même temps que le désastreux Beacon progressaient désormais rapidement. Facebook avait aussi ce qu'il appelait des « infos sponsorisées » – des messages injectés dans le Fil d'actualité d'un usager et qui ressemblaient à une alerte que vous auriez reçue de la part d'un ami Facebook, sauf qu'elle provenait de Coca-Cola ou d'un autre annonceur. Les cadeaux virtuels, qui représentaient une part en croissance rapide – mais encore minuscule – des recettes, étaient de petits pictogrammes que les internautes pouvaient acheter. Pour l'anniversaire d'un(e) ami(e), par exemple, vous pouviez lui acheter pour un dollar l'image d'un petit gâteau surmonté d'une bougie. Et, finalement, il y avait Marketplace, un système de petites annonces qui avait débuté récemment sans avoir soulevé l'enthousiasme des utilisateurs.

Sheryl Sandberg lista les différentes possibilités sur le tableau blanc. Facebook pouvait être une entreprise publicitaire. Il pouvait commercialiser les données de ses usagers. Vendre des avatars et autres marchandises virtuelles à ces mêmes usagers. Ou encore, il pouvait gérer des transactions en prélevant une discrète commission, à l'instar de PayPal. Des collaborateurs firent des recherches sur différents marchés et apportèrent des tableaux minutieusement compilés à la réunion suivante. Ils montraient le volume de chaque marché, son taux de croissance probable, ses principaux acteurs et comment Facebook pourrait y exploiter avec succès un créneau spécifique. Lors de la réunion finale, après plusieurs semaines de ce processus, Sheryl Sandberg fit le tour de la salle et demanda à chaque personne quel pourcentage des revenus de Facebook viendrait en dernière analyse de chaque catégorie. Pratiquement tous les participants dirent que 70 pour cent ou plus viendraient de la publicité sous une forme ou une autre.

Tous savaient que Zuckerberg n'approuvait que des projets qui s'inscrivaient dans ses plans à long terme pour Facebook. « Mark fait une fixation sur le long terme, assure l'un des participants à ces réunions. Il ne veut pas gaspiller des ressources sur quoi que ce soit à moins que cela puisse servir à long terme. Si vous ne savez pas dans quel genre d'entreprise vous êtes, alors tout ce que vous ferez pour gagner de l'argent sera du gaspillage, parce qu'il se pourrait que ça ne dure pas. » Alors que les circonstances avaient forcé Zuckerberg à accepter la publicité, il l'avait fait uniquement pour pouvoir payer les factures. Chaque fois qu'on lui demandait quelles étaient ses priorités, il était très clair : la croissance du site et l'amélioration de l'expérience utilisateur étaient plus importantes que la monétisation. Le succès financier à long terme dépendait d'une croissance continue, croyait-il, et même ses grandioses déclarations lors du lancement des Pubs Facebook signifiaient seulement que l'entreprise commencerait à tenter de nouvelles démarches. Et le fiasco de Beacon avait ébranlé la confiance de tout le monde. Afin d'élaborer une stratégie commerciale qui puisse s'intégrer solidement et incontestablement au cadre à long terme envisagé par Zuckerberg, les participants aux réunions de Sheryl Sandberg ne se contentèrent pas de dire que la solution était la publicité. Ils parvinrent à une distinction cruciale pour clarifier et différencier le potentiel de Facebook. Tandis que Google – ex-employeur de Sheryl Sandberg et jusqu'alors roi incontesté de la publicité Internet – aidait les gens à trouver les articles qu'ils avaient déjà décidé d'acheter, Facebook les aiderait à décider ce qu'ils voudraient acheter. Quand vous cherchez quelque chose sur Google, le site vous présente une pub qui réagit au texte que vous avez entré dans la case Recherche. Très souvent, elle vous intéresse, et c'est ainsi que Google gagne des milliards de dollars. Mais les pubs sur lesquelles vous cliquez en général sont celles qui répondent à ce que vous cherchez déjà consciemment. En jargon de pub, AdWords, la publicité Google qui cible la recherche, « satisfait la demande ».

Facebook, en revanche, générerait la demande, conclut le groupe. C'est ce que fait la publicité de marque qui domine depuis longtemps la télévision, et c'est là que les gens dépensent la plupart de leurs dollars. Une pub de marque est conçue pour implanter une idée nouvelle dans votre cerveau – hé ! vous devriez avoir envie de dépenser votre argent pour ce truc. Mais de telles pubs n'ont jamais très bien marché sur Google. Vous trouverez peut-être un appareil photo Canon via une pub Google si vous tapez « appareil photo numérique » dans la case Recherche, mais Google n'a jamais trouvé un bon moyen de vous persuader que vous auriez besoin d'un appareil photo numérique (les efforts de Google dans cette direction l'ont conduit, par exemple, à promouvoir sa messagerie Gmail, dont le logiciel observe les mots dans vos e-mails et affiche ensuite des messages auxquels vous seriez – d'après lui – disposé à répondre).

En dépit de son immense succès, Google opère presque entièrement à l'intérieur d'un secteur relativement restreint de l'industrie publicitaire en général. Seuls 20 pour cent – tout au plus – des 600 milliards de dollars annuels dépensés en publicité dans le monde le sont sur des messages visant des gens qui savent déjà ce qu'ils veulent. C'est ce que découvrirent les chercheurs de Sheryl Sandberg. Les 80 pour cent restants, soit 480 milliards de dollars par an, étaient à prendre, vu que de plus en plus de dépenses publicitaires se déplaçaient sur Internet.

Les perspectives à long terme de la publicité sur Facebook semblaient donc prometteuses, estimait le groupe. Internet détourne des consommateurs de la télévision, de la presse quotidienne et des magazines. Et Facebook occupe une proportion considérable de ce temps passé sur Internet. C'est actuellement là que les internautes passent le plus de temps en ligne – et de loin –, aux États-Unis et dans la plupart des autres pays. Ce qui, d'après Dan Rose, responsable du marketing publicitaire, combiné avec la capacité unique de Facebook à cibler des pubs à partir des informations sur ses usagers, devrait à la longue lui permettre d'attirer toujours plus de publicité génératrice de demande. « Il y a un déséquilibre entre le lieu où l'on investit les dollars de la pub et le lieu où ses destinataires passent leur temps. Ces dollars vont se déplacer sur Internet dans les dix prochaines années. » Dan Rose fut si convaincant lors des réunions de Sheryl Sandberg qu'elle le bombarda ensuite vice-président du développement commercial et de la monétisation.

La série des huit ou neuf réunions de Sheryl Sandberg sur le modèle commercial de l'entreprise se termina juste au moment où Zuckerberg rentrait de ses vacances autour du monde. Il fut impressionné par les conclusions du groupe. « Maintenant, rapporte l'un des cadres supérieurs Facebook, Mark comprend que nous avons un modèle commercial et qu'il fonctionne sur le long terme. Alors il est prêt à investir. »

Zuckerberg expliqua en détail sa conception de la publicité sur Facebook. Lors d'une réunion subséquente sur la monétisation, il dit au groupe que ce qui distinguait Facebook des autres sites Web, c'était sa capacité à aider les usagers à mener les uns avec les autres ou avec les annonceurs des dialogues qui ne soient pas des dialogues de sourds. « L'idée de base, dit-il maintenant, est que les pubs devraient être du contenu. Il faut qu'elles soient essentiellement de l'information que les gens produisent sur le site. Une bonne partie de l'information que produisent les gens est de nature fondamentalement commerciale. Et si vous regardez le profil de quelqu'un, presque tous les domaines qui définissent cette personne sont d'une manière ou d'une autre de nature commerciale – ses musiques, films, livres, produits et jeux préférés. Le fait que nous aimons quelque chose fait partie de notre identité, mais a aussi une valeur commerciale. »

De ces discussions avec Zuckerberg émergea l'entité que Facebook appelle *engagement advertising*: la publicité interactive. C'est un message d'apparence modeste affiché par un annonceur sur la page d'accueil des usagers Facebook et qui les invite à faire quelque chose directement sur cette page. Il pourrait vous demander de commenter une vidéo dans l'espoir d'entraîner vos amis dans la discussion. Ce pourrait être un cadeau publicitaire. Starbucks a déjà offert des bons pour un café gratuit. Ce dispositif pourrait aussi vous permettre d'engager un dialogue avec vos amis directement sur la pub affichée. Ou alors de cliquer sur la pub pour devenir instantanément fan de la page Facebook du produit en question.

Les pubs interactives remplacèrent bientôt les infos sponsorisées comme principal produit vendu par les publicitaires Facebook. Les infos sponsorisées ne sont pas, pour reprendre les propres termes de Zuckerberg, « de l'information organique que les gens produisent sur le site ». Les pubs interactives devinrent un énorme succès. La première année, elles générèrent près de 100 millions de dollars de recettes. Facebook les fait payer au moins 5 dollars par mille impressions. Avec des centaines de millions d'usagers qui consultent leur page d'accueil de nombreuses fois par mois, ces dollars additionnés peuvent faire une belle somme. En outre, une fois qu'un annonceur a établi une connexion de quelque sorte que ce soit avec un utilisateur, il obtient une quantité considérable de ce que Facebook appelle la « valeur dérivée ». Les responsables Facebook disent qu'une fois qu'une marque réussit une connexion avec un consommateur, cela conduit à une moyenne d'environ 200 « impressions » supplémentaires gratuites – d'occasions où les internautes voient sur Facebook des informations sur cette marque.

« Nous ne vendrons jamais plus de bannières publicitaires, explique Dan Rose. Les pubs interactives dynamisent le pouvoir d'Internet pour permettre au responsable marketing de dialoguer avec la clientèle. C'est très différent des bannières publicitaires traditionnelles sur Internet. Celles-ci font ce que les annonceurs font à la télé et dans la presse depuis cinquante ans – perturber intentionnellement votre expérience de téléspectateur ou de lecteur. » Entre-temps, Microsoft continua de vendre de tels encarts pour Facebook. Ils générèrent environ 50 millions de dollars de recettes en 2009, mais le contrat fut résilié au début de 2010 – en échange, Microsoft s'impliqua plus dans les procédures de recherche sur Facebook.

Mais tandis que Facebook a investi beaucoup d'énergie dans le développement et l'amélioration des pubs interactives et dans la gestion prudente de ses rapports avec Microsoft, la majorité écrasante de ses recettes publicitaires provient d'une troisième source : les pubs en libre-service que de petits annonceurs achètent directement sur le site Facebook avec leur carte de crédit. N'importe qui peut en acheter, mais ces annonces sont généralement placées par des entreprises et commerces locaux.

Facebook offre aux annonceurs plus d'options de ciblage que la plupart des sites Web, parce que les internautes mettent ouvertement et volontairement sur le site une somme considérable d'informations sur eux-mêmes. Ils y passent aussi beaucoup de temps et s'adonnent à une large gamme d'activités, ce qui crée autant d'occasions de leur présenter des publicités. Si sur Google vous achetez une pub qui s'affiche quand quelqu'un tape « appareil photo numérique », sur Facebook vous affichez une annonce similaire visant des Californiens mariés qui ont de jeunes enfants, mais n'ont pas encore affiché de photographies.

Malgré l'importance de la publicité, il y avait une autre catégorie de recettes dont beaucoup – même dans les réunions de Sheryl Sandberg – croyaient qu'elle finirait par devenir assez importante. Dan Rose utilise le terme « monétisation du consommateur », ce qui signifie que les usagers achètent directement quelque chose à Facebook, tout comme ils donnent déjà beaucoup d'argent pour s'adonner à divers jeux en ligne ou profiter d'autres applications à l'intérieur du service. Facebook vendait déjà des articles comme des gâteaux d'anniversaire virtuels à un dollar, mais il y aurait pour lui bien d'autres moyens de soutirer de l'argent à ses usagers. Par exemple, il pourrait y avoir des commissions associées avec une monnaie virtuelle que les internautes pourraient utiliser pour acheter et vendre sur Facebook, surtout dans le cadre des jeux. Le site a déjà lancé pareil système. Sur les autres réseaux sociaux de par le monde, il existe un marché viable dans les décorations virtuelles et les déclarations virtuelles entre amis. Sheryl Sandberg dit qu'en dernière analyse 20 à 30 pour cent des recettes de Facebook viendront de la vente de marchandises virtuelles ou de la mise en service d'une monnaie virtuelle sur le site. On estime que les ventes de biens virtuels ont totalisé 30 millions de dollars en 2009.

Au début de 2010, Facebook commença à promouvoir vigoureusement sa monnaie virtuelle, les « crédits Facebook » que les usagers lui achètent pour ensuite les utiliser, essentiellement dans les jeux en ligne, pour acheter des biens virtuels. Lorsqu'un usager dépense ses « crédits », Facebook prélève une commission de 30 pour cent. Certains jeux ont commencé à utiliser exclusivement cette forme de paiement, qui remplace pléthore de solutions impliquant des sociétés tierces. Pour Justin Smith, qui dirige Inside Network, principale agence d'analyse du commerce Facebook, ces crédits sont une part essentielle de l'avenir de l'entreprise. « L'idée, dit-il, est que Facebook pourra créer de nouvelles sources de progression des recettes parce que les utilisateurs préféreront payer directement à Facebook qu'à une société tierce. » Une responsable de chez Coca-Cola m'a récemment confié qu'elle s'attendait à ce qu'un jour prochain les utilisateurs puissent acheter un Coca avec des crédits Facebook. Dans un système pareil, même une marge minime pourrait dégager des sources de recettes significatives. Zuckerberg dit toutefois que jusqu'ici l'effort porté par la société sur le système des crédits visait avant tout à faciliter la tâche des développeurs d'applications sur la plate-forme Facebook : « Notre intention n'est pas d'en tirer des bénéfices dans l'immédiat. Plus tard, si ce système est largement utilisé, ça pourrait rapporter pas mal. »

Facebook est à présent campé au centre d'un réalignement fondamental du système capitaliste. Mark Zuckerberg, en homme de sa génération, l'a compris intuitivement depuis le lancement de Thefacebook à Harvard. Le marketing ne peut plus être synonyme d'entreprises qui vous bombardent de pubs, non pas parce que c'est mal, mais parce que ça ne marche plus. Le terme de publicité ou de réclame ne correspond plus à ce qui se passe sur Facebook. La « pub » est une abréviation commode, comme dans les réunions Sandberg, pour désigner un processus dans lequel des sociétés dépensent de l'argent pour que les gens s'intéressent plus à leurs produits.

Or les pros du marketing ne peuvent plus contrôler la conversation. Le premier signe du passage d'un consommateur récepteur à un consommateur émetteur a été l'apparition des blogs en 2001 et 2002. Le public commençait à créer ses propres médias. Facebook permet maintenant à cette tendance de se répandre pour toucher même le plus technophobe des « consommateurs ». Les usagers disposent de leur propre page d'accueil, d'outils pour envoyer des messages, créer et communiquer du contenu. Une bonne partie de ce contenu se rapporte à des produits et services commerciaux. En outre, n'importe qui peut maintenant créer une page Facebook à quelque fin que ce soit.

Toute économie moderne est impulsée par les dépenses des consommateurs. Mais « les consommateurs » ne se contentent plus de consommer, ainsi que Facebook le met en évidence. Les gens contrôlent de plus en plus la situation.

À San Francisco, Tom Bedecarré dirige AKQA, la plus grande agence indépendante de publicité numérique ; c'est aussi un fervent supporter de Facebook. « Les marques sont déjà sur Facebook, qu'elles le veuillent ou non. Si les gens aiment ou détestent quelque chose, ils vont créer des groupes ou des pages *ad hoc*, et afficher des messages pour en parler. » Un truc de marketing souvent utilisé par le directeur des ventes publicitaires Facebook, Mike Murphy, consiste à interroger la base de données de Facebook quand il essaie de vendre des pubs à un annonceur, afin de démontrer à quel point la marque est déjà étroitement référencée sur Facebook. Pour une société bien connue comme McDonald's, par exemple, le nombre de mentions se compte en millions.

Certaines sociétés font des tentatives malheureuses pour étouffer l'opinion des consommateurs. La chaîne canadienne de cafés Tim Hortons répondit aux groupes Facebook qui la critiquaient en envoyant à leurs membres des lettres de mise en demeure via un cabinet juridique. Ce qui n'eut guère d'effet. Aucun avocat ne peut empêcher quiconque de critiquer ou d'insulter une marque ou un produit sur Facebook. Comme le dit Randall Rothenberg, président du groupe Interactive Advertising

Bureau : « On ne peut pas contrôler les conversations. On ne peut qu'y participer. »

Plutôt que d'interrompre la conversation, les sociétés anciennement qualifiées d'annonceurs sont maintenant obligées de trouver comment créer la conversation sur Facebook, ou y participer. « Pour les spécialistes du marketing, c'est une nouvelle sorte d'échange de valeur, affirme Bedecarré. Je vais vous donner de la valeur, et vous vous porterez mieux. »

Mazda demanda aux fans de sa page Facebook de concevoir la voiture de 2018. Des étudiants en design industriel de tous les coins du monde apportèrent des idées. Les glaces Ben & Jerry's demandent aux internautes de leur suggérer ce que devrait être leur prochain parfum. Chaque fois qu'un fan de Mazda ou de Ben & Jerry's écrit quelque chose sur ces pages, un message s'affiche sur son profil et se retrouve sur le Fil d'actualité de leurs amis. Les consommateurs envoient à leurs amis des messages dont tirent parti les experts en marketing. C'est ainsi que le programme des parfums à la demande, développé par la société de conseil en marketing Edelman Digital, permit à Ben & Jerry's de faire passer le nombre de ses fans de 300 000 à un million en six semaines seulement. Comme pour Mazda, la campagne avait commencé par des pubs interactives sur la page d'accueil Facebook.

Les usagers Facebook reçoivent souvent des contreparties concrètes quand les commerciaux les courtisent. Ils reçoivent en fait une fraction de la compensation dont auraient bénéficié par le passé une station de télévision ou un quotidien. Starbucks a distribué des bons pour une tasse de café gratuite. Ben & Jerry's a donné des cornets de glace. Les cadeaux ont également profité à des agences publicitaires cherchant à toucher des clients professionnels. AKQA aida son client Visa à créer le réseau Visa Business Network pour les petites entreprises sur Facebook. Visa donna à chaque entreprise qui s'inscrivait la contrevaleur de 100 dollars en publicité Facebook. Plusieurs centaines de milliers d'entreprises en profitèrent.

Certaines marques grand public travaillent moins leur site Web que leur page Facebook, où elles peuvent héberger une grande variété d'applications Facebook et où les activités des fans sont viralement diffusées à leurs amis. Vitamin Water, par exemple, a commencé à diriger les consommateurs vers l'adresse Facebook.com/vitaminwater via ses spots à la télévision et des bandeaux publicitaires placés un peu partout ailleurs sur le Web. Gap donne l'adresse de sa page Facebook sur les panneaux d'affichage urbains.

Les relations entre consommateurs et annonceurs continueront d'évoluer rapidement sur Facebook et produiront certainement des résultats stupéfiants. Il se confirme de plus en plus qu'en associant les consommateurs aux processus de l'élaboration, du design et même de la fabrication d'un produit les industriels peuvent réduire leurs frais, créer des produits conformes aux attentes du public et fidéliser les consommateurs. On peut considérer Facebook comme un réseau géant de collaborateurs. C'est la plate-forme idéale pour pareille innovation. Les concours lancés par Mazda et Ben & Jerry's avaient montré la voie, mais en 2009, une petite compagnie cinématographique, Mass Animation, travaillant en collaboration étroite avec des spécialistes de chez Facebook, porta l'idée considérablement plus loin.

Elle produisit un film d'animation créé par les utilisateurs de Facebook. Ce court métrage de cinq minutes, intitulé *Live Music*, est composé de séquences tournées par cinquante et une personnes de dix-sept pays différents, dont le Kazakhstan et la Colombie. Certaines n'avaient que quatorze ans[1]. Mass Animation créa un scénario, la bande sonore et la première scène, qui fixait le style graphique du film. Sa page Facebook attira 57 000 membres, dont 17 000 téléchargèrent un logiciel spécial[2]. Les membres de cette page votèrent pour déterminer quelles séquences devraient être incorporées au film. Les gagnants reçurent 500 dollars et leur nom figura au générique du film, que Sony distribua aux USA dans les cinémas fin 2009 en avant-programme du film d'animation *Planète 51*. « Le réseautage social devient une production sociale, estime Don Tapscott, auteur de *Wiki-économie* (sur les formes nouvelles de collaboration commerciale) et d'*Adolescence numérique* (sur les jeunes et la technologie). Ce n'est plus seulement une recherche d'amis. Il s'agit de changer la manière dont nous orchestrons notre potentiel social en matière d'innovation, et de création de biens et de services. »

Jamais dans l'Histoire un média n'a offert autant de possibilités de ciblage que Facebook. Les annonceurs veulent montrer leurs pubs aux gens qui ont le plus de chances d'y réagir. Sur Internet, jusqu'à ce qu'arrive Facebook, ils étaient obligés de louer à prix d'or les services de prestataires qui suivaient laborieusement les empreintes numériques des utilisateurs d'un bout à l'autre de la Toile, et tentaient de déduire leur sexe, leur âge et leurs centres d'intérêt à partir des sites qu'ils visitaient et des pages sur lesquelles ils cliquaient. Mais sur Facebook les utilisateurs affichent en toute franchise des données personnelles exactes parce qu'ils sont sûrs que les seules personnes qui les verront sont celles qui ont leur approbation en tant qu'amis. « Facebook a de très loin la plus riche somme de données, certifie Josh James, PDG d'Omniture, important service de ciblage de pubs Internet qui travaille avec Facebook. C'est le premier site où les consommateurs ont dit : "Voilà qui je suis, faites-en ce que vous voulez." » « Nous disposons de meilleures informations que tout autre site, assure Sheryl Sandberg. Nous connaissons le sexe, l'âge, l'adresse géographique, et ce sont de vraies données, contrairement à ce que d'autres obtiennent par déduction. » Le ciblage inférentiel utilisé par les annonceurs sur le reste du Web se trompe souvent, ajoute-t-elle.

Les usagers Facebook offrent délibérément de grandes quantités de données sur eux-mêmes, et en génèrent encore plus au travers de leur comportement sur le site, en interagissant avec d'autres usagers, dans les groupes et avec des pages. Facebook répertorie tout cela dans sa base de données et s'en sert pour placer des publicités. La politique de Facebook est de ne pas examiner individuellement les données personnelles sauf pour s'assurer qu'elles ne contreviennent pas aux Conditions générales d'utilisation du service. Facebook ne partage pas ces données individuelles avec les annonceurs. Facebook se contente de permettre aux annonceurs d'utiliser les données agrégées triées par un vaste menu de paramètres pour envoyer des publicités ciblées sur le type précis de personne qu'ils essaient d'atteindre.

N'importe qui peut tester les combinaisons infinies proposées par la page Votre Publicité sur Facebook. Vous pouvez montrer votre pub uniquement à des femmes mariées d'au moins trente-cinq ans qui habitent dans le nord de l'Ohio. Ou alors n'afficher une annonce que pour les employés d'une seule entreprise dans une certaine ville un certain jour (les employeurs désirant trier sur le volet les cadres qu'ils veulent débaucher chez un concurrent le font constamment). Les clients des pubs interactives Facebook, plus onéreuses, peuvent avoir un choix d'options encore plus étendu – par exemple, des mères de famille, qui parlent de couches, écoutent Coldplay et habitent dans des grandes villes. « Ce ciblage est purement et simplement le moteur de ce que nous pouvons faire aujourd'hui, et la raison de notre croissance », résume Dan Rose.

Je suis un baby-boomer et mon profil comporte une longue liste de mes musiciens préférés. Alors je vois fréquemment sur Facebook une pub pour une platine tourne-disques USB qui convertit en fichiers numériques MP3 les vieux disques en vinyle. L'annonceur vise les mélomanes de mon âge parce qu'il y a des chances que nous possédions une collection de disques conséquente.

La connaissance que Facebook a de ses usagers lui permet d'aider les annonceurs à affiner leurs techniques de marketing. Par exemple, une société se demande quelle musique doit accompagner un spot TV. Facebook peut éplucher les profils de tous les gens qui sont fans de la page de cet annonceur et lui indiquer quel type de musique ils ont le plus de chances d'apprécier. Si vous achetez une pub interactive, Facebook peut vous indiquer la répartition démographique exacte des usagers qui ont cliqué dessus. « Par exemple, dit Mike Murphy, chef des ventes publicitaires Facebook, je peux révéler à un annonceur qui croyait que sa clientèle était des femmes entre dix-huit et vingt-quatre ans qu'il s'agit en réalité d'hommes entre dix-neuf et trente-huit ans, qu'ils aiment le football américain et quels sont leurs trois films préférés. Si vous voulez atteindre ces gars, voici leurs émissions de télé favorites. Vous pouvez construire tout votre plan médias autour des données que nous vous fournissons. C'est un atout que vous ne pourriez trouver nulle part ailleurs sur la planète. » Facebook travaille à présent avec Nielsen Homescan pour corréler les données recueillies par les enquêtes Nielsen sur les achats de milliers de ménages américains avec le comportement Facebook de ces sondés. Les annonceurs pourront voir quelles pubs les usagers Facebook ont regardées et quels produits ils ont achetés. Cette sorte d'exploitation de données existe depuis longtemps pour la télévision. Si Facebook arrive à démontrer qu'il est au moins aussi efficace, les annonceurs seront plus empressés de placer leurs pubs sur le site.

La capacité de Facebook à gérer toutes ces données auto-collectées par ses usagers porte à croire qu'il peut gagner beaucoup d'argent. « Facebook a une chance que Google voudrait bien avoir – la capacité à élaborer une proposition crédible pour les plus gros annonceurs, estime Alan Gould, qui dirige la firme de mesures publicitaires Nielsen IAG. La valorisation de Steve Ballmer ne semble plus si stupide que ça. » « Je crois que Facebook va changer fondamentalement le marketing et devenir une entreprise monstre, affirme Mike Lazerow, PDG de Buddy Media, qui élabore des applications et des pages publicitaires Facebook pour des sociétés. Quand vous combinez 400 millions de personnes avec les données relatives non seulement à leur adresse géographique, mais aussi à l'identité de leurs amis, leurs centres d'intérêt, leurs activités en ligne, Facebook a le potentiel de cartographier le génome d'Internet. » Jusqu'ici, les usagers Facebook n'ont guère montré de résistance à l'exploitation de leurs données pour leur envoyer des pubs ciblées. Mais c'est peut-être à ce niveau que la confidentialité est le plus menacée. Il est facile d'imaginer comment une erreur de ciblage ou une autre maladresse pourrait conduire à une violente réaction publiphobe qui ferait tache sur la réputation de Facebook.

Non qu'il n'y ait pas eu de problèmes. Dans cet univers commercial fondé sur les préférences ou les répugnances d'individus bien réels, le plus grand danger a été jusqu'ici que des usagers Facebook donnent l'impression d'approuver ou de déclencher l'émission de messages qu'ils désapprouvent en réalité. Un certain Peter Smith, de Lynchburg, en Virginie, remarqua en juillet 2009 une pub Facebook qui disait « Peter ! Des femmes libres et sexy t'attendent ! » sous la photo d'une jolie femme souriante… sa propre épouse ! Il se trouve que Cheryl Smith jouait en ligne sur Facebook. Elle avait donné à un logiciel de jeu l'autorisation d'accéder à ses données personnelles, via le processus opaque utilisé par Facebook pour connecter les utilisateurs à des applications. L'entreprise de jeu en ligne utilisait le réseau d'une société tierce qui affichait des pubs à l'intérieur du jeu.

Apparemment, le réseau publicitaire récupéra la photo de Cheryl Smith à l'intérieur du jeu et la coupla avec une annonce sur un site de rencontres. Le réseau publicitaire qui s'était approprié la photo enfreignait ainsi le règlement de Facebook, qui prononça son exclusion. À la suite de quoi Facebook clarifia ses lignes directrices en matière de publicité pour souligner que pareil partage des données des usagers n'est pas permis. Mais comme les internautes interagissent avec des applications et utilisent Facebook selon des modes de plus en plus variés, le réseau social a de plus en plus de mal à contrôler l'exploitation par des tiers des données utilisateurs. Il y aura forcément d'autres incidents.

Dans les mois qui suivirent l'arrivée de Sheryl Sandberg, la direction de Facebook fut profondément remaniée. Il y eut des départs en chaîne. Owen Van Natta fut le premier à partir, ce qui n'avait rien de surprenant. Manifestement, quoi qu'il advienne, l'arrivée de Sheryl Sandberg lui enlevait toutes ses chances de devenir PDG. Moins d'un an plus tard, Van Natta devint PDG de MySpace (où il ne resta toutefois que dix mois). Tandis que Sheryl Sandberg s'installait et recentrait Facebook sur sa vocation publicitaire, l'équipe des fondateurs autour de Mark Zuckerberg – la bande de jeunes qui l'avait aidé à créer Facebook – commença elle aussi à se disperser. Matt Cohler, son « consigliere » depuis 2005, le quitta pour rejoindre la prestigieuse firme Benchmark Capital et devenir capital-risqueur, profession qu'il rêvait d'exercer depuis toujours. Il demeure proche de Zuckerberg. Adam D'Angelo, le copain de lycée de Zuckerberg à Exeter, qui avait plusieurs fois quitté Facebook pour y revenir, s'en alla fonder une nouvelle société, Quora, et emmena avec lui le programmeur vedette Charlie Cheever.

Mais le plus marquant fut le départ de Dustin Moskovitz, qui était depuis le début le bras droit de Zuckerberg et qui est encore l'un des plus gros actionnaires de la société, avec environ 6 pour cent des titres. Moskovitz, comme D'Angelo, demeure proche de Zuckerberg. Il a quitté Facebook pour créer sa propre entreprise de logiciels Internet, Asana, une idée qu'il caressait depuis longtemps – élaborer pour les entreprises des logiciels d'amélioration de la productivité et de la communication interne en ligne à l'image de Facebook, pour concurrencer Google Docs et Microsoft Office, entre autres. C'est une vision vaste et ambitieuse. Il s'est longtemps demandé s'il pouvait rester chez Facebook tout en élaborant cette nouvelle idée, mais il a conclu que ce serait déstabilisant pour la société.

L'influence qu'exerçait Moskovitz, le camarade de chambrée autodidacte devenu directeur technique, s'affaiblit inévitablement lorsque l'effectif du personnel dépassa les mille employés et que tout devint plus professionnel. Longtemps il partagea avec Zuckerberg le contrôle de l'orientation de la société. Mais l'autorité de Zuckerberg augmenta avec l'expansion de Facebook, et celle de Moskovitz diminua. Bien qu'il soit un actionnaire important, il ne peut plus avoir l'impact qu'il a eu par le passé. « Il y a des désaccords sur l'orientation que la société doit prendre, tout simplement, dit un ami commun des deux hommes, et si vous avez devant vous quelqu'un qui ne partage pas l'autorité, ces désaccords sont irréconciliables. » Il était également raisonnable pour Moskovitz de créer Asana à l'extérieur, puisque Zuckerberg a montré à maintes reprises qu'il ne tenait guère à ajouter des fonctionnalités qui rendent Facebook plus utile sur le lieu de travail.

Dans les deux cas, les amis intimes de Zuckerberg – qui revendiquent toujours cette appellation – soutiennent qu'ils ne sont pas partis à cause d'un conflit fondamental avec Mark. D'Angelo affirme qu'il ne peut carrément pas s'adapter à de grandes organisations où il faut constamment faire des compromis. Il se dit toujours très attaché à Facebook, mais il a été découragé par toutes les tâches bureaucratiques qu'il lui fallait accomplir chaque jour. Zuckerberg « s'en accommode bien mieux que quelqu'un qui n'a pas l'impression de travailler dans sa propre entreprise », dit D'Angelo.

Chris Hughes, l'autre cofondateur, qui avait quitté Facebook plus tôt, est plus direct. Il estime que si les amis de Zuckerberg, avec la plupart desquels il est en contact, sont partis, c'est d'abord parce qu'eux, comme lui, en avaient marre. « Travailler avec Mark est un défi permanent. Vous ne savez jamais s'il aime ou s'il n'aime pas ce que vous faites. C'est tellement plus facile d'être ami avec Mark que de travailler avec lui. »

Le PDG est quelque peu chagriné par le départ de ses collaborateurs. Il avoue avoir été contrarié quand Moskovitz lui a annoncé pour la première fois ses intentions, un an avant de quitter Facebook pour de bon. Lorsque cela se produisit, Zuckerberg s'y était déjà résigné. Il regrette le départ de Cohler et de D'Angelo : « J'aurais bien voulu imaginer un moyen de continuer à leur trouver des rôles. »

L'engagement de Sheryl Sandberg comme numéro deux de Facebook n'a guère de rapport avec le départ des équipiers de la première heure, mais Moskovitz se démarque du consensus enthousiaste qui a émergé des réunions Sandberg. Il réagit avec sa franchise habituelle quand je lui demande de juger l'impact de Sheryl Sandberg sur Facebook : « Globalement positif, assurément. » Puis il nuance sa pensée : « C'est dur pour moi d'être trop positif, parce que j'ai l'impression que son rôle est en conflit avec ce que j'estime être l'évolution naturelle de l'entreprise. Dans le même temps, je la comprends très bien. Mais je suis immensément convaincu qu'il faut investir autant que possible dans le produit, et limiter autant que possible tout ce qui fait obstacle à une progression des adhésions ou perturbe l'expérience des utilisateurs. Et cela peut entrer directement en conflit avec la quantité de publicité sur la page, dont [Sheryl] a la responsabilité. » Il trouve bien qu'elle ait précisé la manière dont la publicité devrait fonctionner sur Facebook, mais il ajoute : « Je vois cela carrément comme un mal nécessaire… enfin presque. » Puis il se ravise et admet : « On a probablement atteint l'équilibre correct, maintenant. »

En dépit du consensus sur la nature publicitaire de l'entreprise Facebook, Zuckerberg continue de déclarer régulièrement qu'augmenter l'effectif de la base utilisateurs demeure plus important que de la monétiser. Et Moskovitz comme D'Angelo continuent dur comme fer à le soutenir : « Vous pouvez gagner un dollar avec un utilisateur aujourd'hui, dit Moskovitz, mais si vous pouvez l'inciter à inviter dix amis, alors vous gagnerez onze dollars. La croissance de Facebook est tellement exponentielle qu'il est vraiment difficile de dire quand on arrivera au point où il faudra accepter des compromis. » D'Angelo lui non plus ne manifeste guère d'enthousiasme pour la priorité donnée à la publicité : « Personnellement, je suis pour la croissance. Je veux dire, si vous pensez comme moi que Facebook va être là pour pas mal de temps, et si vous êtes d'avis qu'on a besoin de mettre ce truc partout et d'inciter le monde entier à s'en servir, alors pour moi c'est évident qu'on va gagner un tas de fric avec un produit utilisé quotidiennement dans le monde entier. »

Les alliés anti-pub et pro-croissance de Zuckerberg se sont mis sur la touche, mais il demeure très profondément motivé par les perspectives à long terme : « Il est vraiment important que les gens comprennent que ce que nous faisons actuellement n'est que le commencement. Les entreprises qui réussissent, qui ont le meilleur impact et sont capables de distancer tous leurs concurrents sont celles qui se projettent le plus loin dans l'avenir. » Peter Thiel a depuis toujours cru fermement au besoin de mettre en permanence l'accent sur la croissance. Même à certains moments de l'histoire de l'entreprise où Zuckerberg se concentrait sur d'autres sujets, Thiel répétait son refrain : « Étendez la base utilisateurs. Étendez la base utilisateurs. »

Mike Murphy, vétéran Facebook et énergique chef des ventes publicitaires, concède qu'il y a une tension permanente sur la question de la priorité des recettes ou de la croissance, et que ça l'avait rendu fou après son arrivée au début de 2006. « Mon niveau de frustration est descendu d'une manière spectaculaire. Mark n'a jamais renié un engagement qu'il avait pris sur les ressources qu'il nous donnerait. » Il y a chez Facebook environ 260 personnes qui s'occupent exclusivement des ventes publicitaires. Avant l'arrivée de Sheryl Sandberg, Facebook n'avait des bureaux de vente qu'à Palo Alto, New York et Londres, mais l'année qui suivit les réunions Sandberg, la société ouvrit des bureaux à Atlanta, Austin, Detroit, Chicago, Dallas, Dublin, Hambourg, Hyderabad, Los Angeles, Madrid, Milan, Paris, Seattle, Singapour, Sydney, Stockholm, Tokyo, Toronto et Washington. Son siège international se trouve à Dublin.

Sheryl Sandberg affirme que donner la priorité à la croissance n'est pas incompatible avec l'obligation d'augmenter les recettes. « Nos considérations prioritaires sont, dans l'ordre : Jusqu'à quel point l'information s'échange-t-elle dans le monde ? Ensuite, exactement au même niveau, combien d'utilisateurs avons-nous ? Et puis les recettes. Voilà les facteurs réellement importants qui impulsent toute notre mission. Mais on ne peut pas les dissocier les uns des autres. »

L'industrie publicitaire se décentre vers Facebook. Le nombre d'annonceurs utilisant ses pubs en libre-service a triplé entre 2008 et 2009. Une étude menée en 2009 par l'Association des annonceurs américains a trouvé que 66 pour cent de tous les acteurs du marketing utilisent les médias sociaux d'une manière ou d'une autre, contre 20 pour cent seulement en 2007. Aujourd'hui, l'expression « médias sociaux » désigne essentiellement Facebook. La grande majorité des plus puissants annonceurs des États-Unis ont commencé à y placer leur publicité. Pepsi-Cola, Procter & Gamble, Sears et Unilever font partie des gros clients. Et les usagers Facebook accueillent favorablement la présence commerciale croissante sur le site. Certaines pages ont de nombreux milliards de fans[3] et en novembre 2010 environ 50 millions d'usagers deviennent les nouveaux fans d'une page chaque jour[4]. Parmi les pages avec plus de 10 millions de fans, on peut citer Coca-Cola, Disney, les confiseries Skittles, la série *South Park*, Starbucks et YouTube.

À l'intérieur de la société, le moral est au beau fixe quant aux perspectives financières de Facebook. Marc Andreessen, à qui Zuckerberg a demandé de rejoindre le conseil d'administration au début de 2008 (pour occuper un des sièges vacants), est intarissable sur les possibilités d'expansion de Facebook. « Facebook est un tremplin pour la monétisation comme je n'en ai encore jamais vu. C'est clair comme de l'eau de roche. Avec la baisse des recettes publicitaires de la radio, de la télévision, des magazines et de la presse quotidienne, il y a pour 200 milliards de dollars de pub à prendre. Cet argent ira forcément sur Internet. Or Facebook va disposer d'une masse de données tirées des diverses activités des utilisateurs et sera en mesure de proposer des ciblages en conséquence. » La télévision a bénéficié de la majeure partie des budgets publicitaires parce que c'était là que se concentrait l'attention des consommateurs. Si cette attention se déplace lentement vers un nouveau média, ainsi que le suggèrent les données, l'argent suivra.

Sheryl Sandberg fut surprise de constater que les affaires marchaient si bien pour Facebook pendant la récente crise écomomique. En automne 2008, la société réduisit de manière significative ses objectifs en matière de croissance et freina les dépenses déjà programmées. « C'était comme si le monde allait se désintégrer, et j'étais sur les nerfs », confie Sheryl Sandberg. Il semblait inévitable que Facebook soit touché par la récession mondiale. Mais non. Dans un entretien du milieu de l'année 2009, Sheryl Sandberg déclarait : « En gros, nos tarifs publicitaires se maintiennent, à une époque où tout le monde affiche des baisses spectaculaires. Nous nous portons de mieux en mieux, et ça ne s'arrête pas. » L'agence de mesure d'audience comScore annonce qu'aux USA la publicité en ligne se déplace vers les réseaux sociaux – Facebook a affiché 297 milliards de publicités au cours du troisième trimestre 2010, ce qui représente 23,1 pour cent de toute la publicité Internet.

Les efforts de Sheryl Sandberg pour clarifier le modèle économique de Facebook commencent à porter leurs fruits. Elle a trouvé sa place dans cette culture d'adolescents. D'autres grands décideurs et gestionnaires expriment en public comme en privé leur admiration pour la manière dont elle dirige l'organisation, interagit avec les gens et obtient des résultats. Le chiffre d'affaires de Facebook est désormais en croissance rapide. Bien que Facebook ne publie pas ses résultats financiers, ses recettes globales, d'après des sources bien informées, auraient été de plus de 550 millions de dollars en 2009 – contre 300 millions seulement en 2008. Ce qui représente un taux de croissance mirobolant de presque 100 pour cent. D'après les mêmes sources, les recettes de la société dépasseraient les 1,3 milliards de dollars en 2010.

La progression du chiffre d'affaires est due en particulier au service de pubs ciblées en libre-service principalement vendues aux petit annonceurs. Mais les efforts faits en direction des gros annonceurs continuent de rapporter la plus grande partie des revenus, c'est-à-dire entre 300 et 400 millions de dollars en 2009. Alors que les tarifs que Facebook peut exiger pour de telles pubs demeurent en moyenne très bas, il en affiche tellement que cela devient une affaire de plus en plus rentable. « Les gens, dit un informateur proche de Facebook, sous-estiment énormément l'impact sur nos recettes de deux facteurs étroitement liés – l'augmentation du nombre des utilisateurs et l'augmentation de l'usage. » La firme comScore a récemment calculé que l'usager Facebook moyen aux USA – et il y en a environ 140 millions – passe six heures par mois sur le site.

La deuxième catégorie est représentée par les pubs interactives et d'autres publicités de marque vendues directement par Facebook, qui ont probablement totalisé 100 millions. Les pubs vendues par Microsoft représentent plus de 50 millions de dollars. Enfin, les marchandises virtuelles et diverses autres sources de revenus représentent entre 30 et 50 millions de dollars.

« Il paraît que tout le monde attend notre modèle de rentabilité, s'amuse Sheryl Sandberg. Mais c'est un mythe. Le modèle de rentabilité, nous l'avons. C'est la publicité. C'est notre créneau, et ça marche. » Peu de gens chez Facebook diraient le contraire à présent.

14. Facebook et le monde

« Rendre le monde plus ouvert ne se fait pas du jour au lendemain. »

Mark Zuckerberg arrive dans un car qui stationne sur le campus de la prestigieuse université de Navarre, à Pampelune. Nous sommes en octobre 2008 et il vient de terminer une conférence d'une heure dans le plus grand amphi de l'université. Au moins six cents étudiants s'entassent dans une salle prévue pour quatre cents personnes environ. Avant que le car puisse démarrer, une foule se forme, les mains s'agitent frénétiquement et tout le monde essaie d'attirer l'attention de Zuckerberg. Au moment où le car s'éloigne, un groupe de cinq ou six étudiantes courent devant lui. Lorsque Zuckerberg descend à sa destination suivante, le bureau du président de l'université, les filles sont encore là. Zuckerberg accepte docilement de se laisser photographier (la photo sera affichée sur Facebook, évidemment). Puis les filles se dispersent en gloussant de joie, sans pouvoir s'empêcher de jeter des regards obliques, comme si elles ne croyaient pas à leur bonne fortune. « Tu es une rock star, maintenant », commente Anikka Fragodt, fidèle assistante de Zuckerberg (depuis février 2006) qui, avec trois autres employés de Facebook (et votre serviteur), l'a accompagné dans une tournée promotionnelle en Europe.

Un changement mémorable intervenu sur Internet fut annoncé en mars 2009 par l'institut de recherche Nielsen. Le temps passé par les internautes sur les réseaux sociaux dans le monde entier était pour la première fois supérieur à celui qu'ils consacraient au courrier électronique. Une nouvelle forme de communication s'était banalisée. Le temps total passé sur les réseaux sociaux progressa de 63 pour cent en 2008 dans le monde entier. Facebook, toutefois, planait à un autre niveau. Il distançait tous les autres services mesurés par Nielsen. Le temps passé sur Facebook avait augmenté de 566 pour cent en une année, pour atteindre 20,5 milliards de minutes. Il n'est pas facile de prendre toute la mesure de la croissance mondiale de Facebook ces dernières années. Dès que le réseau s'ouvrit aux utilisateurs non étudiants en automne 2006, les anglophones du monde entier arrivèrent en masse. Début 2008, Facebook inaugura un projet de traduction d'une ampleur inédite – fin 2008, on pouvait déjà l'utiliser en trente-cinq langues. Or déjà à ce stade, alors que le projet d'internationalisation n'en était qu'à ses débuts, 70 pour cent des 145 millions d'usagers actifs se trouvaient à l'extérieur des États-Unis. Nielsen calcula alors que pas moins de 30 pour cent des internautes de la planète étaient sur Facebook, contre 11 pour cent un an plus tôt. Aujourd'hui, le réseau social a probablement plus d'usagers que Google.

Les attentes de Facebook sont constamment dépassées. Début 2009, son objectif interne confidentiel était d'atteindre les 275 millions d'usagers actifs à la fin de l'année. Chez Facebook, peu de gens pensaient que c'était réalisable. Mais l'objectif fut atteint dès le mois d'août, et à la fin de l'année le réseau avait 350 millions d'usagers dans 180 pays différents et progressait au rythme d'un million de nouveaux usagers par jour.

Des statistiques improbables continuent de s'accumuler. Le deuxième plus grand pays sur Facebook (après les États-Unis) est l'Indonésie – pas vraiment celui auquel la plupart des gens s'attendraient. D'après le *Facebook Global Monitor*, dans trente pays d'un bout à l'autre du monde, plus de 30 pour cent de tous les habitants – et non des seuls internautes – sont sur Facebook. Il s'agit, entre autres, du Canada (50,5 pour cent), de la Norvège (50,1 pour cent), de Hong Kong (49,2 pour cent), du Royaume-Uni (45,7 pour cent), du Chili (43,9 pour cent), d'Israël (41,6 pour cent) et des Bahamas (40,7 pour cent). Dans la minuscule Islande, 58,2 pour cent des habitants utilisent le service. Facebook est le réseau social numéro un au Brunei, au Cambodge, en Malaisie et à Singapour, entre autres. En mai 2008, il a dépassé MySpace pour le nombre de visiteurs mondiaux, d'après comScore. Et au milieu de l'année 2008, *Facebook* a dépassé *sex* en fréquence comme terme de recherche sur Google au niveau mondial.

Depuis des années, on plaisante dans les bureaux de Facebook sur l'ambition de « domination totale » attribuée à l'entreprise de Mark Zuckerberg. Plaisanterie, certes, mais qui évoque une réalité surprenante. Zuckerberg s'est rendu compte depuis longtemps que la plupart des utilisateurs ne vont pas prendre la peine – ou le temps – de créer de multiples profils pour eux-mêmes sur plusieurs réseaux sociaux. Il savait aussi, après ses interminables séances de tchatche à Harvard et à Palo Alto sur les « effets de réseau », qu'une fois que le regroupement s'amorce sur une plate-forme de communication, il peut s'accélérer dans un scénario où le gagnant rafle toutes les mises. Les gens rejoindront et utiliseront l'outil de communication dont se servent déjà le plus grand nombre de personnes. Il se proposa donc comme objectif de créer un outil non pas pour les seuls États-Unis, mais pour le monde entier. Le but était de triompher de tous les autres réseaux sociaux, où qu'ils soient – conquérir leurs usagers et devenir la norme *de facto*. Pour Zuckerberg, c'était ça ou disparaître.

D'autres réseaux sociaux ont plus de membres que Facebook dans un certain nombre de pays importants – le Brésil, la Chine, le Japon, la Corée, la Russie – plus quelques autres. Dans la plupart de ces pays, c'est un acteur local qui a la haute main sur le marché. Grignoter la domination de ces services est pour Zuckerberg un impératif stratégique. Comme il l'a dit dans une conférence à Madrid : « Rendre le monde plus ouvert ne se fait pas du jour au lendemain. Mais plutôt en dix ou quinze ans. »

Mais comment Facebook est-il devenu si gros si vite ? Peu après son installation en Californie, Zuckerberg se mit à réfléchir au potentiel de Facebook comme phénomène mondial. Influencé par l'ambitieux Sean Parker, Zuckerberg commença de penser que, s'il gérait bien son réseau, celui-ci pourrait atteindre l'envergure d'un colosse international. Il accomplit correctement un certain nombre d'opérations qui posèrent les bases de la vaste croissance internationale qui suivit. D'abord, Zuckerberg conserva à l'interface de Facebook sa simplicité et sa clarté. Comme chez Google, une apparence peu élaborée a réussi à masquer un ensemble très complexe de technologies et à rendre l'accueil facile à une gamme étendue d'internautes. Lors d'une de ses étapes espagnoles, Zuckerberg résuma ainsi sa stratégie internationale : « C'est d'élaborer le produit le meilleur et le plus simple permettant aux gens de partager des informations le plus facilement possible. »

Facebook possède aussi une caractéristique fondamentale qui s'est révélée essentielle dans son attrait, quel que soit le pays – vous n'y voyez que des amis. C'est la base identitaire de Facebook qui d'emblée l'a différencié de la plupart des autres réseaux sociaux et lui a permis de devenir un phénomène mondial unique. Sur toute la planète, c'est le service Internet qui est le moins américanisé. Les hordes de fans italiens de Facebook, par exemple, pourraient atteindre des millions de membres sans voir un non-Italien. Les valeurs, les centres d'intérêt, le ton et le comportement que les usagers de Turquie, du Chili ou des Philippines connaissent à l'intérieur de Facebook sont ceux-là mêmes qui leur sont familiers dans le monde de la réalité quotidienne.

Et, détail capital, la langue que les internautes parlent sur Facebook est de plus en plus celle qu'ils parlent une fois déconnectés. L'outil de traduction offert par Facebook début 2008 a été l'une de ses innovations les plus remarquables et a eu un impact considérable sur la croissance internationale. Fin 2010, Facebook était déjà opérationnel en soixante-quinze langues représentant 98 pour cent de la population mondiale.

L'outil de traduction Facebook adopta une démarche innovante qui tirait parti de l'enthousiasme fanatique des usagers d'un bout à l'autre du monde. Au lieu de demander à ses collaborateurs ou à des sous-traitants de passer de précieuses années à traduire les trois cent mille mots et expressions utilisés sur le site, Facebook confia la tâche aux membres et trouva là beaucoup de bon sens.

Pour créer une version dans chaque nouvelle langue, le logiciel Facebook présente aux usagers la liste des termes à traduire. Quiconque utilise le site peut s'attaquer à la traduction en espagnol, en allemand, en swahili ou en tagalog d'un ou de plusieurs termes. Chaque mot est traduit par de nombreux utilisateurs. Le logiciel demande ensuite aux gens qui parlent cette langue de voter pour choisir le meilleur mot ou la meilleure expression.

Cet outil fut utilisé d'abord pour l'espagnol en janvier 2008, puisqu'à cette date Facebook comptait dans les pays hispanophones 2,8 millions de membres qui l'utilisaient en anglais. En l'espace de quatre semaines, 1 500 hispanophones du monde entier avaient créé une version complète. Les techniciens Facebook insérèrent leurs conclusions et le Facebook en espagnol démarra le 11 février. Ce fut ensuite le tour de l'allemand. Le travail fut réalisé en deux semaines par 2 000 personnes et la version allemande démarra le 3 mars. La version française fut achevée par 4 000 membres en moins de deux jours. Ajouter de nouvelles langues ne coûte maintenant pratiquement rien à Facebook. Les usagers décidèrent que le facebookisme très particulier *to poke* deviendrait *dar un toque* en espagnol, *anstupsen* en allemand et *envoyer un poke* en français.

C'est un des rares projets que Zuckerberg n'a pas supervisés. « Je suis fier de n'avoir même pas été impliqué, dit-il à l'époque du lancement du logiciel traducteur. C'est ce qu'on espère quand on construit une organisation, pas vrai ? Que des gens vont faire des choses correspondant si bien aux valeurs de l'entreprise qu'on n'a même plus à dire quoi que ce soit. »

La stratégie de plate-forme de Facebook consistant à laisser des tiers y construire toutes les applications qu'ils veulent a aussi substantiellement favorisé son expansion internationale. En juillet 2008, la société a laissé les développeurs commencer à utiliser le logiciel de traduction pour des applications Facebook, de façon à ce qu'elles puissent être disponibles dans n'importe quelle langue. Dès l'automne 2008, quand Zuckerberg se rendit en Espagne, il y avait déjà six mille applications disponibles en espagnol. Facebook en Espagne – ou au Chili ou en Colombie – avait tout d'un service hispanophone pour les utilisateurs locaux. Huit mois après le lancement de la version traduite, la population hispanophone de Facebook avait plus que quadruplé pour atteindre les 12 millions de membres. « Nous pensons que nous pouvons avoir jusqu'à 30 ou 40 pour cent d'utilisateurs dans la population », déclara Zuckerberg à des journalistes espagnols à Madrid (la seule Espagne compte 46 millions d'habitants).

La quête de mondialisation de Zuckerberg a presque une composante morale. Dans l'amphi bondé et surchauffé de l'université de Navarre, il déclare que Facebook est « pour tous les gens de tous âges dans le monde ». Donner aux gens plus d'informations sur ceux qui les entourent « devrait créer plus d'empathie ». Dans son attribution à Facebook d'un pouvoir d'aider les gens à mieux se comprendre, Zuckerberg a un allié surprenant – son mentor Peter Thiel, membre du conseil d'administration. Ce gestionnaire de fonds spéculatifs et capital-risqueur estime que Facebook est un outil crucial pour un monde qui devient inévitablement beaucoup plus petit. « Dans un monde globalisé, les gens vont être plus proches les uns des autres, explique-t-il. Pour moi, la valeur essentielle sera une plus grande tolérance. Ce qui me plaît dans le modèle Facebook, c'est qu'il est centré sur d'authentiques êtres humains et qu'il leur permet de devenir les amis d'autres personnes et d'établir des relations non seulement dans le contexte où ils sont déjà, mais aussi dans des contextes extérieurs à celui-ci. La mondialisation ne signifie pas nécessairement que vous êtes ami avec tous les habitants de la planète. Mais elle signifie en quelque sorte que vous êtes ouvert à beaucoup plus de gens dans beaucoup plus de contextes que vous ne l'auriez été auparavant. » Dans une autre réunion en Espagne, Zuckerberg répondit à un journaliste qui lui demandait pourquoi Facebook avait réussi en disant : « Si vous donnez aux gens un meilleur moyen de partager des informations, il changera leur vie. »

Mais le Facebook de Zuckerberg est résolument américain, même si ses usagers internationaux ne semblent pas toujours s'en rendre compte. Le caractère nord-américain de Facebook n'est pas révélé par le fait qu'un adolescent azerbaïdjanais rencontre un jeune de l'Oklahoma, mais par ses présuppositions intrinsèques sur la manière dont les gens devraient se conduire. Les valeurs de Zuckerberg reflètent les libertés du discours américain. Facebook véhicule ces valeurs autour du monde, ce qui a des effets à la fois positifs et négatifs.

Aux États-Unis, les gens trouvent normal un certain niveau de transparence et de liberté d'expression, mais cela peut coûter très cher dans d'autres cultures. Lorsqu'en Arabie saoudite un père surprit sa fille en train d'interagir avec des hommes sur Facebook, il la tua. Des usagers des Émirats arabes unis créèrent des groupes contestataires avec des noms comme « Gulf Air c'est nul » et « Boycottons les delphinariums de Dubaï ». C'était apparemment dans les limites du tolérable, mais lorsque de nouveaux groupes se créèrent, dont « Lesbiennes de Dubaï », avec 138 membres, le gouvernement tenta d'interdire complètement Facebook[1].

D'un bout à l'autre du monde, les gouvernements s'efforcent de trouver la manière correcte de traiter les usagers Facebook lorsqu'ils profitent de sa liberté d'expression. Après l'apparition de groupes Facebook italiens favorables aux chefs de la mafia incarcérés, un sénateur proposa un projet de loi qui forcerait les sites Web à supprimer des contenus qui « incitent ou justifient » des comportements criminels[2]. Le projet fut repoussé (la politique de Facebook en la matière est plus spécifique. Le site supprime les contenus qui font l'apologie de la haine, de la violence, ou qui enfreignent la loi).

En Cisjordanie, des contestataires déchargèrent leur colère sur Facebook lui-même et l'impliquèrent dans des questions délicates de politique internationale. Des colons juifs installés dans les territoires occupés furent scandalisés que Facebook les oblige à déclarer qu'ils habitaient en Palestine. Un groupe intitulé « Ce n'est pas la Palestine, c'est Israël » acquit rapidement 13 800 membres en mars 2008. Quelques jours plus tard, Facebook accepta de laisser les habitants de certaines colonies importantes déclarer qu'ils vivaient en Israël. Entre-temps, un groupe appelé « Tous les Palestiniens sur Facebook » atteignit les 8 800 membres en se plaignant – entre autres – que Facebook forçait les Palestiniens habitant à Jérusalem-Est de dire qu'ils vivaient en Israël, alors que l'annexion par celui-ci de Jérusalem-Est n'a pas encore été reconnue au niveau international[3]. À présent, les usagers Facebook de Cisjordanie peuvent dire qu'ils habitent soit en Israël, soit en Palestine.

Les valeurs de transparence américaines ne sont peut-être pas toujours bien accueillies, mais dans de nombreuses cultures, les gens acceptent de faire plus de révélations sur eux-mêmes. Aux Philippines, les membres de la classe moyenne ont pris l'habitude d'afficher sur Facebook leurs photos de vacances d'été et de tenir leurs amis au courant de ces voyages via des mises à jour de leur statut. Fin 2008, l'interaction sur Facebook était déjà si populaire en Italie que les postes italiennes commencèrent à en bloquer l'accès dans leurs bureaux (les employés municipaux de Naples, en revanche, furent officiellement autorisés à se connecter à Facebook une heure par jour[4]).

Les différences culturelles ne semblent pas décourager les gens de divers pays de trouver des usages fascinants à Facebook. Le Premier ministre danois Anders Fogh Rasmussen avait 12 000 sympathisants sur sa page Facebook en avril 2008 et répondait personnellement à chaque commentaire. Il décida ensuite de fonder un groupe de jogging avec des jeunes qu'il avait ainsi rencontrés en ligne. Un de ses collaborateurs déclara que c'était un moyen génial de se connecter avec les électeurs ordinaires[5]. D'obscurs groupes de rock colombiens comme Koyi K Utho, qui joue du heavy metal inspiré par les dessins animés japonais, ont trouvé sur Facebook un public pour promouvoir concerts et albums[6].

Un aspect du caractère américain de Facebook lui a été bénéfique, surtout dans ses débuts auprès des étudiants à l'extérieur des États-Unis. Ses racines universitaires à Harvard et dans l'Ivy League le rendaient encore plus attrayant. « J'ai entendu des gens chez Facebook dire qu'ils craignaient cette image élitiste, mais en fait des tas de jeunes d'un bout à l'autre du monde idolâtrent ces établissements », déclare Jared Cohen, auteur de *Enfants du Djihad*, où il explique comment les jeunes du Moyen-Orient voient la culture et la technologie. Dès le milieu de l'année 2007, par exemple, Facebook était utilisé par 20 000 Égyptiens anglophones, pour la plupart des étudiants et des jeunes diplomés priviliégiés et occidentalisés. « Je me connecte trois heures par jour, plus ou moins, et la nuit aussi, en général, avouait en mai 2007 Sherry El-Maayirgy, une responsable marketing du Caire interrogée par le magazine anglophone *Egypt Today*[7]. C'est vraiment un lieu extraordinaire pour faire de nouvelles rencontres et retrouver de vieux amis dont on s'était éloigné. » Une bonne partie du comportement en ligne était de nature libertine. Un groupe local appelé « Si ce groupe atteint les mille membres, ma petite amie couchera avec moi » accumula les commentaires favorables, d'après ce magazine. Et des concours de beauté proliférèrent, pour désigner, par exemple, « L'étudiante la plus sexy de l'Université américaine du Caire ».

L'expansion de Facebook dans le monde dément le préjugé répandu aux États-Unis voulant que ce soit avant tout un site pour les jeunes. Alors qu'aux États-Unis de nombreux adultes dédaignent encore le service ou s'en lassent rapidement, dans la plupart des autres pays, il est utilisé par des gens de tous âges. D'après Nielsen, la plus forte progression de Facebook sur le plan mondial est due au groupe des trente-cinq à quarante-neuf ans, qui constitue à présent le tiers des usagers Facebook. « Au niveau international [...] Facebook est perçu comme conventionnel et MySpace plutôt orienté vers une tranche démographique plus jeune », déclare Nielsen dans un rapport sur le réseautage social mondial[8]. Facebook semble refléter les conditions de la vie réelle. Les femmes constituent plus de la moitié des membres de Facebook dans le monde entier – sauf dans certains pays du Moyen-Orient et d'Afrique où leurs droits sont sévèrement limités.

Dans certains pays, le pouvoir conféré par Facebook à l'individu peut être ressenti comme plus important qu'ailleurs. Les jeunes gens cultivés du Moyen-Orient sont souvent des usagers Facebook actifs et passionnés. « Les jeunes de là-bas ont certains des profils les plus complexes, dit Jared Cohen. Il s'agit de pays répressifs, avec peu de possibilités d'expression, si bien que les gens peuvent se sentir plus réels en ligne que dans la vie. » Facebook peut devenir un moyen d'affirmer le droit d'être soi-même. En Turquie comme au Chili, Facebook est tellement incontournable dans de nombreux milieux cultivés que ne pas en être membre confine à l'auto-ostracisme. Une des explications est peut-être qu'il n'y pas très longtemps s'opposer au gouvernement dans ces deux pays pouvait vous faire disparaître à jamais.

Facebook continue d'affronter des rivaux puissants. MySpace n'en est pas vraiment un, puisqu'il a changé de stratégie sous la direction d'Owen Van Natta, ex-directeur des opérations Facebook. MySpace met à présent l'accent sur son rôle de portail de la musique et du spectacle. Plus inquiétants sont les réseaux sociaux qui dominent un pays ou une région entière. Au Japon, le principal réseau social, Mixi, offre un service très élaboré qui fonctionne aussi bien sur les téléphones portables que sur les ordinateurs personnels. Il est spécialisé dans les jeux.

Orkut mène encore largement au Brésil. Il a longtemps été numéro un en Inde, bien que Facebook l'ait dépassé fin 2009, d'après le service de données Internet Alexa. La bizarre réussite d'Orkut dans ces deux marchés a suscité en Inde une nouvelle sorte de pèlerinage – de jeunes Indiens prennent l'avion pour le Brésil afin de voir des correspondantes qu'ils ont rencontrées sur Orkut. En Inde, Facebook a maintenant introduit des versions non seulement en hindi, la langue majoritaire, mais aussi en bengali, malayalam, penjabi, tamoul et telougou.

Déloger Orkut au Brésil sera peut-être l'ultime test de popularité pour Facebook, mais entre-temps le réseau doit livrer de durs combats sur d'autres fronts. En Allemagne, en Espagne, en Russie et en Chine, des entrepreneurs locaux ont créé des réseaux à clientèle étudiante explicitement inspirés du modèle Facebook une fois que sa popularité aux États-Unis est devenue apparente en 2004 et 2005. Alors que Facebook a désormais surpassé son clone espagnol Tuenti et son rival allemand studiVZ, des imitateurs locaux en Chine et en Russie ont encore considérablement plus d'usagers que Facebook.

L'infortuné Friendster, pratiquement ignoré aux États-Unis, était jusqu'à une date récente le principal obstacle de la progression de Facebook en Asie du Sud-Est, où étaient localisés 90 pour cent des 105 millions d'utilisateurs de Friendster au milieu de l'année 2009. Mais fin 2009, Facebook l'avait déjà battu à plate couture sur ce terrain et était le site Web numéro un, tous types confondus, en Indonésie, en Malaisie et aux Philippines, les trois plus grands foyers d'implantation de Friendster.

Le plus important clone chinois de Facebook, Xiaonei (« dans l'école »), a été puissamment relancé en 2008 quand le capital-risqueur japonais Softbank Venture Capital a investi 430 millions de dollars dans sa société-mère. Il s'est rebaptisé Renren (« tout le monde ») pour augmenter son pouvoir de séduction. Entre-temps, depuis le 4 juin 2009, vingtième anniversaire du massacre de la place Tian'anmen, Facebook est complètement bloqué en Chine par les autorités.

Le partenariat avec le milliardaire de Hong-Kong Li Ka-Shing est un élément de l'arsenal de Facebook contre Renren (et Friendster). Parmi les nombreuses sociétés que contrôle ce magnat, on trouve Hutchinson Whampoa, opérateur majeur de téléphonie mobile dans toute l'Asie du Sud-Est. Hutchinson a déjà mis sur le marché un portable « spécial Facebook » pour cette région. Dans des pays comme l'Inde et l'Indonésie, les réseaux sociaux sont généralement utilisés via le téléphone portable, et Facebook crée donc des partenariats avec des opérateurs locaux de téléphonie mobile. Il a aussi mis à disposition des usagers une version « light » qui leur offre l'essentiel du service (sans la vidéo, la discussion instantanée et certaines autres fonctions), mais n'exige que peu de bande passante. Elle peut être utilisée sur les portables ou dans des lieux où l'accès Internet serait autrement difficile. Facebook a également conclu avec des opérateurs de téléphonie mobile du monde entier des accords permettant aux usagers d'accéder à une version dépouillée de Facebook sans avoir à acquitter de supplément pour transfert de données.

Facebook commence tout juste à s'accommoder aux préférences des usagers d'un pays spécifique. En Allemagne, par exemple, Facebook a conclu avec un fournisseur local majeur de messagerie électronique un accord qui vous permet de vous inscrire facilement sur le site et de vous connecter avec les amis figurant dans le Carnet d'adresses de votre messagerie. Au Japon, Facebook facilitera bientôt la tenue de blogs et le fonctionnement sur les téléphones portables. Les responsables Facebook étudient les moyens de composer avec la répugnance des Japonais à utiliser ouvertement leur vrai nom en ligne, même si cela restera la règle chez Facebook.

Depuis à peu près un an, Facebook a une croissance explosive d'un bout à l'autre de l'Asie, mais pour des raisons différentes selon les pays. En Indonésie, Friendster était le réseau social dominant, mais quand l'usage d'Internet s'est reporté sur la téléphonie mobile, Friendster ne disposait pas d'une application *ad hoc.* Facebook, qui en avait une, a pris son essor. À Taiwan, l'usage de Facebook – principalement sur les ordinateurs individuels – a décollé en 2009 pour une seule et unique raison : le jeu Farmville de chez Zynga. Farmville est devenu une obsession nationale, et beaucoup de Taiwanais ont adhéré à Facebook juste pour pouvoir y jouer. Le réseau est passé de pratiquement zéro début 2009 à 7,6 millions de membres, soit 51 pour cent de la population, en novembre 2010, d'après le *Facebook Global Monitor.* En Malaisie, Facebook a décollé au sein de l'influente minorité chinoise, tandis que les Malais de souche ont tendance à rester sur Friendster. D'après Tom Crampton de chez Ogilvy Public Relations, spécialiste des médias sociaux basé à Hong Kong, ce qui rend cette croissance encore plus impressionnante, c'est qu'elle s'est produite sans le genre d'investissements typiques des entreprises Internet américaines qui l'ont précédé : « La conquête de l'Asie par Facebook est une histoire stupéfiante qui viole toutes les lois de l'internationalisation. Quand Yahoo a débarqué en Asie, il a envoyé des équipes gigantesques dans chaque pays. »

Son envergure même avantage de plus en plus Facebook. Le développement de fonctionnalités sophistiquées de réseautage social coûte cher. Mais chaque ligne de code sur Facebook peut être utilisée par bien plus de gens qu'une ligne de code comparable sur n'importe quel autre service. Ses concurrents ne peuvent plus voler – comme ils pouvaient le faire à une époque – les logiciels Facebook dont ils ont besoin. Si bien que sur la base du prix de revient par utilisateur la gestion et l'amélioration de Facebook coûtent moins cher. Ce qui, au fil du temps, devrait se révéler comme un véritable avantage sur ses rivaux.

La puissance de concurrents couvrant des régions entières du monde à l'extérieur des États-Unis est la principale raison incitant Zuckerberg à affirmer que l'expansion à court terme est plus importante que les bénéfices. Zuckerberg n'est pas du genre à s'inquiéter, mais s'il y a une chose qui l'inquiète, c'est que le nationalisme et des cultures locales insulaires puissent permettre à des services comme Renren et Orkut de brider l'expansion de Facebook. Deux jours avant que je le rejoigne à Madrid, il accorda une interview en Allemagne où il déclara en toute franchise que « le principal, c'est la croissance, les recettes sont secondaires[9] ». Cette affirmation fut immédiatement critiquée sur Internet pour sa naïveté, et partout où j'allais avec Zuckerberg, les blogueurs et la presse ne cessaient de la lui reprocher.

Si Zuckerberg est disposé à endurer l'inconfort d'une tournée européenne de plusieurs semaines, c'est uniquement parce qu'il est passionnément convaincu de la nécessité pour Facebook de progresser au niveau international. Il préférerait ne pas être obligé de monter sur scène et de s'adresser aux foules. Mais si c'est nécessaire, il le fera. Lorsqu'il arrive à une réunion avec un groupe de chefs d'entreprise à Madrid, son hôte l'accueille en disant : « Votre visite suscite de grandes attentes. » « C'est fâcheux », réplique Zuckerberg avec le plus grand sérieux tandis que ses collaborateurs se crispent.

Il voyage dans un but précis, mais il le fait à sa manière, parfois au mépris de sa santé. Cette tournée l'épuise. La nuit précédente, il a veillé jusqu'à 4 heures du matin pour rédiger des e-mails et échanger des messages instantanés. Quand il regagne le bus, son assistante Anikka Fragodt lui dit qu'il devrait dormir un peu. Il ne croit pas que cela arrangerait les choses. Et puis, de toute façon, il a horreur de retirer ses verres de contact. À l'étape suivante, l'université de Comillas, à Madrid, il est accueilli par les doyens de deux facultés. L'un d'eux lui présente un maillot de joueur de football frappé de l'emblème de l'université. Zuckerberg refuse de le mettre. « Voici ce que je porte tout le temps », dit-il en désignant sa laine polaire The North Face noire, son T-shirt, son jean et ses baskets. À l'université de Navarre, quelques jours plus tard, la chaleur dans l'auditorium devient insupportable. Zuckerberg dit au public qu'il est en train de « cuire » et s'approche d'un ventilateur installé sur la scène. Mais il ne quitte pas sa veste en laine polaire. Il avouera plus tard qu'il avait failli s'évanouir juste avant de monter sur le podium.

En mai 2009, Zuckerberg acquit un autre puissant allié pour l'internationalisation lorsque Digital Sky Technologies dépensa 200 millions de dollars pour un petit morceau de Facebook. Digital Sky, société holding basée à Moscou et qui investit exclusivement dans les entreprises Internet, est le principal propriétaire du clone Facebook russe VKontakte (« en contact »). C'est en fait ce qui a donné à son PDG Youri Milner l'audace nécessaire pour procéder à pareil investissement. VKontakte, de loin le plus vaste réseau social russe, avec une pénétration à plus de 50 pour cent du marché intérieur, est parfaitement rentable, d'après Milner. Une bonne partie de ses revenus proviennent de la vente de marchandises virtuelles. VKontakte produit des recettes plus de cinq fois supérieures à ce que Facebook reçoit par utilisateur (c'est-à-dire moins de 2 dollars par an). « Nous constatons que lorsque le marché est mature, on peut vraiment gagner beaucoup d'argent sur une base par utilisateur, révèle Milner. Si Facebook peut réussir ce que nous observons en Russie, c'est vraiment très bien. »

Convaincu de la capacité de Facebook à devenir rentable à très large échelle, Milner s'est enhardi au point d'investir pour un prix qui conférait à Facebook une valorisation de 10 milliards de dollars. C'est peut-être beaucoup, mais c'est considérablement moins important que la valorisation de 15 milliards acceptée par Microsoft et

Li Ka-shing en octobre 2007. Le doute persistait sur la capacité de Facebook à être une entreprise commerciale, et les marchés financiers s'étaient effondrés après l'accord avec Microsoft. Mais l'enthousiasme de Digital Sky était tel que non seulement Milner acheta des titres à Facebook, mais il engagea aussi 600 millions de dollars supplémentaires pour racheter les parts de collaborateurs de la société et d'investisseurs extérieurs. L'engagement de Milner envers Facebook vise le long terme ; il ne vendra peut-être pas ses actions même lors de l'introduction en Bourse, stade auquel les investisseurs passent souvent à la caisse.

L'expansion mondiale florissante de Facebook présente des défis à la fois dans le domaine technique et au niveau de la gestion. D'abord, les deux centres de données Facebook demeurent aux États-Unis et tout ce que les usagers du monde entier voient sur le site émane de ces deux seuls centres. Il arrive que des pages Facebook mettent longtemps à s'afficher sur des écrans lointains. Ce qui rend d'autant plus remarquable le fait que Facebook a développé outre-mer une base utilisateurs aussi gigantesque. La société va être obligée de construire à grands frais plusieurs nouveaux parcs de serveurs. Bien que Facebook ait commencé à ouvrir des bureaux, une infrastructure commerciale substantielle doit obligatoirement suivre. La société a installé son siège international à Dublin et des bureaux dans le monde entier, qui vont se multiplier.

Il y a ensuite la complexité de la tâche consistant à s'assurer que ces centaines de millions d'utilisateurs et ces dizaines de milliers de développeurs d'applications d'un bout à l'autre du monde adhèrent aux règles édictées par Facebook, quelle que soit leur langue. Par exemple, Facebook ne remarqua pas que certains groupes parlaient librement en arabe de « ces porcs de juifs » avant que des activistes israéliens le lui signalent. Ces groupes furent supprimés pour violation de l'interdiction des propos haineux et injurieux. Mais on ne sait pas comment Facebook va contrôler, par exemple, les propos haineux diffusés par des groupes s'exprimant dans des langues comme le tamoul (la guérilla tamoule a mené une guerre civile au Sri Lanka pendant plus de trente ans). Jusqu'ici, Facebook s'est contenté de laisser les usagers se charger de ce contrôle, tout comme ils se sont chargés des traductions.

Si Mark Zuckerberg veut continuer de se rapprocher de son objectif ultime – l'utilisation de Facebook sur toute la planète – il ne peut ignorer la plus grande communauté Internet du monde – la Chine. Bien que Facebook y soit interdit par les autorités, Zuckerberg garde l'espoir qu'avec le temps il finira par trouver une solution pour opérer en Chine. Mais il est résolu à procéder avec une grande sensibilité culturelle. Sa stratégie pour réussir en Chine a donc commencé par un effort très personnel – il apprend la langue. Un professeur particulier lui donne des leçons de chinois mandarin au rythme d'une heure par jour. Ce n'est pas une approche de la croissance mondiale très répandue chez les PDG.

Un signal fort sur l'avenir de Facebook a été émis depuis l'Indonésie au milieu de l'année 2009. Avec 8,5 millions d'usagers à l'époque, le réseau social était devenu le site Internet le plus populaire dans ce pays. Cette popularité conduisit sept cents imams de cette nation musulmane à statuer sur l'acceptabilité de Facebook dans une assemblée qui dura deux jours. « Les religieux estiment nécessaire d'édicter des règles sur le réseautage social virtuel, car pareille relation en ligne pourrait conduire à la luxure, qui est interdite par l'islam », a déclaré un porte-parole des imams pendant le déroulement de la réunion[10]. Dans leur décision non exécutoire, les imams dirent que « Facebook est interdit », s'il est utilisé pour s'adonner à des commérages, flirter, diffuser des mensonges, poser des questions de nature intime ou avoir un comportement vulgaire. Toutefois, la majorité des religieux affichèrent un optimisme surprenant. Facebook pouvait non seulement « effacer les contraintes du temps et de l'espace », notaient-ils avec approbation, mais il pouvait permettre plus facilement aux couples de savoir s'ils étaient compatibles avant de se marier. En novembre 2010, Facebook était déjà utilisé par près de 30 millions d'Indonésiens.

15. Changer nos institutions

> *« Connaissez-vous le concept d'une économie de don ? »*

Un soir, je demandai à Mark Zuckerberg d'évoquer les effets de Facebook sur la société – notamment dans les domaines de la politique, du gouvernement, des médias et des affaires. Il me répondit en parlant du potlatch. C'est une pratique cérémonielle des indigènes de la côte nord-ouest de l'Amérique du Nord – un festin communautaire où chaque participant apporte les plats ou les objets qu'il peut, et où n'importe qui peut prendre ce qu'il veut. Le prestige social le plus élevé échoit à ceux qui ont le plus donné. « Connaissez-vous le concept d'une économie de don ? demande Zuckerberg. C'est une alternative intéressante à l'économie de marché dans pas mal de cultures moins développées. J'apporte quelque chose et je le donne à quelqu'un, ensuite, par obligation de générosité, cette personne me donnera quelque chose en retour. Toute la culture fonctionne dans ce cadre de dons mutuels. Ce qui cimente ces communautés et permet au potlatch de fonctionner, c'est le fait que la communauté est suffisamment restreinte pour que les gens puissent voir les contributions les uns des autres. Mais une fois que l'effectif de ces sociétés franchit un certain seuil, le système tombe en panne. On ne peut plus voir tout ce qui se passe, et il y a des parasites. »

Pour Zuckerberg, Facebook et d'autres forces de l'Internet créent désormais suffisamment de transparence pour que des économies de don puissent fonctionner à grande échelle. « Quand il y a plus d'ouverture d'esprit, quand tout le monde peut exprimer son opinion très rapidement, une portion plus grande de l'économie commence à fonctionner comme une économie de don. Cela oblige les entreprises et les organisations à devenir meilleures et plus dignes de confiance. » Pour Zuckerberg, toute cette transparence, tous ces échanges et ces dons ont des implications qui agissent en profondeur sur la société. « Cela change vraiment la manière dont fonctionne le gouvernement. Un monde plus transparent crée un monde mieux gouverné et un monde plus juste. » C'est pour lui une conviction essentielle.

Alors que beaucoup contesteraient sûrement son hypothèse idéaliste voulant qu'un monde plus transparent soit nécessairement mieux gouverné et plus juste, il vaut la peine d'examiner certains des effets que Facebook est en train de produire. Zuckerberg soutient essentiellement que toute expression publique d'un individu sur Facebook est une sorte de « don » à autrui. Ce qui se manifeste diversement au gré des types d'expression. Dans les échanges les plus terre à terre, quand un lycéen écrit sur le Mur d'un autre « Ça c'était un commentaire rigolo, MDR », le don consiste simplement à être nous-mêmes devant autrui, à intégrer nos amis à notre vie. Il n'y a presque rien de nouveau là-dedans. C'est simplement que cela se produit dans un environnement électronique inédit.

En ce qui concerne l'activisme politique, Facebook offre un paysage plus radicalement modifié. Dans la plupart des cas, nous y sommes irrévocablement identifiés par notre nom. Lorsque nous nous exprimons sur un sujet politique, nous révélons notre opinion. D'autres ne la partageront pas obligatoirement. Le « don » est en quelque sorte ce que nous faisons pour autrui lorsque nous révélons nos idées sur Internet et nous rendons vulnérables aux critiques, qui sur Facebook peuvent facilement nous viser sous notre vrai nom. Selon Zuckerberg, vous faites un don dans cette économie d'idées librement partagées si, par exemple, vous commentez sur Facebook les efforts de réforme du président Obama en matière de couverture sociale universelle. Vous devez envisager cela comme un don d'opinion au profit de la *polis*, un don d'idées qui peut en dernière analyse renforcer la communauté des citoyens.

Rejoindre un groupe contestataire sur Facebook, ce n'est pas manifester dans la rue en brandissant une pancarte. C'est peut-être plus facile à faire pour des raisons pratiques, mais c'est un engagement d'une nature plus publique. C'est plutôt comme signer une pétition avec ses nom et adresse de façon à ce que beaucoup de gens les voient. Songez aux hésitations d'Oscar Morales en cette dernière nuit fatidique avant qu'il saute le pas et crée son groupe contre les FARC. Facebook lui donnait pour la première fois une plate-forme où il se sentait à l'aise pour franchir cette étape décisive, alors qu'en Colombie manifester ainsi son opinion avait longtemps été considéré comme trop risqué.

S'exprimer est moins stressant quand nous faisons connaître notre opinion sur un comportement commercial – quand nous disons ce que nous pensons d'une marque ou d'un produit – ou quand nous nous contentons de relayer une information d'actualité que nous avons jugé intéressante. Néanmoins, nous faisons là un geste amical et généreux sur un mode, il est vrai, transformé en habitude par Facebook. Et ce geste modifie potentiellement le paysage commercial et médiatique en renforçant le pouvoir relatif du consommateur vis-à-vis de la société ou de l'institution en question. Dans tous ces types d'expression bénéfique, vous êtes en général récompensé de votre contribution par les contributions réciproques de vos amis, et souvent, dans une sorte de réaction en chaîne, par les contributions d'autres personnes que vous ne connaissez même pas. Bien sûr, Facebook n'est pas le seul service qui permette ces effets soit dans le monde des affaires soit en politique. Twitter en est notoirement un autre. Mais de tous, Facebook est celui qui a la plus vaste envergure, et de loin.

Will Anderson, étudiant à l'université de Floride, a fait l'expérience du pouvoir de Facebook quand il s'est inquiété après avoir entendu parler, début 2008, d'un projet de loi présenté au gouvernement de l'État. Cette disposition devait geler les fonds prévus pour les bourses d'État des étudiants en lettres comme lui-même et les affecter aux bourses des étudiants en sciences et en mathématiques. Comme Morales, Anderson se lança. Il créa un groupe Facebook appelé « Protégez votre brillant avenir » et invita 200 amis Facebook à le rejoindre. En onze jours, le groupe avait atteint les 20 000 membres. C'est alors qu'Anderson reçut un appel de Jeremy Ring, le sénateur de Floride à l'origine du projet de loi. Il allait le retirer. « On ne peut pas ignorer 20 000 personnes », déclara Ring au *South Florida Sun-Sentinel*[1].

En Égypte, en 2009, des manifestants s'organisèrent via Facebook pour protester contre un projet de loi qui limiterait la bande passante à disposition des internautes. Peu après, le ministre des Communications modifia le texte de manière significative pour répondre à leurs inquiétudes[2]. Dans un pays comme l'Égypte, où la contestation publique peut déboucher sur la torture et l'arrestation, de tels succès sont particulièrement frappants. En Indonésie, une femme fut arrêtée pour le « crime » absurde d'avoir critiqué un hôpital dans un e-mail adressé à des amis. Après que des dizaines de milliers d'internautes eurent rejoint un groupe Facebook pour se plaindre de cette injustice, cette personne fut libérée et l'attention se recentra sur d'éventuelles malversations de la part des procureurs[3]. Il s'agit là de deux pays où par le passé le fait de protester publiquement sous son propre nom était risqué.

Facebook est maintenant devenu l'un des premiers lieux où les mécontents du monde entier affichent leurs doléances, leur activisme et leurs protestations. Si ces campagnes sur Facebook sont efficaces, c'est parce que leurs outils de communication virale permettent à un grand nombre d'internautes de prendre conscience d'un problème et de se rassembler rapidement. Lorsque trois boîtes de nuit de Stellenbosch, en Afrique du Sud, furent la cible de descentes musclées des brigades des stupéfiants locales, un groupe se forma sur Facebook pour protester contre les méthodes policières et atteignit les 3 000 membres en trente-six heures[4]. Le comique David Letterman fit une plaisanterie de nature sexuelle sur une des filles de Sarah Palin, et 1 800 personnes s'inscrivirent sur la page Facebook de protestation en l'espace de quelques jours[5] (Letterman s'excusa ultérieurement). De simples citoyens se sont rassemblés sur Facebook pour protester contre l'agrandissement d'une prison près de San Diego[6], un nouveau parking à Dunedin, en Nouvelle-Zélande, une aire d'accueil pour gens du voyage à Bournemouth, en Angleterre[7], un projet de modification de la constitution déposé par la Chambre des représentants philippine[8], et le transfert aux Bermudes de prisonniers détenus par les militaires américains à Guantanamo[9].

« J'appelle cela la démocratie numérique », lance Jared Cohen. Ancien étudiant de Condoleezza Rice, secrétaire d'État sous le gouvernement de George W. Bush, Cohen fut engagé par elle pour rejoindre le très influent Policy Planning Staff, qui conseille le département d'État. « Facebook est l'un des outils les plus organiques pour la promotion de la démocratie que le monde ait jamais connus », ajoute-t-il. Lorsqu'il arriva au département d'État fin 2006, à l'âge de vingt-quatre ans, il hésitait même à mentionner Facebook lors de réunions. C'est à peine si ses collègues et supérieurs en avaient entendu parler. Or Facebook ne cessa de progresser sur le plan international. Fin 2008, on en parlait déjà à la Maison Blanche, dans la Situation Room où le président Bush et les membres du Conseil de sécurité nationale se réunissaient en période de crise.

Pendant les derniers jours de l'administration Bush, Jared Cohen, Condoleezza Rice et d'autres hauts responsables du département d'État prirent bonne note de ce qui s'était passé en Colombie. Ils se demandèrent si Facebook pourrait permettre aux gens de se rassembler et de passer à l'action politique même dans les sociétés les plus répressives. Facebook pourrait-il être un outil efficace contre le terrorisme ? Après tout, le groupe d'Oscar Morales Un millón de voces contra las FARC était un mouvement antiterroriste.

Le département d'État commença à s'intéresser de près à des groupes comme Genç Siviller (« Jeunes Civils ») en Turquie. Cette organisation irrévérencieuse, qui plaide la cause de la tolérance et de la démocratie dans un pays musulman très hétérogène, est composée d'étudiants et de jeunes adultes. Son symbole est une basket montante rouge qui souligne avec humour sa différence avec la soldatesque bottée omniprésente dans la vie quotidienne turque. Facebook a pénétré profondément la population turque – la plupart des jeunes gens cultivés l'utilisent. Genç Siviller a 55 000 membres sur Facebook, qui est devenu un de ses principaux outils de communication. Dans un pays souvent déchiré par l'inimitié ethnique et religieuse, le groupe se vante d'inclure des Turcs de tous les groupes ethniques et et de toutes les croyances, y compris des Kurdes, des Arméniens et autres victimes de longue date de la discrimination. Genç Siviller utilise Facebook pour organiser des manifestations où des homosexuels défilent aux côtés de femmes musulmanes voilées.

En décembre 2008, Facebook, AT&T, MTV, Google et le site vidéo Internet Howcast invitèrent des représentants de dix-sept groupes de jeunes activistes Facebook venus du monde entier – dont Genç Siviller – à l'université Columbia pour un congrès de deux jours baptisé Sommet de l'alliance des mouvements de jeunes. Le principe était d'aider les groupes pro-tolérance et antiterroristes à comparer leurs expériences et à rentrer dans leurs pays respectifs renforcés par ces échanges. Oscar Morales se déplaça à New York et s'adressa aux groupes, de même que le sous-secrétaire d'État pour la diplomatie publique de l'administration Bush, James Glassman.

« C'est la diplomatie publique version 2.0, déclara Glassman dans son discours. Les technologies nouvelles donnent aux États-Unis un avantage significatif sur les terroristes. Je disais il y a quelque temps qu'Al-Qaida "nous coupait l'herbe sous le pied sur Internet". Ce n'est plus le cas. Al-Qaida est coincé sur le Web 1.0. Internet, c'est désormais l'interactivité et la conversation. La Toile elle-même devient le siège de la Société civile version 2.0. Pendant ce temps, Al-Qaida conserve son idéologie mortifère à l'abri de la discussion et de la critique. » Puis il leva les yeux sur le groupe de jeunes Facebookiens de Birmanie, de Colombie, de Cuba, d'Égypte, du Liban, du Mexique, d'Arabie saoudite, d'Afrique du Sud, de Turquie, des États-Unis et du Royaume-Uni. « Vous êtes le meilleur espoir qui soit pour nous tous », lança-t-il. Il applaudissait ainsi ce qui semblait être une volonté nouvelle de prendre le risque d'exprimer une opinion politique sur Facebook. Il l'évoqua comme un changement dans l'équilibre des pouvoirs au niveau mondial. L'activisme politique sur Facebook illustre ce que l'expert en politique étrangère Fareed Zakaria appelle « l'ascension du reste » dans son ouvrage *Le Monde post-américain.* Les forces non traditionnelles, explique Zakaria, gagnent en influence partout dans le monde, y compris des sources de pouvoir non étatiques comme celles qui se manifestent dans les groupes Facebook.

Jusqu'à l'arrivée de Facebook, il n'y avait guère de lieu sur l'Internet public où l'on soit obligé de naviguer sous son vrai nom. Dans la plupart des cas, l'anonymat continue de sévir. Ce qui a souvent des conséquences fâcheuses. Comme le disait Glassman, Al-Qaida et les groupes malfaisants dans le monde veulent rester masqués et éviter toute libre discussion avec leurs adversaires. Et bien que le phénomène soit moins pernicieux, songez aux commentaires anonymes impulsifs et souvent méchants visibles sur de nombreux blogs, ou aux interactions irresponsables qui caractérisaient si souvent le comportement des internautes dans les forums de discussion AOL. Sur Facebook, vous devez avoir le courage de vos opinions. Si vous visitez discrètement les groupes qui fonctionnent déjà sur Facebook, vous trouverez facilement des exemples de ceux qui, de diverses manières, facilitent la compréhension interculturelle. Facebook a déjà été utilisé, par exemple, pour connecter un groupe international appelé Leaders musulmans de demain – 300 jeunes musulmans de 75 pays, dont un couturier saoudien, un rappeur iranien, un réformateur des médersas pakistanaises, un blogueur américain et un juriste néerlandais. Ils se réunirent pour un congrès mondial consacré à la paix et à la justice à Doha, au Qatar, en 2009, et continuent de travailler ensemble sous forme de groupe Facebook.

Il y a néanmoins abondance de groupes moins amicaux sur Facebook, dont ceux qui affichent leur sympathie pour Al-Qaida. Tant qu'ils ne contiennent pas d'encouragements explicites à la haine ou à des actions criminelles, ils se conforment aux Conditions générales d'utilisation de Facebook. La domination des messages positifs n'est aucunement assurée sur Facebook.

Il peut certes être admirable de rendre ses opinions publiques, mais d'aucuns disent qu'il est en fait trop facile d'adhérer à des groupes politiques sur Facebook. Quand il est si facile d'exprimer une opinion d'un simple clic de souris, la conviction derrière cette expression peut être d'autant plus faible, et il est souvent difficile de dire s'il faut attacher une grande signification au nombre de gens qui adhèrent à un groupe ou à une cause. Pour essayer de répondre à cette question, trois chercheurs en sciences politiques de l'université de Californie à Santa Barbara ont publié en 2009 un article intitulé « Facebook… encourage l'engagement politique : Étude des groupes Internet de réseautage social et de la participation hors Internet. » En corrélant la présence des étudiants dans les groupes politiques Facebook avec leur implication dans le monde réel, ils concluaient que

« l'appartenance à des groupes politiques en ligne via la plate-forme Facebook encourage la participation politique hors Internet[10] ».

Les politiciens peuvent eux aussi profiter de l'économie de don Facebook. La campagne présidentielle 2008 de Barack Obama a fait un usage magistral de Facebook. Le cofondateur de Facebook Chris Hughes, qui prit un poste à plein temps dans l'entreprise après avoir obtenu son diplôme, la quitta plus tard pour jouer un rôle important dans la stragégie en ligne de la campagne. Obama avait bien sûr une page Facebook étendue, qui accumula des millions de fans. En outre, des campagnes locales et régionales invitaient les sympathisants d'Obama à adhérer à leurs propres groupes Facebook, ce qui leur permettait de mobiliser en masse sur le plan local. Obama maîtrisa si bien les outils numériques qu'on a parfois évoqué une « élection Facebook » pour désigner celle de 2008. Nick Clemons était le directeur de la campagne victorieuse de Hillary Clinton pour les primaires au New Hampshire et dans plusieurs autres États. Il s'était senti désavantagé à cause de Facebook : « Pendant la campagne Clinton, on pouvait carrément sentir la différence quand Obama se servait de ces outils. Quelqu'un dit “Je vais démarcher les électeurs pour Obama” et fait passer la consigne à trente de ses amis sur Facebook. Et si cinq personnes relaient le message, il se multiplie. Ils ont reconnu cette technologie avant tout le monde, ce qui explique dans une large mesure comment ils ont eu l'énergie et l'engagement d'une génération qui n'avait encore jamais été impliquée dans une campagne électorale. »

Obama demeure le politicien le plus populaire sur Facebook avec, début 2010, environ 17 millions de sympathisants sur son profil public. (« Musiciens favoris : Miles Davis, John Coltrane, Bob Dylan, Stevie Wonder, Jean-Sébastien Bach (suites pour violoncelle) et les Fugees. ») Mais le numéro deux est l'ex-candidate républicaine à la vice-présidence Sarah Palin, avec plus de 2,5 millions de fans. Son succès prouve que Facebook n'est pas l'apanage d'une tendance politique particulière.

Sarah Palin maîtrise désormais l'art de la politique Facebook. Après avoir démissionné de son poste de gouverneure de l'Alaska, elle a commencé à gérer sa présence publique presque exclusivement sur Facebook. En août 2009, elle catalysa la résistance conservatrice nationale aux réformes du système de santé proposées par le président Obama en soutenant dans un message affiché sur sa page Facebook qu'Obama avait l'intention de créer des *death panels*, macabres commissions sanitaires chargées de déterminer qui pourrait vivre ou mourir. Quand ce message eut déclenché une controverse à l'échelle nationale, Sarah Palin ne réagit pas immédiatement. Cinq jours plus tard, elle afficha un autre message Facebook intitulé « À propos des “death panels” », qui obtint une couverture massive dans les médias traditionnels et attira des centaines de milliers de nouveaux sympathisants. « Facebook convient parfaitement à une personnalité aussi polarisante que Sarah Palin, a déclaré sur le site Web Politico Ari Fleischer, ancien attaché de presse du président George W. Bush. C'est le moyen idéal pour chauffer son électorat et contourner les médias traditionnels[11]. » Sarah Palin continue d'utiliser Facebook comme principal outil de communication tandis qu'elle se dirige vers une probable candidature présidentielle en 2012.

Facebook a été adopté par de nombreux gouvernements comme outil pour communiquer plus efficacement avec leurs citoyens ou leurs employés, dans des contextes d'ampleur très variable. Après que l'ouragan Gustav eut ravagé la Louisiane début septembre 2008, Facebook cibla ses usagers dans la région affectée et recourut à une annonce spéciale en haut de sa page d'accueil pour leur demander à tous de mettre à jour leur statut Facebook en indiquant s'il étaient ou non en sécurité. Le réseau coordonna ces informations avec les relevés des services de l'État de Louisiane et du gouvernement fédéral pour fournir des données en temps réel sur les besoins humains dans les zones sinistrées. Il a l'intention de recourir à des procédures similaires pour de futures catastrophes. Dans des circonstances moins tragiques, des milliers de sympathisants ne purent assister à l'investiture d'Obama en janvier 2009, bloqués pendant des heures dans un passage souterrain à Washington. Certains formèrent un groupe Facebook appelé Survivants du tunnel mauve du malheur, qui eut rapidement plus de 5 000 membres. Peu après, Terrance William Gainer, huissier en chef du Sénat, qui était responsable d'une grande partie du dispositif de sécurité, écrivit une longue lettre d'excuses sur la page Facebook du groupe et engagea le dialogue avec certains de ses membres.

La communication Facebook devient une habitude pour des agences, services et des bureaux à tous les niveaux gouvernementaux. Lorsque les services de la Santé publique de la ville de New York voulurent promouvoir l'usage des préservatifs pour enrayer la progression du VIH, ils lancèrent une page Facebook avec une application qui permettait aux usagers de s'envoyer les uns aux autres l'imagette d'un *e-condom* – un « préservatif virtuel ». Le commandant des garde-côtes américains actualise son statut Facebook avec son téléphone portable quand il est en déplacement, et le général commandant les forces américaines en Irak gérait une page Facebook pour répondre à des questions sur les activités des États-Unis dans ce pays[12]. La Maison Blanche diffuse en vidéo et en continu sur Facebook les conférences de presse du président Obama, ce qui permet aux usagers d'échanger des commentaires en temps réel parallèlement à la conférence. Même le ministre saoudien de l'Information s'est créé un profil sur Facebook, où il accepte des journalistes comme amis, prend note de leurs demandes d'interviews et publie des informations[13]. À présent, des responsables gouvernementaux de nombreux pays commencent à évoquer la possibilité pour les citoyens de renouveler leur permis de conduire et d'interagir de diverses manières avec le gouvernement sur Facebook.

Facebook est le plus important d'un certain nombre de sites Web qui redéfinissent les informations comme une entité produite par les individus ordinaires et consommée par leurs amis. Je crée des infos pour vous, vous en créez pour moi – on retrouve ici l'économie de don chère à Zuckerberg.

Lorsque Thefacebook démarra à Harvard en 2004, la page profil de chaque membre comportait la liste de tous les articles du *Harvard Crimson* qui le mentionnaient. Cette fonction fut rapidement supprimée. Dans un message de 2009 adressé au Nieman Journalism Lab, Zachary Seward, alors étudiant à Harvard, suggère que « Zuckerberg [...] s'est rendu compte que Facebook n'était pas un outil pour suivre des infos produites ailleurs. C'était un outil pour produire des infos en ligne, directement sur Facebook[14] ». Et c'est précisément ainsi que Zuckerberg voit depuis toujours le Fil d'actualité – comme une source authentique de nouvelles pertinentes sur vos amis comme sur le monde. Bien avant que Facebook lance le Fil d'actualité en 2006, Zuckerberg avait méticuleusement expliqué dans son journal comment les mises à jour de ce *News Feed* seraient de vraies nouvelles, au point de créer une feuille de style et des règles de syntaxe pour les « infos » du Fil d'actualité.

Les infos du Fil d'actualité étaient bien plus personnelles que tout ce que les médias professionnels aient jamais essayé de produire. C'étaient des nouvelles ordinaires, du quotidien, des infos sur ce que faisaient vos amis et ce qui les intéressait. Souvenez-vous de l'exemple que Zuckerberg avait donné en interne pour le Fil d'actualité : « Un écureuil qui meurt devant chez vous a peut-être plus de rapports avec votre vécu actuel que les gens qui meurent en Afrique. » À présent, vos moindres activités sur Facebook pourraient devenir des infos pour vos amis. La pénétration quasi totale de Facebook dans les lycées et universités américains a rendu beaucoup moins importants pour les étudiants les médias imprimés des campus – le journal et l'annuaire. Les gens trouvent sur Facebook ce qui se passe et qui fait quoi. Il est possible que cette fixation sur l'actualité quotidienne incite les gens à moins se soucier de sujets graves, mais plus lointains – ces gens qui meurent en Afrique, par exemple. C'est l'une des nombreuses problématiques sociales liées à Facebook qui mériteraient d'être étudiées plus en profondeur.

Sean Parker, qui a aidé Zuckerberg à développer sa conception personnelle du service, évoque avec passion l'importance de Facebook dans la modification du paysage médiatique. À son avis, les individus déterminent désormais ce que voient leurs amis, à l'image du rédacteur en chef du quotidien local à une époque moins évoluée. Facebook permet en fait à vos amis de construire pour vous un portail d'actualités personnalisé qui fonctionne un peu comme les portails de Yahoo, d'AOL ou de Microsoft. Si je vois un ami afficher un lien vers un site quelconque dans un domaine où je suis compétent ou qui me passionne, il y a plus de chances que je clique sur ce lien que sur quelque chose qui s'affiche sur ma page d'accueil Yahoo. Et dans l'esprit involontaire d'une économie de don, j'affiche souvent en retour des liens vers des sujets que je trouve intéressants, utiles ou amusants. Intellectuel jusqu'au bout, Parker l'autodidacte évoque des « réseaux de gens agissant comme un filtre de pertinence décentralisé ». Une forme de partage similaire, mais plus anonyme, est autorisée par des sites Web comme Digg, Reddit ou Twitter.

Si un message est assez puissant il peut se répandre dans un vaste océan d'individus connectés, quel que soit l'émetteur originel. Chris Cox, vice-président chargé du produit chez Facebook et protégé de Zuckerberg, le formule ainsi : « Nous voulons donner à tout un chacun le même pouvoir de diffuser un message qu'ont eu jusqu'ici les moyens de communication de masse. » Il est très manifeste que Facebook est sur un pied d'égalité. Par exemple, c'est grâce aux mises à jour de statuts Facebook que les présentateurs de CNN furent informés du tremblement de terre du 12 janvier 2010 en Haïti, comme le signala en direct un responsable de la chaîne[15].

Alors comment les médias traditionnels s'intègrent-ils à cette nouvelle architecture de l'information centrée sur la personne ? Paradoxalement, s'ils doivent tirer le meilleur parti de l'environnement Facebook, ils sont obligés d'apprendre à fonctionner à l'intérieur de cet environnement comme s'ils étaient des individus. Tout le monde a été mis sur un pied d'égalité par la manière neutre qu'a le site de traiter tous les messages comme s'ils étaient similaires. N'importe quelle société du secteur médias, n'importe quel journal ou n'importe quelle station de télévision peuvent créer leur propre page sur Facebook. Mais ils sont alors tenus, comme l'usager individuel, de générer des messages intéressants, pertinents et utiles. Les activités figurant sur une page Facebook finissent par se retrouver dans les Fils d'actualité des usagers – exactement comme les activités figurant sur le profil d'un individu. D'abord, il vous faut persuader quelqu'un d'être votre « fan », à l'image de l'usager qui est accepté comme « ami » par un autre individu. L'objectif est ensuite d'inciter les internautes qui voient les informations que vous produisez à les recommander eux-mêmes en cliquant sur l'omniprésent bouton « J'aime » de Facebook ou en commentant ce que vous affichez. Ce qui relaie ces informations à leur réseau d'amis et les maintient viralement en vie. C'est en grande partie grâce à l'efficacité de ce processus que Facebook est devenu l'un des tout premiers moteurs du trafic vers les grands sites Web de médias, souvent en deuxième position derrière le seul Google. Facebook peut aussi à la longue concurrencer financièrement les médias traditionnels en attirant à lui, comme d'autres sites Web, la manne de la publicité de marque qui a été jusqu'ici le principal soutien de la télévision, des magazines et de la presse quotidienne.

Pour affronter cette évolution, de nombreux majors des médias essaient de travailler avec Facebook plutôt que contre lui. En été 2009, par exemple, la chaîne NBC a montré en exclusivité sur Facebook l'avant-première d'une nouvelle série intitulée *Community*. Seuls les usagers qui s'étaient identifiés comme des fans de la série purent voir ces épisodes inédits. NBC avait annoncé à la fois sur son propre site Web et sur Facebook qu'ils étaient disponibles. La pénétration de Facebook dans les tranches démographiques des jeunes et des branchés des médias censées être le public de l'émission signifiait que la majorité des téléspectateurs potentiels se trouvaient déjà sur Facebook. Si bien que limiter l'opération à Facebook se traduisait moins par une limitation du public que par l'obtention d'informations sur la nature exacte de ce public, puisque le service peut fournir aux annonceurs des données géographiques agrégées sur les fans de leur page Facebook.

La frontière entre Facebook et les médias traditionnels est en train de s'estomper. Verizon a incorporé Facebook, en même temps que Twitter et quelques autres sites Web sociaux, à son offre de télévision à très haut débit sur son réseau à fibre optique FiOS TV. Vous pouvez donc vous connecter à Facebook sur votre téléviseur avec votre télécommande : une incrustation vous permet de mettre à jour votre statut et de partager avec vos amis des informations sur les émissions que vous êtes en train de regarder. Certaines entreprises de médias comme le journal en ligne *The Huffington Post* ont intégré profondément Facebook à leur site Web de façon à ce que ses usagers puissent se servir de leur identité Facebook pour commenter des articles et des vidéos et les partager avec leurs amis.

La phase suivante sera vraisemblablement un mariage plus complet entre Facebook et les médias conventionnels, notamment la télévision. Ainsi que le suggère l'intégration à FiOS TV, Facebook offre aux téléspectateurs une plate-forme leur permettant en fait de regarder une émission avec leurs amis. Il existe d'autres moyens de faire la même chose. Facebook a aussi permis à ses usagers de commenter en direct n'importe quelle vidéo diffusée sur le Web avec leur messages de statut, qui peuvent être vus sur la page de tout site qui choisit de les intégrer. L'un des premiers exemples de pareille intégration fut lorsque CNN permit aux usagers Facebook de commenter en ligne la cérémonie d'investiture du président Obama. Vous pouviez regarder les actualisations de tous les autres téléspectateurs (qui atteignirent les 8 000 par minute) ou uniquement celles affichées par des gens figurant sur votre propre liste d'amis. ABC.com fit plus ou moins la même chose pendant la cérémonie des Oscars 2009.

Un univers dans lequel chaque individu peut lire directement les contributions de tous les autres, dans l'esprit du potlatch, ne cadre pas très bien avec la manière dont sont gérées la plupart des entreprises. Alors que les employés de pratiquement toutes les sociétés américaines sont en force sur Facebook, son intersection avec l'entreprise de structure classique est jusqu'ici gauche et maladroite. Gary Hamel, l'un des grands théoriciens du management moderne, estime que c'est inévitable. « La transformation sociale qui se passe actuellement sur le Web, explique-t-il, va totalement transformer notre manière d'envisager les organisations grandes et petites. » Hamel souligne qu'il n'y a eu dans l'Histoire que deux manières principales de « globaliser et d'amplifier les capacités humaines ». C'étaient la bureaucratie et le marché. « Puis dans les dix dernières années, nous en avons ajouté une troisième – les réseaux. Ce qui nous aide à travailler ensemble sur des tâches complexes, mais détruit également le pouvoir de l'élite de déterminer qui doit se faire entendre. »

Peu d'entreprises se sont véritablement colletées avec cette contradiction. L'élite – l'équipe de direction d'une entreprise typique, par exemple – n'abandonne que rarement le pouvoir et l'autorité. « Les entreprises affrontent les mêmes problèmes que les individus, à savoir quels degrés de transparence et d'ouverture sont appropriés, dit l'auteur et conseiller en stratégie John Hagel. Mais en général les individus évoluent plus rapidement et développent plus de pratiques appropriées que les institutions. » C'est une des raisons parmi d'autres pour lesquelles de nombreuses entreprises limitent maintenant l'usage de Facebook au bureau. La diffusion de Facebook comme moyen de communication a été jusqu'ici trop rapide pour que la plupart des équipes dirigeantes comprennent ce que cela signifie.

Certains cadres, toutefois, ont accueilli Facebook à bras ouverts au travail. Quand ils le font, ils se heurtent presque toujours à une dynamique sociale qui déstabilise l'équilibre des pouvoirs dans l'entreprise. Chez Serena Software, une société de Silicon Valley en perte de vitesse comme fournisseur de logiciels pour les gros systèmes informatiques, le nouveau PDG, Jeremy Burton, se tourna vers Facebook fin 2007 pour bouleverser une culture d'entreprise passéiste et bornée. Serena réserva même deux heures hebdomadaires pour des « vendredis Facebook » afin que ses employés puissent établir des connexions avec des collègues de travail, des fournisseurs, des clients, et un peu tout le monde.

Burton devint ami Facebook avec plusieurs centaines des 900 employés de Serena. Ce qui lui permit d'avoir des aperçus utiles sur le fonctionnement au jour le jour de son entreprise. Des employés communiquaient en toute simplicité des détails de leur travail et lui envoyaient des messages Facebook d'une franchise surprenante. « Les gens redoutent moins de dire au patron sur Facebook des choses qu'ils n'oseraient pas lui dire en personne ou dans un e-mail, assure Burton. Ils trouvent ça moins formel. » Mais ce caractère informel n'a pas que des avantages. Resté en Angleterre, le frère cadet de Burton, beaucoup plus jeune que lui, exprimait parfois sans ménagement son désaccord avec ce que Burton écrivait sur le site, au vu et au su des employés et d'autres amis Facebook.

Puis vint le coup d'arrêt économique de 2008. Serena Software, comme toutes les autres entreprises, vit ses bénéfices s'effondrer. Burton fut obligé de licencier environ 10 pour cent de son personnel. En conséquence, une fois qu'un employé était licencié, il lui fallait décider s'il devait ou non « désamitier » cette personne sur Facebook. Burton trouva le processus de licenciement profondément dérangeant, et partagea quelques-unes de ses impressions sur Facebook. Deux des personnes licenciées lui envoyèrent des messages de sympathie, reconnaissant ainsi les défis qu'il avait relevés ou proclamant que leur séjour chez Serena n'avait pas été du temps perdu, même s'il s'était mal terminé. Burton demeura ami Facebook avec plusieurs des personnes qu'il avait licenciées.

Dans une entreprise totalement différente, Thomson Reuters, locomotive du journalisme et de l'information financière à l'échelle internationale, le rédacteur en chef David Schlesinger a trouvé une dynamique informelle similaire. Schlesinger est un fanatique de Facebook qui se connecte au site « facilement deux douzaines de fois par jour » et qui, en tant que responsable d'un des plus grands services de presse du monde, admet : « Je pense vraiment que le Fil d'actualité Facebook est de l'information authentique. Il me donne les nouvelles qui m'intéressent. » Il se sert principalement de Facebook pour se connecter avec des collègues et des employés, mais il dit que ses rapports avec les gens sur le site ne dépendent pas de leur statut chez Reuters : « Il y a des journalistes qui sont à six niveaux au-dessous de moi dans la hiérarchie et avec qui j'ai un rapport très étroit sur Facebook. Il arrive qu'un reporter débutant qui est mon ami [Facebook] demande mon avis sur un article alors qu'il n'oserait jamais le faire par e-mail, au téléphone ou en personne. C'est merveilleux. J'adore. Ça équivaudrait à sauter les échelons en jargon de DRH. » Schlesinger, comme Burton, est un patron sûr de lui qui veut donner du pouvoir aux gens de son organisation. Des cadres plus avides d'exercer eux-mêmes le pouvoir risquent de se sentir mal à l'aise. La plupart d'entre eux – et nous savons tous qu'ils sont nombreux – ne sont pas sur Facebook.

Des sociétés sont souvent impatientes de mettre les gens des services du marketing et des ventes sur Facebook dès lors que son importance dans ce milieu ne cesse de croître. Sony Pictures, client Facebook de la première heure, décréta en 2006 que ses cadres devraient avoir un profil Facebook. Chez le fabricant de microprocesseurs

Intel, les services des ventes et du marketing organisèrent une sorte de chasse au trésor avec un iPod comme récompense. Pour y participer, vous deviez vous inspirer d'indices figurant sur un profil Facebook fictif. Mais pour voir ce profil vous étiez obligé d'en créer un pour vous-même.

Très tôt, des sociétés ont contacté Facebook pour demander l'inclusion de fonctions spéciales à l'usage des entreprises, mais ça n'a jamais tellement intéressé Zuckerberg. Des sociétés veulent, par exemple, pouvoir isoler les conversations de leurs employés afin qu'aucun de leurs « amis » extérieurs à l'entreprise ne puisse jamais voir leurs discussions internes. Facebook fit tardivement un pas dans cette direction au milieu de l'année 2010 lorsqu'il créa un nouveau type de groupe pour des discussions en circuit fermé. Des cadres Facebook affirment que pareilles capacités finiront par s'améliorer, mais qu'actuellement les priorités sont ailleurs, vu la croissance rapide du service chez les consommateurs. Or le cofondateur Dustin Moskovitz croit fortement à l'intégration de fonctionnalités qui aident les entreprises à collaborer en interne comme Facebook a facilité la « collaboration » avec des amis. Chez Asana, la start-up de Moskovitz basée à San Francisco, on suppose que la collaboration assistée électroniquement sera de plus en plus incorporée à la structure de toute entreprise qui flirte avec le succès. Chez Facebook, Moskovitz a constamment préconisé de donner aux employés des outils qui leur confèrent du pouvoir à l'intérieur de l'entreprise, et nombre de ses innovations sont encore en usage aujourd'hui.

Microsoft, numéro un mondial du logiciel, important investisseur et partenaire de Facebook, a fait périodiquement campagne pour inciter Facebook à autoriser une version de son service à travailler conjointement avec Microsoft Office. Cette idée a été constamment accueillie par un manque d'intérêt total, à la consternation de certains responsables Microsoft. À présent, Salesforce.com, modeste concurrent de Microsoft, mais plus agile que lui, vient de lancer un réseau social pour entreprises appelé

Chatter. Des sociétés de types variés commencent à essayer ce réseau et d'autres produits similaires.

Facebook lui-même est à la fois le bénéficiaire et la victime de la dynamique de l'économie de don prônée son PDG. Plus il y a d'usagers qui veulent apporter leur contribution, plus ils génèrent d'activité et plus Facebook peut aligner d'« impressions » – de publicités vues sur ses pages. Or comme Zuckerberg a donné aux usagers Facebook des outils très puissants pour exprimer leur opinion, Facebook lui-même a régulièrement été la cible de leur mécontentement quand il a pris des mesures contestables. La démocratie numérique affecte la vie à l'intérieur de Facebook encore plus que dans le monde extérieur.

Zuckerberg l'accepte comme un processus inévitable : « Nous sommes un véhicule qui donne aux gens le pouvoir de partager des informations, alors nous encourageons cette tendance. Nous sommes aussi obligés de nous y conformer. » C'était déjà une tâche redoutable au bon vieux temps de la controverse du Fil d'actualité, quand Facebook avait moins de 10 millions d'utilisateurs. À présent, avec le fardeau constitué par 600 millions d'usagers puissants et actifs, la vie de Mark Zuckerberg devient considérablement plus compliquée grâce aux outils extraordinaires qu'il a mis à la disposition de tous ces gens.

16. L'évolution de Facebook

« Ce que nous faisons maintenant n'est qu'un début. »

Le premier jour ouvrable de 2009, Mark Zuckerberg – célèbre pour ses tongs, ses T-shirts et ses laines polaires à capuche – se présenta au travail avec une cravate sobre et une chemise blanche habillée à col empesé. « C'est une année sérieuse », dit-il à tous ceux qui lui demandaient pourquoi. Il allait porter une cravate toute l'année, expliqua-t-il, pour souligner les problèmes que Facebook affrontait tandis que sa progression atteignait des hauteurs stratosphériques.

Mais ce n'était pas la croissance en elle-même qui donnait à Zuckerberg l'impression qu'il lui fallait signaler un sérieux tout nouveau à ses pairs. Ce n'était pas non plus la nécessité de la « monétisation ». C'était plutôt les défis suscités par une plate-forme de communications en évolution rapide déjà adoptée par une audience de masse.

Zuckerberg voit toujours Facebook comme un travail en cours. Vers la fin de l'année 2008, je lui demandai ce qui à son avis était le plus gros défi pour le site. Il répondit sans la moindre hésitation : « Le plus dur va être de faire accepter à la base utilisateurs les changements qui vont nécessairement continuer de se produire. Chaque fois que nous sortons un produit tant soit peu important, il y a plus ou moins un retour de manivelle. Il nous faut avoir l'assurance de pouvoir continuer à développer de manière agressive des produits de pointe tout en gérant cette grosse base utilisateurs. Je voudrais bien que nous puissions continuer à faire reculer les frontières. »

Facebook avait moins de cinq ans, mais il avait déjà fait accepter à ses utilisateurs toute une série de changements importants. L'insertion des photos, l'introduction du Fil d'actualité, et l'expansion de Facebook via la plate-forme d'applications et les outils de traduction avaient toutes, chacune à leur manière, modifié fondamentalement le produit et transformé l'expérience de l'utilisateur. À présent, Zuckerberg et ses ingénieurs projetaient de nouveaux et spectaculaires changements. Il ne lui viendrait pas à l'idée de les abandonner. L'année allait être sérieuse.

Même fin 2008, lorsque Zuckerberg avoua ces inquiétudes quant à la poursuite ininterrompue de l'innovation chez Facebook, il avait déjà lancé une série de changements conçus pour permettre aux usagers d'échanger encore plus d'informations les uns avec les autres. En septembre 2008, deux semaines seulement après avoir brièvement fêté les 100 millions d'usagers actifs lors d'une soirée « en toge », Facebook réorganisa les pages profil d'une manière que beaucoup jugèrent confuse. Comme toujours, cela suscita de bruyantes protestations chez les utilisateurs. En interne, cette initiative était surnommée « FB 95 », clin d'œil ironique et admiratif à Windows 95 – le système d'exploitation Microsoft qui avait finalement et indiscutablement fait de Windows un produit de grande consommation et transformé les ordinateurs personnels tournant sur Windows en un monopole mondial durable. La modification des pages profil était censée aider Facebook à submerger le monde.

Le but principal de ce remaniement était d'accroître la vitesse de l'information s'écoulant entre les utilisateurs

– le « partage » (*sharing*), en jargon Facebook – et de simplifier la maquette du site pour faciliter la digestion d'un volume toujours plus grand d'informations. Changement le plus significatif, deux composantes séparées de votre profil étaient combinées – le Mur, où les amis vous envoyaient des messages publics directs, et le Mini-fil d'actualité, ce Fil d'actualité personnalisé qui affichait des informations sur vous-même. Toutes les informations vous concernant étaient désormais rassemblées en un seul endroit. Un des principaux objectifs était de créer plus de tremplins pour la discussion. En haut de votre profil se trouvait désormais une zone appelée « Partager » (ou « Publier » dans d'autres langues que l'anglais) – version améliorée de la case où vous vous contentiez naguère d'afficher les mises à jour de votre statut. Mais cette zone accueillait maintenant des contenus de tous types, depuis les actualisations quotidiennes du genre classique – « maintenant je prends ma douche » – jusqu'aux photos, aux vidéos et aux liens pointant sur des articles et des sites intéressants d'un bout à l'autre du Web. Alors que l'ancienne zone de mise à jour du statut vous aurait soufflé quelque chose comme « David Kirkpatrick est en train de… », la case Publier affichait maintenant une question beaucoup plus ouverte : « À quoi pensez-vous ? », voire, dans d'autres langues, la suggestion « Exprimez-vous. »

Afin d'habituer en douceur les usagers Facebook les plus opposés à la nouvelle configuration de la page, le site leur donna une version provisoire presque deux mois avant de les obliger tous à se mettre à jour. Cette solution de transition faisait coexister l'ancienne et la nouvelle version. Comme le disait Zuckerberg : « La partie technologique est la moins difficile. » Diriger Facebook devenait un exercice en psychologie des foules.

Mais cette prudence envers l'utilisateur atteignit ses limites. Beaucoup de gens détestaient la modification. Une fois de plus, ils furent des milliers à se joindre à des groupes de protestation, mais pas aussi nombreux, certes, que pour la campagne contre le Fil d'actualité. Quelques jours seulement après la rénovation de la page profil, même Michael Dell, des ordinateurs du même nom, adhéra à un groupe appelé « Pétition contre le “Nouveau Facebook” ».

Le jour de juillet 2008 où Facebook présenta pour la première fois sa nouvelle maquette, l’influent chroniqueur technologique Michael Arrington écrivit un article prophétique sur son site d’information très apprécié, TechCrunch. Il était intitulé « La friendfeedisation de Facebook ». Friendfeed était un petit site Web lancé en octobre 2007 par plusieurs ex-ingénieurs chevronnés de chez Google. Comme le faisait remarquer Arrington, il « combinait d’une manière experte l’idée d’un flux d’activité popularisé initialement par Facebook avec la tendance du microblogging introduite par Twitter ». Pour Arrington, le Facebook rénové singeait Friendfeed en prenant le contenu traditionnel du Fil d’information et en le mélangeant avec des actualisations de statut plus étoffées qui ressemblaient aux « tweets » de Twitter.

Pour la première fois depuis son lancement, Facebook était maintenant forcé de réagir, en partie du moins, aux innovations des autres. Et même s’il avait peut-être commencé à ressembler un peu au minuscule Friendfeed, le nouveau facteur majeur de l’équation s’appelait Twitter. Créé en 2006, Twitter offre à ses usagers un forum pour afficher des actualisations limitées à 140 caractères. Pour bien des gens, surtout ceux qui ne se servent pas des deux à la fois, Twitter ressemble apparemment beaucoup à Facebook, parce que l’un comme l’autre mettent explicitement l’accent sur le partage rapide d’informations entre individus. Mais sur Twitter, les gens ne deviennent pas « amis ». Au lieu de quoi on peut s’inscrire pour « suivre » les tweets – ces actualisations en style télégraphique – de n’importe qui. Les tweetteurs ne sont même pas forcément des individus physiques. Un large pourcentage des comptes Twitter sont ouverts sous des pseudonymes ou des noms de sociétés. Et contrairement à celles de Facebook, les connexions sur Twitter sont unidirectionnelles. Le fonds de commerce de Facebook consiste en une plate-forme à base identitaire permettant de communiquer avec des gens que vous connaissez hors Internet, mais Twitter est une plate-forme de diffusion – un média parfait pour les entreprises, les marques, les blogueurs, les célébrités et quiconque a quelque chose à communiquer à beaucoup de gens.

Il y a des parallèles indéniables entre les deux produits. La mise à jour du statut est un trait central chez l'un comme chez l'autre. En tant que plate-forme, Twitter, comme Facebook, s'est élargi assez tôt à d'autres applications. De fait, nombre de ses utilisateurs « tweetent » et regardent les tweets d'autrui sur des sites indépendants tels que TweetDeck. Twitter surpasse même Facebook dans son attitude blasée quant aux recettes : en 2009, trois ans après sa fondation, il n'en avait pratiquement pas. La croissance était son mantra, et il en avait à revendre.

Pendant les mois qui suivirent, Twitter continua d'accumuler les abonnés sur sa lancée. Facebook était à présent largement répandu, bien établi et, du point de vue de la presse, un peu vieux jeu. Twitter était la nouveauté de l'année. Il devint rapidement l'entreprise high-tech à la mode, place que Facebook avait occupée pendant la plus grande partie de 2007 et 2008. On prédisait que Twitter allait supplanter Facebook. Zuckerberg et son équipe surveillaient Twitter de près. Ils étaient extrêmement préoccupés par l'ampleur avec laquelle l'enthousiasme de la presse et des connaisseurs de Silicon Valley s'était déplacé sur Twitter.

Lors d'une interview sur le podium du Congrès Web 2.0 début novembre, deux mois après la refonte de Facebook, Zuckerberg déclara qu'il était « réellement impressionné » par Twitter et qualifia ce service de « modèle élégant ». À peu près au même moment, Facebook mena des tractations secrètes pour acquérir Twitter – contre, dit-on, 500 millions de dollars en actions. L'affaire ne se conclut pas, parce que, parmi d'autres raisons, les cadres Twitter n'avaient pas confiance dans la valeur potentielle des actions Facebook.

Facebook opéra encore une autre transition majeure fin 2008. Zuckerberg voulait commencer à incruster Facebook dans la structure même de l'Internet. Dans une modification fondamentale de sa plate-forme, la société lança Facebook Connect. Ce lancement était un appel incitant les développeurs à se greffer sur Facebook d'une manière nouvelle. Avec Facebook Connect, vous pouvez théoriquement vous connecter à tout site Web en utilisant votre compte Facebook. Ce qui permet d'accomplir plusieurs choses. Vous pouvez ainsi emporter votre identité avec vous où que vous alliez sur Internet. Et parce que vous pouvez dire à Connect de renvoyer des informations sur votre Fil d'actualité Facebook, c'est un moyen de retransmettre à vos amis Facebook des informations sur les activités que vous menez sur ces autres sites exactement comme s'il s'agissait d'activités à l'intérieur de Facebook. Comme le bouton « J'aime », innovation ultérieure, Connect permet aussi à Facebook de prêter sa viralité – sa manière de transmettre des informations à de nombreux amis – à tout site Web qui veut en profiter.

Pour les utilisateurs, Facebook Connect et la plate-forme à l'extérieur de Facebook offrent ce qui pourrait devenir une procédure de connexion Internet universelle. En novembre 2010, plus d'un million de sites Web s'en servent déjà d'une façon ou d'une autre, et 150 millions d'usagers Facebook l'emploient activement[1]. Les partenaires Connect comprennent à peu près la moitié des 100 premiers sites Web mondiaux, d'après les mesures de la firme comScore. Cela va de Yahoo, le plus grand site de contenus mondial, à des gros sites de médias comme CNN, le Huffington Post, Gawker et TechCrunch, des start-up prometteuses comme Fanbase et Foursquare, et des matériels comme l'iPhone Apple et la console de jeux Microsoft Xbox. À Web 2.0, Ethan Beard, un vétéran de chez Google qui est maintenant chef du marketing de la plate-forme Facebook et un membre important de l'équipe de Zuckerberg, déclarait : « Nous aspirons à être une technologie que les gens utilisent pour se connecter aux choses auxquelles ils tiennent où qu'ils se trouvent. »

(Souvenez-vous à quel point Zuckerberg était fier, en automne 2003, quand il disait qu'avec Course Match « on pouvait se connecter avec des gens via des trucs ».)

Lorsque des internautes se connectent pour commenter un article ou en général interagir sur l'un de ces sites ou matériels en se servant de Facebook Connect ou d'autres éléments de la plate-forme Facebook, ils sont identifiés par leur photo et leur vrai nom. Ce qui tente de résoudre un énorme problème dont souffrent les sites d'information et les blogs : le pourcentage significatif de messages de nature extrême, injurieuse et anonyme affichés par certains visiteurs. Lorsque les interlocuteurs se connectent sous leur vrai nom, le dialogue devient plus civilisé.

« Facebook Connect représente l'avenir pour le fonctionnement de la plate-forme, déclare Zuckerberg. Je ne crois pas que ce soit ces petites applications à l'intérieur de Facebook. Ce sera des sites Web entiers, qui vont carrément extraire de Facebook les informations [personnelles] des gens afin de partager plus d'informations. » La plate-forme interne de Facebook, qui permettait à des applications d'opérer dans l'enceinte du service, n'a été qu'une « étape importante dans la mise en train du projet ».

Malgré l'enthousiasme suscité tous azimuts par la possibilité d'exploiter via Connect les centaines de millions d'usagers Facebook, certains partenaires potentiels sont réticents. « C'est une stratégie de type cheval de Troie », affirme le PDG d'une société de médias basée à New York qui observe attentivement Facebook, mais n'a aucunement l'intention de déployer Connect. Il la voit comme une méthode pour s'interposer entre lui et ses clients. Il prédit qu'une fois que Facebook aura poussé des sites Web à dépendre de sa connexion et de son accès aux utilisateurs il commencera à formuler des exigences. Pour l'instant, l'usage de la plate-forme Facebook est gratuit, mais il s'attend à ce que cela change.

Il est très vraisemblable que Connect devienne aussi un vecteur pour afficher de la publicité. Cette possibilité est jusqu'ici minimisée par les cadres Facebook. Mais Dustin Moskovitz, qui s'exprime plus librement maintenant qu'il a quitté la société, pense que les sites qui utilisent Connect pourront finalement afficher des pubs que leur fournira Facebook. « [Ils] sauront quel usager Facebook est sur leur site, explique-t-il, ce qui [leur] permettra de se servir de toutes les informations de Facebook en matière de ciblage publicitaire. C'est absolument essentiel à la stratégie Connect. » Partager les recettes que ces pubs ciblées rendront possibles sur d'autres sites pourrait devenir une importante source de revenus pour Facebook.

Un autre avantage de la mise en œuvre de Connect dans la plate-forme Facebook est que cela donnera à Facebook encore plus d'informations sur les usagers – qui ne seront plus limitées à ce qu'ils font sur Facebook.com, mais s'étendront sur tout l'Internet.

En janvier, à peu près au moment où Zuckerberg mettait sa cravate, une crise interne potentiellement dangereuse éclata chez Facebook. Alors que le président nouvellement élu Barack Obama composait son cabinet et choisissait ses conseillers, il engagea Lawrence Summers pour présider le Conseil économique national à la Maison Blanche. Quand Summers avait été secrétaire du Trésor sous Bill Clinton, sa directrice de cabinet était Sheryl Sandberg. Ils étaient restés proches ; certains hauts responsables chez Facebook craignirent qu'elle ne rejoigne l'administration Obama et envisagèrent vraiment cette possibilité. Sheryl Sandberg ne bougea pas. Elle devenait une partenaire essentielle de Zuckerberg.

En février, les ennuis devinrent plus sérieux. Le service juridique Facebook procéda à quelques modifications des Conditions générales d'utilisation, ces paragraphes en jargon d'avocat principalement conçus pour protéger une société contre les procès intentés par des utilisateurs mécontents. Cette nouvelle version du règlement, que chaque utilisateur est censé avoir lu et approuvé – même si en général il néglige cette formalité – passa d'abord presque complètement inaperçue. Mais le lundi 15 février à 18 heures, le Consumerist, blog publié par l'Union des consommateurs, examina de près les modifications et afficha un article intitulé « Les nouvelles Conditions générales d'utilisation Facebook : “Nous pouvons faire tout ce que nous voulons de vos contenus. Et à perpétuité.” » L'article exprimait des inquiétudes sur lesdites conditions et en citait un passage décrivant ce qui arrive aux contenus téléchargés par les usagers : « Vous accordez par les présentes à Facebook une licence irrévocable, perpétuelle, non exclusive, transférable, sous-licenciable, gratuite et mondiale pour [leur] utilisation, copie, publication, lecture en continu, stockage, rétention, représentation ou exposition publiques [...] » Ce texte rébarbatif était en réalité le même que celui de la version précédente, mais la suppression d'une clause subséquente représentait un changement crucial. Celle-ci prévoyait en effet l'expiration de la licence en cas de retrait des contenus de Facebook. Supprimer cette clause changeait tout, à en croire le Consumerist. Sa recommandation : « Veillez à ne jamais télécharger [sur le site] tout contenu que vous hésiteriez à abandonner pour toujours, parce que cela appartient désormais à Facebook. »

Cet article fut rapidement repris par un certain nombre d'autres blogs et par de nombreux journaux de la presse écrite. Zuckerberg fut soudain soumis à une pression inattendue. Comment, demandait une masse croissante d'articles parus d'un bout à l'autre du monde, pouvait-il affirmer qu'il possédait les informations que les utilisateurs affichaient sur le site ? Il ne le pouvait pas. Et à son avis il n'avait rien dit de tel. Le lundi à 17 heures, il avait déjà affiché sur le blog Facebook une réponse étendue et réfléchie intitulée « Sur Facebook, les gens possèdent et contrôlent leurs informations ». « En réalité, écrivait Zuckerberg, nous ne partagerions pas vos informations d'une manière qui serait contraire à votre volonté », tentant ainsi de rassurer les utilisateurs. Mais il expliquait ensuite le nouveau et complexe terrain juridique dans lequel opérait désormais un service comme le sien. Les utilisateurs veulent contrôler leurs propres informations, mais ils veulent aussi contrôler et parfois déplacer des informations que d'autres utilisateurs leur ont confiées, telles que des numéros de téléphone, des photos, etc.

Ce n'était pas suffisant. Un usager Facebook de Los Angeles, Julius Harper, vingt-cinq ans, créa rapidement le groupe « Contre les nouvelles Conditions générales d'utilisation », qui fusionna bientôt avec un autre groupe contestataire créé à Oslo par Ann Kathrine Petteroe. Le mardi, ce groupe comptait déjà 30 000 membres. Le lendemain, il en avait déjà 100 000. Une fois de plus, les outils de communication et d'organisation rapides que Facebook donne à ses membres étaient déployés contre lui. Entre-temps, l'EPIC et vingt-cinq autres organisations de protection du consommateur se préparaient à porter plainte devant la Commisssion fédérale du commerce dans la journée du mercredi.

Zuckerberg céda rapidement, moins de trois jours après la parution de l'article initial. Le mercredi à 1 heure du matin, il annonça sur le blog que Facebook revenait provisoirement aux anciennes Conditions générales d'utilisation, le temps de décider de la marche à suivre. Il avait même admis dans son premier message qu'une bonne partie de la formulation des CGU semblait excessivement technique et avait besoin d'être simplifiée. Dans son message nocturne, il invitait les usagers Facebook à rejoindre un groupe interne nouvellement formé pour débattre du contenu des CGU et promettait que « les utilisateurs [seraient] très écoutés pour la rédaction desdites Conditions ».

La semaine suivante, Zuckerberg annonça que Facebook avait créé deux nouveaux documents : un ensemble de Principes Facebook pour développer le « cadre directeur » de la politique de la société, et une « Déclaration des droits et responsabilités » qui remplacerait les anciennes Conditions générales d'utilisation. Il demanda aux membres de commenter ces deux textes et annonça que les usagers Facebook seraient invités à voter pour ou contre leur adoption avant qu'ils soient appliqués. Il conclut par une sorte de rhétorique que l'on n'entend pas souvent dans la bouche des PDG : « L'Histoire nous apprend que les systèmes [politiques] sont le plus équitablement gouvernés lorsqu'il y a un dialogue ouvert et transparent entre les gens qui prennent les décisions et ceux qui sont affectés par elles. Nous croyons que l'Histoire montrera un jour que ce principe est également vrai pour les entreprises, et nous tenons à aller dans cette direction avec vous. »

Dans les semaines qui suivirent, Facebook honora ses promesses. Il invita les créateurs du groupe contestataire initial, Julius Harper et Anne Petteroe, à l'aider à évaluer et à organiser les commentaires sur les documents. Zuckerberg annonça un référendum qui engagerait Facebook si au moins 30 pour cent des usagers y participaient. Puisqu'il avait annoncé la semaine précédente que Facebook avait passé la barre des 200 millions d'usagers actifs, pas moins de 60 millions de personnes seraient donc obligées de voter, ce qui était peu vraisemblable. Mais, en théorie du moins, il se soumettait à la volonté populaire.

Finalement, il n'y eut que 660 000 « suffrages » exprimés, dont 74 pour cent en faveur de la nouvelle Déclaration des droits et responsabilités. Le Consumerist s'estima satisfait. Les activistes Internet furent impressionnés. Jonathan Zittrain, professeur de droit à la Harvard Law School et auteur de l'ouvrage alarmiste *L'Avenir de l'Internet et comment l'empêcher*, écrivit un article admiratif soulignant que Zuckerberg avait encouragé les usagers Facebook à se considérer comme citoyens... de Facebook[2].

Zuckerberg était satisfait lorsque je lui parlai deux semaines après l'annonce des résultats. Il projetait d'organiser à l'avenir des consultations similaires. « Si nous faisons quelque chose de contestable, le vrai sens de la démarche est que nous rendons des comptes à nos usagers, me confia-t-il. Nous avons maintenant besoin de communiquer clairement avec eux sur ce sujet. Je crois que c'est ça qui conserve notre honnêteté. » C'était une année sérieuse, et il affichait un sérieux à la hauteur.

En mars 2009, Facebook procéda à un nouvel ensemble spectaculaire de modifications, explicitement conçu cette fois pour rivaliser avec Twitter. Les changements de ce dernier remaniement étaient principalement visibles non pas sur votre profil, avec son Mur, mais sur la page d'accueil, là où vous atterrissez sur Facebook et découvrez les informations concernant vos amis. Le haut de cette page s'ornait maintenant d'une zone Publications tout comme celle figurant sur votre profil. Le message devenait plus insistant – Partagez ! Sous cette zone, le Fil d'actualité s'était métamorphosé en ce que Facebook appela alors un « flux », une liste continue d'actualisations et autres informations émanant des amis. Mais ce flux comprenait aussi des actualisations d'une autre source : les pages dont vous étiez devenus les « fans ». À présent, devenir fan d'une page commerciale Facebook, c'était presque comme suivre une personne ou une entreprise sur Twitter.

Le nouveau Fil d'actualité en continu différait de l'ancien sous deux aspects fondamentaux. Il était actualisé en temps réel (comme Twitter), et il n'était pas fondé sur un algorithme (Twitter non plus). L'ancien Fil d'actualité dépendait d'un logiciel qui surveillait votre comportement passé et tentait de deviner ce qui vous intéresserait. Vous ne pouviez jamais être sûr de ce qui remonterait à la surface. Le nouveau flux, en revanche, était « déterministe », comme se plaisaient à le dire les grands cerveaux de chez Facebook. Vous déterminez exactement ce qui apparaît dans cette zone. Facebook ajouta des filtres sur la partie gauche de la page d'accueil pour vous aider à contrôler ce qui apparaissait dans votre flux. Vous pouviez les utiliser pour voir des vidéos, des photos, ou des actualisations de statuts, par exemple. Vous pouviez aussi répartir des amis et des pages dans des groupes pour créer différentes vues personnalisées de ce flux. Par exemple, vous pouviez ne voir que des membres de votre famille, ou des anciens de votre promotion au lycée, ou des employés de Facebook, ou vos meilleurs amis.

C'était un mélange enivrant et porteur de confusion. Il subsistait une petite section algorithmique sur la page d'accueil, appelée Highlights (événements marquants), liste peu attrayante de petits messages et de minuscules photographies dans le coin inférieur droit de la page. Peu de gens la trouvèrent très utile. Et cette fois-ci Facebook abandonna le processus délibéré d'introduction en douceur des modifications qui avait caractérisé le remaniement précédent. Il n'y eut pas de périodes d'essai ni de versions parallèles pour faciliter la transition. Mais il apparut immédiatement que beaucoup des 175 millions d'usagers Facebook n'aimaient pas le nouveau visage du site.

Ce qui n'étonna pas non plus les employés de la société, de plus en plus sur la défensive. Dès que Facebook commença à présenter la nouvelle maquette, quelqu'un créa le groupe satirique Je déteste automatiquement la nouvelle page d'accueil Facebook. Beaucoup de ses membres travaillaient chez Facebook. La définition du groupe était : « Je déteste le changement et tout ce qui va avec. Je veux que tout reste statique pendant toute ma vie. » Certains employés affichèrent des remarques facétieuses, comme « Rendez à Facebook sa gloire d'antan. Harvard vaincra », ou carrément sarcastiques : « Je détesterai la nouvelle maquette jusqu'à une nouvelle itération, auquel cas j'adorerai cette nouvelle maquette et m'opposerai avec véhémence à celle qui lui succèdera. »

Deux semaines après la reconfiguration, une autre fonctionnalité de type Twitter fut ajoutée – de nouveaux paramétrages de confidentialité qui vous permettaient d'ouvrir votre profil intégralement ou partiellement à tout le monde sur Facebook. Et dans ce qui devait être le coup de grâce, on projetait de permettre aux utilisateurs de se déclarer « fans » d'individus. L'ajout de telles connexions asymétriques pour usagers individuels achèverait plus ou moins l'imitation et permettrait à Facebook de fonctionner pratiquement comme si vous étiez sur Twitter. Or bien que Zuckerberg ait à l'origine projeté d'ajouter cette fonctionnalité en juin 2009, il en remit le lancement à plus tard.

Au milieu de l'année 2009, Twitter avait déjà 50 millions de membres, et Facebook continuait de s'affoler. « Chaque fois que je me retrouve avec quelqu'un qui travaille chez Facebook, on me demande ce que je pense de Twitter », me confiait Dustin Moskovitz en mai 2009. Même lui s'inquiétait du fait que les meilleurs ingénieurs commencent à choisir de travailler chez Twitter plutôt que chez Facebook (ou même dans sa propre start-up toute neuve) : « Chez Facebook, on a l'impression qu'on peut gagner à coup sûr si on s'occupe du problème, mais on l'aurait certainement mauvaise si on s'en fichait plus ou moins et que Twitter en profite pour faire un truc qui nous échappe, et ensuite nous double. » À peu près à la même époque, Marc Andreessen, membre du conseil d'administration Facebook et aussi investisseur dans Twitter, me dit que les deux sociétés « se frottaient le cuir ». « Si quelqu'un veut concurrencer Facebook sur son propre terrain, c'est trop tard, explique-t-il. Alors quand les menaces arriveront, elles seront de nature pertubatrice, pas vrai ? Les menaces pertubatrices ont tendance à venir d'en bas. Elles vous remontent par le tuyau d'échappement au lieu de choisir la collision frontale. Donc Twitter est le genre de truc que Facebook devrait prendre très au sérieux. »

Sean Parker, qui s'efforce de rester impliqué à distance dans les décisions relatives au produit Facebook, milita longtemps pour la transformation du Fil d'actualité en un flux qui ressemble plus à Twitter. En fait, Zuckerberg résista longtemps à cette suggestion, mais la concurrence croissante de Twitter, ajoutée aux relances constantes de Parker et d'autres comme Adam D'Angelo, finit par le convaincre. « Mark m'a toujours dit qu'il ne le ferait pas, se rappelle Parker, mais dans le plus pur style Zuckerberg, il écoute, il écoute, il écoute encore et à un certain moment il arrive de lui-même à la conclusion que c'est comme ça que les choses doivent se passer. »

L'auto-définition initiale de Facebook comme un lieu où se connecter avec des gens que vous connaissez dans la vie réelle perd lentement mais sûrement de son importance. Être « ami » exige une interaction bidirectionnelle. Vous-même et votre ami devez conjointement approuver la relation. Mais, explique Parker, il y a désormais dans Facebook d'autres types de relations utiles. Il prédit qu'avec le temps Facebook finira par séparer formellement les trois composantes de la conclusion d'une « amitié » : déclarer que vous connaissez la personne, lui donner la permission de voir vos propres informations, s'abonner à toutes les informations qu'elle produit.

Zuckerberg admet que « le concept d'"ami" est en voie de saturation ». Ce mot était utile pour « faire franchir aux gens un tas d'obstacles ». Par-dessus tout, il les habitua à partager une grande quantité d'informations personnelles – après tout, seuls leurs amis les verraient. Mais Facebook n'a offert jusqu'ici qu'une simple alternative pour vos rapports avec autrui : ami ou non-ami. Il offrira progressivement des modes d'interaction plus subtils. La conclusion d'une amitié deviendra plus nuancée, afin de refléter plus exactement les divers degrés de connexion que nous avons avec autrui. Nous tous qui nous sommes creusé la tête pour savoir s'il fallait ou non accepter une demande d'amitié de la part de quelqu'un que nous connaissions à peine allons avoir plus de choix.

Mais il se passe encore autre chose : avec le temps, Facebook finira par dépasser de loin le cadre de l'amitié. Le premier indice de cette tendance est apparu lorsque le site a ajouté des pages de fans et envoyé des actualisations de pages dans votre Fil d'actualité parallèlement à celles émanant d'individus. Ethan Beard, chef du marketing pour la plate-forme Facebook, donne l'explication suivante : « Nous n'avons jamais cessé de faire évoluer notre pensée, ce qui nous a permis de comprendre que le graphe [social] ne se réduit pas aux gens – c'est aussi les objets, les infos, les organisations et les idées avec lesquels vous êtes connecté. N'importe quoi. En recensant et cartographiant tous ces éléments, nous pouvons aboutir à une image extrêmement solide de l'identité d'un individu. » Autrement dit, le fait que vous êtes fan du groupe U2, d'un café de votre quartier et des romans d'Ayn Rand en dit plus sur vous que le fait que vous avez accepté comme ami(e) une personne que vous avez rencontrée dans un congrès l'an dernier.

L'avenir de Facebook impliquera de donner aux internautes des outils pour découvrir des relations avec d'autres gens telles qu'elles se manifestent au travers de comportements et d'intérêts communs. Pareille réorientation risque de donner l'impression que sur Facebook on est plus sur le terrain du marketing que sur celui de l'amitié.

Quand Facebook cartographiera toutes ces connexions supplémentaires et surveillera les interactions de chaque usager avec elles, Zuckerberg prédit que les usagers partageront un volume sans cesse croissant de données : « Envisagez cela comme un flux massif d'informations. C'est presque le flux de toute la conscience et de toute la communication humaines, et les produits que nous élaborons n'en sont que des visions différentes. Le concept du graphe social a été une idée très utile, mais je crois que, de plus en plus, le concept de flux social – le flux globalisé pour tout le monde – sera tout aussi important. »

Quand il songe à l'évolution de ce flux, Zuckerberg invoque la loi de Moore, cette prédiction énoncée dans les années 1960 par Gordon Moore, confondateur d'Intel, et selon laquelle le nombre de transistors pouvant tenir sur un microprocesseur augmenterait de manière exponentielle avec le temps. Il estime qu'un phénomène exponentiel similaire est à l'œuvre dans le réseautage social. En l'espace d'une décennie, croit-il, un millier de fois plus d'informations sur chaque membre individuel pourraient transiter via Facebook. Cette hypothèse a des corollaires qu'il trouve fascinants : « Les gens vont être obligés d'avoir sur eux en permanence un dispositif qui partage [automatiquement]. On peut le prédire. »

En pressant les usagers Facebook de transformer un plus grand volume de leurs mises à jour et autres contributions en contenus diffusés publiquement, et en tentant également d'y intégrer par brassage leurs comportements commerciaux aussi bien que leurs interactions avec leurs amis, Zuckerberg fait le pari qu'au fil du temps les gens attacheront de moins en moins d'importance à la confidentialité de leur vie privée et qu'ils voudront en réalité profiter de toutes les informations supplémentaires mises ainsi à leur disposition. Ce n'est pas seulement le volume accru des informations qui est potentiellement problématique. Les gens toléreront-ils qu'une telle somme d'informations sur eux-mêmes soit libérée sur Internet ? Avec à son bord une portion considérable de la population mondiale, Facebook risque de devenir une méga-expérience en révélations personnelles. Zuckerberg assure qu'il continuera de s'engager à donner aux gens les contrôles de confidentialité qu'ils désirent. Il sera fascinant de voir s'il peut ou non résoudre ces contradictions tout en modifiant le logiciel dont se servent plus de 600 millions d'utilisateurs.

Fin avril 2009, Facebook procéda discrètement à un changement radical – un de plus. Avec l'introduction d'une entité baptisée *Open Stream API* (« interface de programmation d'application à flux ouvert »), la société posa des bases qui pourraient transformer la manière dont les gens utilisent son service. Open Stream est une sorte d'accompagnement de Facebook Connect. Si Connect est un moyen d'étendre la plate-forme Facebook à tout le Web, Open Stream représente un moyen de diffuser l'expérience du vécu Facebook à l'extérieur du service lui-même. Ce qui peut paraître bizarre. Aujourd'hui, nous trouvons en général normal que l'usager consomme ses informations Facebook sur sa page d'accueil en se connectant à Facebook.com.

Open Stream permet à n'importe quel site Web de reprendre ce flux et de le publier ailleurs – et même (potentiellement) de le modifier et de le compléter d'une manière qui serait impensable à l'intérieur de Facebook. Il permettra à d'autres services de construire des sites qui ressembleront beaucoup à Facebook par l'apparence et le mode d'emploi, même si les flux de données seront toujours contrôlés à partir des serveurs Facebook. Si je le voulais, je pourrais créer mon propre site Web où n'importe quel usager Facebook pourrait voir l'intégralité de son Fil d'actualité. Les usagers peuvent se comporter sur ces sites externes plus ou moins comme à l'intérieur de Facebook. En outre, les données peuvent être basculées sur les Fils d'actualité des amis. Le service TweetDeck, entre autres, le permet déjà.

Deux jours seulement après l'annonce d'Open Stream, je dînais à New York avec Sean Parker, qui passa une bonne partie de notre soirée à le démolir. « C'est le plus gros pari stratégique que la société ait jamais fait et fera jamais, dit-il de sa voix rapide, chargée d'émotion. Ouvrir le flux au monde comporte le risque de casser l'effet de réseau de la société. Avec un réseau fermé, les coûts de commutation sont incroyablement élevés et tout le monde est forcé de jouer dans le bac à sable de Facebook. Mais quand on ouvre le flux au monde, on rend possible l'existence de meilleurs clients Facebook capables de traiter exactement les mêmes données que Facebook. »

Ces paroles résonnaient encore dans ma tête une semaine plus tard quand je m'isolai avec Zuckerberg pour un entretien prolongé dans une salle de conférences près de son bureau à Palo Alto. Il ne contesta pas ce qu'avait dit Parker, mais n'en fut pas affecté pour autant. Il se lança dans une discussion sur les périls qui surgissent lorsque des entreprises « s'entourent de murailles ». « Le mieux que nous puissions faire, continua-t-il, c'est d'avancer comme qui dirait en douceur avec le monde qui nous entoure et d'avoir constamment de la concurrence, et non d'ériger des murailles. Dans la mesure où nous estimons que l'essentiel de l'échange aura lieu de toute façon à l'extérieur de Facebook, nous voulons vraiment l'encourager. Je ne peux garantir que nous réussirons. Je crois seulement que si nous n'avançons pas, nous finirons par échouer. »

Je lui demandai s'il ne craignait pas que pareille audace conceptuelle ne mette en danger les finances de sa société.

« C'est le seul raisonnement qui se tienne si vous essayez d'édifier quelque chose qui ait de la valeur sur plusieurs décennies. Il est vraiment important que les gens comprennent que ce que nous faisons maintenant n'est qu'un début. » Chamath Palihapitiya, dont le travail chez Facebook consiste à penser la croissance, déclare : « Mark a la perspective à long terme la plus étendue que j'aie jamais vue. Ce mec est totalement *über alles* sur la vision à long terme. » Les ambitions de Facebook pour Connect, Open Stream et sa plate-forme demeurent vastes. D'après Aaron Sittig, concepteur-programmeur vedette chez Facebook, « si nous travaillons l'ouverture lentement, au fil du temps nous pourrions atteindre l'ubiquité totale ».

L'équipe dirigeante de Facebook est unanime pour dire que la société évoluera pour dépasser le stade du simple « site ». Ses services seront disponibles sur une grande échelle. Facebook deviendra une réserve d'informations, comme une banque, mais aussi une centrale d'échanges et un point de transit, comme la poste ou la compagnie des téléphones. Il pourrait ne devenir « rien d'autre » qu'un registre d'identités et un centre pour acheminer des données entre différentes personnes. Mais ce pourrait être là une position de force très puissante dans l'écosystème des affaires.

Certains cadres Facebook pensent que sur Internet le site pourrait finir par devenir comme le microprocesseur à l'intérieur d'un ordinateur individuel – on l'utilise en permanence, mais on y pense rarement. Matt Cohler, toujours très impliqué dans Facebook, même s'il a quitté la société, déclare : « Dans cinq ans, il n'y aura plus de distinction entre être et ne pas être sur Facebook. Facebook sera en permanence avec vous partout où vous communiquez avec autrui. » Les dirigeants de Facebook veulent qu'il finisse par être intégré sous la surface du Web – qu'il devienne plus une infrastructure qu'un site Web.

C'est comme si vous aviez un logiciel qui pour ainsi dire contient vos amis – ou, du moins, une connexion persistante et potentiellement active avec vos amis. Ce « logiciel » vous permettra d'être au courant de tout ce qu'ils font et de leur communiquer tout ce que vous voulez sur vous-même. Chaque fois que nous ferons quelque chose en ligne et aurons une question à poser, nous pourrons nous adresser à nos amis. De plus, nous pourrons peut-être nous entretenir avec eux en temps réel, via la conversation instantanée, la téléphonie ou la vidéo.

Cette expérience accompagnera de plus en plus souvent nos évolutions dans le monde réel lui aussi, puisque la plupart des gens auront sur eux des dispositifs connectés en permanence sur Internet. Les applications Facebook pour iPhone, Blackberry et Android et celles fonctionnant sur d'autres systèmes de téléphonie mobile sont déjà utilisées par plus de 200 millions de personnes dans le monde entier[3]. Dans certains pays, c'est principalement ainsi que les gens utilisent Facebook. Dans l'avenir, le principal mode d'utilisation de Facebook sera la téléphonie mobile.

Voici un scénario possible : imaginez que vous assistez à un match de foot et que votre portable vous montre lesquels de vos amis sont également dans le stade – voire même à quel endroit ils sont assis. Peut-être qu'il pourrait vous dire qui, dans votre section des gradins, a assisté exactement aux mêmes matches que vous par le passé. Ou qui est fan des mêmes équipes que vous. Certains usagers pourront trouver ça cool. Pour d'autres, cela relèverait plutôt du cauchemar orwellien.

La consommation est un autre domaine susceptible d'être transformé. N'aimeriez-vous pas savoir, chaque fois que vous envisagez un achat important, comme une voiture, un réfrigérateur ou un appareil photo, qui parmi vos amis a acheté – ou peut-être seulement envisagé d'acheter – le même bien ? Un développeur trouvera probablement le moyen d'ajouter cette fonction à Facebook.

Il se pourrait même que Facebook commence à fonctionner comme une sorte de mémoire auxiliaire. Tout en marchant dans la rue, vous pourriez interroger votre profil pour savoir quand vous êtiez là pour la dernière fois, et avec qui. Ou alors un appareil disposant de la géolocalisation pourrait vous alerter de la proximité de gens avec qui vous avez interagi sur Facebook et vous rappeler comment. Le logiciel pourrait même commencer à prendre des décisions élémentaires pour votre compte. Ethan Beard, chef du marketing de la plate-forme, explique que vous pourrez probablement programmer votre magnétoscope pour enregistrer les émissions que vos amis Facebook sont en train d'enregistrer. Et il suggère le scénario suivant : « Imaginez que je monte dans ma voiture et que je dise : "Je veux aller chez David Kirkpatrick." La voiture sait qui je suis et peut aller chercher dans Facebook l'adresse de David, et ensuite me guider avec le GPS. Des idées comme ça sont tellement fortes qu'on a du mal à croire qu'elle ne puissent pas se réaliser. »

Début août 2009, Facebook acheta FriendFeed pour environ 50 millions de dollars – sa plus grosse acquisition, et de loin. C'était vraiment la friendfeedisation de Facebook. Faire venir chez Facebook à la fois la technologie de FriendFeed et ses fondateurs – ex-collaborateurs de Google et programmeurs de haut vol – était conçu pour renforcer de manière significative la capacité de Facebook à concurrencer Twitter.

Conformément à son credo de flexibilité, Facebook lança en septembre 2009 Facebook Lite. C'était sa toute première véritable extension de marque, comme Coca-Cola Light pour Coca-Cola. Facebook Lite est conçu pour des gens qui utilisent la téléphonie mobile, ne disposent pas d'un accès Internet à haut débit ou qui, pour diverses raisons, ont besoin d'un accès à Facebook plus pauvre en données et donc économe en bande passante. C'est une version dépouillée du service, où manquent des fonctions comme les vidéos. Facebook a mis en œuvre une redoutable parade de changements tout en poursuivant sa croissance fulgurante. Zuckerberg s'est progressivement habitué à entendre les protestations des (relativement) rares mécontents du moment qu'un nombre croissant d'internautes apprécient la valeur de son service. Il déclare de plus en plus souvent qu'il ne peut pas attendre 2010 pour cesser de porter cette foutue cravate.

17. L'avenir

« Mon but n'a jamais été de créer une société et de m'arrêter là. »

Janvier 2009 : Mark Zuckerberg est attablé sous les poutres d'un élégant restaurant rustique à Davos lors du Forum économique mondial, ce célèbre rassemblement annuel des élites de la politique et de l'industrie. À sa droite, Sheryl Sandberg, à l'autre bout de la petite table, Larry Page, cofondateur de Google. Accel Partners, premier investisseur en capital-risque de Facebook, est l'organisateur d'une réunion annuelle des technologues et scientifiques intitulée « Nerd's Dinner ». Cette année, Accel a fait venir non pas un, mais deux sommeliers américains pour présenter plusieurs variétés de vin californien à 600 dollars la bouteille. Zuckerberg, qui a bu un ou deux verres, se penche en avant.

« Larry, vous vous servez de Facebook ? demande-t-il.

— Non, pas vraiment », réplique Page sans affectation, de sa voix aiguë et nasale. Zuckerberg semble déçu.

« Pourquoi pas ? insiste-t-il.

— Ce n'est pas vraiment conçu pour moi », rétorque Page. Zuckerberg va lui poser une autre question, mais Sheryl Sandberg l'en dissuade :

« Mark ! Ne parlez pas de ça devant David ! » (David,

c'est votre serviteur, assis à la gauche de Zuckerberg. Sheryl Sandberg est experte en gestion des journalistes.)

Or en posant si ouvertement pareille question au cofondateur de Google, roi de Silicon Valley et rival de Facebook à plus d'un titre, Zuckerberg révèle certaines facettes de son caractère. Il est peut-être un poil naïf, mais il fait preuve aussi d'audace, d'esprit de compétition et d'une assurance démesurée, à la limite du défi. Il n'a pas peur de Google, même s'il est toujours un peu obsédé par ce géant. Il veut vraiment que Page aime Facebook, et il veut aussi voir ce qui se passe quand il lui pose la question.

Zuckerberg va certainement continuer à gouverner Facebook en monarque absolu. Il veut non seulement gouverner Facebook, mais dominer plus ou moins l'infrastructure – en cours d'évolution – des communications de la planète. Il croit cependant que le succès continu de Facebook dépend de sa capacité à retenir la confiance de ses usagers. Comme il l'a dit lors de la consultation sur les conditions d'utilisation, il veut gouverner Facebook équitablement, au travers d'un dialogue « ouvert et transparent ». Pour le jeune PDG, il est toujours plus important de promouvoir la transparence et l'honnêteté auxquelles il croit et de faciliter le partage et la communication que de transformer Facebook en une affaire rentable, même s'il estime pouvoir viser ces deux objectifs en parallèle.

Je demandai un jour à Zuckerberg s'il lui arrivait de redouter que Facebook puisse être mis en difficulté sur le plan financier. « Oui, il y a divers risques, répondit-il. Est-ce que le modèle Facebook est durable ? Est-ce qu'on va faire faillite ? Je ne perds pas de temps à m'inquiéter de ça. L'affaire marche. Est-ce qu'on peut devenir une société qui pèse 10 milliards de dollars ? Moi je pense qu'on a vraiment de bonnes chances d'y arriver. »

Certains de ses collègues trouvent qu'en voulant donner à l'ouverture et à l'honnêteté la priorité sur les bénéfices Zuckerberg prouve qu'il excelle à retarder la satisfaction. Ou peut-être qu'il est tellement motivé que la satisfaction n'est plus pertinente. « Il s'efforce toujours de réussir le prochain projet, témoigne un cadre qui a travaillé étroitement avec lui. Pour la plupart des gens, il y a des plateaux et des étapes, ce qui permet de souffler, de fêter une réussite et d'avoir le sentiment du devoir accompli. Cela n'existe pas vraiment pour Mark. »

La recherche de la croissance privilégiée par Zuckerberg au détriment de la rentabilité ne semble pas avoir affecté les perspectives financières de Facebook. Marc Andreessen a son opinion là-dessus et sait de quoi il parle. « Mark n'a jamais soutenu que Facebook ne gagnera pas un jour beaucoup d'argent, observe-t-il. Sur le plan financier, c'est vraiment une question de timing. Se concentrer sur autre chose que l'établissement d'une présence à l'échelle mondiale est une perte de temps. »

Andreessen fait partie du nombre très restreint de gens vers qui Zuckerberg se tourne régulièrement pour demander conseil, et son opinion a donc du poids. (« Marc est bien placé pour dire à Mark Z. ce qu'il pense et se faire écouter de lui, confirme David Sze de Greylocks Partners, un gros investisseur de Facebook. Il est peut-être le seul d'entre nous à y parvenir, à mon avis. »)

Andreessen lui conseille fortement de continuer d'investir dans la croissance. Il s'en explique en automne 2009 au cours d'un entretien dans le hall d'un confortable hôtel quelque part à Silicon Valley. Heureusement que j'ai un magnétophone, car il parle très vite : « Facebook a flambé pour combien de cash jusqu'ici ? Quelques centaines de millions de dollars, pas vrai ? Et avec ça, ils ont combien d'utilisateurs actifs ? 300 millions ? Ça veut dire que Facebook a investi plus ou moins un dollar par usager actif pour monter une affaire d'envergure mondiale, une marque mondiale, durablement implantée, avec une fidélisation de la clientèle, des effets de réseau, de la recherche et du développement, de la compétitivité et toute une future feuille de route technologique à portée de la main. Et tout ça pour un dollar par utilisateur ! Le genre de truc qu'on aimerait bien pouvoir recommencer à perpète, non ?

« Alors, bon, je pose la question : et si là-dedans il y avait le potentiel pour décrocher 500 millions d'usagers actifs, ou 1 milliard d'usagers actifs, ou même 2 milliards, hein ? Vous continueriez d'investir ce dollar pour y arriver ? Bien sûr que si ! La réponse est oui, évidemment ! Si vous comparez ça avec l'investissement nécessaire pour monter n'importe quelle entreprise d'une envergure comparable, vous allez dire que c'est l'affaire du siècle. » Andreessen est très grand, il penche vers moi sa grosse tête bulbeuse au crâne rasé tandis que son discours énergique fonce vers ce qui est pour lui une conclusion irréfutable. Il est difficile de discuter avec lui. S'il siège dans un conseil d'administration, il aura beaucoup de poids. Mais qu'importe. Zuckerberg et lui sont d'accord.

Les mentors et conseillers de Zuckerberg ont évolué en compétence avec la croissance de la société : Eduardo Saverin, son ami qui s'y connaissait en affaires, puis Sean Parker, qui avait créé des entreprises et savait comment s'y prendre avec les financiers, Don Graham, qui dirigeait l'une des plus grosses entreprises de médias des USA, et maintenant Marc Andreessen et Steve Jobs, que beaucoup tiennent pour l'homme d'affaires le plus influent du monde. Zuckerberg admire Jobs et passe de plus en plus de temps avec lui.

Le conseil d'administration de Facebook a toujours eu un effectif réduit. Grâce aux manœuvres de Sean Parker en 2004, Zuckerberg n'a jamais cessé de le contrôler. Il s'attend à ce que le CA le soutienne dans sa politique à long terme de gestion de la société. Quand je demande à Andreessen ce qu'il pense du fait que Zuckerberg contrôle la société, il lâche : « Oh, c'est une bonne chose. Seuls les PDG-fondateurs à poigne peuvent créer de grandes entreprises technologiques durables. » Il compare Zuckerberg à Bill Gates, Jeff Bezos et Steve Jobs lui-même.

Chaque membre du CA travaille à sa manière avec Zuckerberg. Jim Breyer, qui est arrivé quand Accel a investi en 2005, a la haute main sur la structure organisationnelle et d'embauche. (« Mark a toujours voulu une culture de hackeur et un chaos créatif, admet Breyer.

Mon point de vue, c'est qu'on a besoin de ça pour l'innovation en matière de produit, mais pas dans les domaines comme les ventes, les ressources humaines ou le juridique »). Andreessen s'implique dans la gestion de la société, mais aussi dans la conception du produit. Il a envers Zuckerberg une attitude protectrice et essaie de l'empêcher de refaire les erreurs qu'il a commises en tant que jeune entrepreneur. En revanche, Peter Thiel, nommé quand il eut investi 500 000 dollars en 2004, s'intéresse moins à la gestion et parle plutôt avec Zuckerberg de la stratégie à long terme de l'entreprise et de l'environnement économique en général. Zuckerberg décrit ainsi leurs discussions permanentes : « En gros, c'est "C'est le moment de lever de l'argent", "ce n'est pas le moment de lever de l'argent", "laisse cet argent à la banque", "tu devrais vendre la société maintenant", "tu ne devrais pas vendre maintenant". Et là, j'écoute ce qu'il dit. »

Zuckerberg avait envisagé dès 2005 de donner un siège à Don Graham, du *Washington Post*, même après qu'Accel eut emporté le marché devant le *Post* pour investir dans Thefacebook. Mais ils étaient alors convenus que la société était encore trop petite. Zuckerberg réussit à persuader Graham d'entrer au CA en 2009, et les cinq sièges se trouvèrent enfin pourvus (n'oublions pas que Graham comme Andreessen votent selon les directives de Zuckerberg). Zuckerberg admire Graham pour sa stratégie à long terme et aussi pour la structure de la Washington Post Company, qui la rend possible.

En novembre 2009, Zuckerberg inaugura chez Facebook un système d'attribution des actions calqué sur celui de la Washington Post Company. Il lui garantit que lui-même et ses alliés – tous les actionnaires existants eurent alors leurs titres convertis en actions de « classe B » – conserveront le contrôle de Facebook après son introduction en Bourse. Google avait créé pareille structure pour sa propre introduction en Bourse en août 2004. Ensuite, les cadres de gestion et les directeurs de la société contrôlaient 61 pour cent du pouvoir de décision au travers d'actions représentant dix voix chacune, tandis que les actions ordinaires n'avaient droit qu'à une seule voix. La nouvelle structure de l'actionnariat Facebook comporte des dispositions identiques. Zuckerberg tient à retarder le plus longtemps possible l'entrée en Bourse de Facebook. Il prendra la décision le jour où il estimera qu'une introduction en Bourse profitera à sa société sur d'autres plans, par exemple en augmentant sa visibilité dans le monde des affaires. Il ne le fera jamais pour passer à la caisse et s'enrichir personnellement. Et une fois que Facebook sera coté en Bourse, Zuckerberg sera inévitablement soumis aux pressions de Wall Street. Il lui sera considérablement plus difficile de maintenir sa vision de partage et sa priorité à la croissance au détriment des bénéfices à court terme.

Fin 2010, de larges blocs d'actions Facebook s'échangeaient en privé avec une valorisation de la société à 35 milliards de dollars. Zuckerberg possède environ 24 pour cent du capital de Facebook, soit environ 8 milliards de dollars sur la base de cette valorisation. Accel en possède environ 8 pour cent, plus 1 pour cent environ contrôlé personnellement par Jim Breyer (résultat du million de dollars qu'il avait investi en 2005). Dustin Moskovitz possède environ 6 pour cent de Facebook. En mai 2009, le holding russe Digital Sky Technologies acquit environ 2 pour cent de la société et, plus tard, 6 pour cent auprès de divers actionnaires, ce qui lui donne environ 8 pour cent. Eduardo Saverin possède 5 pour cent de la société, Sean Parker environ 5 pour cent et Peter Thiel environ 3 pour cent (il a cédé près de la moitié de son portefeuille fin 2009, principalement à Digital Sky). Greylock Partners et Meritech Capital Partners possèdent chacun entre 1 pour cent et 2 pour cent. Microsoft possède environ 1,3 pour cent de Facebook, et le milliardaire de Hong Kong Li Ka-shing moins de 0,5 pour cent. Le géant de la publicité Interpublic possède moins de 0,5 pour cent, héritage providentiel d'un marché datant des débuts de Facebook et associant prise de participation et ventes publicitaires. Un petit groupe d'employés et d'ex-employés de la société en possèdent une part substantielle, mais moins de 1 pour cent chacun. – entre autres, Matt Cohler, Jeff Rotschild, Adam D'Angelo, Chris Hughes et Owen Van Natta. D'autres portefeuilles d'actions sont détenus par Reid Hoffman et Mark Pincus, qui investirent aux côtés de Peter Thiel lors de la toute première table ronde des financiers, et aussi par Western Technology Investments (WTI), qui prêta à la société un total de 3,6 millions de dollars dans ses deux premières années d'existence et investit 25 000 dollars lors de la même première session. Les employés Facebook et des investisseurs extérieurs possèdent les quelque 32 pour cent restants.

Il est malaisé de dire ce que vaut réellement Facebook, bien qu'une demande croissante ne cesse d'augmenter sa valorisation. Fin 2008 encore, la « juste valeur marchande » attribuée à ses actions lui conférait une valeur totale d'environ 2,5 milliards de dollars seulement. C'est le prix qu'Accel, par exemple, attribua alors à ses propres titres Facebook pour les besoins de sa comptabilité interne. « Je sais que ça sera un chiffre énorme un de ces jours, me confia Breyer à peu près à cette époque. Alors je me fiche de ce que ça peut valoir aujourd'hui. » (En mai 2009, sa firme de capital-risque Accel Partners acquit à l'instar de Digital Sky quelques actions des employés Facebook sous une valorisation d'environ 7,5 milliards de dollars.) Peter Thiel, lui, qui siège au CA de Facebook avec Breyer, a des doutes. « L'amplitude de la valeur possible à partir de maintenant est extrêmement grande, dit-il dans un entretien début 2009. Peut-être que [Facebook] vaudra beaucoup plus. Peut-être qu'il ne vaudra rien du tout. » Ces messieurs doivent avoir des conversations sacrément intéressantes au conseil d'administration. Thiel évoqua aussi « l'incroyable anxiété des gens… est-ce que ça va être la plus grosse réussite commerciale de tous les temps, ou est-ce que ça va dégénérer et s'écraser au sol ? » Des initiés ont commencé à vendre périodiquement des actions Facebook dans des bourses spécialisées comme SecondMarket et SharePost, bien que tout nouvel acheteur doive être approuvé par la société. Facebook voudrait maintenir le nombre total d'actionnaires en dessous de 500, seuil au-delà duquel la SEC, l'organe fédéral de contrôle des marchés financiers, oblige une société à publier toutes ses informations financières, ce qui rend une introduction en Bourse quasi inévitable.

Zuckerberg a beau être convaincu de l'inéluctabilité d'une transparence croissante, il demeure préoccupé par la question de savoir qui contrôle les informations de tout un chacun : « Le monde se dirige vers une plus grande transparence et ça pourrait être la tendance qui impulserait la plupart des changements pendant les dix ou vingt prochaines années, en supposant qu'il n'y ait pas d'acte de violence massif ou d'autres perturbations politiques. Mais il y a toujours une grande question : comment cela va-t-il se produire ? Quand on demande aux gens ce qu'ils pensent de la transparence, certains ont à l'esprit une image négative – la vision d'un État policier à l'échelle mondiale. On peut imaginer des futurs vraiment dystopiques. La transparence sera-t-elle utilisée pour centraliser le pouvoir ou le décentraliser ? Je suis convaincu que la tendance à une plus grande transparence est inévitable. Mais honnêtement je ne sais pas comment répondre à l'autre question [l'État policier].

« Laissez-moi vous décrire deux scénarios. Ils correspondent à deux sociétés de Silicon Valley. La réalité n'est pas aussi tranchée, mais elles sont à des extrémités opposées du spectre. D'un côté, vous avez les gens de Google, qui obtiennent principalement leurs informations en enregistrant tout ce qui se passe sur le Web. Ce qu'ils appellent le ratissage. Ils ratissent le Web avec leurs robots, récupèrent des informations et les stockent dans leurs systèmes. S'ils veulent produire des cartes, alors ils envoient sur le terrain des Google Cars qui vont carrément prendre des photos de votre maison pour leur application Street View. Et pour collecter des informations sur les gens et construire des profils qui serviront aux annonceurs, ils vous suivent à la trace sur le Web, avec des cookies DoubleClick et AdSense. C'est comme ça qu'ils construisent un profil qui révèle tous vos centres d'intérêt. Google est un grand de l'Internet, mais… vous voyez que, poussées à l'extrême, ces techniques ne sont pas très rassurantes.

« Mais nous, au contraire, nous avons démarré Facebook en disant qu'on devrait pouvoir procéder autrement. Si vous permettez aux gens de partager ce qu'ils veulent partager et leur donnez de bons outils pour contrôler ce qu'ils partagent, vous pouvez les inciter à partager encore plus d'informations. Mais songez à toutes les choses que vous partagez sur Facebook, mais que vous ne voudriez pas partager avec n'importe qui. Vous ne voudriez pas que ces choses soient repérées par des robots, enregistrées et indexées – par exemple, des photos de vos vacances en famille, votre numéro de téléphone, toutes les communications qui circulent sur le réseau interne d'une entreprise, ou des messages ou e-mails privés de quelque nature que ce soit. Bref, il y a des tas de choses qui tombent de plus en plus dans le domaine public, mais il y a aussi des tas de choses qui ne sont pas visibles par tout le monde.

« Ce sera l'un des problèmes les plus importants des dix ou vingt prochaines années. Étant donné que le monde va vers un plus grand partage des informations, il faut s'assurer que cela s'opère dans une hiérarchie ascendante où les gens eux-mêmes apportent les informations et contrôlent la manière dont leurs informations interagissent avec le système, à l'opposé d'une centralisation où elles seraient suivies à la trace par un système de surveillance quelconque. Je crois que c'est vital pour le monde. » Zuckerberg a un petit rire nerveux en se rendant compte qu'il est terriblement passionné par son sujet. « C'est un côté vraiment important de ma personnalité, et c'est ce à quoi je tiens. »

En dépit de cette noble profession de foi, la position de Zuckerberg dans toute cette histoire n'est pas entièrement innocente. Oublions Google. Facebook, lui, n'a pas toujours protégé soigneusement les informations personnelles des usagers. Il a fait le mauvais choix au départ lors des polémiques du Fil d'actualité, de Beacon et des CGU. Il a été énormément critiqué fin 2009 pour avoir fortement encouragé les usagers à sélectionner « Tout le monde » comme réglage de confidentialité pour leurs informations personnelles.

Malgré toutes les protections que le logiciel Facebook peut offrir à nos données contre les atteintes potentielles d'autrui, la société Facebook pourra toujours les voir. Elle est elle-même une entité centralisatrice, du fait qu'elle rassemble toutes ces informations sur nous dans le giron d'une seule entreprise. On est rassuré d'entendre Zuckerberg affirmer avec tant de passion qu'il est vital de protéger les gens des prédateurs avides de leurs données. Mais qu'est-ce qui garantit aux usagers Facebook que ces bonnes intentions dureront indéfiniment ? Dans le pire des scénarios, notamment dans un avenir où Zuckerberg aurait perdu le contrôle de sa création, Facebook lui-même pourrait devenir un gigantesque système de fichage et de surveillance.

Peter Thiel, qui conseille Zuckerberg sur la stratégie à grande échelle, pense la même chose de Google. C'est manifestement un sujet sur lequel ils se sont longuement entretenus. « Google est à bien des égards une entreprise incroyable avec une vision fondatrice incroyable, explique Thiel. Mais, à mon avis, il y a une différence très profonde [avec nous], en ce que Google croit foncièrement qu'à la fin de tout ce processus de mondialisation le monde sera centré sur l'informatique et tout sera fait par ordinateur. C'est probablement l'une des raisons pour lesquelles Google a raté le coche du phénomène du réseautage social. Je ne veux pas dénigrer Google. Le modèle Google est que l'information – l'organisation des informations à l'échelle mondiale – est ce qui compte le plus.

« Le modèle Facebook est radicalement différent. L'un des aspects critiques d'une bonne mondialisation – à mon avis – est que d'une manière ou d'une autre l'humain conserve une certaine maîtrise sur la technologie, plutôt que l'inverse. La valeur de [Facebook] au plan économique, politique, culturel, etc., vient de l'idée que ce sont les gens qui comptent le plus. Aider les citoyens du monde à s'auto-organiser, c'est ça qui est le plus important. »

Certains aspects du contraste que soulignent Zuckerberg et Thiel sont déjà évidents. Facebook menace concrètement le projet de Google – indexer et organiser l'information à l'échelle mondiale. « Ce qui se passe sur les serveurs Facebook reste sur les serveurs Facebook, écrivait Fred Vogelstein dans un article inspiré paru en juillet 2009 dans le magazine *Wired* et intitulé “La Grande Muraille de Facebook”[1]. Et cela représente pour Google une zone interdite immense et toujours plus vaste. » Des sources bien informées du côté du moteur de recherche confirment que c'est une inquiétude dont on discute beaucoup chez Google. Si les données résidant à l'intérieur du site le plus vaste du Web et qui croît le plus rapidement sont inaccessibles à Google, sa capacité à devenir le site de recherche ultime pourrait être menacée. La quantité d'informations en question est considérable. Des collaborateurs Facebook estiment que les seules mises à jour de statuts représentent au moins dix fois plus de mots que tous les blogs du monde entier.

Pour Google, le problème est aggravé par le fait que leurs informations personnelles aident de plus en plus les internautes à chercher des informations en ligne. Si un ami a déjà tiré parti d'une certaine source de données, ou acquis un article que vous êtes en train de regarder sur votre écran, c'est une information dont vous aimeriez disposer quand vous faites une recherche. Dans une rare confidence publique, un directeur de produit Google a admis devant des journalistes lors d'une réunion à Tokyo en mai 2009 que pour de nombreux types de recherche les usagers trouvent les informations plus dignes de confiance si elles proviennent d'amis, et que Facebook peut potentiellement mieux atteindre ce niveau de confiance[2]. Ensuite, dans une apparition publique fin 2009, Eric Schmidt, PDG de Google, a avoué que l'un des plus grands défis que sa société ait à relever est comment rechercher, indexer et présenter des contenus de médias sociaux tels que ceux créés sur Facebook. Il qualifia ce problème de « grand défi de notre époque ».

Facebook lui-même continue d'améliorer ses propres outils de recherche de contenus sur son site, mais doit parfois se faire aider. Il est maintenant possible d'exploiter pour la recherche toutes les pages commerciales Facebook de même que les données pour lesquelles les propriétaires ont supprimé les contrôles de confidentialité afin que « tout le monde » y ait accès. Facebook vise à encourager encore plus l'usage du réglage « tout le monde » tout en améliorant ses outils de recherche. Ce qui non seulement agace Google, mais permet aussi de contribuer à repousser Twitter, qui doit une partie de son succès à la facilité d'une recherche portant sur un ensemble de tweets. Pour une recherche normale sur Internet depuis l'intérieur du service, Facebook, comme si cela ne suffisait pas, utilise Bing, le moteur de recherche de Microsoft, rival juré de Google. Fin 2010, Bing accentua sa pression sur Google en incorporant des données Facebook dans ses recherches. Les usagers Facebook – s'ils en donnent la permission à Bing – peuvent voir des résultats différents selon les activités de leurs amis. Pour Google, c'est le cauchemar.

Facebook et Google demeureront des concurrents acharnés, bien que leur différend puisse se résoudre par un certain nombre de moyens. On ne peut pas éliminer l'éventualité d'un rapprochement – voire une sorte d'accord ou de partenariat commercial qui permettrait aux données des deux systèmes de se mélanger d'une manière ou d'une autre, nonobstant les protestations de Zuckerberg et de Thiel. Google aimerait probablement essayer encore une fois d'acheter Facebook, mais comme le géant de la recherche rencontre de plus en plus de résistance de la part des instances de régulation et de la législation anti-trust, ses chances d'être autorisé à procéder à pareille acquisition diminuent rapidement. Facebook continuera très vraisemblablement à jouer la carte

Microsoft contre Google, comme il l'a fait quand Microsoft a investi.

Entre-temps, Facebook et Google se disputent les parts de marché en ligne, les indices de notoriété et aussi les cadres et ingénieurs. Facebook est probablement devenu la première entreprise Internet mondiale en nombre d'utilisateurs, devant Google, et arrive devant tous les autres sites sous l'angle du temps total passé sur le site par les internautes. Quant au personnel, l'engagement par Zuckerberg de Sheryl Sandberg, plus le débauchage d'Elliot Schrage, ex-responsable de la communication chez Google, n'ont pas été très appréciés à Mountain View. En janvier 2008, Zuckerberg s'était rendu à Davos dans l'avion de Google, où il avait passé une bonne partie du trajet à bavarder avec Sheryl Sandberg. Ni l'un ni l'autre ne se vit offrir une place sur « Google One » pour Davos 2009. Google se vengea – un peu – en 2008 lorsqu'il ramena au bercail un de ses transfuges de marque. Le talentueux programmeur et gestionnaire Ben Ling était responsable de la plate-forme Facebook depuis seulement dix mois quand il retourna chez Google. Fin 2010, plus de 300 employés de chez Facebook étaient d'ex-employés de chez Google.

J'essayai de persuader le PDG de Google, Eric Schmidt, de réagir aux commentaires de Zuckerberg sur Google et l'État policier. « Je préfère ne pas commenter des propos que d'autres ont tenus sur Google, me répondit-il diplomatiquement dans un e-mail. Mark a réussi magistralement à mener sa barque contre vents et marées ces dernières années, et c'est manifestement un chef d'entreprise et un stratège exceptionnel, surtout si l'on tient compte de sa relative jeunesse. »

Il se peut que Facebook rejoigne bientôt Google sur un autre plan : l'impression qu'il donne d'être devenu trop grand. Début 2010, des instances régulatrices de l'Union européenne ont ouvert une enquête formelle sur la position dominante de Google. Microsoft est devenu si puissant que le ministère américain de la Justice a effectué des démarches pour le scinder en plusieurs sociétés. Bien que cette tentative ait échoué, les ambitions de Facebook et son potentiel pour exercer un contrôle sur ses usagers comme sur les partenaires de sa plate-forme sont au moins aussi grands. « Facebook contrôle sa plate-forme plus étroitement que Microsoft ne l'a jamais fait pour la sienne, dit un observateur proche de la société. Facebook peut appuyer sur un bouton et vous débrancher. Qui que vous soyez. Et quand il veut. » Si Facebook continue de croître et que Zuckerberg semble ne plus respecter ses promesses de consulter les usagers et de ménager ses partenaires, pareil développement pourrait réveiller le zèle des organes anti-trust dans le monde entier.

Plus Facebook se rapprochera de sa vision finale – fournir un système universel d'identification pour tout un chacun sur Internet – plus il risquera d'attirer l'attention des autorités. Il se pourrait que Facebook possède plus de données sur les citoyens que les gouvernements eux-mêmes. La commissaire canadienne à la protection de la vie privée, Jennifer Stoddart, a passé un an à examiner la politique de Facebook en matière de confidentialité avant de négocier un certain nombre de changements annoncée en août 2009. Il est révélateur que cette enquête ait été menée au Canada, l'un des grands pays développés où la pénétration de Facebook est la plus élevée – 50,5 pour cent de la population, d'après le *Facebook Global Monitor*[3].

À la limite, Facebook pourrait prendre à son compte certaines fonctions cruciales des gouvernements. C'est ce que pense Youri Milner, l'investisseur russe : « Facebook Connect est en fait votre passeport – votre passeport Internet. Le gouvernement délivre des passeports. Vous avez maintenant quelqu'un d'autre qui distribue aux gens des passeports dans le monde entier. C'est de la concurrence, sans aucun doute. Mais qui a dit que la délivrance des passeports est du ressort des gouvernements ? On va vers une citoyenneté mondiale. »

Les experts en matière de confidentialité et d'identité sont persuadés que pareille transition ne peut se faire sans heurts. John Clippinger, un des responsables du Centre de recherche Berkman sur l'Internet et la société à Harvard, écrit dans son ouvrage *L'Avenir de l'identité individuelle* : « Facebook va se heurter à une infrastructure cruciale des domaines civique et juridique, et de la sûreté nationale. Le système de l'identité est un des fondements de nos libertés civiles. La création de graphes sociaux peut certes être une manière nouvelle d'identifier les gens. Mais Facebook devrait-il en être propriétaire ? Et sans restrictions ? C'est un jeu de pouvoirs orwellien. Facebook essaie actuellement de contrôler une ressource et un droit des plus fondamentaux[4]. »

De telles opinions pourraient suggérer que Facebook a devant lui une route semée d'embûches. Une chose est claire : dans les années à venir, Zuckerberg va être obligé de passer pas mal de temps à s'expliquer. Jusqu'ici, il ne l'a pas fait assez. Il ne semble pas impatient de devenir l'ambassadeur et homme d'État dont Facebook a besoin.

Lorsque le nombre des usagers Facebook approchera le milliard, l'obligation de naviguer avec succès au milieu des écueils de la réglementation deviendra sans aucun doute une préoccupation plus urgente. En février 2009, je posai à Peter Thiel la question du risque d'intervention gouvernementale. « Facebook aura le maximum de liberté d'action juridique et politique dans un monde où il est vu comme sympathique et animé d'intentions pacifiques, répondit-il. Je ne crois pas que [Facebook] soit une menace, il ne bouscule vraiment personne. Je vois comme un signe très encourageant le fait que le réseau ait progressé à ce point sans rencontrer plus de résistance. Nous en sommes à 175 millions de personnes et aucun lobbyiste du Congrès n'exige la fermeture de Facebook. »

C'est vrai. Il n'en est pas moins certain que les critiques se multiplient. Par exemple, John Borthwick, éminent investisseur new-yorkais dans l'industrie technologique (il possède un morceau de Twitter, entre autres sociétés), estime que fin 2008 Facebook a délibérément réinitialisé les paramètres qui déterminent si les utilisateurs reçoivent des notifications par e-mail de nouvelles activités à l'intérieur du service. Facebook affirme que la réinitialisation était accidentelle. Mais Borthwick croit que c'était un effort délibéré pour ramener les gens à l'intérieur du service dans le but d'accroître l'activité et le nombre de pages vues.

Plusieurs projets de Facebook vont certainement susciter de fortes réactions dans le monde. Par exemple, les « crédits » Facebook pourraient commencer à fonctionner comme une monnaie virtuelle et, qui plus est, transnationale. « Les crédits deviennent un moyen de monétiser les connexions entre utilisateurs », déclare Dan Rose, responsable Facebook de la monétisation. Les gens pourraient y recourir pour se virer mutuellement de l'argent. Puisque ce nouveau mécanisme d'achat est à base identitaire, il réduirait peut-être les fraudes à la carte de crédit. Et offrir des possibilités inédites. Par exemple, vous pourriez acheter un cadeau pour un(e) ami(e) sur Internet sans connaître son adresse. Sélectionnez simplement le cadeau et communiquez au site de vente en ligne le nom de votre ami(e). Les systèmes de Facebook et du site vendeur pourraient arranger le reste pour vous, avec un paiement prélevé sur vos crédits Facebook. Un système universel de paiement en ligne pour des centaines de millions de consommateurs dans le monde entier pourrait être très utile. Il permettrait de passer par-dessus les frontières nationales et de fonctionner comme une économie vraiment mondiale. Mais ne soyez pas surpris si les banques et d'autres entités commencent à demander si ce devrait être le rôle de Facebook. En plus, Facebook n'explique jamais comment les algorithmes de son Fil d'actualité déterminent qui voit quoi. Il faut s'attendre à des exigences de clarification.

Zuckerberg professe un désir profond de s'assurer que Facebook demeure une force bienveillante sur Internet et dans la société en général. « Il faut être bon si on veut gagner la confiance des gens. Jadis ils n'attendaient pas de la bonté de la part de l'industrie. Je crois que c'est en train de changer. »

Nous sommes seuls dans une salle de conférences. « Je dis souvent en interne que mon but n'a jamais été de créer une société et de m'arrêter là, explique Zuckerberg en me regardant franchement. Des tas de gens interprètent ça de travers, comme si je ne me souciais pas des recettes, des bénéfices et du reste. Mais ne pas m'arrêter là, ça veut dire : aller plus loin, construire quelque chose qui changera le monde en profondeur. » Son regard fixe est un peu pénible, mais il se concentre. Il poursuit :

« La question que je me pose presque tous les jours, c'est "Est-ce que je suis en train de faire la chose la plus importante que je puisse faire ?" dit-il avec une expansivité inhabituelle. Parce que si la réponse est non, c'est que nous avons porté cette entreprise à un tel degré de perfection que je ne suis plus obligé de faire ça, ni autre chose. C'est l'argument que beaucoup de gens ont avancé pour me dire que nous aurions dû vendre depuis longtemps. Ensuite, on décroche et on profite de la vie. Tout simplement. À ce moment-là se pose la question de ce qui compte pour vous. À moins d'avoir l'impression que je travaille sur le… [il s'attarde sur ces mots pour les souligner]… plus important problème que je puisse résoudre, je ne vais pas être satisfait de la manière dont je passe le temps. Et c'est ça, mon entreprise. »

Finalement, la vision de Mark Zuckerberg est de donner le pouvoir à l'individu. Pour lui, le plus important que Facebook puisse faire, c'est de fournir aux gens des outils qui leur permettent de communiquer plus efficacement et de prospérer dans un monde où, quoi que nous fassions, nous sommes entourés de plus en plus d'informations. Il veut contribuer à empêcher les individus d'être écrasés quand de grandes institutions dans le monde des affaires comme dans les sphères gouvernementales acquièrent de plus en plus de ressources informatiques et documentaires.

Ses subordonnés ont en général fini par approuver cette façon de penser. « Quelle est la raison principale pour laquelle nous sommes là où nous sommes, avec tout ce succès ? demande Kevin Colleran, détenteur du record de durée chez Facebook comme chef des ventes et fidèle ami de Zuckerberg. La raison principale, c'est que Mark n'est pas motivé par l'argent. » Chris Cox, vice-président chargé du produit, qui travaille aux côtés de Zuckerberg presque quotidiennement, confirme : « Mark aimerait mieux voir Facebook se planter dans une tentative pour faire quelque chose de correct, de grandiose et de significatif que devenir une énorme entreprise aux gros sabots. » Ce « Non aux gros sabots » est une sorte de slogan Facebook depuis des années. D'après Cox, cela signifie ne jamais faire une chose juste pour gagner plus d'argent ou parce que tout le monde vous dit de le faire. C'est la réponse de Facebook à la devise officielle de Google « Ne soyez pas malveillant ».

Bien que Facebook rassemble des cadres de toutes les classes d'âge, les gens entre vingt et trente ans constituent toujours la masse critique. Ils comprennent le mode de pensée de Zuckerberg parce qu'ils lui ressemblent beaucoup. Ils prennent l'impact de leur travail avec un profond sérieux, même s'ils donnent l'impression de passer une bonne partie de leur journée à zigzaguer dans l'immense bureau sur des skateboards RipStick à deux roues en ligne. Nombre d'entre eux ont cédé naturellement à l'attraction de Facebook après avoir développé une conviction profonde dans les implications sociales d'un service qu'ils utilisaient quotidiennement. Quand je suis dans leurs bureaux, j'ai souvent l'impression qu'ils pourraient être la bande de jeunes la plus intelligente de la planète à l'heure qu'il est. L'âge moyen des quelque 2 000 employés est d'environ 31 ans[5].

En mai 2009, Facebook, écartelé sur un patchwork de bureaux en location dispersés dans tout le centre-ville de Palo Alto, emménagea dans une ancienne usine de 12 000 mètres carrés de surface au sol, de l'autre côté de la ville. L'endroit avait été choisi pour son absence de décoration très mode – Zuckerberg et Sheryl Sandberg ne voulaient pas emménager dans des locaux ultramodernes comme ceux occupés par Google ou Yahoo. Ils craignaient l'ambiance « parvenue » du siège d'entreprise traditionnel qui pourrait conduire les employés à une certaine suffisance. Mais même ce nouveau bureau fut rapidement rempli et la société loua un bâtiment industriel encore plus vaste non loin de là en prévision d'une nouvelle expansion.

Facebook a fait preuve d'une durabilité particulière. Dès ses tout débuts, les critiques ont prédit qu'il risquait de perdre sa tonalité « cool » et allait rapidement décliner : « S'il accepte les profs de Harvard… S'il sort de Harvard… S'il prend des universités à l'extérieur de l'Ivy League… Si les lycéens peuvent adhérer… Si les adultes sont acceptés… tout le monde partira. » L'article sur « La Fin de Facebook » est devenu un cliché.

Entre-temps, le service n'a cessé de progresser sans avoir sensiblement perdu l'allégance collective des usagers, quels que soient leur âge, leur classe sociale ou leur nationalité. Cette tendance ne peut durer éternellement, mais rien n'indique encore qu'elle va s'interrompre. « Même nous sommes encore en train d'essayer de comprendre l'envergure et la puissance de ce que nous avons construit, s'émerveille Chamath Palihapitiya, vice-président chargé de la croissance et de l'internationalisation. Nous croyons que [Facebook] est une entreprise qui va créer de la valeur pendant de nombreuses décennies. »

Facebook change notre conception de la communauté, au niveau du quartier comme au niveau planétaire. Cela peut nous aider à retrouver une sorte d'intimité dont le rythme toujours plus rapide de la vie moderne nous a éloignés. En 2010, pour la première fois, la majorité de l'humanité habitait dans des grandes villes. Facebook recrée électroniquement la familiarité du petit bourg de province.

Dans le même temps, l'envergure mondiale de Facebook, combinée avec la quantité d'informations personnelles que lui confient ses usagers, suggère un mouvement vers une forme de connectivité universelle qui est véritablement nouvelle dans la société humaine. Le philosophe, sociologue et théoricien des médias Marshall McLuhan est une des références favorites chez Facebook. C'est lui qui créa le terme de « village planétaire ». Dans son ouvrage capital de 1964, *Pour comprendre les médias : Les prolongements technologiques de l'homme*, il a prédit le développement d'une plate-forme de communication universelle qui unifierait la planète : « Rapidement, nous approchons de la phase finale des prolongements de l'homme – la simulation technologique de la conscience quand le processus créatif du savoir sera collectivement et associativement étendu à toute la société. » Nous n'en sommes pas encore là. Facebook n'est pas ce que décrit McLuhan. Le monde demeure fragmenté. Mais aucun outil antérieur n'a jamais étendu aussi largement un « processus créatif du savoir ».

L'ensemble des contributions des usagers Facebook constitue une agrégation à l'échelle planétaire d'idées et de sentiments. Certains auteurs sont même allés jusqu'à dire qu'il pourrait évoluer vers une sorte de cerveau planétaire rudimentaire. Si l'on entend parfois ce genre de remarque, c'est que si toutes ces données personnelles existent en un lieu unique elles peuvent être examinées par des logiciels sophistiqués afin de permettre des découvertes sur les idées et sentiments ainsi rassemblés. Facebook a dans ses cartons un projet d'Indice national brut de bonheur. Un logiciel analytique mesure l'occurrence dans le temps sur Facebook de mots et d'expressions suggérant le bonheur ou le malheur. Ce qui produit un tableau conçu pour « indiquer ce que nous ressentons collectivement », d'après un texte affiché sur le blog Facebook. Au fil du temps, cette recherche s'étendra vraisemblablement jusqu'à créer une évaluation sans précédent du sentiment planétaire. Pareils outils deviendront de plus en plus puissants.

Facebook est l'incarnation de qualités étonnamment efficaces en matière de connectivité universelle. Allez dans la case Recherche et tapez le nom de quelqu'un que vous avez connu dans votre vie. Il y a de fortes chances que vous soyez dirigé sur une page comportant le nom et la photo de cette personne. Si vous le voulez, vous pourrez à partir là lui envoyer un message. Facebook a pour dessein de constituer un annuaire de la race humaine tout entière, ou du moins des fractions de cette population qui ont accès à Internet. Il crée une liaison directe entre deux individus.

On peut imaginer qu'avec le temps ces capacités puissent conduire à plus de compréhension au niveau planétaire. Ou peut-être que cela n'arrivera pas. Et que nous nous contenterons d'utiliser Facebook pour nous connecter plus étroitement avec les gens que nous connaissons déjà. Et peut-être que cela renforcera notre impression d'une séparation tribale.

Après tout, l'idée initiale que Zuckerberg se faisait de Facebook, rigoureusement préservée jusqu'ici, était celle d'un service permettant de communiquer avec les gens que vous connaissiez déjà dans la vie réelle. En se heurtant à la nécessité d'étoffer ses revenus, Facebook a accueilli les pages commerciales et une culture du marketing qui a fini par coexister avec une culture de l'interconnexion interpersonnelle. Ensuite, lorsque le défi de Twitter a émergé, Facebook a étendu son auto-définition pour devenir un service où on communique avec tout le monde comme avec ses amis. À certains égards, c'était la conséquence naturelle d'un autre des principes fondateurs énoncés par Zuckerberg – que le « partage » et la transparence devenaient des composantes irrésistibles de l'expérience moderne.

Or il se peut que des connexions individuelles réciproques chargées de données très personnelles aient du mal à coexister avec un partage effréné. Est-il vraiment raisonnable de combiner le concept originel de Facebook avec ce que font Twitter, MySpace et une foule d'autres services moins restrictifs ? Un système fondé sur la confiance peut-il évoluer pour devenir véritablement ouvert ?

La réponse à ces questions dépend des décisions que prendra Facebook à mesure qu'il affine et améliore ses prestations. Mark Zuckerberg tient profondément au potentiel du site à servir de pont entre les individus. Il va œuvrer pour en faire véritablement la grand-place du village planétaire. Entretenir l'enthousiasme des centaines de millions de personnes qui ont adhéré à l'origine pour communiquer avec leurs amis demeurera pour lui un défi permanent.

Post-scriptum

Lorsque vous lirez ce livre, Facebook aura vraisemblablement dépassé les 700 millions d'utilisateurs actifs. Il en annonçait 500 millions en juin 2010, mais acquiert environ 25 millions de nouveaux utilisateurs par mois.

L'entreprise Facebook s'intègre de plus en plus étroitement au tissu de la vie et de la culture modernes. On surprend souvent le mot « Facebook » dans les conversations. Une importante production hollywoodienne, *The Social Network*, a fait un tabac dans le monde entier en déformant l'historique des origines de Facebook à Harvard, qui devient un simple récit moralisateur où Mark Zuckerberg joue les mauvais génies.

L'impact social de Facebook continue de s'élargir, au plan social comme au plan politique. La politique égyptienne, par exemple, est de plus en plus transformée par l'activisme Facebook. Pour de nombreux adultes dans le monde entier, il a ranimé des relations moribondes. Jon Weisblatt, conseiller en marketing d'Austin, Texas, a écrit sur la page Facebook que je consacre au présent ouvrage (www.facebook.com/thefacebookeffect) un message où il a forgé l'expression « vertige Facebook ». C'est le sentiment qu'il éprouve « lorsque je vois soudain les noms et les visages d'amis perdus de vue depuis longtemps ». Et pour qui cherche l'amour, Facebook représente une seconde chance. Puisque pratiquement tous les anciens amis sont accessibles via un simple message Facebook, beaucoup de gens sont tentés de reprendre contact avec leurs béguins du temps du lycée ou de la fac. Tant de gens ont ainsi renoué des relations qu'un terme a émergé pour les décrire – les « rétrosexuels ».

Mais Facebook est aussi devenu un espace – un de plus – où peuvent se déchaîner des éléments antisociaux. Il n'est plus rare que des escrocs créent des sites frauduleux qui ressemblent à Facebook afin de récolter les mots de passe des membres. Pareil « hameçonnage » a même trompé le président de la Commission fédérale des communications, Julius Genachowski. Un certain nombre de ses amis Facebook reçurent le message énigmatique : « J'ai commencé à gagner de l'argent avec ce truc que m'a montré Adam. »

Les adversaires de Facebook sont en difficulté. Bebo, acquis en 2008 par AOL pour 850 millions de dollars, aurait été vendu en 2010 pour 10 millions de dollars – une misère. La publicité de MySpace annonce maintenant une efficacité maximale… en tant qu'application liée à Facebook.

Ce qui manque aux concurrents de Facebook, c'est au premier chef sa volonté de se transformer en permanence. Mark Zuckerberg a procédé à des changements époustouflants en 2010. En avril, lors du troisième événement f8, Facebook a dévoilé de nouveaux outils permettant, à partir de la plate-forme, de se connecter à d'autres sites sur tout le Web. Mais une fonctionnalité qui permet à des partenaires sélectionnés tels que Yelp d'utiliser Facebook pour inscrire automatiquement des visiteurs et accéder à leurs données Facebook a attiré à nouveau l'attention sur des modifications effectuées fin 2009 qui enlevaient aux utilisateurs la possibilité de maintenir confidentielles certaines données de leur profil. En mai 2010, Mark Zuckerberg a fait marche arrière et a instauré à nouveau des contrôles de confidentialité.

À la fin de l'été, Facebook a conclu un important accord avec Skype, qui permet aux utilisateurs de faire des appels vocaux ou vidéo rien qu'en cliquant sur le nom d'un ami Facebook. Il a lancé un service appelé Facebook Lieux, qui permet aux utilisateurs d'indiquer à leurs amis où ils se trouvent. Mais le changement le plus important a été une transformation – déjà prévue – de la messagerie Facebook qui fait d'elle un véritable service de courrier électronique. L'intégralité des interactions que vous avez eues avec un ami Facebook est à présent rassemblée en un flux historique unique et ininterrompu. Ces nouveautés ont fait l'objet de comptes rendus enthousiastes.

Un de mes amis habite à Palo Alto, à quelques blocs des bureaux de Facebook. Un dimanche, il rentrait tard le soir après une longue journée d'activités familiales, sa voiture pleine d'enfants irritables. Son épouse et lui étaient soulagés d'être enfin à la maison. Mais lorsqu'il s'approcha de son allée, les phares de sa voiture illuminèrent la silhouette d'un homme planté sur le trottoir, qui lui barrait la route.

Le frêle jeune homme aux cheveux bouclés ne les avait pas vus arriver. Immobile, les mains derrière le dos, la tête baissée, il était perdu dans ses pensées. Il y avait une certaine gravité dans son attitude. Mon ami s'arrêta. Malgré l'épuisement des membres de sa famille, son instinct lui disait de ne pas interrompre l'inconnu. Il attendit donc. Au bout d'une minute environ, un Mark Zuckerberg pensif leva les yeux et poursuivit lentement son chemin sur le trottoir.

Remerciements

À tout seigneur, tout honneur. Si Mark Zuckerberg ne m'avait pas encouragé à écrire le présent ouvrage et coopéré pendant sa rédaction, il n'aurait vraisemblablement pas vu le jour. Chemin faisant, je me suis souvent dit – et l'ai repété autour de moi – combien j'appréciais de pouvoir écrire un livre sur quelqu'un d'attaché à ce point à la transparence. Mark s'est efforcé de répondre même à des questions dont les réponses étaient embarrassantes.

Il m'aurait été impossible de consacrer autant de temps à ce projet sans le soutien et l'amour de ma femme, Elena Sisto, et de ma fille, Clara Kirkpatrick, qui ont souvent tenu lieu de groupe Facebook témoin. Elles ont constitué l'équipe de base.

Chez Simon & Schuster, j'ai eu la chance insigne d'avoir non pas un directeur de collection, mais un directeur et une directrice de collection extraordinaires. Bob Bender a géré le projet et a tout supervisé avec l'aplomb et le discernement qui font de lui un vétéran si respecté dans le monde de l'édition. Les avis de Dedi Felman en matière de structure et la précision chirurgicale de ses corrections ont été d'une aide inestimable.

Les conseils avisés de mon sublime agent Wayne Kabak m'ont guidé tout au long de cette aventure, et je lui en suis profondément reconnaissant. Merci aussi à Jim Wiatt de m'avoir convaincu d'écrire un livre. Teri Tobias, elle, me représente avec une efficacité imparable sur le marché international.

Julia Lieblich a été mon associée. Sans elle, je n'aurais pas pu réussir mon coup. Judy Adler a été une autre alliée critique.

Chez Facebook, Brandee Barker a été mon gourou. Elle a passé des heures innombrables à m'aider à trouver des interlocuteurs et a eu la patience d'assister à ces entretiens. Elliott Schrage, qui a la haute main sur toutes les communications de l'entreprise, m'a énormément soutenu et aidé. Larry Yu m'a rendu lui aussi de grands services dans l'organisation des entretiens, et Maureen O'Hara a souvent fait des miracles dans la gestion des emplois du temps.

Mon ami intime Brent Schlender a lu des propositions et a prodigué constamment des conseils affinés par un quart de siècle de journalisme technologique. Jessi Hempel a apporté sa contribution de maintes façons. Au nombre des amis qui m'ont aidé, citons encore Jim Aley, Marc Benioff, Lynne Benioff, Brett Fromson, Frank Levy, Ellen McGirt, Rick Moody, Peter Petre, Julie Schlosser et Della Van Heyst. Justin Smith et John Battelle ont apporté la sagesse acquise en première ligne. Tedd Ross Pitts et Gretl Rasmussen ont travaillé sur les passages difficiles. Ali Axon m'a encouragé.

Enfin, je remercie tout particulièrement Matt Cohler, Joe Green, Chris Hughes, Dustin Moskovitz et Sean Parker.

Note de l'auteur sur ses recherches

Facebook a largement coopéré avec l'auteur dans la préparation du présent ouvrage, tout comme son PDG, Mark Zuckerberg. Personne – ou presque – parmi les collaborateurs et employés de la société n'a refusé de me parler. Mais qu'on ne se méprenne pas : Facebook n'a ni exigé ni reçu un droit de regard sous quelque forme que ce soit, et, pour autant que je sache, ses responsables n'ont pas vu le livre avant qu'il soit sous presse. Il est arrivé à plusieurs reprises que, confrontés à une question particulièrement sensible, des employés de l'entreprise se taisent et adressent un regard interrogateur à la responsable des relations publiques qui était souvent dans les parages, mais ils ont, sans exception aucune, toujours été encouragés à répondre à ma question. Et j'ai parlé à beaucoup de gens sans témoins.

Certaines personnes se sont soumises à des entretiens multiples, au tout premier chef Mark Zuckerberg lui-même. Parmi ceux et celles qui ont généreusement pris sur leur temps pour me répondre, je citerai Jim Breyer, Matt Cohler, Chris Cox, Kevin Efrusy, Joe Green, Chris Hughes, Chris Kelly, Dave Morin, Dustin Moskovitz, Chamath Palihapitiya, Sean Parker, Dan Rose, Sheryl Sandberg et Aaron Sittig.

D'autres entretiens chez Facebook ont été réalisés avec Carolyn Abram, Aditya Agarwal, Ethan Beard, Charlie Cheever, Kevin Colleran, Adam D'Angelo, Gareth Davis, Dave Fetterman, Anikka Fragodt, Naomi Gleit, Jonathan Heiliger, Matt Jacobson, Meagan Marks, Scott Marlette, Cameron Marlow, Mike Murphy, Javier Olivan, Jeff Rothschild, Ruchi Sanghvi, Barry Schnitt, Mike Schroepfer, Peter Thiel, Gideon Yu et Randi Zuckerberg.

J'ai parlé à beaucoup de gens qui ont interagi avec Facebook ou l'ont observé de près pendant sa courte histoire. Outre ceux et celles qui ont préféré rester anonymes, j'ai interrogé Jonathan Abrams, Samir Arora, Kevin Barenblat, Hank Barry, Tom Bedecarré, Gina Bianchini, Tricia Black, Rene Bonvanie, Jeremy Burton, Michele Clarke, Jared Cohen, Ron Conway, John Clippinger, Sebastian de Halleux, Soumitra Dutta, Nick Earle, Dani Essindi, Rahim Fazal, Lukasz Gadowski, Bill Gates, Seth Goldstein, Susan Gordon, Don Graham, Robert Herzberg, Doug Hirsch, Reid Hoffman, Ken Howery, Joshua Iverson, Karl Jacob, Rebecca Jacoby, Bruce Jaffe, Josh James, Jeff Jarvis, Suzanne McGee, Mike Lazerow, Tara Lemmey, Sam Lessin, Max Levchin, Titus Levy, Charlene Li, Caroline Little, Chris Ma, Olivia Ma, Marissa Mayer, Oscar Morales, Youri Milner, Rick Murray, Mairtini ni Dhomhnaill, Ray Ozzie, Philipp Pieper, Mark Pincus, Shervin Pishevar, Jeff Pulver, Scott Rafer, J.P. Rangaswami, Andrew Rasiej, Robin Reed, Gerry Rosberg, John Rosenthal, Marc Rotenberg, Geoff Sands, Marc Schiller, David Schlesinger, Clara Shih, Anu Shukla, Megan Smith, Justin Smith, Gary Spangler, Stan Stalnaker, Daniel Stauffacher, Seth Sternberg, Nick Summers, David Sze, Don Tapscott, Rodrigo Teijeiro, Owen Van Natta, Erik Wachtmeister, Duncan Watts, Bill Weaver, Andrew Weinreich, Maurice Werdegar, John Winsor, Michael Wolf et Robert Wright.

Qu'ils soient ici sincèrement remerciés. J'ai essayé d'être exact.

Notes

Prologue : L'effet Facebook

1. JAMES, Ian, « Venezuelan Mission Heads to Colombia », *Boston Globe,* 29 décembre 2007, http://www.boston.com/news/world/latiname-rica/articles/2007/12/29 venezuelan_mission_ heads_to_colombia/ (téléchargé le 15 novembre 2009).

2. RINCON PARRA, Juliana, « Colombia : United in a March Against the FARC », *Global Voices Online,* 5 février 2008, http://globalvoiceson-line.org/2008/02/05/colombia-theworld-united-in-a-multitudi-nary-march/ (téléchargé le 15 novembre 2009).

3. FRANKLIN, Katie, « Facebook Water Fight Ruins Prized Garden », *Daily Telegraph,* 7 mai 2008, http:/www.telegraph. co.uk/news/newstopics/howaboutthat/1935926/Facebook-water-fight-ruins-prized-garden-in- Leeds. html (téléchargé le 15 novembre 2009).

4. CUNNINGHAM, Angela, « Facebook Phenomenon Hits Grand Rapids, Literally ! », [radio] WZZM-13, 28 septembre 2008, http://www. wzzm13.com/news/news_story.aspx ?storyid=99194&catid=14 (téléchargé le 15 novembre 2009).

5. Courriel de Brandee Barker, relations publiques Facebook, 24 février 2010.

6. Brandee Barker, *ibid.*

7. SMITH, Justin : *The Facebook Global Monitor : Tracking Facebook in Global Markets* (Palo Alto, CA : Inside Network, février 2010).

(Les références 5, 6, 7 – entre autres – correspondent aux données de février 2010 publiées dans la première édition de *The Facebook Effect.* Ces données ont été actualisées en novembre 2010 pour l'édition sur laquelle se fonde la présente version française. *N.d.T.*)

1. Les débuts

1. LACY, Sarah, *Once You're Lucky, Twice You're Good : The Rebirth of Silicon Valley and the Rise of Web 2.0* (New York : Gotham Books, 2008), p. 141.

2. « M*A*S*H – Online "Facemash" Site, While Mildly Amusing, Catered to the Worst Side of Harvard Students », *Harvard Crimson,* 6 novembre 2003, http://www.thecrimson.com/article/2003/11/6/mash-for-the-most-monasticundergraduates/ (téléchargé le 15 novembre 2009).

3. *Harvard Crimson, ibid.*

4. *Harvard Crimson, ibid.*

5. SCHWARTZ, Bari, « Hot or Not ? Website Briefly Judges Looks », *Harvard Crimson,* 4 novembre 2003.

6. KAPLAN, Katharine, « Facemash Creator Survives Ad Board », *Harvard Crimson,* 19 novembre 2003.

7. « Put Online a Happy Face : Electronic Facebook for the Entire College Should Be Both Helpful and Entertaining for All », éditorial du *Harvard Crimson,* 11 décembre 2003.

8. *Harvard Crimson,* « M*A*S*H – Online "Facemash" Site... ».

9. TABAK, Alan J., « Hundreds Register for New Facebook Website », *Harvard Crimson,* 9 février 2004.

10. TABAK, Alan J., *ibid.*

11. TABAK, Alan J., *ibid.*

12. LESTER, Amelia, « Show Your Best Face : Online Social Networks Are a Hop, Click and Jump From Reality », *Harvard Crimson,* 17 février 2004, http: www.thecrimson.harvard. edu/article/2004/2/17/show-your-best-face-lets-talk/ (téléchargé le 11 décembre 2009).

13. Courriel de Brandee Barker, relations publiques Facebook, 11 décembre 2009 : « Mark croit qu'ils allaient apporter chacun 10 ou 20 kilodollars. »

14. Brandee Barker, *ibid.*

2. Palo Alto

1. LACY, Sarah, *Once You're Lucky...,* p. 147.

2. LACY, Sarah, *ibid.* p. 148.

3. MA, Olivia, « Need Help ? Check Down the Hall », *Newsweek,* 2 août 2004, http://www.newsweek.com/id/54735/ (téléchargé le 11 décembre 2009).

3. Réseautage social et Internet

1. LICKLIDER, J.C.R. & Robert TAYLOR, « The Computer as a Communication Device," *Science and Technology,* avril 1968, http://www.

kurzweilai.net/meme/frame.html ?main=/articles/art0353.html (téléchargé le 11 décembre 2009).

2. RHEINGOLD, Howard, « Virtual Communities – Exchanging Ideas Through Computer Bulletin Boards », *Whole Earth Review*, hiver 1987, http://findarticles.com/p/articles/mi_m1510/is_n57/ai_6203867/ (téléchargé le 15 novembre 2009).

3. BOYD, Danah [« danah boyd »] & Nicole ELLISON, « Social Network Sites : Definition, History, And Scholarship », *Journal of Computer-Mediated Communication* 13 (2007), http://jcmc.indiana.edu/vol13/issue1/boyd.ellison. html (téléchargé le 15 novembre 2009).

4. Détails sur sixdegrees : entretien et correspondance électronique subséquente avec Andrew Weinreich, 2009.

5. ANGWIN, Julia, *Stealing MySpace : The Battle to Control the Most Popular Website in America* (New York : Random House, 2009), p. 52.

6. ANGWIN, Julia, *ibid.*

7. O'BRIEN, Luke, « Poking Facebook », *02138 Magazine*, novembre 2007, www.02138mag.com/magazine/article/1724.html (téléchargé le 28 novembre 2009).

8. O'BRIEN, Luke, *ibid.*

9. *ConnectU, Inc. v. Facebook, Inc. et al.*, in « Justia News And Commentary », *Justia.com*, http://news.justia.com/cases/featured/massachusetts/madce/1 :2007cv10593/108516/ (téléchargé le 28 novembre 2009).

10. BOMBARDIERI, Marcella, « Online adversaries : Rivalry between college-networking websites spawns lawsuit », *Boston Globe*, 17 septembre 2004), http://www.boston.com/news/education/higher/articles/2004/09/17/ (téléchargé le 27 décembre 2009).

11. LIEDTKE, Michael, « Facebook Appraisal Pegs Company's Value At $3.7 B », *San Francisco Chronicle*, 11 février 2009, http://www.sfgate.com/cgi-bin/article.cgi ?f=/n/a/2009/02/10/state/n230703s73.dtl (téléchargé le 28 novembre 2009).

12. GREENSPAN, Aaron, *Authoritas : One Student's Harvard Admissions and the Founding of the Facebook Era* (Palo Alto, CA : Think Press, 2008).

4. Automne 2004

1. FEENEY, Kevin J., « Business, Casual », *Harvard Crimson*, 24 février 2005, http://www.thecrimson.com/article/2005/2/24/business-casual-a-year-ago-mark/ (téléchargé le 28 novembre 2009).

2. LACY, Sarah, *Once You're Lucky…*, p. 154.

3. Citations du personnage d'Achille : *Troie* (USA, 2004), *IMDB*, http://www.imdb.com/character/ch0004244/quotes (téléchargé le 15 novembre).

4. FEENEY, Kevin J., « Business, Casual ».

5. Investisseurs

1. ROUNSON, Rebecca, « "Hi, What's Your Major ?" Is Reinvented on Website », *Los Angeles Times,* 23 janvier 2005, http://articles.latimes.com/2005/jan/23/local/me-facebook23 (téléchargé le 27 décembre 2009).
2. Sean Parker, entretien avec l'auteur.
3. Entretien avec Samir Arora, 11 janvier 2010. (S. Arora était PDG de Tickle au début de 2004.)

6. Esprit d'entreprise

1. BALOUN, Karel M., *Inside Facebook : Life, Work and Visions of Greatness* (Bloomington, IN : Trafford, 2007), p. 23.
2. BALOUN, Karel M., *ibid.*, p. 38.
3. BALOUN, Karel M., *ibid.*, p. 18.
4. BALOUN, Karel M., *ibid.*, p. 22.
5. ANGWIN, Julia, *Stealing MySpace...*, p. 121.
6. *ConnectU, Inc. v. Facebook, Inc. et al.,...*

7. Automne 2005

1. ARRINGTON, Michael, « 85 % of College Students Use Facebook », *TechCrunch,* 7 septembre 2005, www.techcrunch.com/2005/09/07/85-of-college-students-use-facebook/ (téléchargé le 15 novembre 2009).
2. CASSIDY, John, « Me Media : How Hanging Out On The Internet Became Big Business », *New Yorker,* 15 mai 2006, http://www.newyorker.com/archive 2006/05/15/060515fa _fact_cassidy (téléchargé le 11 décembre 2009).
3. VAN NATTA, Owen, entretien avec l'auteur, 15 mai 2007.
4. ANGWIN, Julia, *Stealing MySpace...*, pp. 140, 177.
5. ANGWIN, Julia, *ibid.*, p. 177.
6. Courriel de Brandee Barker, relations publiques Facebook, 24 février 2010.

8. Le PDG

1. COKER, Mark, « Start-Up Advice For Entrepreneurs, From Y Combinator Startup School », *Venturebeat,* 26 mars 2007, http://venturebeat.com/2007/03/26/start-upadvice-for-entrepreneurs-from-y-combinator-start-up-school/ (téléchargé le 28 novembre 2009).
2. ROSENBUSH, Steve, « Facebook's on the Block », *Business-Week,* 28 mars 2006, http://www.businessweek.com/technology/content/mars 2006/tc20060327_215976.htm (téléchargé le 15 novembre 2009).

3. ROSENBUSH, Steve, *ibid.*
4. BALOUN, Karel M., *Inside Facebook...*, p. 95.
5. CASSIDY, John, « Me Media... ».
6. LACY, Sarah, *Once You're Lucky...*, p. 162.
7. LACY, Sarah, *ibid.*
8. WALKER, Rob, « A For-Credit Course », *New York Times*, 30 septembre 2007, http://www.nytimes.com/2007/09/30/magazine/30ww Inconsumed-t.html (téléchargé le 27 décembre 2009).
9. Courriel de Brandee Barker, relations publiques Facebook, 11 décembre 2009.

9. 2006

1. LACY, Sarah, *Once You're Lucky...*, p. 165.
2. KUSHNER, David, « The Baby Billionaires of Silicon Valley », *Rolling Stone, 16 novembre* 2006, http://rollingstone.com/news/story/12286036/the_baby_billionaires_of_silicon_valley (téléchargé le 28 novembre 2009).
3. Kevin Colleran, entretien avec l'auteur.
4. SCHMIDT, Tracy Samantha, « Inside the Backlash Against Facebook », *Time*, 6 septembre 2006, www.time.com/time/nation/article/0,8599,1532225,00.html (téléchargé le 11 décembre 2009).
5. MOORE, Brandon, « Student Users Say New Facebook Feed Borders on Stalking », *Arizona Daily Wildcat*, September 8, 2006, http://wildcat.arizona.edu/2.2257/studentusers-say-new-facebook-feed-borders-on-stalking-1.177273 (consulté le 11 décembre 2009).
6. ASLANI, Layla, « Users Rebel Against Facebook Feature », *Michigan Daily*, 7 septembre 2006, http://www.michigandaily.com/content/users-rebel-against-facebook-feature (téléchargé le 11 décembre 2009).
7. MOORE, Brandon, « Student users... ».
8. ASLANI, Layla, « Users Rebel... ».
9. KESSLER, Andrew, « Weekend Interview with Facebook's Mark Zuckerberg », *Wall Street Journal*, 24 mars 2007, http://www.andykessler.com/andy_kessler/2007/03/wsj_weekend_int.html (téléchargé le 11 décembre 2009).

10. Vie privée et confidentialité

1. GRIMMELMANN, James, « Saving Facebook », *Iowa Law Review* (2009), http://www.law.uiowa.edu/journals/ilr/Issue %20PDFs/ILR_94-4_Grimmel mann.pdf (téléchargé le 11 décembre 2009).
2. ROTENBERG, Marc, « Online Friends At What Price ? », *Sacramento Bee*, 20 juillet 2008.
3. REICHELT, Leisa, « Ambient Intimacy », *Disambiguity*, 1er mars 2007, http://www.disambiguity.com/ ambient-intimacy/ (téléchargé le 15 novembre 2009).

4. THOMPSON, Clive, « Brave New World of Digital Intimacy », *New York Times Magazine,* 7 septembre 2008, http://www.nytimes.com/2008/09/07/magazine/07awarenesst.html (téléchargé le 11 décembre 2009).

5. ARNST, Catherine, « Kids on Facebook », BusinessWeek Working Parents Blog (January 9, 2010), http://www.businessweek.com/careers/workingparents/blog/archives/2010/01//kids_on_facebook.html (téléchargé le 17 janvier 2010).

6. « Facebook Prison Officer Is Sacked », *BBC News,* 23 mars 2009, http://news.bbc.co.uk/go/pr/fr//2/hi/uk_news/england/leice-tershire/7959063.stm(téléchargé le 15 novembre 2009).

7. « Facebook Bid Costs Phila. Court Aide », *Philly.com,* 23 avril 2009, http://www.philly.com/philly/news/homepage/20090423_Facebook_bid_costs_Phila_court_aide.html (téléchargé le 15 novembre 2009).

8. HEMMING, Jon, « British spy chief's cover blown on Facebook », Reuters, 6 juillet 2009, http://www.reuters.com/article/idUSTRE564038 20090705 (téléchargé le 11 décembre 2009).

9. « Man Killed Wife in Facebook Row », *BBC News,* 17 octobre 2008, http://news.bbc.co.uk/2/hi/uk_news/england/london/7676285.stm (téléchargé le 15 novembre 2009).

10. WEINBERGER, David, « Weblog Stat Questions », Joho the Blog : David Weinberger's Weblog, 19 décembre 2001, http://www.hyperorg.com/blogger/archive/2001_12_01_archive.html.

11. CAREY, Mary, « Spurned High School Student Commits Facebook Revenge », *Amherst Bulletin,* 9 janvier 2009, http://www.amherstbulletin.com/story/id/124207/ (téléchargé le 11 décembre 2009).

12. GUERNSEY, Lisa, « Picture Your Name Here », *New York Times,* 27 juillet 2008, http://www.nytimes.com/2008/07/27/education/edlife/27facebook-innovation.html (téléchargé le 11 décembre 2009).

13. « Press Room : Product Overview FAQ », Facebook, http://www.facebook.com/press/faq.php (téléchargé le 24 février 2010).

14. « Office Worker Sacked For Branding Work Boring On Facebook », *Daily Telegraph,* 26 février 2009, http://www.telegraph.co.uk/technology/facebook/4838076/Office-workersacked-for-branding-work-boring-on-Facebook.html (téléchargé le 28 novembre 2009).

15. « Facebook Remark Teenager Is Fired », *BBC News,* 27 février 2009, http://news.bbc.co.uk/go/pr/fr/ – /2/hi/uk_news/england/essex/7914415.stm (téléchargé le 15 novembre 2009).

16. « Facebook Postings By Students Sparking Legal Fights », *South Florida Sun-Sentinel,* 13 décembre 2008, www.sun-sentinel.com/news/schools/sfl-flbfacebook1213sb dec13,0,3402411.story (téléchargé le 15 novembre 2009).

17. GRIMMELMANN, James, « Saving Facebook ».

18. GRIMMELMANN, James, *ibid.*

19. RAMASWAMY, Swapna Venugopal, « Facebook 4 Docked Pay ; 2 Demoted », *Journal News,* 6 juin 2009, http://m.lohud.com/detail.jsp?key=250959&full=1 (téléchargé le 28 novembre 2009). (Selon une tradi-

tion remontant à l'époque de l'esclavage, la pastèque est censée être le mets favori des Noirs ; à la limite, elle peut désigner le Noir lui-même, dans une méprisante métonymie. *N.d.T.*)

20. MOSES, Asher, « Banned For Keeps On Facebook For Odd Name », *Sydney Morning Herald*, 25 septembre 2008, http://www.smh.com/au/articles/2008/09/25/1222217399252.html (téléchargé le 15 novembre 2009).

21. MOSES, Asher, *Ibid.* (Yoda : maître jedi dans la *Guerre des Étoiles* ; *beaver* : castor, mais aussi « barbu » en argot ; *jelly* : gelée, mais aussi vaseline, ou « baveux » en argot. *Duck* évoque le canard Donald Duck. *N.d.T.*)

22. EVANS, Catherine Mary, « The Facebook Reunion : How Two Brothers Got in Touch Again For the First Time in 35 Years », *South Wales Echo*, 16 janvier 2009, http://www.walesonline.co.uk/news/wales-news/2009/01/16/the-facebookreunion-how-two-brothers-got-in-touch-again-for-the-first-time-in-35-years-91466–22704778/ (téléchargé le 11 décembre 2009).

23. PARR, Ben, « Social Media And Privacy : Where Are We Two Years After Facebook News Feed ? », *Mashable.com*, 8 septembre 2008, http://mashable.com/2008/09/08/social-media-privacy-news-feed/ (téléchargé le 28 novembre 2099).

11. La plate-forme

1. Merci à Brent Schlender pour ces idées.

2. KIRKPATRICK, David, « Facebook's Plan to Hook Up the World », *Fortune*, 29 mai 2007, http://money.cnn.com/2007/05/24/technology/facebook. fortune/index.htm ?postversion=2007052511 (téléchargé le 28 novembre 2009).

3. Dustin Moskovitz, entretien avec l'auteur, 14 mai 2007.

4. O'NEILL, Nick, « Lessons From A Successful Facebook Application Team », *Allfacebook*, 28 juin 2007, http://www.allfacebook.com/2007/06/lessons-from-a-successful-facebook-application-team/ (téléchargé le 28 novembre 2009).

5. THURMAN, Judith, « Spreading The Word : The New Scrabble Mania », *New Yorker*, 19 janvier 2009, http://archives.newyorker.com/?i=2009–01–19#folio=026 (téléchargé le 11 décembre 2009).

6. App Leadership, Appdata, *Insidefacebook*, http://www.appdata.com/leaderboard/apps (téléchargé le 14 décembre 2009).

7. « World of Warcraft Subscriber Base Reaches 11.5 million Worldwide », Blizzard Entertainment, communiqué de presse (23 décembre 2008), http://eu.blizzard.com/en-gb/company/press/pressreleases.html ?081223

8. Courriels de Brandee Barker, relations publiques Facebook, 24 février 2010.

9. LEARMONTH, Michael & Abbey KLAASSEN, « App Revenue Is Poised To Surpass Facebook Revenue », *Advertising Age*, 18 mai 2009,

http://adage.com/digital/article ?article_id=136700 (téléchargé le 28 novembre 2009).

10. LEARMONTH, Michael & Abbey KLAASSEN, *ibid.*

12. Quinze milliards de dollars

1. « Press Room : Facebook Factsheet », Facebook, http://www.facebook.com/press/info.php ?factsheet (téléchargé le 28 novembre 2009).

2. NAKASHIMA, Ellen, « Feeling Betrayed, Facebook Users Force Site To Honor Their Privacy », *Washington Post*, 30 novembre 2007, http://www.washingtonpost.com/wp-dyn/content/article/2007/11/29/ar200711 2902503.html (téléchargé le 28 novembre 2009).

3. QUITTNER, Josh, « RIP Facebook ? » *Fortune*, 4 décembre 2007, http://techland.blogs.fortune.cnn.com/2007/12/04/rip-facebook/ (téléchargé le 15 novembre 2009).

13. Rentabilisation

1. BARNES, Brooks, « An Animated Film Is Created Through Internet Consensus », *New York Times*, 16 juillet 2009, http://www.nytimes.com/2009/07/16/movies/16mass.html (téléchargé le 11 décembre 2009).

2. BARNES, Brooks, *ibid.*

3. Statistiques du service de presse Facebook. http://www.facebook.com/press/info.php ?statistics (téléchargé le 24 février 2010).

4. Courriel de Brandee Barker, relations publiques Facebook, 24 février 2010.

14. Facebook et le monde

1. « UAE bans Facebook », *Kipp Report* (février 2008), http://www.kippreport.com/2008/02/uae-bans-facebook/ ?next=4 (téléchargé le 15 novembre 2009).

2. SCHERER, Steve & Giovanni SALZANO, « Facebook Says Italy's Plan To Block Web Content Goes Too Far », Bloomberg, 12 février 2009, http://www.bloomberg.com/apps/news ?pid=20601085&sid=a6bncyt8rtlw (accessed November 28, 2009).

3. McCARTHY, Rory, « Israel-Palestine Dispute Moves On To Facebook », *Guardian*, 20 mars 2008, http://www.guardian.co.uk/world/2008/mar/20/israelandthepalestinians.facebook (téléchargé le 28 novembre 2009).

4. *Global Faces and Networked Places : A Nielsen Report on Social Networking's New Global Footprint* (New York : Nielsen Company, 2009).

5. « Danish PM Jogs With Facebook Fans », *BBC News*, 18 avril 2008, http://news.bbc.co.uk/go/pr/fr/ – /2/hi/europe/7355434.stm (téléchargé le 28 novembre 2009).

6. COBO, Leila, « Bands reach fans through Spanish-language Facebook », Reuters, 22 février 2008, http://www.reuters.com/article/idusn226204162008 0223 (téléchargé le 28 novembre 2009).

7. EL SAYED, Nadine, « Smile And Say "Facebook" », *Egypt Today* (avril 2007), www.egypttoday.com/article.aspx ?articleid=7293 (téléchargé le 28 novembre 2009).

8. *Global Faces and Networked Places...*

9. « Facebook's Priority Is Growth Not Profit », *Daily Telegraph,* 9 octobre 2008, http://www.telegraph.co.uk/technology/3358773/Facebooks-priority-is-growth-notprofit.html (téléchargé le 28 novembre 2009).

10. HARSAPUTRA, Indra, « Indonesian Clerics Want Rules For Facebook », *ABC News,* 2 mai 2009, http://abcnews.go.com/technology/wirestory ?id=7641723 (téléchargé le 28 novembre 2009).

15. Changer nos institutions

1. HAFENBRACK, Josh, « Online Political Action Can Spark Offline Change », *South Florida Sun-Sentinel,* 6 avril 2008, http://articles.sun-sentinel.com/2008–04–06/news/0804050256_1_facebook-online-networking-new-media (téléchargé le 11 décembre 2009).

2. « Egypt Reverses Download-Limit Policy Following Internet Subscribers' Protests », *Daily News Egypt,* 14 août 2009.

3. ANDRIYANTO, Heru & Dessy SAGITA, « More Prosecutors Probed In Prita Case », *Jakarta Globe,* 9 juin 2009, http://thejakartaglobe.com/home/moreprosecutors-probed-in-prita-case/311188 (téléchargé le 28 novembre 2009) ; AYUANDINI, Sherria, « Omni Case : A PR Suicide », *Jakarta Post,* 5 juin 2009, http://www.thejakartapost.com/news/2009/06/05/omni-case-a-prsuicide.html (téléchargé le 28 novembre 2009).

4. « Maties Unite on Facebook », *News24,* 3 novembre 2008, http://www.news24.com/content/southafrica/news/1059/64b4adbddb44457cafea4f83b48c4b49/11–03–2008–03–11/maties_unite_on_facebook (accessed November 28, 2009).

5. SMITH, Olivia, « Fire David Letterman Campaign Takes Root ; Protest Planned Over Comment on Sarah Palin's Daughter », *Daily News,* 15 juin 2009, http://www.nydailynews.com/entertainment/tv/2009/06/15/2009–06–15_fire_david_letterman_campaign_takes_root_protest_planned_over_comment_on_sarah_p.html (téléchargé le 28 novembre 2009).

6. CLOCK, Michele, « City Turns to Twitter, Facebook to Fight Jail Expansion », *San Diego Union Tribune,* 8 juin 2009, http://www.signonsandiego.com/stories/2009/jun/08/1m8social231712-city-turns-twitter-facebook-fight – / (téléchargé le 28 novembre 2009).

7. DUNDERDALE, Louise, « Protestors Gather Outside Bournemouth Town Hall », *Bournemouth Daily Echo,* 24 juin 2009, http://www.bournemouthecho.co.uk/news/4455424.protestors_gather_outside_bournemouth_town_hall/ (téléchargé le 28 novembre 2009).

8. ALARILLA, Joey, « Filipinos Tweet, Liveblog House of Representatives Debate on Amending Constitution », *CNET Asia,* 2 juin 2009, http://asia.cnet.com/blogs/babelmachine/post.htm ?id=63011182 (téléchargé le 28 novembre 2009) ; CALLEJA, Niña Catherine, « Outrage vs Constituent Assembly on Facebook », *Philippine Daily Inquirer,* 9 juin 2009, http://newsinfo.inquirer.net/topstories/topstories/view/20090609–209641/outrage-vs-constituentassembly-on-facebook (téléchargé le 28 novembre 2009).

9. TITTERTON, Sarah, « Life in Paradise As Guantanamo Four Take a Dip, Eat Ice Cream, and Plan First Uighur Restaurant in British Territory of Bermuda », *Daily Mail,* 15 juin 2009, http://www.dailymail.co.uk/news/worldnews/article-1192872/guantanamo-4-hit-shops-day-freedom.html (téléchargé le 28 novembre 2009).

10. FEEZEL, Jessica T., CONROY, Meredith & Mario GUERRERO, « Facebook Is… Fostering Political Engagement : A Study Of Online Social Networking Groups And Offline Participation », communication présentée à l'assemblée annuelle de l'American Political Science Association à Toronto, 3-6 septembre 2009.

11. BARR, Andy, « Palin emerges as Facebook phenom », *Politico,* 19 septembre 2009, http://www.politico.com/news/stories/0909/27344.html (téléchargé le 15 novembre 2009).

12. MEGHANI, Sagar, « Pentagon Uses Facebook, Twitter to Spread Message », *U.S. News & World Report,* 1er mai 2009, http://www.usnews.com/articles/science/2009/05/01/pentagon-uses-facebook-twitter-to-spread-message.html (téléchargé le 15 novembre 2009).

13. ABBAS, Faisal J., « "Just Add Me" : Saudi Information Minister Embraces Social Networking », Huffington Post, 7 juillet 2009, http://www.huffingtonpost.com/faisal-abbas/justadd-me-saudi-informa_b_226281.html (téléchargé le 15 novembre 2009).

14. STEWART, Zachary, « Five Years of Facebook : How It Redefined What We Consider "News" », Nieman Journalism Lab, 4 février 2009, http://www.niemanlab.org/2009/02/five-years-of-facebook-how-it-redefined-what-we-considernews/ (téléchargé le 15 novembre 2009).

15. *Back Story Behind the Scenes,* CNN (14 janvier 2010), http://www.cnn.com/video/#/video/world/2010/01/14/bs.haiti.earthquake.cnn iref=videosearch (téléchargé le 16 janvier 2010).

16. L'évolution de Facebook

1. Courriel de Brandee Barker, relations publiques Facebook, 11 décembre 2009.

2. ZITTRAIN, Jonathan, « E Pluribus Facebook » *The Future Of The Internet – And How To Stop It,* 17 avril 2009, http://futureoftheinternet.org/e-pluribus-facebook (téléchargé le 28 novembre 2009).

3. Courriel de Brandee Barker, relations publiques Facebook, 24 février 2010.

17. L'avenir

1. VOGELSTEIN, Fred, « The Great Wall of Facebook : The Social Network's Plan to Dominate the Internet – and Keep Google Out », *Wired*, 22 juin 2009, http://www.wired.com/tech-biz/it/magazine/17-07/ff_facebookwall (téléchargé le 15 novembre 2009)

2. ALABASTER, Jay, « Googles Increasingly Battles Google in Search », Huffington Post, 25 mai 2009, http://www.huffingtonpost.com/2009/05/25/google-increasingly-battl_n_207449.html (téléchargé le 15 novembre 2009)

3. SMITH, Justin, *The Facebook Global Monitor.*

4. CLIPPINGER, John, *A Crowd of One : The Future of Individual Identity* (New York : PublicAffairs, 2007).

5. Courriel de Brandee Barker, relations publiques Facebook, 24 février 2010.

Suggestions de lecture

ABELSON, H., K. LEDEEN & H. LEWIS, *Blown to Bits : Your Life, Liberty and Happiness After the Digital Explosion*, Boston, Addison-Wesley, 2008.

ABRAM, C. & L. PEARLMAN, *Facebook for Dummies*, Hoboken, NJ, Wiley, 2008.

ANGWIN, Julia, *Stealing MySpace : The Battle to Control the Most Popular Website in America*, New York, Random House, 2009.

BATTELLE, John, *The Search : How Google and Its Rivals Rewrote the Rules of Business and Transformed Our Culture*, New York, Portfolio, 2005.

BENKLER, Yochai, *The Wealth of Networks : How Social Production Transforms Markets and Freedom*, New Haven, CT, Yale University Press, 2006.

BRIN, David, *The Transparent Society : Will Technology Force Us to Choose Between Privacy and Freedom ?* Reading, MA, Perseus Books, 1998.

BUCHANAN, Mark, *Nexus : Small Worlds and the Groundbreaking Science of Networks*, New York, W. W. Norton, 2003.

CLIPPINGER, John Henry, *A Crowd of One : The Future of Individual Identity*, New York, PublicAffairs, 2007.

DE JONGHE, An, *Social Networks Around the World : How Is Web 2.0 Changing Your Daily Life ?*, An De Jonghe, 2007.

FALK, Richard, *Religion and Humane Global Governance*, New York, Palgrave, 2001.

FOGG, B. J., *Persuasive Technology : Using Computers to Change What We Think and Do*, San Francisco, Morgan Kaufmann, 2003.

FRASER, M. & S. DUTTA, *Throwing Sheep in the Boardroom : How Online Social Networking Will Transform Your Life, Work and World*, Hoboken, NJ, Wiley, 2008.

GREENSPAN, Aaron, *Authoritas : One Student's Harvard Admissions and the Founding of the Facebook Era*, Palo Alto, CA, Think Press, 2008.

HAMEL, Gary, *The Future of Management*, Boston, MA, Harvard Business School Press, 2007.

LACY, Sarah, *Once You're Lucky, Twice You're Good : The Rebirth of Silicon Valley and the Rise of Web 2.0*, New York, Gotham Books, 2008.

LI, C. & J. BERNOFF, *Groundswell : Winning in a World Transformed by Social Technologies*, Boston, MA, Harvard Business School Press, 2008.

MCLUHAN, Marshall, *Pour comprendre les médias : Les prolongements technologiques de l'homme*, Paris, Seuil, 1968 ; tr. Jean Paré.

MEZRICH, Ben, *La revanche d'un solitaire : La véritable histoire du fondateur de Facebook*, Paris, Max Milo, 2010 ; tr. Lucie Delplanque.

MULHOLLAND, A. & N. EARLE, *Mesh Collaboration : Creating New Business Value in the Network of Everything*, New York, Evolved Technologist Press, 2008.

PALFREY, J. & U. GASSER, *Born Digital : Understanding the First Generation of Digital Natives*, New York, Basic Books, 2008.

RICE, Jesse, *The Church of Facebook : How the Hyperconnected Are Redefining Community*, Colorado Springs, CO, David C. Cook, 2009.

SCHAWBEL, Dan, *Me 2.0 : Build a Powerful Brand to Achieve Career Success*, New York, Kaplan Publishing, 2009.

SHAPIRO, C. & H. VARIAN, *Information Rules : A Strategic Guide to the Network Economy*, Boston, MA, Harvard Business School Press, 1999.

SHIH, Clara, *The Facebook Era : Tapping Online Social Networks to Build Better Products, Reach New Audiences and Sell More Stuff*, Boston, MA, Prentice-Hall, 2009.

SHIRKY, Clay, *Here Comes Everybody : The Power of Organizing Without Organizations*, New York, The Penguin Press, 2008.

SOLOVE, Daniel, *The Future of Reputation : Gossip, Rumor and Privacy on the Internet*, New Haven, CT, Yale University Press.

SOLOVE, Daniel, *Understanding Privacy*, Cambridge, MA, Harvard University Press, 2008.

SUNSTEIN, Cass, *Infotopia : How Many Minds Produce Knowledge*, New York, Oxford University Press, 2006.

TANCER, Bill, *Click : What Millions of People Are Doing Online and Why It Matters*, New York, Hyperion, 2008.

TAPSCOTT, Don, *Grown Up Digital : How the Net Generation Is Changing the World*, New York, McGraw-Hill, 2008.

TURKLE, Sherry, *Life on the Screen : Identity in the Age of the Internet*, New York, Touchstone, 1995.

VANDER VEER, E.A., *Facebook : The Missing Manual*, Sebastopol, CA, O'Reilly, 2008.

WEBER, Larry, *Marketing to the Social Web : How Digital Customer Communities Build Your Business*, Hoboken, NJ, Wiley, 2009.

WINOGRAD, M. & M. HAIS, *Millenial Makeover : MySpace, YouTube & the Future of American Politics*, New Brunswick, NJ, Rutgers University Press, 2008.

WRIGHT, Robert, *Non-Zero : The Logic of Human Destiny*, New York, Pantheon Books, 2000.

ZUNIGA, Markos Moulitsas, *Taking On the System : Rules for Radical Change in a Digital Era*, New York, Celebra, 2008.

Pour l'éditeur, le principe est d'utiliser des papiers composés de fibres naturelles, renouvelables, recyclables et fabriquées à partir de bois issus de forêts qui adoptent un système d'aménagement durable.

En outre, l'éditeur attend de ses fournisseurs de papier qu'ils s'inscrivent dans une démarche de certification environnementale reconnue.

Photocomposition Nord Compo
pour le compte des éditions J-C Lattès

Impression réalisée par
CPI BRODARD ET TAUPIN
La Flèche
en septembre 2011

Imprimé en France
Dépôt légal : septembre 2011
N° d'édition : 01 – N° d'impression : 66307